책 읽다가 떠오른 급한 메모 쓰기 & 다시 읽을 페이지 기록(나만의 색인)

 # 시리즈물 고양이 공부의 발자취

2011년부터 전국 메이저 서점에서
동물카테고리 베스트셀러 기록 중

해외 7개국 수출

고양이 공부 출판 시 책 수익금의 일부를 길고양이를
위해 쓰겠다고 약속한 적이 있습니다. 2012년 5월에 약속을 지켰습니다.
1,000포를 길고양이를 돕는 캣맘, 캣대디 분들께 골고루 나눠드렸습니다.

독자와의 만남

나를 쳐다보는 끝없는 눈동자
온 세상이 나로 가득 찬 아이
나의 뜨겁고 차가움에 연연치 않는
작은 존재

가장 오래 배웅하고
가장 먼저 뛰쳐오는 존재

사람이 아니라고
가족이 아니라고 부르기엔
너무나 아쉽고 서운한 존재

지금 사랑하는 개와 살고 계세요?
더 행복하시길
더 오래 함께하시길 바라며
이 책으로 인사를 건넵니다

머리말

고양이공부를 만든 후
오랜만에 찾아 뵙습니다

고양이책에 보여주신 큰 관심에 진심으로 감사드립니다. 더불어 시리즈물, 강아지공부를 너무 오래 기다려주신 독자분들께 죄송하단 말씀을 전합니다. 고양이공부를 제작할 당시보다 시간적 여력이 부족해서(워낙, 다른 사람의 손을 빌리지 않고 가내수공업으로 제작하다보니..) 이렇게 오랜만에 만나 뵙게 되었습니다.

그사이 인터넷에 동물에 대한 정보도 더 많아지고, 어찌 보면 책이라는 도구의 효용가치가 떨어졌을 수도 있습니다. 하지만 수많은 정보의 홍수 속에 집약된 요약노트 한 권을 갖고 싶어하는 분도 틀림없이 있으시리라 생각합니다.

특히 정보와 의학지식이 접목된, 임상 수의사의 요약노트.

여러분과 함께 웃고 뛰놀며 나이 들어갈 강아지들과 제 책이 뒤섞이길 바랍니다. 애매하고 답답할 때 이야기를 들어줄 좋은 친구 같은 책이 되길 바랍니다. 오래오래, 강아지가 노견이 될 때까지 같이 지켜봐 드릴게요.

독자 여러분의 행복을 기원하며

동네수의사 김병목 드림

공부할 내용

머리말 1

1. 품종백과 4
2. 개의 매력 167
3. 유전과 재능 181
4. 바디랭귀지 202
5. 감각, 입맛, 배설 215
6. 가족이 되려면 247
7. 개의 위시리스트 269
8. 임신과 출산 292
9. 유기견과 동물보호법 327
10. 일상생활 346

- 11. 특별한 날 ·· 368
- 12. 기초훈련 도감 ·································· 380
- 13. 교육과 행동교정 ······························ 398
- 14. 개에 관한 걱정, 궁금증 ··················· 413
- 15. 응급처치 ··· 457
- 16. 반려견 건강상식 ······························ 465
- 17. 이별 준비 ·· 478

- 부록1 수의사의 진로 소개 ···················· 488
- 부록2 졸업시험 ······································ 497

1 ~ 5장은 개를 키우지 않으셔도 읽으실 수 있습니다.
6 ~ 7장은 개를 키우려고 준비하시는 분들이 꼭 읽어야 할 내용입니다.
8 ~ 9장은 필요하신 상황에 발췌독을 하셔도 좋습니다.
10 ~ 17장은 개를 키우신다면 꼼꼼히 읽어보시길 권합니다.

1. 품종백과

행복이란, 개를 안고 있을 때이다.
- 만화가, 찰스 슐츠 -

시작하기 전에

1. 국내에서 많이 기르는 품종을 중심으로 정리했습니다.

2. 딱딱한 소개를 피하려 했습니다. 각 품종의 개성을 살려 소개하고,
   특징을 부각시켰습니다.

3. 소개할 품종들 중에는 제가 직접 경험하지 못한 아이들도 있습니다.
   최대한 정확하게 하기 위해 문헌을 찾고 탐구했으나, 혹시 오류가 있을 수
   있습니다. 키우시는 분들의 의견을 환영합니다.

4. 한 장의 사진은 백 마디 말과 같습니다.
   사진을 제공해 주신 분들께 진심으로 감사의 마음을 전합니다.

5. 미처 다루지 못한 품종은 제 블로그를 통해서 업데이트 하려고 합니다.
   들러주세요. blog.naver.com/neoflight

소개할 품종들

우리나라 개
- 진돗개 _ 11
- 풍산개 _ 15

바둑이 같은데?
친숙하게 생겼지만 바다 건너 온 친구들
- 잭러셀테리어 _ 18
- 바센지 _ 21

작고 인형 같은 개
- 치와와 _ 24
- 요크셔테리어 _ 28
- 말티즈 _ 31
- 포메라니안 _ 35
- 파피용 _ 38
- 재패니즈친 _ 41
- 미니어처핀셔 _ 43

쾌활하고 낙천적인 친구들
(운동선수처럼 활동적이에요!)
- 아메리칸코카스파니엘 _ 45
- 비글 _ 48
- 슈나우저 _ 52
- 닥스훈트 _ 55
- 달마티안 _ 58

적당한 몸집의 인기쟁이들
- 재패니즈스피츠 _ 61
- 셔틀랜드쉽독 _ 64
- 카바리에킹찰스스파니엘 _ 67
- 웨스트하이랜드화이트테리어 _ 70
- 웰씨코기 _ 73

머리가 짧고 코가 눌린 귀염둥이들
- 스코티시테리어 _ 76
- 보스턴테리어 _ 80
- 불독 _ 82
- 차우차우 _ 86
- 페키니즈 _ 89
- 시추 _ 92
- 퍼그 _ 95

곱슬곱슬 스타일쟁이들
- 푸들 _ 98
- 비숑프리제 _ 101
- 코튼드툴리어 _ 104
- 베들링턴테리어 _ 106
- 폭스테리어 _ 109

소개할 품종들

개성만점 독특한 외모의 개
- 바셋하운드 _ 111
- 불테리어 _ 114
- 차이니즈크레스티드독 _ 117
- 샤페이 _ 119
- 아프간하운드 _ 121

늘대를 닮은 개
- 시베리안허스키 _ 147
- 알레스칸말라무트 _ 149
- 아메리칸에스키모 _ 151

사냥과 훈련에 적합한 능력자들
- 저먼셰퍼드 _ 124
- 도베르만핀셔 _ 127
- 보더콜리 _ 130
- 포인터 _ 132

달리기 선수들
- 휘펫 _ 153
- 그레이하운드 _ 155

크고 상냥한 개
- 리트리버 _ 134
- 사모예드 _ 137
- 그레이트피레니즈 _ 141
- 콜리 _ 143
- 올드잉글리시쉽독 _ 145

힘이 센 개
- 세인트버나드 _ 159
- 로트와일러 _ 161
- 아메리칸핏불테리어 _ 163
- 복서 _ 166

품종별 몸무게 비교

<사람>

<농구공> <치와와> <시추> <스파니엘> <리트리버> <그레이트피레니즈>

평균체중	5kg 이하	5~10kg	10~20kg	20~30kg	30kg 이상
품종	치와와 말티즈 요크셔테리어 포메라니안 파피용 닥스훈트 페키니즈(암) 시추(암) 푸들(토이, 미니어처) 비숑프리제(암) 재패니즈친 미니어처핀셔	잭러셀테리어 비글 슈나우저 재패니즈스피츠 셔틀랜드쉽독 카바리에킹찰스스파니엘 웨스트하이랜드화이트테리어 스코티시테리어 보스턴테리어 페키니즈(수) 시추(수) 퍼그 코카스파니엘 푸들(토이, 미니어처) 비숑프리제(수) 코튼드툴리어 베들링턴테리어 폭스테리어 차이니즈크레스티드독	진돗개 바센지 코카스파니엘 웰씨코기 바셋하운드(암) 샤페이(암) 보더콜리 사모예드(암) 시베리안허스키(암) 휘펫 아메리칸핏불테리어	풍산개 달마티안 불독 차우차우(암) 바셋하운드(수) 불테리어 샤페이(수) 아프간하운드 포인터 리트리버 사모예드(수) 콜리 시베리안허스키(수) 아메리칸에스키모(암) 그레이하운드 아메리칸핏불테리어 복서(암)	차우차우(수) 저먼셰퍼드 도베르만핀셔 리트리버 올드잉글리시쉽독 그레이트피레니즈 알래스칸말라무트 아메리칸에스키모(수) 세인트버나드 로트와일러 복서(수)

품종별 키 비교

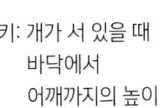

*키: 개가 서 있을 때 바닥에서 어깨까지의 높이

평균 키	30cm 이하	30~40cm	40~50cm	50~60cm	60~70cm	70cm 이상
품종	잭러셀테리어(암) 치와와 요크셔테리어 말티즈 포메라니안 파피용 재패니즈친 닥스훈트 웨스트하이랜드화이트테리어 웰씨코기 스코티시테리어 페키니즈 시추 퍼그 비숑프리제 코튼드툴리어 차이니즈크레스티드독 재패니즈친 미니어처핀셔	잭러셀테리어(수) 코카스파니엘 슈나우저 재패니즈스피츠 셔틀랜드쉽독 카바리에킹찰스스파니엘 보스턴테리어 불독 푸들 베들링턴테리어(암) 폭스테리어 바셋하운드	진돗개(수) 풍산개 달마티안(수) 불테리어 저먼셰퍼드 보더콜리 리트리버 사모예드 콜리(암) 올드잉글리시쉽독 시베리안허스키 아메리칸에스키모 휘펫 로트와일러(암) 아메리칸핏불테리어 복서	아프간하운드 도베르만핀셔 포인터 콜리(수) 알레스칸말라무트 그레이하운드 세인트버나드(암) 로트와일러(수)	차우차우(수) 저먼셰퍼드 도베르만핀셔 리트리버 올드잉글리시쉽독 그레이트피레니즈 알레스칸말라무트 아메리칸에스키모(수) 세인트버나드 로트와일러 복서(수)	그레이트피레니즈 그레이하운드 세인트버나드(수)

유전자관점에서 분류한 개의 품종

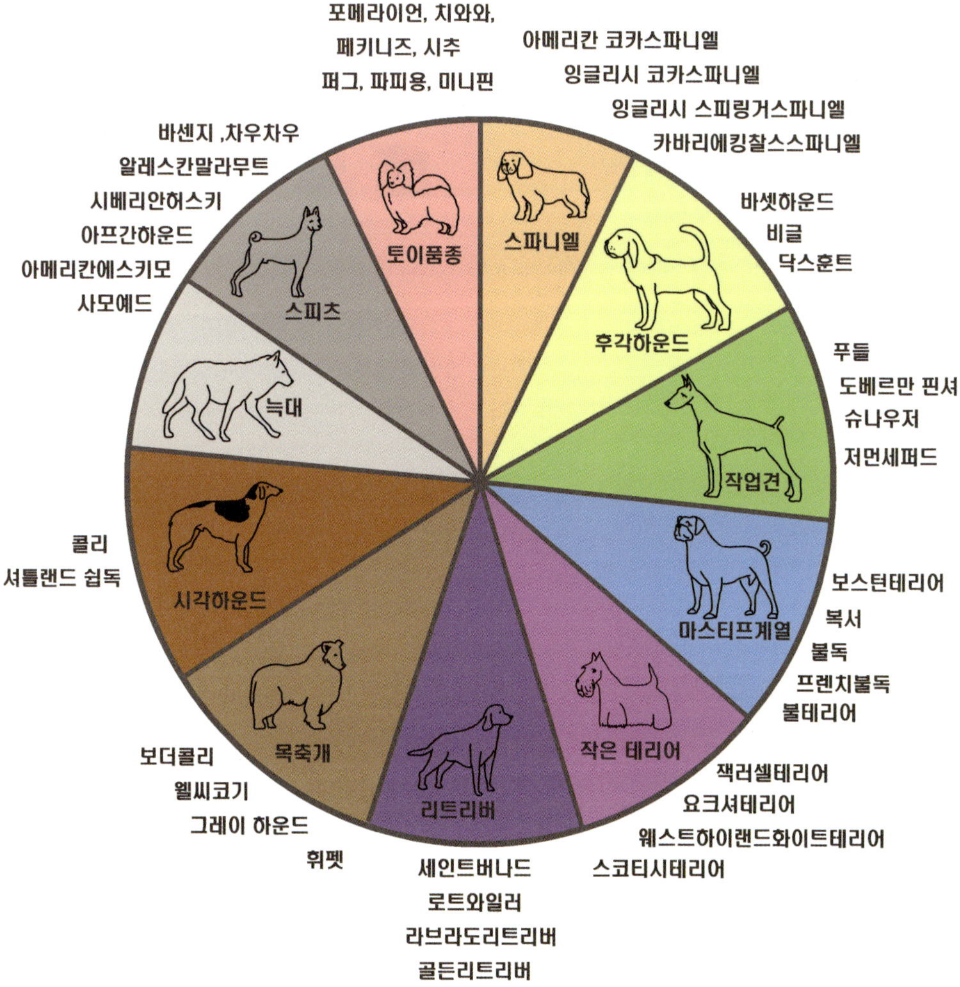

포메라이언, 치와와,
페키니즈, 시추
퍼그, 파피용, 미니핀

아메리칸 코카스파니엘
잉글리시 코카스파니엘
잉글리시 스피링거스파니엘
카바리에킹찰스스파니엘

바센지, 차우차우
알레스칸말라무트
시베리안허스키
아프간하운드
아메리칸에스키모
사모예드

토이품종

스파니엘

바셋하운드
비글
닥스훈트

스피츠

후각하운드

푸들
도베르만 핀셔
슈나우저
저먼세퍼드

늑대

작업견

콜리
셔틀랜드 쉽독

시각하운드

마스티프계열

보스턴테리어
복서
불독
프렌치불독
불테리어

보더콜리
웰씨코기
그레이 하운드
휘펫

목축개

리트리버

작은 테리어

잭러셀테리어
요크셔테리어
웨스트하이랜드화이트테리어
스코티시테리어

세인트버나드
로트와일러
라브라도리트리버
골든리트리버

깨알사전 유전자란 부모가 자식에게 특성을 물려주는 현상인 유전을 일으키는 단위입니다.

 # 진돗개 Jindo dog

진돗개(황구)　　　　　　　　진돗개(백구)

우리에게 친숙한 백구, 황구를 만나보장

● **외모**

털 색과 무늬에 따라, 황구(황색)와 백구(백색)가 대표적이다. 이 외에 재구(잿빛), 흑구(검은색), 호구(호랑이 무늬), 블랙탄(검은 바탕에 눈 위에 밝은 반점)이 있다.

얼굴은 정면에서 보면 거의 팔각형을 이룬다. 눈은 붉고 둥근듯하며 눈꼬리는 약간 올라가 귀밑 선상에 맞아야 한다. 귀는 앞으로 약간 경사져 곧게 선다. 목은 굵어서 힘이 있고 다부지게 보인다. 등은 엉덩이뼈에서부터 약간의 곡선으로 이루어져 있으며 등에 난 털은 다른 털에 비해 좀더 굵고 길어서 단단한 가시를 연상시킨다. 네 다리는 모두 단단하고 곧다. 꼬리는 뒷발목까지 내려오는 길이에 두껍고 강한 느낌을 주는 것이 좋다. 꼬리털의 길이는 어깨털의 2배 이상이 되어 풍성한 느낌을 준다.

● **유래**

진도지역에서 형질을 보존하여 육성한 우리나라 대표 견종이다. 확실한 유래는 알 수 없으나, 1270년 삼별초의 항쟁이 일어났을 때 몽골에서 제주도 목장의 군용 말을 지키기 위해 들여와서 개량되었다는 설이 유력하다.

● **성격**

용맹함, 영리함, 충성심을 갖고 있는 품종이다. 자신보다 몸집이 큰 동물을 앞에 두고도 물러서지 않고 맞설 만큼 용감하다. 감각도 예민하고 몸놀림이 민첩해서 사냥을 잘 하고 집도 잘 지킨다. 귀소본능(집으로 돌아오려는 성질)이 강하다. 낯선 사람을 경계하는 편이어서 친해지기 전에는 주의해야 한다. 갑자기 만지려 해선 안 된다.

진돗개는 사나운 편이라고 말하는 것이 솔직한 평가입니다. 심지어 주인에게도 공격성을 보이는 경우가 있습니다.
진돗개는 지구력과 수렵 본능이 뛰어난 사냥개임에도 불구하고 많은 진돗개들이 짧은 줄에 묶여서 지내고 있습니다. 이런 잘못된 사육방식 때문에 진돗개들이 더 공격적인 개가 되는 것 같아서 안타깝습니다. 산책과 운동을 많이 해주고, 안전한 생활구역을 만들어 자유롭게 다닐 수 있도록 해주셨으면 좋겠습니다.

● **특이사항**

2000년, 북한에서 풍산개를 선물 받으며 남한에서는 진돗개를 북한으로 전달했다.

진돗개는 문화재관리법과 한국진돗개보호육성법(1967년 1월 16일 공표)에 따라 보호·육성되고 있다. 1995년에는 국제 보호 육성동물로 공인 지정되었고, 1997년에 2차로 개정되어 관리 중이다. 우리나라에서 개로서는 처음으로 1938년에 천연기념물 53호로 지정되었다.

● **진돗개? 진도개?**

표준어는 '진돗개'이지만 혈통심사를 통과한 진도군의 진돗개에 한해서 '진도개'라는 명칭을 사용한다.

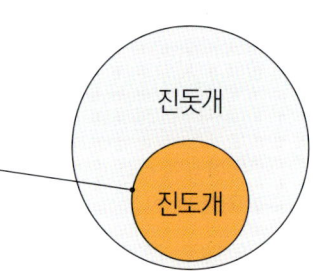

진도개 테마파크에 가면,
진도의 자랑!
순수혈통 진도개들의 다양한 모습을 구경할 수 있어요. (공연도 해요!)

진도개테마파크
전남 진도군 진도읍 성죽골길 35

● 품종 정보

고향	대한민국
기대수명	12살~15살
키	수컷 46-56cm / 암컷 46~51cm
체중	수컷 18~23kg / 암컷 15~19kg
털	짧다. 거칠다. 빽빽하다.
털 손질 요구량	중간
털 날림	중간
색	검은색, 블랙탄(검은색+갈색), 흰색, 회색, 황갈색, 잿빛, 호랑이 무늬
개 알레르기	사람에게 일으킬 수 있음
한배새끼 수	3~6마리
성향	경계적이며 때론 공격적이다. 충성심이 강하다.
짖는 정도	종종 짖음
아이와 어울리기	좋지 않음
주요 질병	심장사상충, 안전사고

진돗개는 실외에서 지내는 경우가 많아 모기가 옮기는 심장사상충 질병 감염이 흔하다. 뱀, 벌, 진드기 등에 노출되어 쏘이거나 물리는 경우가 있다. 쥐약, 부동액 등 독성물질 섭취도 주의해야 한다.

매달 심장사상충 예방을 해줘야 한다.
사고 발생 시, 즉시 동물병원에 전화하고 지시에 따르며 빨리 내원한다.

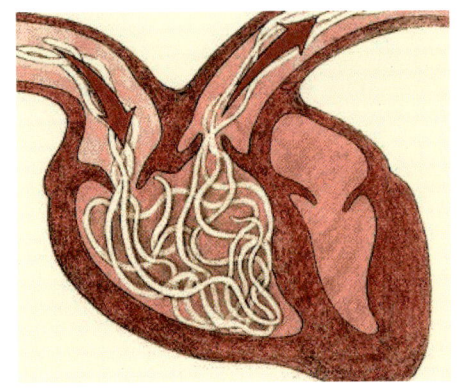

모기가 옮겨서 주로 개의 심장에 기생하는 기생충, 심장사상충

풍산개 Pungsan Dog

산을 터전으로 살아온 강한 개, 풍산개!

함경남도에서 길러지던 북한 고유의 사냥개이다. 개마고원의 옛 말인 '풍산'의 이름을 따서 풍산개라는 이름이 붙여졌다. 산에서 생활하는 견종답게 매우 강하고 기민하다. 지구력이 좋아 강한 산행도 견딘다. 큰 동물(심지어 호랑이)을 사냥하는 데 도움을 줬다.

풍산개는 늑대와 교배된 품종이다. 털은 가늘고 길고 빽빽하다. (북한은 추워요.) 대부분 흰색인데, 연한 잿빛 털이 섞인 것도 있다. 머리는 둥글고 아래턱이 약간 나왔으며 코 빛깔은 연주황색 또는 검은색이다. 주둥이는 넓고 짧다. 귀는 삼각형으로 곧게 서며 끝이 앞으로 약간 굽었다.

보호자에게 복종하고, 타인에게 경계적인 면이 있다. 특히 사냥을 할 때는 몹시 사납다. 영리하고 침착하면서도 동작이 빠르고 용맹하다.

1942년 조선총독부에 의해 천연기념물 제128호로 지정되었으나 1962년 해제되었다. 8·15광복 후 북한 당국의 적극적인 보호 정책으로 원종이 잘 유지되고 있는 것으로 알려져 있다. 북한의 천연기념물 368호로 지정되어 있다.

● 품종 정보
풍산개에 대한 공식적인 통계기록이 부족하다.
크기 외의 정보는 진돗개와 비슷하다.

지난 2000년, 남북 적십자회담 시 풍산개 '우리'와 '두리'를 선물 받았다.

한국에 갓 온 새끼 때의 우리와 두리, 할머니 할아버지가 된 2010년 서울대공원의 우리와 두리

남한에 들어온 풍산개는 2000년 정상회담 때 김정일에게서 받아온 한 쌍이 전부이다. 이후 2011년 7월 남북정상회담 때 받아온 풍산개들의 자견(子犬) 중 수컷 7마리와 암컷 1마리를 공식적으로 분양한 적이 있다.

 진료를 보다 보면 백구(진돗개)를 데려와서 풍산개라고 말씀하시는 경우가 꽤 있는데요, 사실은 2000년 우리와 두리로부터 내려온 교배사실이 확인되지 않는다면 순종 풍산개는 아닐 것입니다.

● 진돗개와 풍산개의 구분

	구분법	진돗개	풍산개
색상	황구는 진돗개가 맞다. 백구는 진돗개일 수도 있고 풍산개일 수도 있다.	황색, 백색이 대표적. 일부 줄무늬와 검은색이 있다.	대부분 흰색 약간의 잿빛이 섞일 수 있다.
크기	풍산개의 체구가 더 크고 건장하다.	평균체중 15~20kg 평균 키 50cm 내외	평균체중 20~30kg 평균 키 55cm 이상
털	진돗개는 단모, 풍산개는 장모	다소 빽빽한 단모	진돗개보다 더 빽빽하고 긴 털
성격	비슷하다.	용감하고 귀소본능이 강하다.	용감하고 기민하며, 지구력이 좋다.

소개 경주의 토종 품종, 동경견

동경이는 꼬리가 짧거나 거의 없는 것이 특징이다.
삼국사기 등의 문헌에도 짧은 꼬리의 개, 동경이에 대한 기록이 남아있다.

동경이는 일제강점기에 학살당해 멸종위기에 처했다가, 이후 2006년에 혈통보전사업을 시작하고 2012년에 진돗개, 삽살개에 이어 세 번째로 개로서 천연기념물로 지정되었다(제540호).
현재는 경주에만 487마리가 있다.

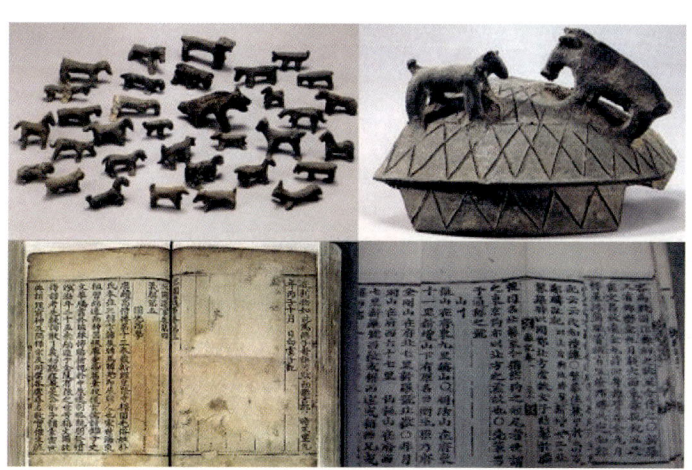

역사적으로 동경이가 토종견임을 증명해주는 유물들
출처 : 한국경주개동경이보존협회 홈페이지

잭러셀테리어 Jack Russell Terrier

잭러셀테리어 라크(장모)와 베리(단모)
http://blog.naver.com/lovegywjd12

영국 바둑이, 잭러셀테리어!

새하얀 몸에 얼룩마킹이 정말 귀엽다. 잭러셀테리어는 땅굴 속에 숨은 여우를 사냥할 목적으로 교배된 소형 사냥개다. 땅을 잘 파고 민첩해서 여우나 쥐를 잘 잡는 것으로 유명하다. 19세기 영국의 브리더(Breeder : 혈통을 관리하며 교배와 번식을 시도하는 전문 사육가), 잭 러셀 목사에 의해 탄생했고 그 이름을 따서 잭러셀테리어가 되었다.

몸집에 비해 무는 힘이 상당히 강하다. 눈은 대부분 짙은 갈색이다. 귀는 역삼각형 모양으로 앞으로 접힌다.

흰색인 얼굴과 몸통에는 바둑이처럼 황갈색이나 검은색의 귀여운 마킹이 있다. 몸 전체에 흰색이 적어도 반 이상이 되어야 한다. 이는 사냥 중 사냥감인 붉은 여우로 오인 받아 오발사고를 피하기위함이라고 한다.

잭러셀테리어는 대형견에 맞먹는 강한 체력과 뛰어난 도약력, 민첩함, 높은 지능, 섬세함, 호기심, 대담함, 집요함을 두루 갖췄다. 쾌활하고 사람을 무척 좋아하지만 독립심이 강하고 고집이 센 측면도 가지고 있다.

땅을 잘 파며, 후각과 청력이 뛰어나서 좁고 어두운 곳에서도 작은 동물을 쉽게 찾아낸다. 잘 알려지지 않았지만 세계에서 네 번째 또는 다섯 번째로 빠른 견종이다. 시속 45km까지 달릴 수 있다.

1994년, 짐캐리 주연의 코미디영화 〈마스크〉에서 주인공의 애견 '마일로'로 등장했다.

2014년 개봉영화 '개를 훔치는 완벽한 방법' 에 잭러셀테리어가 주인공으로 등장한다.

사냥을 갔다가 사냥감에게 물리는 사고가 날 수도 있으니, 전문훈련을 받지 않았다면 사냥터에 데려가지 말아야 한다. 대신 안전한 곳에서 놀아주자. 수영장에서 수영하고, 운동장에서 뛰어 노는 것으로 잭러셀테리어는 엄청 즐거운 시간을 가질 수 있다.

● 품종 정보

고향	영국
기대수명	13~16살
키	30~36cm
체중	6~8kg
털	짧다. 거칠다. 빽빽하다. 두껍다.
색	검은색, 블랙탄(검은색+갈색), 흰색
털 손질 요구량	적음
털 날림	많음
개 알레르기	사람에게 일으킬 수 있음
한배새끼 수	4~8마리
성향	쾌활하고 활달하다. 다정하고 순하다. 독립적인 면도 있다. 충성심이 강하다.
짖는 정도	많이 짖음
아이와 어울리기	좋음
주요 질병	운동실조, 백내장, 선천성난청, 슬개골탈구, 대퇴골두무혈성괴사증(LCPD), 폰빌레브란트병

잭러셀테리어는 건강하고 비슷한 크기의 개들에 비해 기대수명이 긴 편(13~16세)에 속한다. 하지만 몇 가지 유전자적 퇴행성 질환이 보고된다. 매년 정기검진을 하여 질병을 조기에 발견하자.

바센지 Basenji

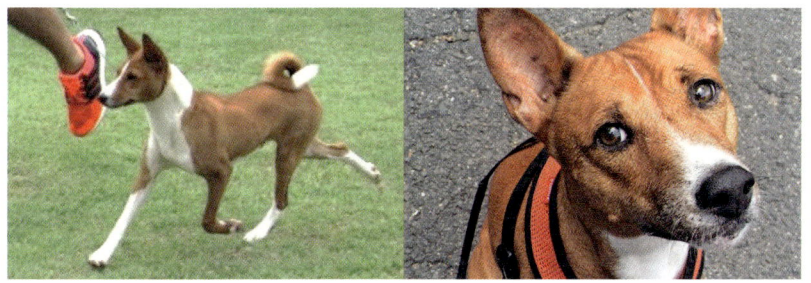

바센지 랄프
http://blog.naver.com/tenbaby_s

짖지 않는 개, 요들송을 부르는 바센지!
민첩하고 활력이 넘친다

바센지는 '세계에서 가장 오래된 개'로 알려져 있다.
고대 이집트 파라오 무덤에서 바센지와 비슷한 모양의 조각들이 발견되어, 3000년 이상의 역사를 가진 것으로 인정되고 있다.

약 100년 전 영국의 탐험대에 의해 중앙아프리카에서 처음 발견되었다.
1937년에 영국에 처음 소개되었고, 1943년에는 미국 전역에 '바센지클럽'이 결성될 만큼 애견가들의 주목을 끌었다.

<특징1> 짖지 않는다
다른 개처럼 컹컹 또는 멍멍 소리를 내며 짖지 않는다(후두 모양이 남다르기 때문). 의사를 표현할 땐 요들송을 부르듯이 우는 소리를 낸다.
"으으응~", "와우~"
평소에는 소리를 잘 내지 않으며, 아주 기분이 좋거나, 주인에게 애교를 부리고 싶거나 극도로 긴장했을 때 이 소리를 들을 수 있다.

<특징2> 이마에 주름이 져 있다

언뜻 보면 품종이 섞인 코독(Korean dog, 잡종견)처럼 보일 수 있으나, 특징적으로 주름 진 이마, 쫑긋 선 귀 그리고 까만 눈을 보면 바센지임을 알 수 있다.

<특징3> 꼬리가 회오리모양이다

꼬리가 회오리처럼 단단하게 말려 올라가 있다.

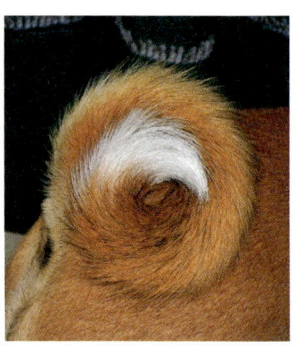

<특징4> 체격이 다부지고 움직임이 빠르다

냄새를 잘 맡는다. 또한 민첩하고 영리해서 사냥에 탁월한 능력을 보인다. 목은 길고 몸통이 짧은 편이다.

<특징 5> 마치 고양이처럼 몸 구석구석을 핥아 털이 매끈하다

털이 무척 가늘고 부드러워서 햇빛을 받으면 유난히 빛이 난다.

<특징 6> 영역 의식이 강한 편이다

사람에겐 온순한 편이지만, 다른 개와 함께 지낸다면 주도권싸움을 할 가능성이 높다.

● 품종 정보

고향	콩고
별명, 줄임말	콩고 개, 짖지 않는 개
기대수명	12~14살
키	수컷 41~43cm / 암컷 38~41cm
체중	수컷 10~12kg / 암컷 9~11kg
털	짧다. 가늘다.
털 손질 요구량	적음
털 날림	적음
색	검은색, 블랙탄(검은색+갈색), 얼룩무늬, 적갈색, 삼색(흰색+검은색+적갈색), 흰색
개 알레르기	사람에게 거의 일으키지 않음
한배새끼 수	4~6마리
성향	다정하다. 경계적이고 활력이 넘쳐서 놀기 좋아한다. 독립적인 면도 있다.
짖는 정도	거의 짖지 않음
아이와 어울리기	좋음
주요 질병	바센지장염, 판코니증후군, 진행성망막위축증
종종 있는 질병	동공막잔류증, 유전성 빈혈증

바센지에서는 판코니증후군(신장이 전해질과 영양소를 재흡수하지 못하는 질병)이라는 유전질환이 흔한 편이다. 이 질환에 걸리면 물을 많이 마시고, 소변량이 증가하는 특징을 가지고 있으니, 키울 때 소변보는 것을 잘 관찰할 필요가 있다.

판코니증후군 외에도 유전성 빈혈증, 고관절이형성, 소장흡수장애, 진행성망막위축증 등의 유전질환이 발병할 수 있다. 정기적인 건강검진이 필요하다.

건강검진 할 때 소변검사도 꼭 시키세요.

치와와 Chihuahua

장모 치와와 샐리
http://blog.naver.com/bka20

세상에서 제일 작은 견종, 치와와

똘망똘망한 눈망울과 앙증맞은 외모가 사랑스럽다. 멕시코 치와와(Chihuahua) 주에서 이름이 유래했다.

● **외모의 특징**

체구는 개체에 따라 조금씩 다를 수 있지만, 일반적으로 매우 키가 작고 몸무게도 적게 나간다. 몸집이 큰 세인트버나드견에 비하면 100분의1 밖에 되지 않는 셈이다.

털이 매끈한 단모종이 대표적이지만, 장모종도 있다. 귀는 큰 편이고, 눈은 살짝 튀어나와 똘망똘망하다. 털 색은 단색부터 무늬가 있는 것까지 다양하다.

개그맨 김국진씨를 보면 치와와가 연상된다.

패리스힐튼과 브리트니스피어스가 치와와 애견인으로 알려져 있다.

● **성격의 특징**

영리하고 품위를 지킨다. 보호자에 대한 충성심이 높고 애교 있지만 예민하고 질투심이 많으며 고집스럽고 공격적일 수 있다. 작지만 겁이 없다.

 이런 특징 때문인지 멕시코에서는 시신을 매장할 때 치와와 뼈를 같이 묻으면 귀신이 치와와의 영혼한테 물려서 도망가기 때문에 고인의 안식이 지켜진다는 미신이 있어요.

어린이가 있는 가정보단 성인들이 있는 가정에 더 잘 어울린다.

2014년 기네스북에 등재된 세상에서 가장 작은 개 '밀리'는 키 3.8인치, 약 9cm에 불과하다. 태어났을 때는 티스푼에 들어갈 정도로 작았고,
현재 다 자란 크기가 운동화 한 짝보다 더 작은 것으로 알려졌다.
몸무게는 500g.

▶ 세상에서 가장 작은 개 '밀리'

치와와는 마치 영원히 어른이 되지 않는 피터팬 같다.
나이가 들어도 몸집이 작고, 성격도 어린 강아지처럼 자립적이지 못하다.

보호자밖에 모르는 작고 약한 아이들..
그래서 이 아이들을 더 보살펴주고 아껴주는 것 같다.
피터팬처럼 신비롭고 아름다운 아이들아, 작지만 오래오래 행복하게 살자!

● 품종 정보

고향	멕시코
기대수명	14~18살
키	15~23cm
체중	1.8~2.8kg
털	길다. 빽빽하다.
털 손질 요구량	적음
털 날림	적음
색	검은색, 블랙탄(검은색+갈색), 흰색
개 알레르기	사람에게 거의 일으키지 않음
한배새끼 수	2~5마리
성향	기민하고 예민한 편이다. 몸집은 작지만 의외로 용감하고 활발하다.
짖는 정도	많이 짖는 편
아이와 어울리기	좋지 않음
주요 질병	수두증, 간질, 저혈당증, 건성각결막염, 눈 감염이나 창상, 슬개골탈구, 심장병, 기관허탈, 치과질환

어릴 때 사료를 너무 적게 줘선 안 된다. 옆구리의 뼈가 앙상하게 만져지면 사료 급여량을 늘려야 한다.

반면에 살이 찌면 호흡이 어려워진다. 성견 이후로는 비만하지 않도록 관리해야 한다. 담배, 목줄 등 목 자극도 피하는 것이 좋다.

치석이 잘 생기는 편이어서 칫솔질을 정말 열심히 해줘야 한다. 자리 잡은 치석은 스케일링으로 제거할 필요가 있다.

힘이 없거나 중심을 못 잡거나, 또는 발작증상이 보이면 꼭 진료를 받아야 한다. 눈이 다치거나, 샴푸 등에 노출되지 않도록 주의해야 한다.

※ 혀를 항상 내밀고 있는 증상이 있어요. (세부내용: ☞ 422p)

살찐 치와와견, 이렇게 살을 찌우시면 안 돼요!

요크셔테리어 Yorkshire Terrier

털이 긴 요크셔테리어, 리리   털이 짧은 요크셔테리어

테리어의 기질을 가진 아이 중에 가장 작은 개

비단결 같은 털이 아름답다. '움직이는 보석'이라는 별명으로도 불린다.

19세기 영국의 요크셔라는 주에서 직물공장의 쥐를 잡는데 활약한 개를 보존하고 품종으로 개량했는데, 그 개가 '요크셔테리어'다. 크기가 작고, 비단 같이 부드러운 장모가 가장 큰 특징이다. 청각이 발달해 있고, 겁이 없고 잘 짖는 편이다.

깨알사전

테리어 : '땅을 파다'는 라틴어에서 유래된 개의 그룹. 본래는 땅속이나 바위굴에 사는 짐승의 사냥에 이용된 영국의 작은 개에서 시작됐다. 그들의 자손의 일반적 명칭이 테리어가 되었다

비단 같은 긴 털이 온몸을 뒤덮고 있어, 마치 드레스를 땅에 끌며 다니는 듯한 모습을 보여준다.

한국에선 털을 짧게 깎는 미용을 많이 하며 이렇게 긴 털을 유지하는 요키들을 보기는 어렵다. 가끔 장모종 그대로 잘 관리된 아이들을 보면 그 화려한 모질과 외모에 눈을 떼기 힘들다.

털은 갈색과 검은색, 은색이 섞여 있다. 어린 개는 어두운 편이며, 나이가 들면서 고유의 색이 두드러진다. 동글동글 맑고 뚜렷한 눈이 매력이다.

● **품종 정보**

고향	대한민국	
별명, 줄임말	요키	
기대수명	10~16살	
키	20~23cm	한국에는 이보다 덩치가 큰 아이들도 많다.
체중	1.8~2.7kg	
털	가늘다. 부드럽다.	
털 손질 요구량	많음	
털 날림	적음	
색	블랙탄(검은색+갈색), 은색	
개 알레르기	사람에게 거의 일으키지 않음	
한배새끼 수	1~5마리	
성향	작지만 무척 활달하다. 용감하고 보호자와 유대감이 강한 편이다.	
짖는 정도	많이 짖는 편	
아이와 어울리기	좋지 않음	
주요 질병	대퇴골두무혈성괴사증(LCPD), 간문맥단락, 기관 허탈, 치석과 치주염	
종종 있는 질병	슬개골탈구, 소화기계가 민감한 편, 마취에 민감한 편, 낙상사고 잦은 편(몸에 비해 머리가 커서 뇌진탕의 위험이 큼), 주사부위염증이 잘 발생하는 편, 퇴행성골수염, 진행성망막위축증	

건강을 위한 제안

1. 요크셔테리어는 유독 치과질환이 많아서, 시기별로 치과 진료를 잘 받아야 한다. 어릴 때 미처 빠지지 않은 유치는 발치해줘야 한다.
어릴 때부터 칫솔질 습관을 들이자. 성견이 된 이후로는 정기적으로 스케일링을 받자.

2. 적정 체중을 유지하자. 어릴 때는 부적절한 소식으로 인한 저혈당증이, 나이 들어서는 비만으로 인한 호흡기장애가 종종 문제된다.

3. 호흡기 건강을 위해 담배노출, 목줄 등 목 자극을 피하는 것이 좋다.

4. 무분별한 간식은 결석생성에 큰 요인이 된다. 신선한 물을 잘 공급하고, 간식은 질 좋은 것만 소량 급여하자.

5. 정기검진이 중요하다. 혈액검사와 구강 및 눈에 대한 검진을 매년 받자.

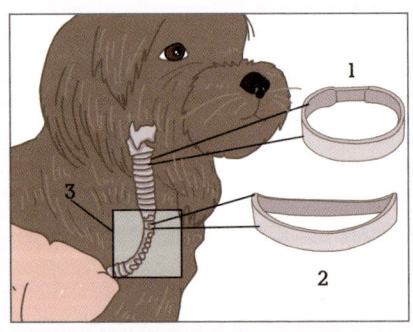

기관허탈
기관(숨길)이 1번처럼 정상적인 모양을 유지하지 못하고
2번(3번의 확대 사진)과 3번처럼 찌그러지는 병.
거위처럼 꺽꺽 우는 소리를 주 증상으로 한다.

말티즈 Maltese

장모 말티즈 콩이 　　　　　 단모 말티즈

천사 강아지 말티즈! 순백의 아름다운 외모와 순한 성격을 가진 품종이다.

기원전 1500년경 페니키아인의 중계무역 장소였던 지중해의 몰타(malta)섬에 유입된 개가 조상이다. 시칠리아섬에 있는 멜리타(Melita)라는 마을에서 유래하였다는 설도 있다. 관련 발음을 따라 Maltese라는 이름이 붙여졌다.
발음대로라면 몰티즈라고 불릴 수 있는데, 한국에서는 영어철자에 준해 흔히 말티즈라고 부른다. 몰타 섬이 영국령으로 넘어갈 때 영국 왕실에 전해져서 큰 사랑을 받았다. 원래 말티즈는 초소형견으로서 3kg 이하가 일반적이다. 하지만 더 큰 말티즈들도 있다.

말티즈는 다정하고 활달하다. 모든 사람에게 친절한 편이지만 너무 응석받이로 키우면 격리불안(보호자와 떨어지면 많이 불안해하는 증상)이 생기거나 사회성이 떨어질 수도 있다.

<털의 특징 1> 순백의 털 - 새하얀 색이 아름답다.

<털의 특징 2> 비단결 같은 부드러운 털 - 촘촘하고 풍성한 특징을 가지는 속털(undercoat)이 거의 없고, 부드러운 겉 털로 이뤄져 있어서 모질이 비단결처럼 매끈하다.

<털의 특징 3> 털이 덜 빠진다 - 말티즈는 푸들, 비숑프리제와 함께 털이 덜 날리는 품종에 속한다. 매일 조금씩의 빗질과 주 1회 목욕을 해주면 털날림은 심하지 않을 것이다. 그것도 어렵다면 털을 짧게 미용하고 옷을 입혀서 스타일을 내기도 한다.

● 품종 정보

고향	이탈리아	
별명, 줄임말	말티	
기대수명	12~15살	
키	23~25cm	한국에는 이보다 덩치가 큰 아이들도 많다.
체중	1.8~3.2kg	
털 날림	적음	
털 손질 요구량	중간	
털	부드럽다. 길이는 단모, 장모 모두 있다.	
색	흰색	
개 알레르기	사람에게 거의 일으키지 않음	
한배새끼 수	약 3마리	
성향	다정하고 착하다. 사회성이 좋다. 활달하고 사랑스럽다.	
짖는 정도	많이 짖는 편	
아이와 어울리기	좋음	

● 건강정보

쉽게 알아챌 수 있는 말티즈의 흔한 질병		
질병명	원인과 증상	치료방향
유루증 (눈물자국)	눈에서 코로의 눈물 배출로인 코눈물관이 막힘으로써 눈물이 넘친다. → 눈물 속 철분 성분의 산화로 갈색 눈물자국이 생긴다.	항생제 복용으로 눈물자국의 냄새와 염증을 완화할 수 있다. 치료는 배출로 개통술, 누점제거술 등이 제안되지만 재발과 부작용의 문제가 있어서 완치가 어렵다.
귓병	원인과 증상알레르기, 귀 관리 실패 등으로 귀에 염증이 생겨서 → 냄새, 진물, 가려움증 등이 유발된다.	동물병원에서 귀 치료를 받는다. 완치된 후 수의사로부터 귓병 재발방지를 위해 귀 세정제 사용법, 알레르기 방지법 등 필요한 예방법을 배울 수 있다.
알레르기성 피부염	말티즈는 알레르기가 잘 생기는 편이다. 알레르기 체질을 가진 아이가 특정 음식과 환경에 노출됐을 때 발생한다. 등쪽 피부는 깨끗한 반면 귀, 발, 겨드랑이, 사타구니 부위에 뽀루지와 발적 등이 발견된다. 이 부위를 자주 가려워한다.	일단 가려워서 긁은 부위에 생긴 이차적 피부염에 대한 치료기간이 필요하다. 피부병 치료가 끝난 뒤, 알레르기 방지를 위해 약물의 투약, 샴푸법, 환경개선법 등에 대해 수의사와 상담하게 된다. 일반적으로 알레르기 처방식을 먹이고, 이불과 방석 등 천으로 된 환경을 최대한 피하는 것이 좋다.

◀ 말티즈견의 눈물넘침증(유루증)

검진을 통해 확인해야 할 말티즈의 흔한 질병		
질병명	원인과 증상	치료방향
심장병	심장판막의 퇴행성 변화로 심장의 기능이 떨어지는 병이 가장 많다. 기침, 운동을 힘들어 하는 등의 증상이 있으나, 증상 없이 질병이 진행되는 경우도 많으므로 정기검진으로 조기발견이 필요하다.	심장에 부담을 줄이기 위해 약과 영양제, 그리고 처방식을 권유 받을 것이다. 세부적인 치료법은 심장병의 종류에 따라 다르므로 진단 후 관리되어야 한다.
뇌수막염	뇌에 염증이 생기면 중심을 못 잡는 등의 증상이 나타날 수 있다. 심할 경우 침을 흘리고 의식을 잃고 몸을 떠는 등 발작을 하기도 한다.	관련 증상을 가볍게 여기지 말고 즉시 진료를 받아야 한다. MRI 촬영을 통해 확진 후 치료방향을 결정하는 것이 좋다.
슬개골 탈구	무릎의 작은 뼈와 인대가 제 위치에서 빠지게 되어 걸음이 부자연스러워진다. 일시적으로 깨금발을 짚는 증상이 나타날 수 있다.	X-ray 검사로 질병 진행 정도를 가늠하고 술법을 택해서 수술로 치료한다.

말티즈의 질병내용을 좀 많이 다루게 되었네요. 말티즈만 유독 질병이 많은 것은 아닙니다. 워낙 우리나라에서 많이 키우다보니 호발하는 질병에 대한 연구와 사례가 많아서 잘 정리되었다고 생각해주세요.

포메라니안 Pomeranian

풍성한 털의 포메라니안

곰돌이컷 중인 화이트 포메라니안
출처 : www.withpuppy.com

작고 우아한 개, 포메라니안!

여우 같은 외모와 솜사탕같이 풍성한 털을 자랑한다. 털을 다듬지 않고 계속 기를 경우, 걸어 다니는 솜뭉치처럼 보일 정도로 털이 복슬복슬하게 자란다.

중부 유럽의 포메라니아(Pomerania) 지역에서 유래하여, 포메라니안이라는 이름이 붙여졌다. 포메라니아 지역은 지금은 폴란드 북서부지방이지만 2차 세계대전 이전까진 독일의 영토였기 때문에 독일을 원산지로 본다. 포메라니안은 스피츠 계열 중에 가장 작은 개다. 스피츠란 독일어로 '뾰족하다'란 뜻으로, 얼굴이 뾰족하고 귀가 서 있는 계열의 아이들이다.

꼬리가 등위로 말려 올라가, 전체적으로 둥글둥글한 느낌을 준다. 주둥이는 짧고 뾰족하고, 귀는 서 있어 마치 여우를 닮았다. 입(주둥이) 길이와 등 길이, 그리고 다리의 길이가 비례하는 경향이 있다. 입이 짧으면 몸매도 동글동글한 경향이 있으니 분양 받을 때 원하는 외모가 있다면 참고할 점이다.

갈색 포메 중 조금 동그랗게 생긴 아이는 마치 복슬복슬한 곰 같기도 하다. 이런 느낌을 강조하기 위해 일명 '곰돌이컷'이라 하여 동글동글한 외모를 강조하는 미용스타일이 유행이다. 푸들이나 포메라니안처럼 털 숱이 많은 아이들은 다양하고 화려한 미용 스타일을 뽐내기에 좋다.

털은 곧고 길며, 풍성하다. 포메라니안의 표준 모질은 속 털과 겉 털로 이루어진 이중모다. 이중모의 포메라니안은 성견이 되면 마치 숫사자처럼 얼굴에 갈기털을 가지게 된다. 숱이 워낙 많아서 털빠짐이 심하다고 느낄 수 있다. 단순한 털 빠짐 증가 뿐 아니라 털이 뭉치로 빠져 피부가 듬성듬성해진다면 동물병원에 내원하여 피부진료를 받을 필요가 있다.

포메라니안은 더위에 약하므로 여름에는 특히 시원하게 해줘야 한다. 털이 엉킬 수 있으니 매일 빗질을 해주거나 별도의 미용관리를 받아야 한다. 색깔은 검은색, 갈색, 흰색 등이 있다. 갈색이 대표적이다. 최근엔 흰색(화이트포메) 또는 검은색(블랙포메)이 인기를 끌고 있다.

포메라니안은 호기심이 많고 영리해서 대소변 교육이 다른 품종보다 쉬운 편이다. 활발하고 놀기 좋아하며, 보호자와 특별한 유대관계를 맺는 편이다.

● **품종 정보**

고향	독일	
별명, 줄임말	포메, 뽀메	
기대수명	12~16살	
키	20~28cm	한국에는 이보다 덩치가 큰 아이들도 많다.
체중	1.8~3.2kg	
털 손질 요구량	중간	
털 날림	중간	
털	거칠다. 빽빽하다. 두껍다. 길이는 단모, 장모 모두 있다	

색	검은색, 블랙탄(검은색+갈색), 은색, 적갈색, 흰색
개 알레르기	사람에게 일으킬 수 있음
한배새끼 수	1~5마리
성향	다정하고 사회성이 좋다. 활달하고 외향적이다. 보호자와 강한 유대관계를 맺는다.
짖는 정도	자주 짖는다.
아이와 어울리기	좋음
주요 질병	슬개골 탈구, 알레르기성피부염
종종 있는 질병	눈꺼풀 속말림증, 저혈당증, 진행성망막위축증, 어깨관절탈구, 수두증, 기관허탈, 골절

동물병원 내원 시 무릎관절이 괜찮은지 여부를 검진받는 것이 좋다. 피부병이나 귓병이 자꾸 재발할 경우, 보다 근본적인 원인인 알레르기에 관해 체크하고 관리할 필요가 있다.

적당한 운동과 식이요법으로 적정 체중을 유지해줘야 한다. 살이 찌면 숨이 가쁘게 된다. 포메라니안은 기관과 기관지가 약한 편인데다, 털이 많아서 더위도 잘 타기 때문에 호흡을 가쁘게 하는 비만은 포메라니안의 건강에 무척 해롭다.

뼈가 가늘고 약한 편이다. 사고 시 뼈가 부러지는 경우가 흔하다. 낙상, 교통사고 등 안전사고에 특히 주의하자.

 # 파피용(빠삐용) Papillon

귓털이 매력적인 파피용

낙천적이고 똑똑한 강아지, 파피용!

귓털이 매력적이다. 파피용은 프랑스어로 '나비'라는 뜻이다. 나비의 날개를 연상시키는 우아한 얼굴 털 덕에 이런 이름이 붙여졌다.

우리에게 익숙한 이름, 영화 빠삐용. 빠삐용은 1973년에 제작된 영화다. 누명을 안고 교도소에서 혹독한 삶을 살다가 탈출을 꾀하는 종신수의 이야기다.

주인공 앙리 샤리엘의 가슴에 나비(빠삐용) 문신이 있어서 별명이 빠삐용이다.

강아지 파피용의 역사는 미술작품으로 찾을 수 있다. 루벤스, 와토, 티치아노 등 1500년대 초 여러 이탈리아 화가의 미술 작품에는 파피용과 닮은 작은 강아지들이 등장한다.

 1500년이면 조선 10대 왕인 연산군 때이며, 홍길동이 등장하던 시대입니다.

이후 루이 14세의 귀족들과의 그림에서 보다 뚜렷한 파피용의 그림이 등장한다. 1800년 후반부터 벨기에의 품종 개량가들에 의해 보다 귀가 쫑긋 서고, 귓털이 늘어진 아이들이 나오기 시작했다. 1923년 영국에 소개되었고, 1935년 미국애견가클럽(AKC)에서 공인되었다.

쫑긋한 귀와 아래로 늘어지는 귓털이 특징이다. 전체적으로 흰색의 털을 띠고, 얼굴에 대칭으로 색깔이 들어간다. 검은색, 갈색, 레몬색 등이 대표적이다. 색이 들어간 털은 귀 옆쪽으로 길게 내려온다. 연약해 보이지만 의외로 활달하고 체력이 좋다. 매우 똑똑하고 사람을 잘 따른다.

● 품종 정보

고향	프랑스
별명, 줄임말	나비 개, 다람쥐 개
기대수명	12~15살
키	20~28cm
체중	2~4kg
털	가늘다. 길다. 부드럽다.
털 손질 요구량	중간
털 날림	적음
색	검은색, 블랙탄(검은색+갈색), 갈색, 적갈색, 은색, 흰색
개 알레르기	사람에게 일으킬 수 있음
한배새끼 수	2~4마리
성향	다정하고 사회성이 좋다. 활달하고 기민하다.
짖는 정도	많이 짖는 편
아이와 어울리기	좋음
주요 질병	슬개골 탈구
종종 있는 질병	진행성망막위축증, 알러지성피부염, 발작, 디스크질환

동물병원 내원 시 무릎관절이 괜찮은지 검진받는 것이 좋다. 걷는 것이 이상하면, 무릎 뿐 아니라 신경질환이 있는지도 진찰받아야 한다.

피부병이나 귓병이 자꾸 재발할 경우, 보다 근본적인 원인인 알레르기에 관해 체크하고 관리할 필요가 있다.

재패니즈 Japanese Chin

재패니즈친, 친이

앙증맞은 일본 귀족, 재패니즈친

작고 귀여운 외모와 보호자를 좋아하는 성향으로 인기를 끌고 있다.

재패니즈친은 중국에서 유래하여 일본으로 오게 되었다. 귀족 간의 선물이었는지 왕들 사이의 선물이었는지는 정확하지 않으나, 대체로 700~1000년 사이에 중국에서 일본으로 유입된 것으로 본다.

중국 출신의 개들은 대부분 얼굴이 눌려 있는 단두종이에요. 시추, 퍼그, 페키니즈, 차우차우 등이 여기에 속합니다.

재패니즈친은 작고, 땅달막하다. 풍성하고 부드러운 털을 가진 아름답고 독특한 친구다. 머리는 큰 편이고 주둥이는 짧고 넓다. 눈 사이가 멀고 귀는 V자로 생겨서 아래로 늘어져 있다. 깃털처럼 털이 풍부한 꼬리도 인상적이다.

보호자를 무척 잘 따른다. 보호자에게 의존한다는 느낌이 들 정도인 아이들이 많다. 민감하고, 사랑을 나누는 것을 좋아한다. 너무 거친 장난이나 시끄러운 소리는 싫어한다.

어릴 때는 장난기 많고 부산스럽기도 하지만, 성견이 되고 나면 원래의 성향대로 차분해진다. 많은 운동량을 요하지 않기 때문에 집안에서 키우기 좋다. 치와와와 마찬가지로 어릴 때는 저혈당이 오지 않도록 사료를 너무 적게 줘선 안 된다. 6개월 전까진 하루 3번 급여가 좋으며 이후에는 하루 2번 밥을 주자. 성견이 되면서는 살이 찌면 호흡이 어려워질 수 있으니 비만하지 않게 관리해야 한다.

● **품종 정보**

고향	일본
별명, 줄임말	친, 재패니즈 스파니엘
기대수명	12~14살
키	20~28cm
체중	1.8~3.2kg
털	가늘다. 부드럽다.
털 손질 요구량	중간
털 날림	중간
색	블랙탄(검은색+갈색), 흰색, 황갈색
개 알레르기	사람에게 일으킬 수 있음
한배새끼 수	1~3마리
성향	경계심이 있다. 용감하다. 명랑하다. 친근하다. 상냥하다. 조용하다.
짖는 정도	거의 짖지 않음
아이와 어울리기	좋지 않음
주요 질병	슬개골탈구, 백내장, 저혈당증
종종 있는 질병	단두종증후군

갑자기 다리를 저는 증상이 있으면 동물병원에 내원하여 관절에 대한 진찰이 필요하다.

미니어처핀셔 Miniature Pinscher

미니핀이라는 이름으로 더 익숙한 미니어처 핀셔!

이름과 생김새가 닮아서 작은 도베르만이라고 생각하기 쉬우나, 미니핀은 도베르만보다 먼저 생긴 품종이며 유전적으로 관계가 없다.

'토이종의 왕'이라고 불릴 만큼 작지만 용감한 미니핀은, 19세기에 독일과 스칸디나비아반도 일대에서 쥐를 잡는 개로 길러졌다. 1895년에 이르러서 반려견으로 인정받기 시작했다.

미니핀은 새끼 사슴을 연상하게 하는 사랑스러운 외모를 가지고 있다.
몸과 뼈가 가냘프고 눈과 코는 또렷하게 검다. 털은 짧고 풍성하며 네 다리 모두 곧고 길다.

미니핀은 진료볼 때 가장 주의해서 다루는 품종입니다. 마치 사슴처럼 점프력이 좋기 때문에 보조자가 주의를 기울여서 잡고 있지 않으면 팡 뛰어올라서 놓칠 수 있기 때문입니다. 놓쳐서 진료대에서 떨어지기라도 하면 뼈가 가늘기 때문에 뼈에 금이 가거나 심하면 골절될 수도 있습니다.

동물이나 사람이나 대체로 발목이 가늘어야 점프력이 좋습니다. 이는 발목이 가늘수록 아킬레스건이 유연하고 탄성이 좋아서 점프에 필요한 종아리 근육으로 힘을 잘 전달하기 때문이라고 합니다.

발목이 가늘어서 점프력이 좋은 미니핀과 농구선수

● 품종 정보

고향	독일
별명, 줄임말	미니핀
기대수명	12~14살
키	25~33cm
체중	3.5~4.5kg
털	짧다
털 손질 요구량	적음
털 날림	중간
색	검은색, 갈색, 적갈색
개 알레르기	사람에게 일으킬 수 있음
한배새끼 수	2~4마리
성향	경계심이 있다. 활력이 넘친다. 친근하다. 독립적이다. 예민하다.
짖는 정도	자주 짖음
아이와 어울리기	좋지 않음
주요 질병	대퇴골두무혈괴사증
종종 있는 질병	슬개골탈구

관절 질환이 흔한 편이고, 가끔 심장병도 생긴다. 다리가 가늘고 약하기 때문에 골절과 같은 사고를 당하지 않도록 주의해야 한다.

음식 알레르기도 흔한 편이다. 간식을 먹고 간지러움을 호소하는 경우가 많다. 털이 짧기 때문에 가려움이 발생하면 탈모 부위가 생기고 긁어서 상처가 나기 쉽다.

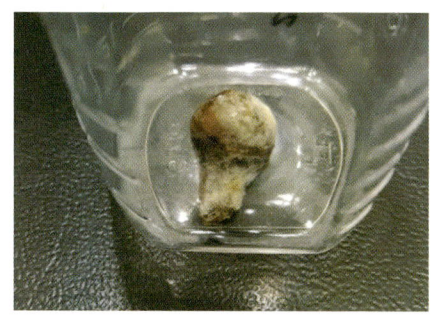

미니핀에서 발생한 대퇴골두무혈괴사증에 대해 대퇴골두를 절제한 수술 사례

아메리칸코카스파니엘
American Cocker Spanie

낙천적이고 활달한 친구, 아메리칸코카스파니엘!

방송인 오프라 윈프리가 13년동안 키운 스파니엘 '소피'

다양한 스타일링이 가능한 멋쟁이 품종이다.

미국인들의 고민 : "같이 충분히 뛰어 놀 수 있으면서도, 작고 귀여운 개가 없을까?" (미국에선 큰 개를 많이 키운다.)

강아지와의 활동을 즐기는 미국인들의 요구에 부합하는 개가 바로 아메리칸코카스파니엘이다. 산책이나 야외활동을 충분히 즐길 수 있는 스포츠견이면서도, 비교적 작은 체구에 속한다.

반면 우리나라에서는 '일반적으로 관리할 수 있는' 가장 큰 개가 스파니엘이다. 이보다 큰 개는 대형견에 속해서, 동물병원이나 샵에서의 미용, 호텔이용에 제한이 있을 수 있으며, 다양한 용품의 구입이 상대적으로 불편하다.

스파니엘은 17세기 영국 웨일즈 지방에서 도요새 사냥을 도왔다. '코카'라고 불리는 것도 도요새(cock)를 잡는다는 뜻에서 유래했다. 1883년에 영국에서 공인되었으며, 이후 미국으로 건너가 별도로 개량되면서 얼굴이 짧아지고 몸집이 작아졌다.

코카스파니엘은 무척 낙천적인 성격을 가지고 있다. 여간해서는 보호자에게 토라지거나 마음의 벽을 만드는 일이 없다.

잉글리시코카스파니엘이 좀더 몸집이 크고 얼굴이 길다.

머리는 둥글고 귀는 길게 늘어져 있다. 배와 다리의 털이 땅에 닿을 만큼 길고 화려하다. 숱이 많고 털이 부드러워서 아름다운 스타일링이 가능하다. 전체적으로 삭모하고 다리 털은 남기는 미용을 자주 한다. 귓속 털이 없기 때문에 귓털을 정기적으로 뽑을 필요는 없으나, 귀 세정 관리가 필요하다. 굉장히 활동적이고 운동량이 많기 때문에 자주 산책시켜서 스트레스를 풀어줘야 한다.

● 품종 정보

고향	미국
별명, 줄임말	코카, 스파니엘
기대수명	12~15살
키	수컷 38~41cm/암컷 36~38cm
체중	수컷 ~13kg/암컷 ~12kg
털	중간길이, 부드럽다.
털 손질 요구량	많음

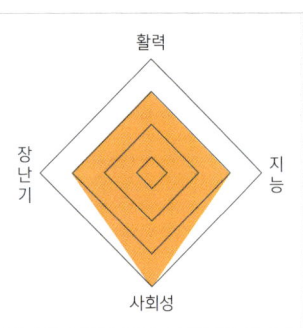

털 날림	중간
색	검은색, 블랙탄(검은색+갈색), 갈색, 흰색
개 알레르기	사람에게 일으킬 수 있음
한배새끼 수	5~7마리
성향	다정하고 사회성이 좋다. 무척 활달하다. 보호자를 매우 따르며 깊은 관계를 맺는다.
짖는 정도	많이 짖는 편
아이와 어울리기	좋음
주요 질병	알레르기성 피부염, 귓병, 녹내장, 백내장, 슬개골 탈구
종종 있는 질병	심장병, 눈꺼풀말림증, 진행성망막위축증, 간질환, 엉덩이관절이형성

코카스파니엘의 가장 주된 질병은 귓병과 눈병이다.
만성 재발성 귓병은 스파니엘에서 가장 흔히 나타난다고 해도 과언이 아니다.

① 귀가 덮여있는 점
② 귓길이 몸집에 비해 좁은 점 } 이 때문에 귓속 통풍이 안 된다.
③ 귀에 진득진득한 귀지가 많이 발생하는 점
④ 알레르기가 많은 점
⑤ 너무 활발하여 귀 관리가 힘든 점

눈이 빨개지거나, 아파하거나(주로 앞발로 문지르거나 바닥에 눈을 비빈다), 눈빛이 불투명해지면 즉시 안과 진료를 받아야 한다. 산책과 같은 활동을 하면서 걸음걸이의 이상 여부도 잘 관찰하자.

건장하고 활력이 넘치는 친구지만 의외의 질병이 찾아올 수 있음을 염두에 둬야 한다. 규칙적인 운동과 귀 관리, 그리고 정기 건강검진이 필요하다.

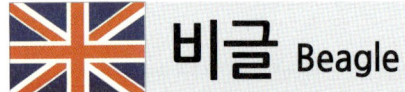

비글 Beagle

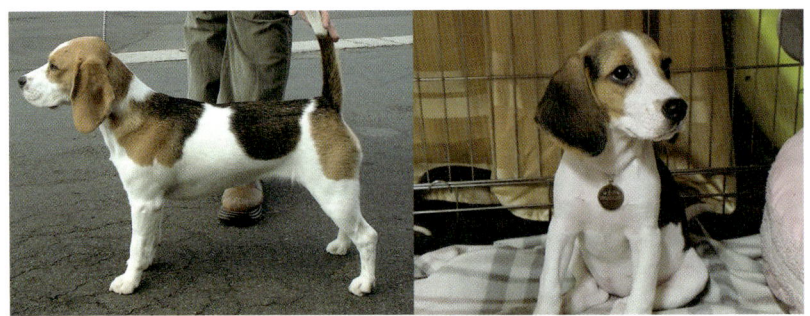

비글견, 폴리

늘어진 큰 귀를 가진 귀염둥이, 비글!
집안의 분위기메이커가 될 수 있는 엔터테이너.

흔히 3대 말썽견으로 비글, 코카스파니엘, 슈나우저(혹은 닥스훈트)가 꼽히는데, 그 중에서도 비글이 대장이다. 일반적으로 비글>>>코카스파니엘>슈나우저(혹은 닥스훈트)라고 여긴다. 장난기가 많고, 낙천적이며(야단을 쳐도 효과가 적음) 힘이 센 탓에, 집안을 자주 어지럽히고 물품을 물어 뜯어서 이런 별명이 붙게 되었다. 이런 평가에 대해 처음에는 비글 견주들이 불편함을 느꼈으나, 이제는 비글의 성격을 있는 그대로 존중하고 더 예쁘게 봐 주며, 오히려 유머러스하게 대처하는 성숙한 모습을 보여준다.

그대의 연예인이 되어 평생을 웃게 해줄게요

싸이 못지 않은 엔터테이너! 비글!

'비글은 보호자를 청소의 달인으로 만들어 준다.'
'비글을 3년 이상 키워낸 보호자에게는 사리가 생긴다.'
라는 말로 웃음을 자아내거나, '우리집 비글은 그래도 이만큼 차분해졌어요.' 라며 흐뭇한 자랑을 하기도 한다. 그만큼 귀엽고 사랑스럽다는 증거일 것이다.

미안해요. 놀다 보니.. 이렇게 됐어요.

단단히 훈련을 시키면 비글도 의젓한 반려견이 될 수 있다. 보호자가 기쁜 것을 좋아하기 때문에 사랑스런 칭찬과 산책, 그리고 충분한 놀이가 큰 도움이 된다.

비글은 가장 작은 사냥개다. 후각이 특히 발달하여 추적견의 역할을 거뜬히 해낸다. 튼튼하고 체력이 좋다. 고대 그리스 때부터 산토끼 사냥을 도왔다고 전해진다. 집안에서 키울 경우, 매일 산책을 시켜줘야한다.

체형에 비해 다리가 짧고, 귀는 길고 흐늘흐

찰리 브라운의 애견,
스누피가 비글이다.

1. 품종백과   49

늘하다. 털은 매끄럽고 부드러우며, 숱이 많다. 검정색과 갈색의 조합인 블랙탄(black/tan)과 오렌지/화이트, 레몬/화이트, 레드/화이트 등 다양한 털 색이 가능하지만, 흰색 + 검은색 + 갈색 조합인 트리칼라(tri-color)가 가장 흔하다.

비글은 동물 실험에 가장 많이 사용되어 왔다. 비글이 탄생한 영국의 경우, 2004년 발표된 8018개의 동물실험 논문 중 7799개(97.3%)가 비글을 대상으로 했다. 이는 비글이 유전질환이 적고, 체구가 가장 평균적인 개를 대표하기 때문이라고 한다.

 미국에는 Beagle Freedom Project라는 운동이 있습니다. 실험실의 동의와 도움을 받아, 실험을 마친 비글들을 가정으로 분양하는 운동입니다.

● 품종 정보

고향	영국
기대수명	12~15살
키	33~38cm
체중	8~13kg
털	빽빽하며 짧다. 방수(防水)가 잘 된다.
털 손질 요구량	적음
털 날림	중간

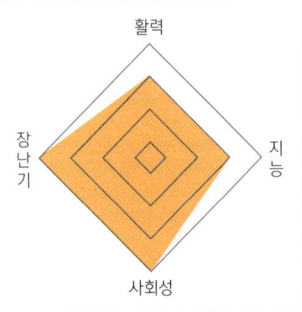

색	블랙탄(검은색+갈색), 적갈색, 삼색(검은색+적갈색+흰색), 흰색
개 알레르기	사람에게 일으킬 수 있음
한배새끼 수	2~14, 평균 7마리
성향	다정하고 사회성이 좋다. 무척 활달하다. 다소 엄살을 피우기도 한다.
짖는 정도	많이 짖는 편
아이와 어울리기	좋음
주요 질병	고관절이형성, 디스크질환
종종있는 질병	간질, 녹내장, 고지혈증

튼튼하고 건강해 보이지만 갑자기 신경통을 호소하거나 마비가 올 수도 있다.
평소와 다른 움직임을 보이면 즉시 진료를 받아야 한다.
녹내장, 백내장 같은 안과질환도 걸릴 수 있다.
증상이 없더라도 검진 차 골반 X-ray 사진은 찍어보는 것이 좋다.

고지방 음식 섭취를 피해야 하며, 정기검진이 필요하다.
고지혈증의 예방 및 관리를 위해 오메가3 영양제를 먹이는 것이 좋다.

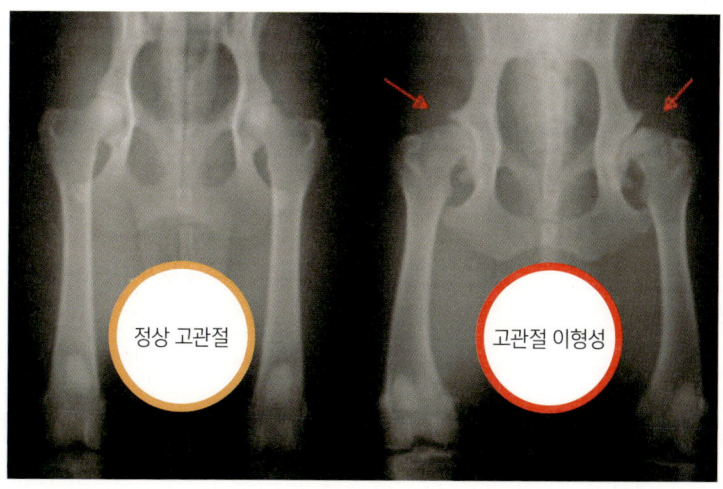

고관절이형성에 걸린 개는 골반관절(고관절)이 잘 맞지 않아서 아프고 잘 걷질 못해요.

슈나우저 Schnauzer

복슬복슬한 흰색 수염이 멋스러운 개, 슈나우저!

개성 있는 외모로 큰 사랑을 받고 있다.

크기에 따라 자이언트 슈나우저(약 30kg) > 스탠다드 슈나우저(약 15kg) > 미니어처 슈나우저(약 7kg)로 나뉜다. 우리나라에는 미니어처가 많다.

슈나우저는 1400년대 말부터 독일에서 농장개로 길러졌다. 가축을 몰고 쥐를 잡으며 사랑을 받아 왔다. 입 주변에 풍성하게 난 수염이 독특해서 슈나우저라는 이름이 붙여졌다. 독일어로 주둥이를 뜻하는 "Schnauze"에서 이름이 비롯된 것이다. 90년대 들어 ALPO라고 하는 개 사료 CF에서 슈나우저가 모델로 등장하면서 유명해지기 시작했다.

털 색은 회색, 흰색, 검은색 계열이 있다. 세 종류 모두 무척 매력적이다. 슈나우저의 털은 전체적으로 희끗희끗한 느낌을 주는데, 한 올마다 회색과 검은색이 어우러져 있는 것이 특징이다. 수염이 많고 얼굴이 길다.

털 빠짐이 매우 적은 편이다. 직사각형의 얼굴과 검은 빛깔의 눈, 삼각형 모양의 귀를 갖고 있다. 꼬리는 가늘고 짧은 편인데, 짧게 수술(도킹이라 함) 하기도 한다. 대담하고 영리하며 낙천적이다. 당당하고 자신감이 있다. 근력이 좋고 운동을 즐긴다. 소형견들과는 운동력에서 많은 차이가 있다. 그만큼 놀아주고 산책을 함께 해줘야한다.

얼굴이나 몸의 털을 얼마나 깎느냐에 따라 생김새가 확 변한다. 미용을 할 때 다양한 스타일링이 가능한 품종이다.

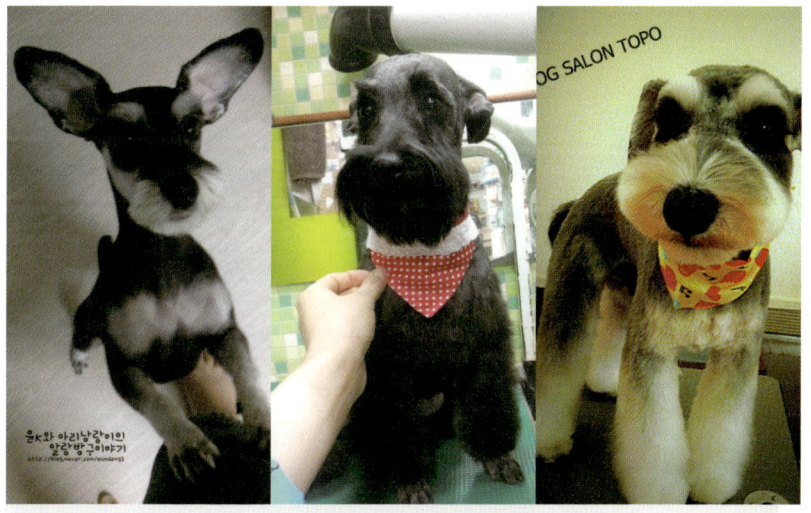

사진 출처(왼쪽부터)
blog.naver.com/eundeng3?Redirect=Log&logNo=120192484889
blog.naver.com/bitcjswo?Redirect=Log&logNo=90165934497
blog.naver.com/gosoo777?Redirect=Log&logNo=30164184879

● 품종 정보

고향	독일
기대수명	12살~14살
키	33~36cm
체중	6~7kg
털	거칠다. 곱슬곱슬하다.
털 손질 요구량	중간
털 날림	적음
색	검은색, 은색, 흰색
개 알레르기	사람에게 거의 일으키지 않음
한배새끼 수	3~5마리
성향	똑똑하고 호기심이 많다. 어울리기 좋아하고 친근하다.
짖는 정도	종종 짖음
아이와 어울리기	좋음
주요 질병	요로결석, 당뇨병, 고지혈증, 건성지루
종종 있는 질병	백내장, 진행성망막위축증, 심장병, 유전성지혈장애

요로계 결석은 1. 돌을 만드는 영양소 섭취를 줄이고
2. 물을 충분히 섭취하게 함으로써 예방할 수 있다.

슈나우저견 방광결석을
수술로 꺼낸 사례

피부가 건조하고 각질이 발생하면 즉시 피부 진료를 받아야 한다. 고지방 음식 섭취를 피해야 하며, 당뇨병과 고지혈증 확인을 위해 정기검진이 필요하다. 고지혈증의 예방 및 관리를 위해 오메가3 영양제를 먹이는 것이 좋다.

닥스훈트 Dachshund

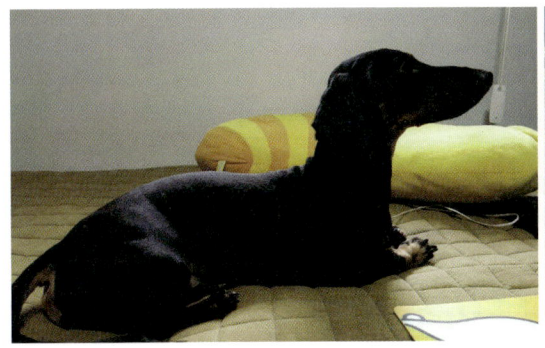
매끈한 체형을 자랑하는 단모 닥스훈트, 루팡이

키가 작아 벤치 아래에 쏙 들어가는 쿠니

다리가 짧고 허리와 주둥이가 긴 개, 닥스훈트!

후각이 발달되어 있고 애교만점인 활달한 개다. 오소리 헌터로 활약했다. 닥스훈트는 독일어로 '오소리를 잡는 개' 라는 뜻이다. 1600년대에 오소리를 잡기 위해 탄생되었다. 두려움이 없고, 몸이 길쭉하여 오소리 굴에 잘 들어감으로써 사냥을 잘 하도록 개량되었다.

털의 종류에 따라 단모/장모/와이어 헤어로 나뉜다. 우리나라에 많이 보이는 매끈함이 매력인 단모종과 우아함을 뽐내는 장모종 그리고 셋 중 가장 희귀한 와이어 닥스훈트가 있다.

이들의 모색은 단색과 2색의 혼합, 그리고 그 외의 색이 있다. 일반적으로 단색이 많으며 검은색, 갈색, 밝은 갈색이 대표적이다.

일반적으로 선진국으로 진입할수록 고양이를 키우는 비율이 증가한다. 미국과 유럽, 일본 모두 개와 고양이가 가장 인기 있는 반려동물자리를 놓고 각축전을 벌이고 있다.

장모 닥스훈트   와이어헤어 닥스훈트

골프브랜드 루이까스텔의 모델이 닥스훈트다.

일본에서는 한동안 고양이가 1위를 차지했었는데, 그 자리를 재탈환시키는 데 가장 결정적인 기여를 한 견종이 닥스훈트다. 그 중에서도 장모 닥스훈트가 가장 인기가 많다. 장모의 우아함이 멋지게 꾸미는 것을 좋아하는 일본인들에게 잘 맞는 모양이다. 우스갯소리로 *"일본의 북쪽은 다 허스키이고, 남쪽은 다 닥스 장모다."* 라는 말이 있을 정도다.

● 품종 정보

고향	독일
별명, 줄임말	닥스, 다리짧은 개
기대수명	12~14살
키	20~23cm
체중	5~14.5kg
털 손질 요구량	중간
털 날림	중간
털	길이는 다양(짧다. 중간길이, 길다), 모질도 다양(부드럽다. 두껍다. 곱슬곱슬하다)
색	검은색, 블랙탄(검은색+갈색), 은색, 갈색, 적갈색, 흰색
개 알레르기	사람에게 일으킬 수 있음
한배새끼 수	3~4마리
성향	똑똑하고 호기심이 많다. 어울리기 좋아하고 친근하다.
짖는 정도	많이 짖음
아이와 어울리기	좋지 않음
주요 질병	디스크질환
종종 있는 질병	건성각결막염, 난청, 간질, 당뇨, 비만, 슬개골탈구

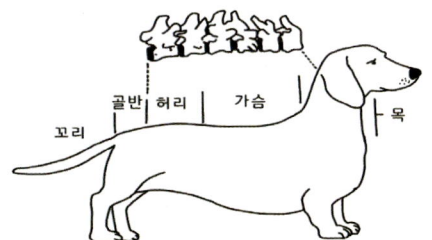

닥스훈트는 허리길이의 비율이 가장 큰 견종으로, 허리디스크(정확한 병명은 추간판탈출증)에 잘 걸리는 것으로 알려져 있다.

사실은 허리가 긴 것에 의한 물리적 압박 외에, 연골이형성종(연골의 영양과 발달이 두드러진 종)의 대사적 문제에 의해서도 이 질병에 더 잘 걸리는 것이다.

닥스훈트는 식욕이 강하고 살이 찌기 쉬운 품종이라서 적절한 운동과 과식하지 않는 식이요법이 필요하다. 운동은 평지를 걷는 것이 좋다. 가능하다면 수영도 좋은 운동이다. 점프, 무리한 운동 및 비만은 척추에 큰 무리를 주기 때문에 피해야 한다.

달마티안 Dalmatian

*쾌활한 낙천주의자
점박이가 인상적인 개, 달마티안.*

월트디즈니사의 '101마리 달마시안'으로 널리 알려지게 된 견종이다.

영화제목과는 달리, 국어사전에는 '달마티안'이라는 이름으로 등록되어 있다.

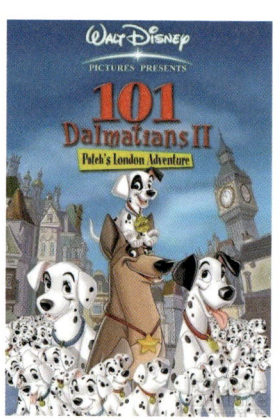

옛 유고슬라비아(현재의 크로아티아)의 '달마티아' 지방으로부터 유래되어, '달마티안'이라는 이름이 붙게 되었다.

이렇듯 개 품종 이름은 지역의 이름을 많이 따는 것 같다. 우리 나라 개들도 마찬가지다. 진돗개(진도 지역), 풍산개(개마고원의 옛 말, 풍산)

유럽 곳곳에서 반려견, 사냥견으로 사랑받아왔다. 특히 영국에서는 마차를 호위하는 역할을 담당해 코치독(coach dog)이라고도 불렸다. 아름다운 점박이 무늬의 개들이 호위해줌으로써 마차 행진의 품격도 높였던 것 같다.

마차를 호위하는 달마티안

미국에서는 소방관을 상징하는 마스코트이기도 하다

뉴발란스 사의 운동화, 880 달마시안

외모의 특징	성격의 특징
① 점박이(흰색바탕에 검은색 또는 고동색의 점) ② 근육질의 매끈한 몸매 ③ 털은 짧고 빽빽하다. 털 빠짐이 있는 편이다.	① 참을성과 지구력이 좋다. ② 산책, 원반던지기 등 활발한 활동을 즐긴다. ③ 아이들이나 다른 동물들과 잘 어울린다. ④ 기억력이 좋다. ⑤ 소심해지지 않도록 어린 시절 사회화를 꼭 해줘야 한다.

달마티안은 완전히 정상인 청력을 가진 아이들의 비율이 70%정도 뿐이라고 한다. 백색을 주로 띄는 개는 유전적 난청 질환을 가질 가능성이 높은데, 이는 내이(속귀)의 성숙한 멜라닌세포의 부재와 관련이 있다.

● 품종 정보

고향	영국, 크로아티아
별명, 줄임말	달, 점박이 개
기대수명	12~14살
키	48~58cm
체중	18~27kg
털	빽빽하다. 가늘다. 짧다.
털 손질 요구량	적음
털 날림	많음
색	검은색, 갈색, 흰색
개 알레르기	사람에게 일으킬 수 있음
한배새끼 수	6~9마리
성향	낙천적이다. 낯을 가리지 않는다. 정력적이다.
짖는 정도	종종 짖음
아이와 어울리기	좋음
주요 질병	난청, 요로결석
종종 있는 질병	알레르기, 간질, 고관절이형성

유전적 난청은 예방이나 치료가 불가능하다. 다만 평소에 내가 키우는 아이의 청력이 어떤지 관찰하고 진찰받을 필요가 있으며, 청력에 문제가 발견될 경우 아이를 갖지 않게 하는 것이 권유된다.

달마티안의 간은 요산(Uric acid)이라는 물질의 분해력이 떨어질 수 있는데, 그렇게 되면 요산이 결정화되면서 신장결석이나 방광결석을 일으킬 수 있다. 이러한 달마티안의 요산결석은 주로 중년령 이상에서 위험성이 높아진다. 예방을 위해 음식 선택에 주의해야 한다. (☞ 453p) 요산의 재료가 되는 '퓨린purine' 성분이 높은 음식은 피해야 한다.

재패니즈스피츠 Japanese Spitz

스피츠, 랑이

귀여운 늑대개, 재패니즈 스피츠!
작지만 활력이 넘치는 견종이다.

스피츠란? '뾰족하다'라는 뜻을 가진 독일어에서 유래했다. 늑대와 비슷한 생김새 (뻣뻣하고 긴 털, 뾰족한 주둥이와 귀, 둥글게 말린 꼬리)를 가진 개의 한 분류이다. 재패니즈스피츠는 스피츠 계열 중에 몸집이 작은 편에 속한다. 가장 작은 것은 포메라니안이다.

몸집이 작은 스피츠 사촌, 포메라니안

몸집이 큰 스피츠 사촌, 알레스칸말라무트

우리나라에서 스피츠라고 하면 재패니즈스피츠를 의미하는 경우가 많다. 재패니즈스피츠는 시베리아의 썰매견 사모예드를 작게 개량하여 만든 품종으로, 긴 털을 가진 북유럽산 개의 후예다. 1920~1930년에 걸쳐 일본에서 반복적 선택교배를 통해 작고 새하얀 재패니즈스피츠를 탄생시키게 되었다. 1977년에 이르러 세계적 공인을 받게 되었다.

총명하고, 용감하며, 쾌활한 성격을 가졌다. 예민하여 경계심이 있으며 다소 고집스런 면도 가지고 있다. 재패니즈스피츠의 털은 순백이다. 똘망똘망한 눈과 촉촉한 코만 검고 나머지는 눈처럼 온 몸이 하얀색이다. 털은 이중으로 되어 있다. 대부분 직모로 되어있고 가슴, 꼬리 및 머리 주변의 털은 부드럽고 숱이 많다.

눈밭에서 잘 구분이 되지 않을 정도로 새하얀 스피츠, 제제

● 품종 정보

고향	일본
기대수명	10~16살
키	수컷 36~38cm / 암컷 30~36cm
체중	수컷 8~9kg / 암컷 7~8kg
털	빽빽하다. 부드럽다. 길거나 짧다.
털 손질 요구량	적음
털 날림	중간

색	흰색
개 알레르기	사람에게 일으킬 수 있음
한배새끼 수	1~6마리
성향	노는 것을 좋아한다. 용감하다. 보호자와 깊은 유대를 맺는다.
짖는 정도	종종 짖음
아이와 어울리기	좋지 않음
주요 질병	슬개골탈구

무릎뼈가 빠지는 슬개골탈구 외에는 잔병이 없는 편이다.

슬개골탈구가 있는지 여부를 진찰을 받아두자. 평소에 미끄러지거나 앞발을 들고 콩콩 뛰는 운동은 조심하는 것이 좋다. 정도에 따라서는 수술적 교정이 필요하다.

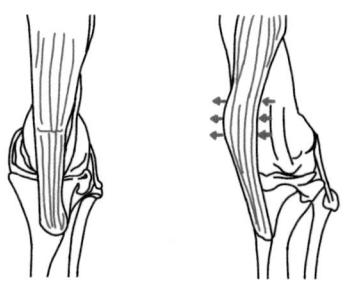

정상 무릎관절(좌)과 무릎뼈(슬개골)이 빠지는 비정상 무릎관절(우)

슬개골이 탈구된 개는 관절을 사용하지 못하고 뻣뻣하고 부자연스럽게 걷거나 깨 금발로 걷게 된다.

진행되면 관절은 더욱 뒤틀려서 돌아오지 못하고 인대손상의 위험성이 높아진다.

셔틀랜드쉽독 Shetland Sheepdog

미니 콜리(p.198)라 불리는 매력덩어리, 셔틀랜드쉽독!

많은 사람들이 꼭 키워보고 싶어 하는 '드림독'이다.

셔틀랜드쉽독은 셜티(sheltie)라는 애칭으로 더 유명하다. 영국 스코틀랜드 북부의 셔틀랜드제도에서 양치기를 하던 개라 하여 이 이름이 붙여졌다. 목양견 출신이지만 현재는 실내에서 사랑 받는 품종이다.

털 색은 갈색, 검은색, 흰색이 가능하며 이들 중 두 가지, 혹은 세 가지 색이 섞여 있다. 털이 많아서 목욕과 빗질 관리가 보통 일이 아닐 수 있다. 키우기 전에 고민해봐야 할 측면이다. 콜리처럼 주둥이가 길쭉하여 옛지있는 느낌을 준다. 콜리와 닮았지만 전혀 다른 품종이며, 콜리보다 작고 다리가 짧다.

활력이 넘쳐서 운동을 매우 좋아하는 장난꾸러기다. 집안에서만 키우면 답답해 할 수 있다. 이 아이는 원래 벌판을 뛰놀던 목양견 출신! 셜티에게 산책과 운동이 꼭 필요함을 기억하자.

똑똑하다. 보호자에 대한 충성심과 복종심이 강한 편이다.

주둥이가 긴 아이를 좋아하면서도 가정견으로 비교적 크지 않은 품종을 선호할 때 셜티는 가장 적합한 반려견이 될 것이다.

● 품종 정보

고향	영국
별명, 줄임말	셜티, 미니어처 콜리
기대수명	12~14살
키	33~40cm
체중	5~11kg
털 손질 요구량	많음
털 날림	환절기에 많이 날림
털	빽빽하다. 두껍다. 거칠다. 길이는 다양하다. 다. 방수가 잘 된다.
색	블랙탄(검은색+갈색), 갈색에 검은 줄무늬, 갈색, 흰색에 검은 점박이, 삼색(검은색, 흰색, 적갈색), 흰색
개 알레르기	사람에게 일으킬 수 있음
한배새끼 수	4~6마리
성향	순하고 사교적이다. 놀기를 좋아한다. 운동을 좋아한다. 충성심이 강하다.
짖는 정도	가족과 함께 있을 땐 거의 짖지 않음, 하지만 낯선 사람을 만나거나 혼자가 되면 많이 짖을 수 있음
아이와 어울리기	좋음
주요 질병	피부근육염
종종 있는 질병	안구 기형, 고관절이형성, 백내장, 유전성지혈장애, 대퇴골두무혈성괴사증, 퇴행성망막위축증, 첩모난생증, 고지혈증

● **피부근육염이란?**

피부근육염은 피부와 근육에 염증이 생기는 질병이다. 원인은 밝혀져 있지 않으며, 유전적 결함이 원인으로 지목되고 있다. 콜리, 셔틀랜드쉽독에서 흔하다.

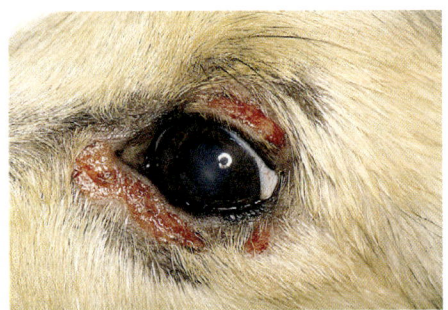

눈 주위에 발생한 피부근육염

증상은 보통 생후 2개월에서 6개월령에 시작된다. 탈모, 발적, 각질, 딱지(혹은 피딱지) 등이 눈이나 코, 또는 귀 주위와 꼬리에 발생한다. 진행되면 몸의 근육량 소실로 이어져, 힘이 없고 걷는 것이 원활하지 않을 수 있다. 때론 식도 근육도 영향을 받아서 거대식도증이 나타날 수도 있다.

유사한 증상이 발생된다면 동물병원에 내원하여 진료를 받아야 한다. 일부 피부에 대한 생검 및 조직검사가 필요할 것이다.

고지방 음식 섭취를 피해야 하며, 정기검진이 필요하다. 고지혈증의 예방 및 관리를 위해 오메가3 영양제를 먹이는 것이 좋다.

카바리에 킹 찰스 스파니엘
Cavalier King Charles Spaniel

카바리에 킹 찰스 스파니엘은 '단발머리'를 연상시키는 외모를 지닌 아름다운 품종이다.

인기 급상승중인 귀족 강아지 카바리에 킹 찰스 스파니엘!

너무 아름답고 다정한 품종이지만, 기르기 전에 유전질환이 많은 것을 기억해야 한다.

스파니엘 가족에 속한다. 스파니엘 중에서는 가장 몸집이 작다. 카바리에 성견은 6개월 된 코카스파니엘과 비슷한 크기다.

17세기 영국의 찰스 2세가 이름을 붙인 킹 찰스 스파니엘이 기원이다. 자신이 키우던 스파니엘을 너무나도 사랑하여 '킹 찰스'라는 이름을 하사한 것이다. 카바리에 킹 찰스 스파니엘은 1920년 미국의 로스웰 엘드리지가 킹 찰스 스파니엘을 모델로 5년간 연구하여 만든 품종이다. 카바리에는 '기사(knight)'를 뜻하는 영어의 고어에서 따 온 것이다.

부드러운 모질과 긴 꼬리가 특징이다. 2000년 이후로 영국에서 큰 인기를 얻었다. 성격이 다정하고 붙임성이 좋아 주인과 친구 개 뿐 아니라, 아이들과도 잘 어울린다.

▲ '재미있는TV 롤러코스터'라는 프로그램 마지막에 인사 하는 개가 바로 카바리에 킹 찰스 스파니엘이다.

▶ 미국 TV 시리즈 '섹스앤더시티'에서, 샬롯은 아름다운 카바리에 킹 찰스 스파니엘을 분양받아 '엘리자베스 테일러 골든블랫'이라 이름 짓고 자식처럼 기른다.

● 털의 특징

부드럽고 중간 정도 길이의 털을 가지고 있다. 일부는 곱슬곱슬할 수 있지만 대체로 직모고, 귀와 발, 다리, 꼬리 털이 더 길다.

모색은 4 종류다. ①블레넘 ②블랙 앤 탄 ③루디 ④삼색, 가장 대표적인 것은 흰색 바탕에 눈과 귀, 등에 황갈색 무늬가 있는 '블레넘(Blenheim)' 칼라다. 이 외에도 검정 바탕에 황갈색 얼룩이 있는 '블랙 앤 탄(Black and Tan)', 온 몸이 적갈색인 '루디(Ruddy)'가 있으며, 마지막으로 흰색과 검은색, 그리고 갈색이 섞인 '삼색'이 있다.

블레넘, 삼색, 루디 모색을 가진 카바리에 킹 찰스 스파니엘

● 품종 정보

고향	영국	
별명, 줄임말	카브, 카바리에	
기대수명	9~14살	
키	30~33cm	
체중	6~8.5kg	
털 손질 요구량	중간	
털 날림	중간	
털	부드럽다	
색	블랙탄(검은색+갈색), 흰색과 갈색, 적갈색, 삼색(검은색, 흰색, 적갈색)	
개 알레르기	사람에게 일으킬 수 있음	
한배새끼 수	2~6마리	
성향	순하고 사교적이다. 자신감이 있다.	
짖는 정도	종종 짖음	
아이와 어울리기	좋음	
주요 질병	심장판막질환(이첨판폐쇄부전)	
종종 있는 질병	척수공동증, 고관절이형성, 눈꺼풀속말림증, 슬개골탈구, 발작성 낙하, 혈소판감소증, 귓병	

수의사인 나에게는 실물보다 '질병'으로 먼저 다가온 친구들이 있다.

바로 카바리에 킹 찰스 스파니엘(심장병)과 베들링턴테리어(구리중독성 간염)이다. 워낙 유명해서 학교에서 책으로 자주 접한 뒤, 실제 강아지들은 뒤늦게 만나보는 것이다.

카바리에의 경우 약 42.8% 사망이 심장병과 연관이 있을 정도이며, 종종 발생하는 질병으로 열거한 질병도 발병률이 높은 편임을 유념해야 한다.

좌심실(LV)가 수축되며 대동맥(AO)로 혈액이 나갈 때, 닫혀야 할 이첨판(AL, PL)이 다 닫히지 않아 혈액이 좌심방(LA)로 역류(MR)하는 질병, 이첨판폐쇄부전증

1. 품종백과

웨스트하이랜드화이트테리어
West Highland White Terrier

순백의 강아지, 웨스트하이랜드화이트테리어!

말티즈와 함께 하얀 강아지를 대표한다. 골프웨어 블랙앤화이트와 블랙앤화이트 위스키의 화이트 모델이며(블랙 모델은 스코티시테리어) 강아지계의 대표 간식 '시저'의 대표모델이다.

소형견으로 분류되지만 말티즈나 요크셔테리어처럼 작진 않다. 언뜻 보기에 차분하고 귀엽게 생겼지만 사실은 운동을 상당히 좋아하는 개다. 혼자 두면 심심해해서 집안 물건을 물어뜯거나 바닥을 팔 수도 있다. 앉아있기 보다는 달리는 것을 무척 좋아하기 때문에 규칙적인 산책은 필수다.

튼튼하고 헌신적이며 낙천적이어서 전형적인 테리어의 경향을 나타내고 있다. 인내심이 강하고 용감하다. 테리어들은 보호자와 깊은 신뢰관계를 잘 쌓지만 처음 보는 다른 개에게는 다소 공격적일 수도 있으니 주의가 필요하다.

● **웨스티(웨스트하이랜드화이트테리어)의 유래**

웨스트하이랜드화이트테리어는 영국 스코틀랜드의 서부지방 출신이다. 케언 테리어와 스코티시테리어들로부터 흰색을 특징으로 하도록 개량되었는데, 순백색을 지님으로써 사냥할 때 여우와 헷갈리지 않을 수 있게 하는 것이 개량의 목적이었다. 1907년에 런던 독쇼에서 데뷔했고 1908년에 미국애견협회에서 공인을 받았다.

웨스티는 깨끗하고 냄새가 거의 나지 않는 품종이다. 털도 거의 날리지 않는다. 하지만 털이 뭉칠 수 있으므로 매일 빗질을 해줘야 한다.

● **성격**

낙천적이고 활력이 좋아서 가정에서 분위기메이커가 될 수 있는 품종이다.

● **품종 정보**

고향	영국
별명, 줄임말	웨스티
기대수명	12~14살
키	수컷 28cm / 암컷 25.5cm
체중	6.8~9.5kg
털 손질 요구량	많음
털 날림	적음
털	빽빽하다. 거칠다.
색	흰색
개 알레르기	사람에게 거의 일으키지 않음

한배새끼 수	2~5마리
성향	애정이 많다. 용감하다. 낙천적이다. 다소 독립적이다. 활발하다.
짖는 정도	종종 짖음
아이와 어울리기	좋음
주요 질병	알레르기성 피부염, 턱뼈 질환(머리턱 골병증), 대퇴골두 무혈성괴사증(LCPD)
종종 있는 질병	백내장, 구리 중독, 슬개골탈구

● **주요질병**

알레르기성피부염이 흔하다. 겨드랑이, 사타구니, 귀를 자주 가려워하고 염증이 생긴다면 피부진료를 받고 장기적인 관리가 필요할 수 있다.

알레르기성피부염은 대체로 완치가 어렵다. 알레르기 원인검사를 통해 주의해야 할 음식과 환경요소를 파악하고 알레르기약, 샴푸요법, 오메가3영양제 등으로 장기관리를 하게 된다.

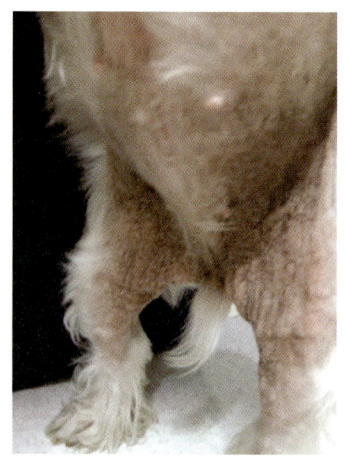

알레르기성 피부염으로
내원한 웨스티 사례

웰씨코기 Welsh Corgi

펨부록 웰씨코기, 마루

카디건 웰씨코기

영국 왕실에서 사랑 받은 개, 웰씨코기!

통통하고 짧은 다리, 멋진 털, 그리고 긴 허리가 특징이다.

웰씨코기는 펨브록(Pembroke) 웰씨코기와 카디건(Cardigan) 웰씨코기로 나뉜다. 펨브록 웰씨코기는 외향적이고 놀기 좋아한다. 우리나라에는 펨브록 웰씨코기가 많이 보급되었다.

카디건은 내성적이고 다소 쌀쌀맞은 면이 있는 대신 복종적이고 집을 잘 지킨다. 훈련이 잘 되기 때문에 목양견으로도 활약한다.

웰씨코기는 영국 웨일즈 출신의 개다. 웨일즈어로 '개'라는 뜻을 가진 corrci라는 어원에서 유래하여 웰씨(웨일즈) 코기(개) = 웰씨코기라는 이름이 붙여졌다. 리처드 1세때부터 지금까지 영국 왕실에서 사랑을 듬뿍 받은 개다.

털 색은 베이지색, 황갈색 및 검은색이 대표적이고, 다리, 목, 입 주위 그리고 가슴에는 흰색 부위가 특징적으로 있다.

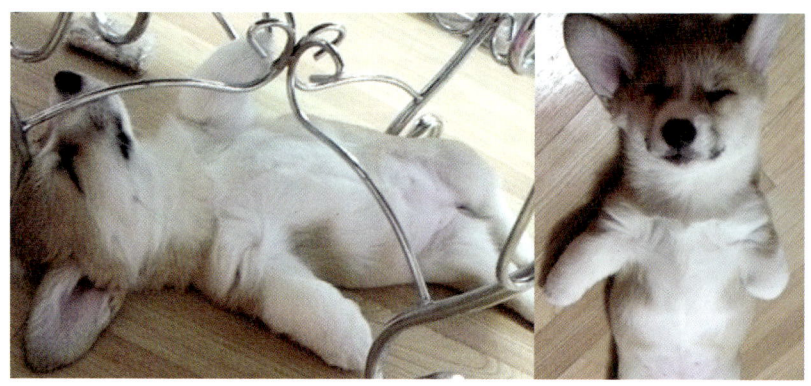

웰씨코기는 뒤로 누워 귀여움을 떠는 사진으로 유명하다. 짧은 다리가 더 귀여워 보인다.

'함께 운동을 즐길 수 있는 작지 않은 품종'을 선호하는 사람들이 많이 키운다. 과거에는 스파니엘이 이런 사람들의 인기를 독차지했는데, 최근에는 웰씨코기의 수가 많이 증가한 느낌이다. 함께 산책하면 귀여운 외모 덕에 주변 사람들의 눈길을 사로잡는다.

다리는 짧지만 무척 튼튼해서 운동을 좋아한다. 양치기견 출신답게 매우 활달하다. 쫓고 무는 본능이 있기 때문에 관련 놀이인 공놀이와 원반던지기를 정말 좋아한다. 운동이나 놀이가 부족하면 보호자의 뒤꿈치를 물기도 한다.

웰씨코기는 털이 많이 빠지고 많이 짖는 편이다. 분양을 받기 전에 이에 대한 고려가 필요하다.

● **품종 정보**

고향	영국
별명, 줄임말	코기
기대수명	11~13살
키	25~30cm
체중	11~13kg
털 손질 요구량	적음
털 날림	많음
털	거칠다. 두껍다. 길이는 다양하다. 방수가 잘 된다.
색	검은색, 블랙탄(검은색+갈색), 적갈색, 흰색
개 알레르기	사람에게 일으킬 수 있음
한배새끼 수	6~7마리
성향	애정이 많다. 활발하다. 용감하다. 낙천적이다. 다소 독립적이다. 보호자와 깊은 유대감을 느낀다.
짖는 정도	많이 짖음
아이와 어울리기	좋음
주요 질병	고관절이형성, 디스크질환, 알레르기성 피부염
종종 있는 질병	간질, 요로결석, 수정체탈구, 진행성망막위축증, 유전성지혈장애

알레르기성 피부염이 있는 편이다.

과체중이 되지 않도록 체중을 조절해줘야 한다.

주요 질병과 종종 발생하는 질병에 대해 정기 검진이 필요하다.

스코티시테리어 Scottish Terrier

개성 있는 외모의 소유자, 스코티시테리어!

애버딘테리어라고도 알려져 있다.

1. 프랑스 패션 액세서리 브랜드인 아가타(AGATHA)의 모델이다.
2. 골프웨어 블랙앤화이트의 검은 개 모델이다.

3. 퍼스트 펫(대통령이나 왕, 왕비가 키우는 반려동물) 중에서 가장 사랑 받았던 존재이자 미국 역사상 가장 유명한 개다. 미국 대통령 루즈벨트(32대)와 부시(43대)의 애견으로 유명하다.

부시와 그의 반려견 바니.
바니는 부시가 백악관에 입성할 때 크리스티
휘트먼 뉴저지 주지사가 당선 선물로
로라 여사에게 준 퍼스트 펫이다.

루즈벨트 대통령과
그가 키우던 반려견
팔라의 조각상

깨알상식

루즈벨트 대통령과 팔라에 대한 이야기
'신기한 TV 서프라이즈'란 프로그램에서 루즈벨트 대통령이 섬에서 팔라를 잃어버리고 찾는 과정을 방영해서 큰 화제가 됐던 기억이 난다. 알류산 열도 섬에서 팔라를 잃어버리고, 미 군함이 발견하는 내용이었다.

그의 개 사랑은 각별하여 "나와 아내를 욕해도 나의 반려견을 욕해서는 안 된다."고 못 박을 정도였다. 루즈벨트 옆에는 항상 팔라가 따라다녀서 팔라의 행동 하나하나는 뉴스거리가 되어 신문에 그대로 실릴 정도였다.

대통령과 팔라의 우정이 너무 각별해서 루즈벨트가 네 번째로 대통령 선거에 출마했을 때에는 그와 경쟁을 하고 있던 반대파 공화당에서 팔라에 대해 시비를 건 웃지 못할 일도 있었다.

4. 보드게임 모노폴리의 말로 사용됐다. 하스브로(Hasbro: 미국 완구 전문업체)의 마케팅 담당 부사장 Matt Collins에 따르면 모노폴리 게임에 나오는 말 중 가장 인기가 있다고 한다.

> 모노폴리하자! 자~ 먼저 자기 말을 골라보자. (다 같이) 나는 스코티!

스코틀랜드의 하일랜드 지방에서 여우나 족제비 사냥에 앞장서던 개다. 걷는 모습이나 행동이 앙증맞아 귀엽게 보이지만 대담하고 혈기왕성하여 테리어 중 흥분을 잘하고 공격적인 개로 유명하다.

다혈질에 영리하고 자존감이 강해서 야단을 쳐도 별로 개의치 않는다. 평생 한 주인만을 섬기며 충성을 맹세하는 의리파다.

굵은 목과 탄탄한 근육질 몸을 가지고 있다. 체형이 땅딸막하다. 짧은 다리와 긴 머리가 특징이다. 쫑긋 선 귀와 꼬리도 독특하다. 털 색은 어두운 갈색 또는 검은색에 가깝다. 대체로 억세고 긴 겉 털과 부드럽고 빽빽한 속 털로 구성된다.

● 품종 정보

고향	영국
별명, 줄임말	스코티
기대수명	11~13살
키	25~26cm
체중	수컷 8.5~10kg / 암컷 8~9.5kg
털 손질 요구량	중간
털 날림	적음

털	빽빽하다. 거칠다. 곱슬곱슬하다.
색	검은색, 얼룩무늬, 회색, 누런 색, 흰색
개 알레르기	사람에게 거의 일으키지 않음
한배새끼 수	1~6마리
성향	보호자에게 복종적이다. 총명하다. 용감하다. 고집이 세다. 다른 개에겐 다소 공격적이다.
짖는 정도	거의 짖지 않음
아이와 어울리기	좋음
주요 질병	종양, 머리턱골병증, 유전성지혈장애
종종 있는 질병	디스크질환, 경련증

● **주의할 질병**

스코티 경련(Scottie cramp)

- 어린 나이에 발생
- 운동이나 흥분 후 수 분 동안 발을 높이 들며 이상하게 걷는다.
- 동물병원에 내원하여 진단 및 치료를 받아야 한다.
- 유전성이 있는 질환이므로 교배를 시키지 않는 것이 좋다.

종양

방광종양, 피부종양, 위 종양 등이 흔하다. 7세 이상이 되면 매년 검진을 받는 것이 좋다.

머리턱골병증

아래턱이 과성장해서 발생하는 병이다. 주로 4~7개월령에 발생하며, 씹는 것을 불편해한다.

보스턴테리어 Boston Terrier

무대를 즐기는 매너 있는 개, 보스턴테리어

1870년 미국 보스턴에서 불독과 불테리어를 교배하여 탄생했다. 처음에는 투견이 목적이었으나, 이후 꾸준한 개량을 통해 전시용, 애완용 개가 되었다.

● **외모의 특징**

① 짧은 꼬리와 쫑긋 선 귀, 짧은 주둥이(단두종)
② 작지만 다부진 체격
③ 부드럽고 짧은 털
④ 흰색 + 어두운 색 (갈색/검은색/얼룩)

가슴, 목, 주둥이 및 앞다리 부위가 주로 흰색이다.

● **성격의 특징**

유순하고 활달하며 사회성이 좋다. (테리어의 활발함 + 불독의 유순함)
다소 짖는 편이고 고집이 있을 수는 있지만, 전체적으로 아주 매너 있고 사교적이다. 아이들 및 다른 동물과 잘 어울린다.

진료를 보다 보면 이런 이야기를 종종 듣는다. "우리 강아지가 다 아는지~ 동물병원만 오면 안 들어오려고 해요" 안타깝지만 공감할 수 있는 이야기다. 자주 와서 주사를 맞고 귀를 씻는 등 치료를 받는 아이들에겐 동물병원이 무서운 곳일 수 있으니 말이다.

근데 보스턴테리어, 웰시코기, 퍼그처럼 '낙천적이다'라는 말로 표현할 수 있는 견공들은 이런 법이 없다. 어디든 산책 가는 것을 좋아하며, 동물병원에도 항상 활발함과 호기심을 보이며 놀러 들어온다.

● 품종 정보

고향	미국
별명, 줄임말	미국신사, 보스턴 불테리어
기대수명	10~14살
키	38~43cm
체중	4.5~11.5kg
털 손질 요구량	적음
털 날림	적음
털	짧다. 가늘다.
색	검은색, 갈색, 흰색
개 알레르기	사람에게 일으킬 수 있음
한배새끼 수	4~6마리
성향	낙천적이다. 활발하다. 애정이 깊다. 똑똑하다. 고집이 있다
짖는 정도	가끔 짖음
아이와 어울리기	좋음
종종 있는 질병	백내장, 슬개골탈구, 심장병, 단두종증후군, 수두증

검진을 통해 심장이 건강한지, 무릎뼈가 빠지는 질병인 슬개골탈구가 있진 않은지, 단두종에 속하므로 코나 기도가 좁아 호흡이 곤란하진 않은지 확인해볼 필요가 있다. 눈이 크기 때문에 눈에 상처가 나지 않도록 주의하는 것이 좋다.

더위나 추위에 약한 편이라서 실내생활을 해야 하며, 외출 시 체온유지에 신경 써줘야 한다. 음식이 맞지 않을 경우 소화불량으로 배에서 꾸르륵 하는 소리가 날 수 있다. 먹이는 사료가 적절하고 소화를 잘 시킨다면, 사료를 굳이 바꾸지 않는 것이 좋다.

불독 Bulldog

잉글리시불독

아메리칸불독
잉글리시불독에 비해 체격이
크고 주름이 적다.
주둥이가 덜 눌려있다.

프렌치불독
잉글리시불독에 비해
체격이 훨씬 작다.

강직한 외모와 달리 매우 유순한 성격을 가진 개, 불독!

영국의 토착견과 마스티프와 교배해 탄생했다. 17세기 초, 투견으로 활약하며 황소를 잡는 개 Bull(황소)+dog(개)로 이름을 얻었다. 19세 초부터는 투견 경기가 불법화되면서 점차 작아져, 현재의 불독이 되었다. 친척으로는 아메리칸불독과 프렌치불독이 있다.

● 외모의 특징
① 두꺼운 가슴, 넓은 어깨, 굵은 목, 큰 얼굴
② 얼굴에 굵은 주름, 납작한 주둥이 (눌린 코)
③ 쳐진 입술, 강력한 아래 턱
④ 매끄러운 단모
⑤ 갈색, 옅은 황갈색, 얼룩무늬의 털

● 성격의 특징

얼굴에 주름이 져서 터프해 보이지만 실제 성격은 침착하고 유순하다. 일부는 고집이 세고 공격적일 수 있다.

특유의 외모 때문인지 용맹함의 상징이 되거나 난폭한 것으로 만화에서 자주 묘사되었다.

미국 해병대 마스코트   미국 애니메이션 '톰과 제리'의 스파이크

불독은 다른 개처럼 먼 거리의 산책을 즐기지 못한다. 호흡이 원활하지 않고 관절이 튼튼하지 못하기 때문이다. 대신 집안에서 이것저것 씹는 것을 좋아한다.

운동이나 산책을 싫어하는 보호자에게 가장 완벽한 반려견일 수 있겠다. 불독은 소파에 누워 있는 보호자의 곁에서, 개껌을 씹길 원할 것이다.

→ 이물질을 삼키지 않도록 주의가 필요하다.
→ 평지를 걷는 운동 정도는 불독에게도 충분히 가능하며, 건강을 위해 필요하다.

● 품종 정보

고향	영국	
별명, 줄임말	잉글리시불독, 브리티시불독	
기대수명	8~10살	
키	30~38cm	
체중	수컷 24~25kg / 22~23kg	
털 손질 요구량	적음	
털 날림	중간	
털	짧다. 가늘다.	
색	검은색, 적갈색, 갈색, 흰색	
개 알레르기	사람에게 일으킬 수 있음	
한배새끼 수	4~5마리	
성향	끈기 있다. 침착하다. 사교적이고 보호자에게 깊은 유대감을 가진다. 용감하다. 때론 공격적이다.	
짖는 정도	거의 짖지 않음	
아이와 어울리기	좋음	
주요 질병	고관절이형성, 단두종증후군, 꼬리잠복증, 건성각결막염, 어깨뼈탈구	
종종 있는 질병	체리아이(제3안검돌출증), 두 줄 속눈썹, 눈꺼풀말림증, 슬개골탈구	

불독은 새끼들도 머리가 크기 때문에 난산이 무척 많다. 출산 때 제왕절개 수술을 할 가능성이 높다.

눈과 관질에 대한 검진이 필요하며 단두종증후군과 관련된 검진과 관리가 필요하다.

단두종증후군이란 유전적인 원인으로 숨길이 충분히 개통되지 않으며 여러 가지 후천적 요인까지 더해서 호흡이 곤란해지는 증상을 말한다.

콧구멍이 좁고, 연구개(안쪽 입천장)가 늘어나고, 기관이 좁다. 단두종증후군이 있는 개는 운동을 꺼리고, 호흡을 어려워하며 입벌림, 코골이호흡이 흔하다. 구역질과 삼킴장애가 있으며 심할 경우 쓰러짐, 청색증, 수면무호흡증이 발생하며 호흡곤란으로 사망할 수 있다. 단두종증후군이 의심되는 개는 동물병원에서 진료를 받아야 한다. 코나 목 자극하지 않기, 시원하게 해주기, 날씬하게 키우기 등의 관리도 필요하며, 콧구멍을 넓혀주는 수술이 필요할 수 있다.

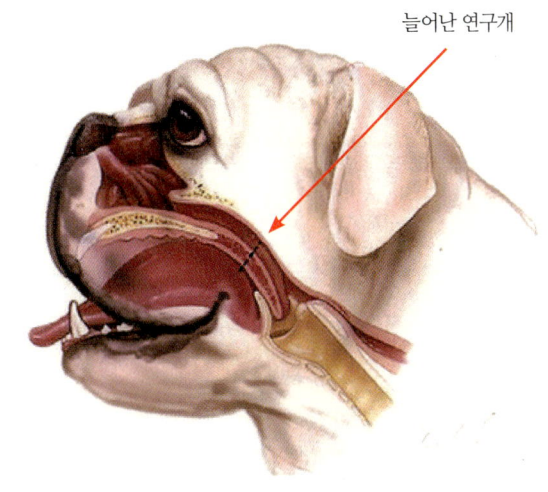
늘어난 연구개

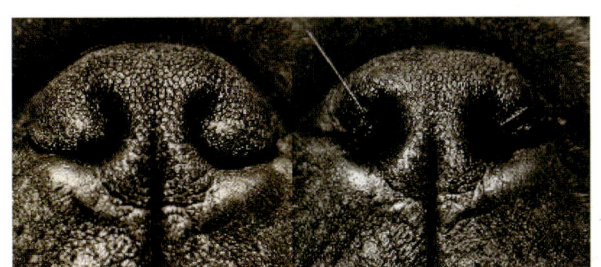
좁은 콧구멍(좌)를 수술하여 넓힘으로써 호흡곤란을 개선할 수 있다.

프렌치불독의 경우 꼬리쪽 피부가 말려 들어가서 종종 피부염이 발생한다. 꼬리 주변이 심하게 말려 들어가 있거나 피부 짓무름, 악취, 가려움증이 유발되면 진찰이 필요하다.

차우차우 Chowchow

사자 + 아기곰, 차우차우!

엉뚱하고 귀여운 외모가 사랑스럽다.

중앙아시아 기원의 고대 견종이다. '차우'란 중국어로 썰매를 뜻한다. 즉, 차우차우는 썰매를 끄는 개였다. 초기에는 식용견으로 키워진 아픈 기억을 갖고 있지만 현재는 아기 곰을 연상시키는 귀여운 외모로 인기를 모으고있다. 1789년 영국에 전해진 뒤 세계적으로 알려졌다.

몸이나 다리에 비해 발이 작고, 다리가 거의 일직선이라 걸음걸이가 약간 뒤뚱거리는 느낌을 준다. 혀와 입이 보랏빛이다.

털이 두꺼워서 추위에는 강하나 더위에는 약하다. 특히 목 주위의 털이 풍성하다. 털 색은 황갈색과 검은색, 크림색이 대표적이다.

차우차우는 보호자를 따르고 집을 지켜주는 고마운 친구다. 시력이 좋지 않기 때

차우차우 별이

문에 주위의 변화에 민감할 수 있다.

조용한 성격이지만 힘이 워낙 세기 때문에 보호자가 감당하기 힘들 수도 있다. 보호자에게 충실하지만 타인에게는 다소 배타적이다.

털이 뭉치지 않게 빗질과 목욕 관리를 해줘야 한다.

모델 이영진씨가 키우는
차우차우 '크리미'

문헌에 차우차우는 타인을 경계하고 다소 공격적일 수 있다고 나와있지만, 제가 직접 진료를 본 차우차우들은 무척 착하고 순했습니다.

어릴 때부터 방광염과 피부염 진료를 받아 온 차우차우 별이는 병원에 올 때마다 검사와 치료를 했지만 한번도 으르렁거리거나 예민하게 반응하지 않았어요.

1. 품종백과

● **품종 정보**

고향	중국
별명, 줄임말	차우
기대수명	8~12살
키	43~38cm
체중	20~32kg
털 손질 요구량	많음
털 날림	계절성(봄, 가을에 많이 빠짐)
털	빽빽하다. 두껍다. 거칠다.
색	검은색, 갈색, 적갈색
개 알레르기	사람에게 일으킬 수 있음
한배새끼 수	3~6마리
성향	경계적, 공격적, 독립적, 방어적, 충성심 있음, 조용함
짖는 정도	종종 짖음
아이와 어울리기	좋지 않음
주요 질병	엉덩이관절이형성, 눈꺼풀속말림증
종종 있는 질병	백내장, 두줄속눈썹, 콧구멍협착증, 연구개노장, 어깨관절이형성, 위꼬임증, 슬개골탈구, 동공막잔류증, 자가면역성 피부질환

눈, 어깨관절, 엉덩이관절 중심으로 검진을 받아야 한다.

자주 털 관리를 해줘야 한다. 털 정리(빗질)가 되지 못하면 피부병이 발생할 수 있다.

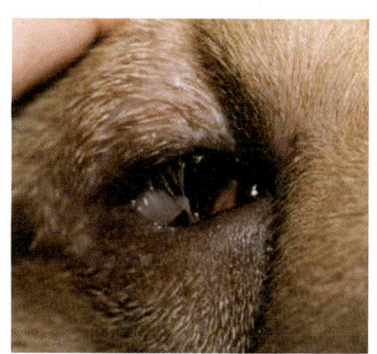

◀ 눈꺼풀속말림증
눈이 작고 눈꺼풀이 안으로 말려서 피부나 눈꺼풀이 눈에 닿아서 눈에 자극을 준다. 차우차우와 샤페이 품종에서 흔히 발생한다.

페키니즈 Pekingese

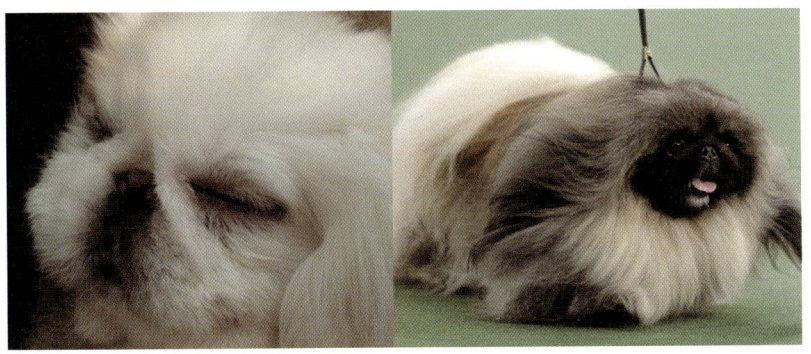

스노우화이트 페키니즈, 강생이   외국에서 많이 키우는 흑담비 페키니즈

미니 사자, 페키니즈!

한국에서는 스노우화이트 페키니즈가 대부분이다.

티베트의 '라사압소'라는 개로부터 유래했다. 중국 당나라 시기에 왕족의 사랑을 받았다. 수호 사자를 의미하는 중국어 Peke에서 이름이 유래했다.

아편전쟁 당시 중국에 온 영국군이 영국으로 데려가면서 서양으로 전파되게 됐다.

얼굴은 둥글고 두 눈 사이가 넓다. 코는 검은색으로 길이가 짧고 폭은 넓다. 눈은 둥글고 크다. 귀는 아래로 쳐져 있다. 가슴이 넓어 사자를 닮았다. 털빛은 모든 색이 가능하다. 붉은색, 엷은 황갈색, 검은색, 흰색 등이 대표적인데, 한국에서는 대부분 흰색(스노우화이트)을 기른다.

코가 짧아 귤의 곡선과 정확히 맞닿는 강생이

페키니즈를 모델로 한 캐릭터 부르부르

겁이 없고 독립심이 강한 편이다. 고집이 있어서 훈련이 쉽진 않다. 조금만 살이 찌면 코를 골고 호흡이 불편해지므로 적정 체중을 항상 유지해줘야 한다. 활동적이지 않은 편이라서 식사량으로 체중을 조절해야 한다.

외출이나 산책보단, 집에서 교감하고 쓰다듬어줄 수 있는 보호자에게 어울린다.

● **품종 정보**

고향	중국
별명, 줄임말	페키, 사자개, 북경사자개
기대수명	13~15살
키	15~23cm
체중	수컷 5~6.5kg / 암컷 3.5~6.5kg
털 손질 요구량	많음
털 날림	중간

털	길다. 두껍다.
색	검은색, 블랙탄블랙탄(검은색+갈색), 갈색, 적갈색, 흰색=
개 알레르기	사람에게 일으킬 수 있음
한배새끼 수	2~4마리
성향	낙천적이다. 활발하다. 애정이 깊다. 똑똑하다. 고집이 있다
짖는 정도	가끔 짖음
아이와 어울리기	좋지 않음
주요 질병	단두종증후군
종종 있는 질병	두줄속눈썹, 건성각결막염, 슬개골탈구, 피부접힘피부염, 심장병

단두종증후군이 흔하기 때문에 입양할 때 콧구멍이 최대한 넓은 아이를 선택하는 것이 좋다. 비만하지 않게 하기, 목 자극하지 않기, 더위 조심하기, 연기(담배 등) 자극 줄이기와 같은 주의가 필요하다.

눈과 다리에 대한 검진을 잘 받아봐야 한다. 눈 주위에 있는 피부가 접혀서 염증이 일어나는 부위가 있을 수 있다. 이런 경우 일종의 성형수술을 하게 되는데, 페키니즈들에겐 미용의 문제가 아니라 건강을 위한 성형수술이다.

불룩해서 접힌 부위를 잘라내는 성형수술

 # 시추 Shih Tzu

순하고 착한 시추, 보리

순박한 성격을 가진 귀염둥이, 시추!

한국 정서에 잘 맞는 반려견이다. 사회성이 좋다. 보호자를 특별히 더 좋아하고 잘 따른다.

먹성이 좋고 애교가 많다. 감정이 얼굴에 묻어난다. 순해서 사람이나 다른 개에게 으르렁거리는 일이 거의 없고, 사납지 않다. 다만 고집이 있으므로 싫어하는 것을 지꾸 하게 힐 때는 온 몸으로 거부할 수도 있다. 시추는 야단보다는 칭찬으로 길러야 하는 품종이다.

중국 출신이며 황실에서 사랑 받은 뼈대 있는 품종이다. 시추는 중국어로 '작은 사자'라는 뜻으로, 사자 갈기처럼 보이는 시추의 얼굴 털을 보고 이름을 지었다고 한다. 17세기 티베트의 라사압소를 중국에 들여와 애완견 페키니즈와 교배시켜 만들었다는 설이 유력하다. 1930년 영국과 미국, 그리고 호주에 소개되었다. 한국에 들어온 후 큰 사랑을 받아서 개체 수가 많이 늘었다.

시추, 심심이

시추는 입이 짧고 눈이 크다. 귀는 늘어져 있고 긴 털로 덮여 있다. 꼬리는 복슬복슬하게 풍성한 털로 되어 있으며 등쪽으로 감기며 휘어 있다.

아래턱이 위턱보다 앞으로 나와 있다. 시추에서는 이런 구강구조가 정상이다. 털은 길고 광택이 있다. 긴 털을 유지할 경우 빗질을 매일 해줘야 한다. 숱에 비해 털이 덜 빠진다. 가슴이 넓고 당당한 걸음걸이를 보인다. 동그란 얼굴과 동그란 눈이 앙증맞고 따뜻한 인상을 준다.

● 품종 정보

고향	중국
기대수명	11~14살
키	20~28cm
체중	4~7.5kg
털	빽빽하다. 길다. 부드럽다.
털 손질 요구량	많음
털 날림	적음
색	검은색, 갈색, 흰색
개 알레르기	사람에게 거의 일으키지 않음

한배새끼 수	2~5마리
성향	다정함, 용감함, 독립적, 외향적임
짖는 정도	종종 짖음
아이와 어울리기	좋지 않음
주요 질병	단두종증후군, 피부염
종종 있는 질병	갑상선기능저하증, 디스크질환, 건성각결막염, 녹내장, 백내장, 각막궤양, 고관절이형성

먹성이 좋아서 이것저것 먹기 쉬운데, 무분별하게 간식이나 사람 음식을 많이 먹을 경우 6세 이후로 요로계 결석이 생기기 쉽다. 음식 알레르기도 생기기 쉬우니, 간식이나 사람 음식은 소량으로 제한해야 한다. 시추도 소형견으로 심장병이 종종 걸린다. 심장 관련 검진을 매년 받는 것이 좋다.

시추 또한 대표적인 단두종이다. 눈에 상처가 나기 쉽고 살이 찌면 호흡이 고르지 못할 수 있으니 주의하자.

눈곱이 많이 끼고 눈 주위가 뻑뻑할 경우, 눈물량검사 등의 눈 검진을 받을 필요가 있다.

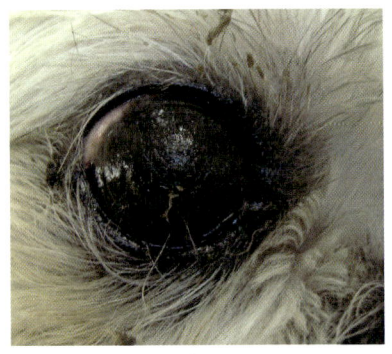

눈물량이 부족해서 생기는 질병, 건성각결막염

 퍼그 Pug

개성 있는 외모와 순한 성격의 소유자, 퍼그!

눌린 얼굴로 유명하다. 넙데데한 얼굴을 '퍼그처럼 얼굴이 눌렸다'라고 표현하기도 할 정도다. 개성 있는 외모로 영화와 CF 출연도 잦았다.

꼭 쥔 주먹과 닮았다 하여, 라틴어로 주먹이라는 뜻의 'pugnus'라는 단어를 따서 퍼그(pug)라는 이름이 붙여졌다.

● **외모의 특징**

주둥이가 매우 짧다. 눈은 크고 둥글다. 얼굴은 검은색이고 굵은 주름이 있어 독특한 표정을 짓는다. 전체적으로 땅딸막한 몸매를 가지고 있다. 털은 부드럽고 광택이 난다. 회색, 검은색, 갈색 등의 색을 갖고 있다. 등에 검은 줄무늬가 있다.

맨인블랙에 말하는 개, 프랭크로 등장한 퍼그

● 성격의 특징

매사에 서두르지 않는다. 순하고 애교 있다. 사회성이 좋아 누구와도 잘 어울린다. 고집스러운 면도 가지고 있다. 먹는 것을 좋아해서 관리하지 않으면 비만이 되기 쉽다.

● 주의할 점

온도변화에 잘 적응하지 못한다. 털이 짧아서 추위에 약하다. 짧은 코 탓에 호흡이 원활하지 않고, 코 고는 소리를 낼 수 있다. 또한 이 때문에 열 발산이 잘 되지 않아(개는 호흡으로 열을 발산하므로) 더위에도 약한 편이다. 단모종이지만 털이 많이 빠진다.

퍼그를 키우는 제시카알바

광고 속 퍼그

● 품종 정보

고향	중국
기대수명	12살~15살
키	25.5~28cm
체중	6.5~8.5kg
털	짧다. 부드럽다.
털 손질 요구량	적음
털 날림	많음
색	검은색, 회색
개 알레르기	사람에게 일으킬 수 있음
한배새끼 수	약 3마리
성향	다정함, 용감함, 독립적, 외향적임
짖는 정도	가끔 짖음
아이와 어울리기	단두종증후군, 피부염
주요 질병	심장사상충, 안전사고
종종 있는 질병	눈꺼풀속말림증, 슬개골탈구, 대퇴골두무혈성괴사증, 간질

눌린 얼굴과 관련하여 호흡, 눈, 얼굴 주름에 질병이 종종 발생한다. 시추와 마찬가지로 입양할 때 콧구멍이 최대한 넓은 아이를 선택하는 것이 좋다. 비만하지 않게 하기, 목 자극하지 않기, 더위 조심하기, 연기 자극 줄이기와 같은 주의사항이 적용된다.

걷는 것이 불편해 보이면 다리 쪽 진료를 받아봐야 한다. 알레르기성 피부염도 생기곤 하기 때문에 가려워하면 진료와 관리가 필요하다.

푸들 Poodle

독쇼의 주인공, 스탠다드 푸들

영특한 개, 인기만점 국민 애견, 푸들!
화려한 털로 미모를 자랑한다.

같은 품종인데 몸집의 차이가 꽤 많이 나는 개가 있는데, 그 대표적인 예가 푸들과 슈나우저다. 이들은 크기에 따라 아래와 같은 이름을 붙인다.

	小 ◀			▶ 大
슈나우저		미니어처	스탠다드	자이언트
푸들	토이	미니어처	스탠다드	

토이 푸들은 3kg를 넘지 않으며 2.5kg 정도인 아이들이다. 미니어처 푸들은 대략 8kg까지 인정되는데 대체로 5kg 정도인 아이들이 많다. 스탠다드는 20~30kg에 육박한다. 토이와 스탠다드는 같은 푸들에 속하지만 10배 이상 체중차이가 날 수 있다!

스탠다드 푸들은 세계에서 2번째로 똑똑한 개로 여겨진다. (1위는 보더콜리) 이들은 화려한 스타일을 뽐내고 독쇼에서 대단한 활약을 한다.

프랑스와 독일 사이에 푸들이 자국견이라는 논쟁이 있다. 스탠다드푸들의 경우, 오늘날 세계적으로 유명한 푸들의 스타일을 완성시킨 것이 인정되어 프랑스를 원산지로 보는 편이다. 푸들 하면 루이 14세와 프랑스가 떠오르는 것도 이것 때문일 것이다.

하지만 미니어처와 토이 푸들은 원산지를 독일로 보는 견해가 더 많다. 푸들(Poodle)은 독일어 Pudeln(물장구치다는 뜻)에서 파생되었으며 물가에서 오리사냥에 쓰던 개라는 의미로 처음 이름이 붙여졌기 때문이다.

한국에서는 미니어처푸들이나 토이푸들을 많이 키운다. 품종의 구분 때문에 체중이나 몸집에 신경을 쓰는 분들이 많아서, 진료중에 아래와 같은 대화를 나눌 때가 많다.

보호자: 얘는 어느 정도까지 클 것 같아요?
필자: 보통 생후 4개월 때의 몸무게가 다 컸을 때의 반 정도 되니까요.. 5kg 정도 될 것 같아요.
보호자: 그렇게나 커요? 토이라고 들었는데..
필자: 사실 우리나라에는 미니어처푸들이 제일 많아요.

푸들의 털 색은 흰색, 검은색, 갈색 등이다. 앞다리와 뒷다리가 일직선으로 다리가 긴 편이다. 털은 복슬복슬 파마한 듯 꼬여 있으며 잘 날리지 않는다. 따라서 동물의 털 날림이나 털 알레르기가 걱정인 사람에게 알맞은 품종이다. 털이 뭉치지 않게 하기 위해 매일 빗질을 해주어야 한다.

영리하고 활발하면서도, 사람을 잘 따르고 순해서, 많은 사람들에게 사랑 받는 품종이다. 눈치가 빨라서, 집에서 가장 서열이 높아 보이는 사람에게만 충성하는 경향이 있다.

● 품종 정보

고향	독일
기대수명	13~15살
키	23~30cm
체중	4.5~5.5kg
털	곱슬곱슬하다. 빽빽하다. 짧다. 거칠다.
털 손질 요구량	많음
털 날림	적음
색	검은색, 갈색, 은색, 흰색 등
개 알레르기	사람에게 거의 일으키지 않음
한배새끼 수	3~5마리
성향	애정 넘침, 친근함, 활발함, 책임감이 있음
짖는 정도	가끔 짖음
아이와 어울리기	좋음
주요 질병	유루증, 슬개골탈구, 대퇴골두무혈성괴사증, 진행성망막위축증
종종 있는 질병	간질, 백내장, 녹내장, 눈꺼풀질환, 디스크질환, 퇴행성골수염

어린 시절에는 유루증(눈물넘침증)과 치아가 고르지 않게 나는 유치잔존증이 자주 발견된다. 관련된 유년기 진료가 필요하다. 1살쯤 되면서 슬개골탈구나 대퇴골두무혈괴사증처럼 다리 질환이 발생할 수 있다.

귓털이 많고 통풍이 잘 안되어 귓병이 종종 있다. 특히 알레르기가 있을 경우 몸을 가려워하고 귀에 염증이 자꾸 재발할 수 있다.

나이가 들어서는 백내장이나 녹내장같은 노령동물 안과질환이 올 수 있고, 발작 증상 또는 디스크질환같은 신경질환도 가끔 발생한다.

비숑프리제 Bichon Frise

말티즈와 비슷하게 생겼죠?

말티즈보단 체격이 좀더 크고 털이 곱슬곱슬한 게 달라요.

털이 날리지 않아요. 알레르기를 일으키지 않아요. 곱슬곱슬한 백색의 털이 매력적인 비숑프리제!

비숑은 '장식'이라는 뜻, 프리제는 '곱슬곱슬한 털'이라는 뜻을 가진 프랑스어다.

1300년대부터 유럽의 항해사에 의해 길러지다가, 1500년대에 프랑스에 소개되어 귀부인들의 사랑을 받았다.

● **외모의 특징**
① 온 몸이 흰색이다. 귀, 코 및 발 부위에는 부분적으로 담황색이나 크림색을 띨 수도 있다. ② 곱슬곱슬한 바깥 털과 부드러운 속 털을 갖고 있다. ③ 코와 둥근 눈이 까매서 백색 털과 대조를 이룬다.

● **성격의 특징**
명랑하고 활발하며 영리하다.

● 털이 덜 빠져요!

털이 덜 빠지는 친구들 - 털이 곱슬곱슬한 품종 3대장

비숑프리제　　　　　　　푸들　　　　　　　베들링턴테리어

깨알질문

Q : 털이 덜 빠지는 개들은 빗질하지 않아도 되나?

A : 아니다. 빗질이 필요하다. 느슨해진 털과 피지를 제거하기 위해, 규칙적인 목욕과 빗질이 필요하다.

● 품종 정보

고향	미국
별명, 줄임말	미국신사, 보스턴 불테리어
기대수명	10~14살
키	38~43cm
체중	4.5~11.5kg
털 손질 요구량	적음
털 날림	적음
털	짧다. 가늘다.
색	검은색, 갈색, 흰색
개 알레르기	사람에게 일으킬 수 있음
한배새끼 수	4~6마리

성향	낙천적이다. 활발하다. 애정이 깊다. 똑똑하다. 고집이 있다
짖는 정도	가끔 짖음
아이와 어울리기	좋음
주요 질병	심장판막질환(이첨판폐쇄부전)
종종 있는 질병	척수공동증, 고관절이형성, 눈꺼풀속말림증, 슬개골탈구, 발작성 낙하, 혈소판감소증, 귓병

면역매개성 빈혈은 면역체계가 적혈구를 공격하는 질환이다. 증상은 활력저하, 식욕저하, 구토, 설사, 빠른 심장박동, 가쁜 호흡, 소변이 붉은색으로 변함, 입술 안쪽이나 눈 결막에 핏기가 사라지고 하얗게 되거나, 혹은 황달로 인해 노래진다.

면역체계가 혈소판을 공격할 경우 면역매개성혈소판감소증이 발생한다. 이에 따라 피부나 점막 곳곳에 피가 나거나 피멍이 든다.

간전신문맥단락은 간을 경유해야 할 혈관이 간을 거치지 않게 되는 질병으로, 쇠약, 마름, 민감함, 발작 등의 증상을 보인다.

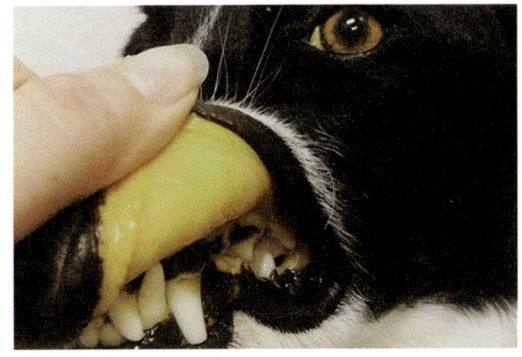

개의 황달 증상

잇몸 점막과 눈동자(흰자)가 노랗게 보이면 즉시 진료를 받아야 합니다.

코튼드툴리어 Coton de Tulear

털이 거의 빠지지 않아요. 냄새가 잘 나지 않아요. 깨끗하고 우아한 견종, 코튼드툴리어!

고향인 마다가스카르 공화국의 도시, 툴리어(Tuléar)의 이름을 따라 '코튼드툴리어'라는 이름을 얻게 되었다.

● 마다가스카르 공화국은?

아프리카 남동쪽 인도양에 있는 섬나라. 육지와 오랫동안 떨어져 있어서 희귀 생명체가 많은 나라. 'SBS 김병만의 정글의 법칙 in 마다가스카르' 라는 프로그램을 통해 TV로 소개된 곳이다.

아프리카 섬나라, 마다가스카르 공화국

● 외모의 특징

① 솜털처럼 부드러운 털
② 돋보이는 검은 코
③ 짧고 복슬복슬한 다리
④ 털 색: 흰색, 흰색에 갈색 반점, 흰색+검은색

털이 잘 빠지지 않지만, 뭉치지 않도록 시간을 내서 빗질을 해줘야 한다.

코튼드툴리어는 건강하고 성격이 좋다. 활발하고 영리하며, 보호자에게 특별한 애정을 가진다. 활동적이고 아이들이나 다른 동물과도 잘 어울린다. 운동을 좋아하므로 산책을 규칙적으로 시켜줘야 한다.

● 품종 정보

고향	마다가스카르공화국
별명, 줄임말	코튼
기대수명	14~16살
키	수컷 25~30cm / 암컷 23~28cm
체중	수컷 3.6~6kg / 암컷 3.3~5.8kg
털 손질 요구량	많음
털 날림	적음
털	빽빽하다. 중간길이 혹은 길다.
색	흰색, 검은색, 회색
개 알레르기	사람에게 거의 일으키지 않음
한배새끼 수	약 5마리
성향	사교적이고 똑똑하다. 애정 많고 상냥하다. 놀기 좋아하지만 의젓한 면이 있다.
짖는 정도	가끔 짖음
아이와 어울리기	좋음
주요 질병	디스크질환

코튼드툴리어는 유전결함이나 다발질병이 적은 품종이다. 가끔 눈 질환이나 디스크질환이 있을 수 있다.

베들링턴테리어 Bedlington Terrier

연약해 보이지만 강한 체력과 끈기를 가지고 있다.

뽀글뽀글 양을 닮은 강아지, 베들링턴테리어!

영국의 '베들링턴'이라는 광산촌의 이름을 따서 작명되었다. 이 지방에서 다리가 짧은 테리어 종을 노섬벌랜드의 광부들이 들여와 휘핏이나 오터하운드를 교배하여 탄생한 품종이다. 영국 테리어와 혈통상 가까우며 초기에는 로스버리테리어로 불렸다.

순한 모습과는 달리, 다른 개에게 공격적이고 보호자에게 고집을 부릴 수 있다. 다른 개를 만날 땐 긴장하거나 공격성을 보이진 않는지 주의하여 지켜봐줘야 한다. 털날림과 알레르기가 매우 적은 편이다. 대신! 복슬복슬한 온 몸의 털은, 관리를 해줘야 아름답게 유지된다. 매일 털을 빗어줘야 하며, 1~2달에 한번은 전문 관리를 받는 것이 좋다.

용감하고 정력적이다. 활달하고 운동을 좋아한다. 아치형으로 굽은 등과 긴 다리를 가지고 있다. (← 잘 달리는 개의 특징) 역삼각형의 얼굴 형태에 눈이 다이아몬드 모양이다.

● 품종 정보

고향	영국
별명, 줄임말	로스버리테리어
기대수명	12~14살
키	수컷 38~43cm / 암컷 40~45cm
체중	7.7~10.5kg
털 손질 요구량	많음
털 날림	적음
털	짧다. 거칠다. 곱슬곱슬하다.
색	검은색, 청회색, 갈색
개 알레르기	사람에게 거의 일으키지 않음
한배새끼 수	3~6마리
성향	활발하고 영리하며, 보호자에게 순종한다. 다른 개에게는 때론 공격적이다.
짖는 정도	가끔 짖음
아이와 어울리기	좋음
주요 질병	구리중독에 의한 간질환
종종 있는 질병	유루증, 백내장, 망막이형성, 신장병

선천적으로 구리 대사(처리) 능력이 떨어지는 품종이다. 이것은 구리 대사 관련 유전자 결함 때문이다. 대사되지 못한 구리는 축적되어 간손상을 일으킨다. 1살이 되는 나이에 혈액검사와 유전자검사를 시행하고, 이후 건강검진 시 모발검사를 통해 체내 구리 농도 분석검사를 하는 것이 좋다. 조기에 질병이 발견되면, 구리 함량이 조절된 처방식을 먹여야 한다.

구리 함량이 낮은
간 보호 처방식 힐스 l/d

폭스테리어 Fox Terrier

얼굴이 긴 로봇 같은
강아지, 폭스테리어!

품위 있는 외모로 큰 사랑을 받고 있다.

단모종인 스무스 폭스테리어와 털이 곱슬곱슬한 와이어 폭스테리어가 있다.
흰색 바탕에 갈색이나 검은색 반점이 특징이다.

스무스 폭스테리어   와이어 폭스테리어

여우 사냥을 도와서 폭스(여우)테리어란 이름이 붙었다. 사냥개 치고는 체구가 작은 편이지만 총명하고 지기 싫어하며, 민첩하다. 사냥개의 습성이 남아 땅을 파는 것을 좋아한다. 호기심이 많고 고집이 세며, 때로는 신경질적일 수 있다.

폭스테리어는 일본 소니 사의 로봇 강아지 아이보와 얼굴형이 닮았다.

인공지능 로봇강아지 아이보는 1999년에 처음 만들어졌다. 보호자가 손을 달라고 하면 발을 내밀기도 하며 재롱을 피울 줄 안다. 심지어 공을 가지고 놀아줄 때 칭찬을 많이 하면 그 행동을 자주 하는 것 같은 학습 능력도 가지고 있다.

탄생 때부터 엄청난 관심을 받았던 아이보는 2006년 단종되었고 2015년에 클리닉서비스가 중단되어 일본에서는 아이보 보호자들이 모여 합동 장례식을 치르기도 했다. 한편, 2018년에 소니사는 신형 아이보를 출시했다.

● 품종 정보

고향	영국
별명, 줄임말	폭시
기대수명	10~13살
키	40cm
체중	수컷 7.7~8.6kg / 암컷 6.8~7.7kg
털 손질 요구량	적음
털 날림	중간
털	빽빽하다. 거칠다./ 곱슬곱슬하다(와이어). / 짧다(쇼트).
색	검은색, 흰색, 갈색(와이어) / 검은색, 블랙앤탄, 갈색, 삼색, 흰색(쇼트)
개 알레르기	사람에게 거의 일으키지 않음
한배새끼 수	3~6마리
성향	용감하다. 영리하다. 독립적인 면이 있다. 가족과 깊은 유대를 맺는다. 다른 개에게는 때론 공격적이다
짖는 정도	자주 짖음
아이와 어울리기	좋음
종종 있는 질병	중증근무력증, 거대식도증

폭스테리어는 대체로 건강하고 유전질환이 적으나, 신경근육계통의 질환이 발생할 수 있다. 걸음걸이에 이상증상을 느낀다면 진료가 필요하다.

 # 바셋하운드 Basset Hound

'허쉬퍼피' 신발브랜드의 모델이다.

후각 추적자 바셋하운드!

16세기 후반 프랑스에서 탄생했다. '낮다'는 의미인 'bas'에서 이름이 지어졌다. 다리가 짧지만 대단히 민첩하고 기민하다. 후각이 발달하여 냄새로 사냥감을 추적하는 것이 특기다.

블러드하운드(국내에 희귀함) 다음가는 최고의 후각을 가진 품종이다. 사람의 천만 배에 달하는 놀라운 후각을 갖고 있다. 친화력이 좋아서 아이들과도 쉽게 친해진다. 온순하고 침착하다. 맛있는 향기로 칭찬해주세요. 저는 귀보다 코로 대화를 나눠요.

● **외모의 특징**
① 다리가 짧다.
② 뼈가 굵고 강건하다. (통뼈!)
③ 귀가 매우 크고 길다. 아래로 늘어져 있다.
④ 목이 굵고 목 부위의 살이 늘어져 있다.
⑤ 꼬리는 길고 끝으로 갈수록 가늘어진다.

● 털 색

① 삼색(흰색+갈색+검은색)   ② 흰색+갈색
③ 흰색+검은색   ④ 기타(흰색+회색 또는 청색)

● 품종 정보

고향	프랑스
별명, 줄임말	바셋, 허쉬퍼피
기대수명	8~12살
키	수컷 30~38cm / 암컷 28~35cm
체중	18~28kg
털 손질 요구량	적음
털 날림	중간
털	빽빽하다. 짧다. 두껍다. 방수가 잘 된다.
색	블랙앤탄, 갈색, 회색, 적갈색, 삼색, 흰색
개 알레르기	사람에게 일으킬 수 있음
한배새끼 수	6~8마리
성향	애정이 많다. 친근하고 따뜻하다.
짖는 정도	가끔 짖음
아이와 어울리기	좋음
주요 질병	눈꺼풀속말림증, 디스크질환, 귓병
종종 있는 질병	위염전, 범골염

바셋하운드는 귀가 워낙 크고 아래로 늘어져 있어서 귀가 항상 닫혀 있다. 환기가 잘 되지 않기 때문에 귓병이 흔한 편이다. 눈과 귀에 염증이 있진 않는지, 산책 때 걸음걸이를 불편해하진 않는지를 잘 살펴주도록 하자.

척추에 무리가 가기 쉬우니 비만하지 않도록 체중관리를 해줘야 한다. 식사를 한 번에 많이 하기보다는 하루 2번으로 나눠서 주는 것이 좋으며, 식사 후에는 바로 운동하지 않는 것이 좋다.

불테리어 Bull Terrier

튼튼하고 큰 주둥이를 가진 귀염둥이 불테리어!
지치지 않는 열정과 에너지를 가졌당。

일본 만화, 테리야마모토 作 '바우와우'의 주인공이 바로 불테리어다. 다른 개에겐 간혹 공격적인 모습을 보인다. 또, 한 가지에 집착하면 꼭 입에 물어야 하는 말썽쟁이다. 좋아하는 물건이 생기면, 물불을 못 가린다.

하지만, 사람에겐 무척 순종적이고, 특히 아이들을 좋아하는 개로 유명하다.

유아브랜드 '알퐁소'의
모델인 불테리어

아이들을 좋아하는 개, 불테리어

불테리어는 불베이팅(개를 부추겨 황소를 화나게 하는 영국의 옛 놀이)을 하던 견종이다. 현재는 많이 개량되어 사람에게 친화적인 견종이 되었다.

불테리어를 더 작게 개량한 미니어처 불테리어도 있다. 크기는 작아졌지만 활달한 성격은 비슷하다.

활력이 넘치기 때문에 운동이나 놀이를 해줄 수 있는 가정에서 분양받는 것이 좋다. 다른 개에 대한 약간의 공격성과 강한 소유욕이 있으므로, 어릴 때부터 사회화가 필수다.

몸 전체가 탄탄한 근육질로 되어 있다. 머리가 길면서 코 끝까지 평평하게 뻗어 있다. 눈이 작고 귀는 뾰족하다. 눈이 작고 주둥이가 커서 마치 얼굴이 부은 것처럼 보이는데, 보면 볼 수록 귀엽고 매력적이다.

● 품종 정보

고향	영국
별명, 줄임말	불리(Bully, 골목대장), 글라디에이터(Gladiator, 검투사)
기대수명	11~14살
키	53~56cm
체중	수컷 22~28kg / 암컷 28~32kg
털 손질 요구량	적음
털 날림	중간
털	가늘다. 짧다. 거칠다.
색	검은색, 얼룩무늬, 갈색, 삼색, 흰색
개 알레르기	사람에게 일으킬 수 있음
한배새끼 수	1~9마리
성향	친근하다. 장난기 많다. 방어적이다. 때론 공격적이다.
짖는 정도	가끔 짖음
아이와 어울리기	좋음
주요 질병	강박행동, 턱뼈 질환(머리턱 골병증), 피부 알레르기
종종 있는 질병	범골염

불테리어는 물건을 물어뜯거나 땅을 심하게 파는 등의 강박행동을 보일 수 있다. 때론 특정 대상에 공격적이 될 수 도 있으니 주의가 필요하다. 산책으로 스트레스를 충분히 해소시켜주고 사회화를 잘 해준다면 착하고 장난기 많은 특유의 좋은 성격이 잘 드러날 것이다.

차이니즈 크레스티드독
Chinese Crested Dog

헤어리스   파우더퍼프

작고 털이 없는 개, 차이니즈 크레스티드 독!

● **유전 특징**

H : 털이 없게 하는 유전자(우성)
h : 털이 자라는 유전자(열성)

Hh + Hh
▼
(HH) (Hh) (hH) (hh)
사멸   차이니즈   길고 가는
     크레스티드 독   털을 가진다

HH가 만나면 ☞ 그 태아는 어미 뱃속에서 유산된다.

Hh가 만나면 ☞ 얼굴, 발, 꼬리에만 털이 있고, 몸에 털이 없는 '헤어리스(hairless)'가 태어난다. 발과 꼬리에는 솜털이 나고, 머리에는 마치 조류의 볏과 같은 털이 나 있다.

hh가 만나면 ☞ 길고 부드러운 가는 털을 가진 크레스티드가 태어난다. 이를 파우더퍼프(Powderpuff)라고 부른다. 털이 있기 때문에 테리어 종으로 착각할 수도 있다. 하지만 테리어 종과는 달리 털 빠짐이 거의 없다.

● **크레스티드의 특별한 피부관리**

털이 있는 크레스티드는 털이 뭉치지 않도록 빗질을 잘 해줘야 한다.

털이 없는 크레스티드는 사람처럼 '피부관리'가 필요하다. 이틀에 한번 정도 목욕하고, 목욕 후에는 보습 크림을 발라줘야 하며, 외출 땐 썬크림도 바르는 것이 좋다.

털이 있는 부위는 너무 길면 미용해줘야 한다. 크레스티드는 발톱 혈관이 꽤 길게 나 있는 편이어서 발톱을 깎을 때 너무 짧게 깎지 않도록 주의해야 한다.

● **품종 정보**

고향	중국
별명, 줄임말	크레스티드
기대수명	13~15살
키	28~33cm
체중	2.3~5.5kg
털 손질 요구량	중간
털 날림	적음
털	몸통에는 털이 없다. 얼굴, 꼬리 및 발 털은 부드럽다. 빽빽하다.
색	검은색, 블랙앤탄, 청회색, 갈색, 적갈색, 회색, 흰색 등
개 알레르기	사람에게 거의 일으키지 않음
한배새끼 수	2~4마리
성향	애정 많고 친근하다. 장난기 많다. 상냥하다. 명랑하다.
짖는 정도	가끔 짖음
아이와 어울리기	좋음
주요 질병	대퇴골누부혈괴사증, 슬개골탈구
종종 있는 질병	진행성망막위축증, 건성각결막염, 알레르기질환, 치아 변형

차이니즈크레스티드독의 치아는 모두 송곳니처럼 뾰족하고, 일부 치아가 나지 않거나 몰려서 나는 경우가 있다. 이차 교열이나 충치, 그리고 치석 상태 등에 대해 검진이 필요하다. 눈과 다리 관절에 대한 검진 및 증상 관찰도 중요하다.

샤페이 Shar Pei

주름진 피부가 특징인 개, 샤페이!
엉뚱하고 귀여운 표정이 압권이다.

1978년에 '세계에서 가장 희귀한 개'로 타임지에 소개되고 기네스북에 등재됐다. 그 후 폭발적인 인기를 누리며 개체수가 늘게 되었다.

털 색은 검은색, 청회색, 적갈색이 대표적이다. 털은 거칠면서 짧고, 머리와 몸을 덮고 있는 피부는 느슨하여 주름져 있다. 귀는 작고 입이 크다. 입이 두툼하고 커서 하마를 닮았고 혀는 검푸르다. 꼬리는 짧고 두껍다.

깨알정보

놀라운 진실은 이 견종이 허스키 같은 애들보다 훨씬 더 유전적으로 **늑대에 가까운 견종이다!** 이는 샤페이가 가장 초기에 늑대에서 개로 분화된 견종 중 하나이기 때문이다. 그리고 외모가 늑대와 많이 다르다고 해서 이상할 것은 없는 게, 유전자는 외모를 결정하는 유전자만 있는 게 아니다. 쉽게 말하자면 '놀라울 정도로 닮았긴 하지만 지금까지 만난 적도 없는 사람'과, '그다지 닮지는 않았지만 친형제인 사람' 중에서 유전적으로 더 가까운 사람은 후자인 것이랑 같은 것.

— 나무위키 샤페이 꼭지에서 발췌

1. 품종백과

성격이 강인한 편이다. 개 집을 지어주면 부숴버리는 기질이 있어 집안에서 기르는 것이 좋다. 쭈글쭈글한 피부 주름에 점액이 차고 염증이 생길 수 있으니 잘 씻고 말리는 등 피부관리가 필요하다. 피부병 발생시 진료를 받고 관리법을 배우는 것이 바람직하다.

● 품종 정보

고향	중국
기대수명	8~10살
키	46~51cm
체중	20~27kg
털	짧다. 거칠다.
털 손질 요구량	적음
털 날림	적음
색	검은색, 청회색, 적갈색
개 알레르기	사람에게 거의 일으키지 않음
한배새끼 수	4~6마리
성향	애정 많다. 독립적이다. 방어적이고 때론 공격적이다.
짖는 정도	거의 짖지 않음
아이와 어울리기	좋지 않음
주요 질병	아토피성피부염, 팔꿈치관절이형성, 피부접힘피부염
종종 있는 질병	백내장, 모낭충증, 눈꺼풀속말림증, 슬개골탈구, 비타민B12 결핍증

샤페이는 섭힌 피부가 쉽게 곪고 짓무를 수 있다. 평소에도 약물샴푸요법이 필요할 수 있다. 피부에 좋은 오메가3와, 결핍되기 쉬운 비타민 B12가 함유된 영양제를 먹는 것이 좋다.

아프간하운드 Afghan Hound

'사막의 왕족'이라 불리는
아프가니스탄의 대표 품종 아프간하운드!

세계적으로 많은 마니아층을 확보하고 있다.

아프간하운드는 구약성서에 나오는 노아의 방주에 탔던 개라는 설이 있을 정도로 역사가 오래됐다. 시력과 민첩성이 탁월하다. 아프간 유목민의 사냥을 돕다가 19세기 후반 영국에 전해졌다. 아프간하운드의 외모는 단숨에 사람들의 눈길을 사로잡는다. 길쭉한 얼굴의 비단 같은 긴 머리털은 마치 장발을 한 사람을 보는 것 같다. 몸에도 털이 길어 고풍스러운 느낌을 준다. 일반적으로 머리에 반점이 있는 것이 특징이다.

날씬하고 날렵한 느낌을 주지만, 의외로 근육질이며 힘이 굉장히 세다. 험한 지역에서도 빠르게 달릴 수 있으며 민첩한 방향전환을 할 힘이 있다. 이런 특성으로 하루에 최소 30분은 산책을 시켜줘야 한다.

다른 개와는 달리 후각보단 시각에 의존해서 사냥을 하는 경향이 있다. 움직이는 물체에 관심을 갖고 예민하게 반응할 수 있다.

● **품종 정보**

고향	아프가니스탄
기대수명	12~14살
키	수컷 68~74cm / 암컷 60~68cm
체중	수컷 23~34kg / 암컷 20~34kg
털	길다. 부드럽다.
털 손질 요구량	많음
털 날림	중간
색	검은색, 얼룩무늬, 크림색, 금빛, 적갈색, 삼색
개 알레르기	사람에게 거의 일으키지 않음
한배새끼 수	6~8마리
성향	애정 많고 상냥하다. 독립적이다. 장난기 많다.
짖는 정도	거의 짖지 않음
아이와 어울리기	좋음
주요 질병	종양, 엉덩이관절이형성, 유미흉
종종 있는 질병	갑상선기능저하증, 모낭충증, 백내장

아프간하운드는 마취에 취약할 수 있으니 주의를 요한다. 마취전검사를 꼭 해야한다. 종양, 엉덩이관절이형성, 유미흉의 위험성이 높다. 자연스러운 호흡과 걸음걸이 자세를 잘 관찰하여 문제 발생 시 내원해야 한다.

편안하게 쉬고 있을 때 1분에 50회 이상 숨을 쉰다면 호흡에 문제가 있는 것입니다. 내원이 필요합니다.

저먼셰퍼드 German Shepherd Dog

완벽에 가까운 능력을 가진 개, 셰퍼드!
각종 중요한 임무를 맡고 있다.

1922년 독일의 하노버에서 열린 '개 전람회'에서 처음으로 소개되었다. 원래는 독일에서 목양견으로 활약했다가, 꾸준한 개량을 통해 탁월한 능력을 갖추게 되었다. 저먼(독일) 셰퍼드(양치기)라는 이름도 이렇게 유래했다. 영리하고, 충성심이 강하고, 대담한 용기가 있고, 애정이 많다.

독일의 국견이며, 세계에서 가장 수가 많은 개로 알려져 있다. 이 개는 거의 만능이라고 해도 과언이 아니다. 탁월한 능력으로 군견, 경찰견, 경비견, 장애인 안내견, 구조견으로 활약하고 있다.

단, 셰퍼드다운 셰퍼드가 되려면 체계적인 훈련이 필요하다. 가정에서 키울 경우에도 훈련소에 입소하여 기초 훈련을 받는 것이 좋다. 훈련소는 검색을 통해 금방 알아낼 수 있다. 입소 전엔, 반드시 모든 예방접종을 다 맞춰둔 상태여야 한다. 종합백신은 항체가검사(질병에 대한 항체의 양을 평가하는 검사)까지해두는 것이 좋다.

켄넬코프나 개인플루엔자와 같이 호흡기 관련 전염병 예방접종은 6개월 이내에 하지 않았다면 보강접종이 필요하다.

어릴 때는 짐짓 크고 강하게 생긴 개를 보면 사나울 것 같아서 무서웠다. 수의대 진학 후, 세퍼드는 순하고 불필요한 공격성이 없다는 것을 배우게 되었다.

하지만 막상 세퍼드를 처음 대면했을 때는 긴장할 수 밖에 없었다. 동물병원 실습을 가서 보정(치료 등을 위해 움직이지 못하게 잡는 것)해야 하는 입장에서 더욱 그랬다. 이후 여러 마리의 세퍼드를 만나본 후 세퍼드의 성격을 제대로 알게 되었다. 조심스럽게 다가가면 정말 순하다는 것을 느꼈고 주사의 통증보다 보호자의 칭찬과 스킨십을 더 좋아한다는 것을 목격했다.

● 품종 정보

고향	독일
별명, 줄임말	세퍼드, GSD(German Shepherd Dog)
기대수명	10~12살
키	수컷 61~72cm / 암컷 56~61cm
체중	34~41kg
털 손질 요구량	적음
털 날림	많음, 지속적임, 계절성
털	빽빽하다. 중간 정도 길이
색	검은색, 블랙앤탄, 흰색
개 알레르기	사람에게 일으킬 수 있음
한배새끼 수	4~9마리
성향	경계심이 있다. 상냥하다. 똑똑하다. 충성스럽다. 조용하다. 외향적이다.
짖는 정도	자주 짖음
아이와 어울리기	좋음
주요 질병	엉덩이관절이형성, 팔꿈치관절이형성, 퇴행성골수염
종종 있는 질병	대동맥폐색증, 위 염전, 척추질환, 이분비성체장기능부전증, 지혈장애, 심근병, 백내장, 강박행동, 각막이영양증

제대로 강도 높은 훈련을 받기 전에, 운동을 잘 할 수 있는지에 대한 검사가 필요하다. 엉덩이관절과 팔꿈치관절은 꼭 확인해야 한다. 걷는 것이 불편하다면 운동을 삼가야 한다.

식후에는 소화를 충분히 시킨 후 운동을 하는 것이 좋다. 과체중이 되면 엉덩이관절질환이나 관절염이 더 쉽게, 더 빨리 발병한다.

어릴 때 과식으로 비만해선 안 된다. 성장기에는 약간 마른 체형으로 자라는 것이 골관절질환을 예방하는 데 좋다.

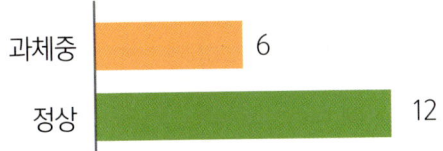

X-ray에서 엉덩이관절질환이나 관절염이 진단되는 나이
정상인 개가 12세에 골관절질환이 발생하는 반면, 과체중인 개는
6세만 되어도 관련 질환이 발생한다는 연구결과입니다.

도베르만핀셔 Doberman Pinscher

똑똑하고 충실한 개, 도베르만핀셔!

임무수행도 자신 있지만 가정에서도 사랑 받을 준비가 되어 있어요.

영화나 드라마에서 이런 장면 많이 보셨죠? 여기서 활약하는 주인공이 대부분 도베르만핀셔와 세퍼드랍니다.

도베르만핀셔는 19세기말 루이스 도베르만이 경호견으로 만든 견종이다.

● **외모의 특징**
① 근육이 잘 발달했다.
② 털 색은 검은색이 대표적이다.

① 검은색	② 갈색
③ 푸른색	④ 옅은 황갈색

도베르만의 네 가지 색

검은색(좌)과 푸른색(우) 도베르만

● **성격의 특징**

① 참을성과 지구력이 좋다.
② 산책, 원반던지기 등 활발한 활동을 즐긴다.
③ 다른 동물들과 잘 어울린다.
④ 기억력이 좋다.
⑤ 소심해지지 않도록 어린 시절 사회화를 꼭 해줘야 한다.

깨알정보

꼬리 이야기

꼬리를 짧게 하는 유행이 일반화되어 우리에겐 짧은 꼬리가 익숙하지만 도베르만은 원래 긴 꼬리를 가지고 있다.

[단미수술] 꼬리를 짧게 만드는 수술
[단이수술] 귀를 잘라 세우는 수술

단미와 단이는 동물병원에서 하는 가장 대표적인 성형수술이다. 개에게 가혹한 수술로 봐야 할지, 수술을 원하는 보호자 입장에서 아름다워지기 위한 성형으로 봐야 할지 의견이 분분하다.

단미수술은 강아지가 통증감각이 발달하기 전인 생후 3~5일 경에 수술하기 때문에 아프지 않고 염증도 최소화할 수 있지만, 단이수술은 보통 생후 3개월에 수술해야 하므로 강아지가 꽤 큰 통증을 겪게 된다는 점을 유념해야 합니다.

● **품종 정보**

고향	독일
별명, 줄임말	도베르만, 도베
기대수명	10~12살
키	수컷 61~72cm / 56~61cm
체중	30~41kg
털 손질 요구량	적음
털 날림	중간
털	가늘다. 짧다. 일부 두껍다.
색	검은색, 블랙앤탄, 청회색, 갈색, 적갈색, 흰색
개 알레르기	사람에게 일으킬 수 있음
한배새끼 수	3~13마리
성향	경계심이 있다. 용감하다. 똑똑하다. 충성스럽다. 조용하다. 민감하다.
짖는 정도	자주 짖음
아이와 어울리기	좋지 않음
주요 질병	비대성심근병, 척추질환, 지혈장애, 갑상선기능저하증, 엉덩이관절이형성
종종 있는 질병	만성 간염, 위 염전, 핥음 육아종, 수포창

흉부 방사선 검사를 정기적으로 받아서 심장 사이즈에 대한 검진이 필요하다.

세퍼드와 마찬가지로 걷는 것이 불편하다면 운동을 삼가야 한다. 어릴 때 과식으로 비만해선 안 된다. 성장기에는 약간 마른 체형으로 자라는 것이 바람직하다. 식후에는 소화를 충분히 시킨 후 운동을 하는 것이 좋다.

성장기~ 성견 사이에 종종 피부염이 생길 수 있다. 피부를 긁고 염증이 발생하면 조기에 내원하는 것이 좋다.

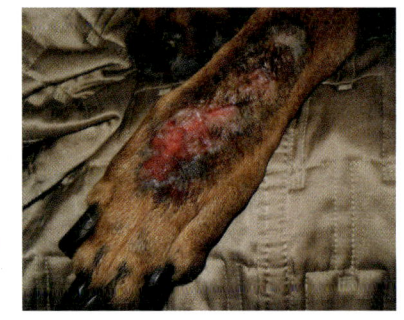

도베르만 앞다리에 종종 발생하는 말단핥음피부염

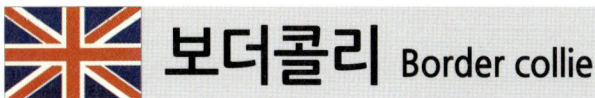
보더콜리 Border collie

세상에서 가장 영리한 개, 보더콜리!
양치기, 독스포츠, 독쇼 등 다방면에서 재능을 발휘한다.

보더콜리의 경이로운 양치기 장면을 보면, 감탄을 금할 수 없다. 수십 마리의 양 중에 한 마리가 낙오될 때마다 쫓아가서 무리로 편입시킨다. 방향감각과 체력, 근성이 필요한 엄청난 일이다.

보더콜리는 스코틀랜드와 잉글랜드 사이 국경부근에서 양치기를 하던 개로, 보더콜리의 '보더(Border)'란, 경계선에 있는 개란 뜻이다.

● 가장 똑똑한 개

세상에서 가장 똑똑한 개로 평가 받는다. 2011년 1월, 보더콜리가 1,022개의 단어를 기억한다고 보고되었다. (어린이는 약 1,500개, 고등학생은 약 5,000개, 대학생은 약 8,000개의 단어를 알고 있다.)

1,022단어

1,500단어

8,000단어

● 성격의 특징

다정하고 상냥하다. 하지만 다른 사람에겐 때론 경계적이며, 다른 개들에게도 질투를 하는 편이다. 활동량이 많아서 운동을 잘 시켜줘야 한다.

보더콜리, 해야

● 품종 정보

고향	영국
기대수명	10~14살
키	수컷 51~58cm / 암컷 46~53cm
체중	13~21kg
털	빽빽하다. 거칠다. 중간 길이
털 손질 요구량	중간
털 날림	중간
색	검은색, 청회색, 얼룩무늬, 회색, 적갈색
개 알레르기	사람에게 일으킬 수 있음
한배새끼 수	2~10마리
성향	경계심이 있다. 활력이 넘친다. 똑똑하다. 충성스럽다. 민감하다.
짖는 정도	자주 짖음
아이와 어울리기	좋음
주요 질병	엉덩이관절이형성, 시신경결손
종종 있는 질병	간질, 갑상선기능저하증, 골연골염, 녹내장, 팔꿈치관절이형성

평소 걸음걸이와 시력에 대한 관찰이 필요하다. 동물병원에 내원하여 눈 안의 구조를 관찰하는 안저검사와 엉덩이관절에 대한 X-ray촬영을 해보는 것이 좋다.

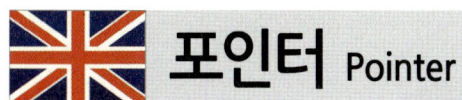

포인터 Pointer

사냥개의 대명사, 포인터는 온순하고 상냥한 사냥의 동반자다.

일반적으로 잉글리시포인터를 포인터라고 부른다. 1650년부터 활약한 세계에서 가장 오래된 사냥개다. 사냥감과 직접 싸우거나 한쪽으로 모는 것 보다는 추적하는 임무를 수행한다. 뛰어난 후각을 이용해서 추적하고, 사냥감을 찾으면 한쪽 앞발과 코로 위치를 알려주기 때문에 포인터(pointer: 점을 찍어 알려주다)라고 불린다.

어릴 때부터 사냥 본능을 보인다. 대담하고 총명하며, 추적을 잘 한다.
체력이 좋다. 사람을 잘 따르고 애정이 많다.

털이 짧아서 추위에 약하다. 사냥 본능이 있으므로 운동을 꼭 시켜줘야 한다.

주둥이는 긴 편이고, 눈은 짙은색을 띤다. 가슴은 두껍고 등은 짧고 수평이며 허리가 잘록하다. 털은 촘촘하게 나며 짧고 거칠어 윤기가 없다. 털빛은 검은색, 적갈색, 흰색 바탕에 검정과 적갈색 얼룩점이 있는 것이 많다.

패션브랜드 해지스의 모델이 바로 잉글리시포인터이다.

● 품종 정보

고향	영국
별명, 줄임말	잉글리시포인터
기대수명	12~15살
키	수컷 63~71cm / 암컷 58~66cm
체중	수컷 25~34kg / 20~30kg
털 손질 요구량	적음
털 날림	적음
털	짧다. 빽빽하다.
색	검은색, 갈색, 흰색, 황갈색
개 알레르기	사람에게 일으킬 수 있음
한배새끼 수	약 6마리
성향	경계심이 있다. 용감하다. 활력이 넘친다. 상냥하다. 독립적이다. 충성스럽다.
짖는 정도	가끔 짖음
아이와 어울리기	좋음
주요 질병	눈꺼풀속말림증, 엉덩이관절이형성
종종 있는 질병	제3안검돌출증, 백내장, 난청, 간질

포인터는 유전질환이 적은 품종이다. 털이 짧으므로 겨울철에는 춥지 않게 관리해주는 것이 필요하다. 걸음걸이와 눈과 관련해서 관찰 및 검진이 필요하다.

포인터는 심장 소리가 엄청 크게 잘 들립니다. 털이 짧아서 심장이 가슴팍에 바로 느껴지는데다가 순해서 청진을 할 때 가만히 있어주는 착한 아이입니다. 인턴 시절, 포인터 입원견을 관리하며 열심히 청진했던 소중한 기억이 있습니다.

리트리버 Retriever

온순하고 낙천적인 친구, 리트리버!
사람을 좋아하고 돕는다.

리트리버(Retriever: 되찾아오다)는 사냥감을 물어오도록 훈련된 사냥개를 뜻한다. 총에 맞아 떨어진 사냥감의 회수가 주요 역할이다. 수색이나 몰이의 역할도 해낸다. 성격이 순해서 직접 사냥감과 대적하진 못한다. 요즘에는 사냥보단 다른 방식으로 사람을 돕고 있다. 훌륭한 마약탐지견 혹은 맹도견으로 활약한다. 순하고 사람을 좋아하여 천사견으로 불린다. 지능이 높고 상냥하다.

방수성이 좋은 오밀조밀한 털을 가지고 있다. 그래서인지 수영이나 물가 활동도 좋아하는 편이다. 털 색은 연한황색, 갈색, 검은색이 대표적이다.

털의 길이에 따라 단모종인 라브라도리트리버(Labrador Retriever)와 장모종인 골든리트리버(Golden Retriever)로 나뉜다.

어릴 때, 장난꾸러기처럼 신발을 물어뜯는 등의 사고를 칠 수는 있겠지만 사람에

토크쇼 '안녕하세요'에 출연한 마약탐지견   영화 '마음이'에 출연한 라브라도리트리버

게 으르렁거리는 일은 거의 없다. 특별히 '사람을 물지 않는' 서열교육은 필요하지 않고, '사람을 도와주는' 훈련을 받으면 더 좋은 친구가 될 수 있다.

리트리버는 비만의 위험이 큰 품종이다. 얌전한 성격 탓에 덜 움직이는데다, 식탐도 좀 있는 편이어서 살이 찌기 쉽다. 규칙적인 운동과 음식조절을 신경써줘야 한다.

● 품종 정보

	라브라도리트리버	골든리트리버
고향	미국, 캐나다	영국
별명, 줄임말	라브라도	골든
기대수명	10~12살	10~13살
키	수컷 59~63cm / 암컷 56~61cm	수컷 59~61cm / 암컷 56~59cm
체중	수컷 30~36kg / 암컷 25~32kg	수컷 30~34kg / 암컷 25~30kg
털 손질 요구량	적음	중간
털 날림	중간, 계절성	중간
털	짧다. 빽빽하다. 거칠다. 방수가 잘 된다.	빽빽하다. 두껍다. 방수가 잘 된다.
색	검은색, 갈색, 황갈색	적갈색, 흰색, 황갈색
개 알레르기	사람에게 일으킬 수 있음	사람에게 일으킬 수 있음
한배새끼 수	6~8마리	6~10마리

성향	애정 넘친다. 경계심이 있다. 명랑하다. 상냥하다. 독립적이다. 충성스럽다. 외향적이다. 장난을 좋아한다.
짖는 정도	가끔 짖음
아이와 어울리기	좋음
주요 질병	종양, 비만, 엉덩이관절이형성
종종 있는 질병	심근병, 백내장, 눈꺼풀속말림증, 골연골증

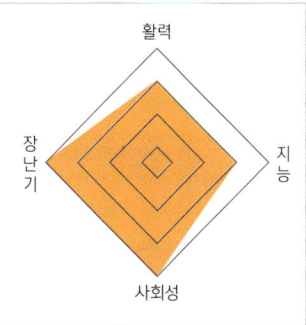

리트리버는 살이 찌기 쉽다. 성장기에도 비만을 주의해야 하고, 특히 2~3살 이후에 활력이 줄어들면서 살이 찌는 것을 조심해야 한다. 꾸준한 운동과 식이요법이 필요하다.

나이가 들면서 몸 곳곳에 종양이 만져지는지 잘 살펴야 한다. 특히 골든리트리버는 털이 길어서 이런 증상이 숨겨질 수 있으니 꼼꼼하게 관찰하는 것이 좋다. 체표 종양 뿐 아니라 내부 종양도 검진이 필요하므로, 매년 X-ray검사와 혈액검사로 건강검진을 해주어야 한다.

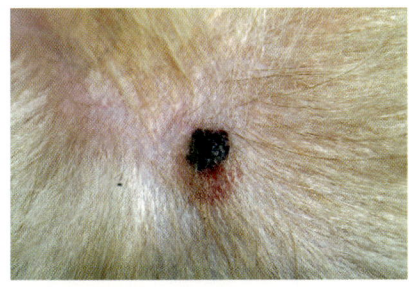

이렇듯 피부에 피딱지 같은 것이 발견된다면 가볍게 여기지 말고 내원하여야 한다.

 # 사모예드 Samoyed

나도 썰매를 끈다구! 독특한 표정과 상냥한 성격의 사모예드!

북부 시베리아의 유목민 사모예드족이 옛날부터 기르던 썰매용 개로서, 부족의 이름을 따서 사모예드라고 부른다.

외모가 우아하다. 성격이 대담하고 썰매용 개로서 단련된 강력한 힘을 자랑한다. 털 색은 백색 외에 크림색, 담갈색도 있다.

입 끝이 살짝 올라가면서 짓는 표정이 특징이다. 이를 '사모예드 미소'라고 한다. 러시아 출신답게 추위에는 강하지만 더위에는 약하다.

다 함께 웃고 있어요

깨알지식

추운 지방에 사는 동물은 덩치가 크다

- 체표면적과 기초대사율의 상관관계
  1. 기초대사(가만히 있을 때 소모되는 에너지의 양)는 체표면적에 비례한다.
  2. 몸집이 작으면 상대적으로 체표면적이 넓고, 열 발산량도 증가한다.
  3. 몸집이 크면 상대적으로 체표면적이 좁고, 열 발산량이 감소한다.

- 추운 지방에 사는 포유류는 덩치가 크고 몸의 말단부(귀, 목 등)는 작다. 이런 체형으로 열 손실을 줄일 수 있다.

- 추운 지방에 사는 사람들의 키가 더운 지역에 사는 사람들의 키보다 평균적으로 크다.

- 아기와 어린이는 몸집이 작아서 상대적으로 에너지 소모가 많다. 따라서 원활한 에너지 공급을 위해 단 것을 좋아하는 것이다.

아기가 단 것을 좋아하는 이유를 설명중인 최진기 강사님
-오마이스쿨, 유튜브 캡쳐

그래픽 One Shot   자료:averageheight.co

전 세계 남녀 평균 키
가장 큰 나라는?

2016년 8월 기준 (남자 101개국, 여자 103개국 조사)

1위 보스니아-헤르체고비나
183.9cm

순위	국가	평균 키(cm)
2	네덜란드	183.8
3	몬테네그로	183.2
4	덴마크	182.6
5	노르웨이	182.4
6	세르비아	182.0
7	독일	181.0
8	아이슬란드	181.0
9	크로아티아	180.5
10	체코	180.3
⋮		
31	미국	176.3
45	**한국**	**173.5cm**
63	일본	170.7
83	중국	167.0
87	북한	165.6

1위 네덜란드
169.9cm

순위	국가	평균 키(cm)
2	덴마크	168.7
3	벨기에	168.1
4	오스트리아	167.6
5	아이슬란드	167.6
6	리투아니아	167.5
7	슬로베니아	167.4
8	체코	167.2
9	노르웨이	167.0
10	크로아티아	166.3
⋮		
41	미국	162.2
46	**한국**	**161.1cm**
69	중국	158.6
75	일본	158.0
88	북한	154.9

그래픽=김현서 kim.hyeonseo12@joongang.co.kr   중앙일보

● 품종 정보

고향	러시아
별명, 줄임말	웃는 개
기대수명	10~12살
키	수컷 53~61cm / 암컷 48~53cm
체중	수컷 20~30kg / 암컷 16~23kg
털 손질 요구량	중간
털 날림	계절성
털	빽빽하다. 거칠다. 짧거나 길다. 두껍다.
색	크림색, 담갈색, 흰색
개 알레르기	사람에게 거의 일으키지 않음
한배새끼 수	5~9마리
성향	경계심이 있다. 명랑하다. 활력이 넘친다. 친근하다. 상냥하다. 독립적이다. 충성스럽다. 사교적이다. 장난을 좋아한다.
짖는 정도	가끔 짖음
아이와 어울리기	좋음
주요 질병	신장 질환(사구체병)
종종 있는 질병	당뇨병, 진행성망막위축증, 선천성심장병, 엉덩이관절이형성

사모예드는 유전자결함으로 사구체병이 발생할 수 있다. 단백뇨의 발생으로 시작하여 다른 신장의 기능까지 떨어지는 신부전으로 진행될 수 있다. 단백뇨단계에서는 질병의 증상이 뚜렷하게 드러나지 않는 편이기 때문에 건강해 보이더라도 소변검사를 포함한 건강검진을 매년 해줘야 한다.

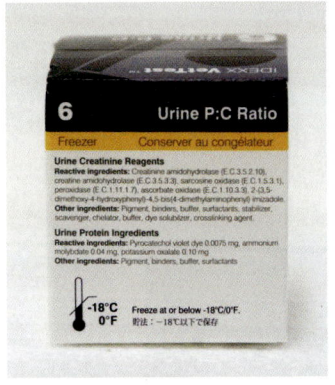

소변의 단백질을 측정하여
사구체질환을 진단하는 UPC검사

그레이트피레니즈
Great Pyrenees

양을 지켜온 위풍당당한 친구, 그레이트피레니즈!

북극곰을 연상시키는 멋진 외모의 소유자다.

프랑스의 피레네산맥에서 유래한 큰 개라고 하여, 그레이트피레니즈라는 이름이 붙여졌다. 겁이 없고 몸이 무척 튼튼하다. 시각과 후각이 특히 발달되어 있다.

우리나라에서는 주말 예능 1박2일에서 등장한 '상근이'로 유명해졌다. 사람에겐 무척 상냥한 반면, 의외로 중형견(진돗개 정도)들에겐 공격적인 모습으로 돌변할 수 있으니 주의가 필요하다. 목양견으로 활약하며 늑대와 대적하던 본능이 남아서일 것이다.

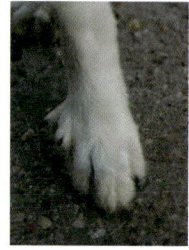

그레이트피레니즈는 뒷발 발가락이 6개다. 기본 4개의 발가락 위로 2개의 덧발가락이 붙어 있다. (정상 개는 앞발 발가락이 5개, 뒷발 발가락이 4개)

파스칼은 '피레네산맥 이쪽에서의 정의가 저쪽에서는 불의가 된다.'는 법언으로 진리의 상대성을 이야기했다. 이 말의 배경이 되는 것이 피레네산맥이며, 그레이트피레니즈의 고향이다.

● 품종 정보

고향	프랑스, 스페인
별명, 줄임말	피레니즈
기대수명	10~12살
키	수컷 69~82cm / 암컷 63~74cm
체중	수컷 52~54kg / 38~41kg
털 손질 요구량	중간
털 날림	계절성
털	빽빽하다. 길다. 두껍다.
색	갈색, 회색, 적갈색, 흰색
개 알레르기	사람에게 일으킬 수 있음
한배새끼 수	6~9마리
성향	애정이 많다. 경계심이 있다. 상냥하다. 독립적이다. 충성스럽다.
짖는 정도	자주 짖음
아이와 어울리기	좋음
주요 질병	자주 짖음
종종 있는 질병	엉덩이관절이형성, 골연골증, 심장병(삼첨판이형성)

다른 대형견과 마찬가지로 근육과 뼈, 그리고 관절쪽 유전질환이 간혹 있을 수 있다. 야외에서 지낼 경우 여름철 더위와 겨울철 추위에 유의해야 하며, 심장사상충과 기생충에 대한 예방을 철저히 해줘야 한다.

콜리 Collie

사슴 같이 예쁜 얼굴을 가진 개, 콜리!
풍성한 러프콜리와 매끈한 스무스콜리가 있다.

털 길이에 따라 러프콜리(장모), 스무스콜리(단모)로 나눈다. 털 색은 검은색 또는 갈색이고, 목과 가슴에 큰 띠같은 흰색 부위가 있다. 발도 힐 수 있다. 머리가 가늘고 길쭉하다.

러프콜리는 스코틀랜드의 목양견으로 명성이 높았다. 반면 스무스콜리는 주로 물건을 옮기는 것을 도왔다. 책임감이 강하고 우호적이며,

책 원작으로, 영화와 TV 프로그램으로 상영된 '돌아온 래시'라는 작품으로 친숙한 개다.

명랑하고 활동적이다. 주인에게 봉사하는 경향이 강하고 아이들에게도 상냥하다.

 깨알상식   영국은 그레이트브리튼섬(잉글랜드, 스코틀랜드, 웨일스)과 아일랜드섬 북쪽의 북(北)아일랜드로 이루어진다.

● 품종 정보

고향	영국
별명, 줄임말	러프콜리, 스코티시콜리, 잉글리시콜리, 장모콜리, 래시콜리
기대수명	8~12살
키	수컷 61~66cm / 암컷 56~61cm
체중	수컷 27~34kg / 암컷 27~30kg
털 손질 요구량	많음
털 날림	적음
털	가늘다. 거칠다. 길다(러프콜리). 짧다(스무스콜리).
색	검은색, 블랙앤탄, 적갈색, 흰색
개 알레르기	사람에게 일으킬 수 있음
한배새끼 수	6~10마리
성향	친근하다. 상냥하다. 똑똑하다. 충성스럽다. 민감하다. 사교적이다.
짖는 정도	가끔 짖음
아이와 어울리기	좋음
주요 질병	루푸스홍반열, 시신경결손, 수포창
종종 있는 질병	퇴행성골수병, 외분비성췌장기능부전, 위 염전

콜리는 유전 결함으로 특정 약물에 민감한 반응을 보이기 때문에 주의가 필요하다. 심장사상충 약의 종류와 투약량에 신경을 써야 한다. 그 외의 약에 대해서도, 투약 후 이상 반응을 보인다면 즉시 동물병원에 연락하여 조치를 받아야 한다.

체중에 맞는 예방약은 무리가 없어요.
수의사와 상담하여 심장사상충 예방해주세요.

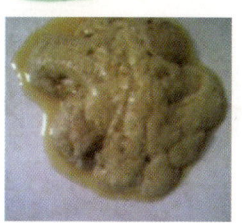

자가면역성 피부염과 눈 기형 등에 대해 검진이 필요하다. 변 색깔이 희끗희끗하게 나온다면 이 또한 중요한 질병의 증상이니 내원이 필요하다.

이렇게 밝은 색의 설사변이 나온다면 진료를 받아야 합니다.

올드잉글리시쉽독
Old English Sheepdog

올드잉글리시쉽독, 봉구

한 번 보면 반해버리는 개, 올드잉글리시쉽독 매일 사랑의 빗질이 필요하다.

올드잉글리시쉽독은 영국에서 목양견으로 활약하던 개다. 전통적으로 꼬리를 도킹해왔기 때문에 밥테일드쉽독(Bob-tailed sheep dog)으로도 불렸다.

장모종으로 털이 길다. 특히 머리의 털이 길어서 눈과 얼굴을 덮게 되기 때문에 매일 빗질해줘야 한다. 자주 짖는 편이고 목소리가 매우 우렁차다는 점을 고려해야 한다.

상냥하고 성격이 좋다. 서서 안는 것도 너무너무 좋아하는 마음 따뜻한 친구다. 활발하고 놀기 좋아하기 때문에 개와 함께 해줄 시간을 가져줘야 한다.

머리를 기르면 영화 올드보이 주인공과 헤어스타일이 닮았다.

● 품종 정보

고향	영국
별명, 줄임말	OES, 밥테일드쉽독 (Bob-tailed sheep dog)
기대수명	10~12살
키	수컷 56~61cm / 암컷 53~56cm
체중	수컷 31~41kg / 암컷 27~36.5kg
털 손질 요구량	많음
털 날림	적음
털	길다. 두껍다. 방수가 잘된다.
색	청회색, 회색, 흰색
개 알레르기	사람에게 일으킬 수 있음
한배새끼 수	약 8마리
성향	친근하다. 상냥하다. 똑똑하다. 충성스럽다. 놀기 좋아한다. 사교적이다.
짖는 정도	자주 짖음
아이와 어울리기	좋음
종종 있는 질병	종양, 엉덩이관절이형성, 난청, 갑상선기능저하증

털이 빽빽해서 더위에 약할 수 있다. 여름에 열사병에 걸리지 않도록 보살펴야 한다. 혀를 내고 헥헥거리며 호흡이 가빠지면 시원하게 해줘야 한다. 차에 개를 두고 방치하는 일이 없어야 한다.

개를 더운 차 안에 방치하면 죽을 수도 있습니다!

시베리안허스키 Siberian Husky

신비로운 눈의 소유자, 시베리안허스키!
판타지영화에 나올 것 같은 녀석이다.

눈 색은 대체로 파란색이거나 갈색이다. 양쪽 눈의 색이 다른 아이들도 있다. 하얀 눈을 배경으로 서 있는 허스키를 보면 눈이 반짝거리고 몸에서 광채가 나는 것만 같다.

북극에서 썰매를 끄는 개로 유명하다. 촘촘한 털로 인해 추위에 강하다. 우리 나라에선 여름을 힘겹게 나야 하는 친구다.

외모는 차가워 보이지만, 성격은 온화하고 상냥하다. 영리하고 사람을 잘 따른다. 인내심과 끈기가 뛰어나고 모든 일에 적극적이다. 운동량이 부족하면 스트레스를 받을 수 있으니, 함께 산책해 주거나 자전거를 끄는 운동을 시켜주면 좋다.

KBS 개그콘서트에 출연한 강아지 인형 '브라우니'가 시베리안허스키다.

● 품종 정보

고향	러시아	
별명, 줄임말	허스키	
기대수명	11~13살	
키	수컷 53~61cm / 암컷 50~56cm	
체중	수컷 20~27kg / 암컷 15~23kg	
털 손질 요구량	중간	
털 날림	중간	
털	빽빽하다. 이중으로 되어 있다. 겉은 거칠다. 안은 부드럽다. 두껍다.	
색	검은색, 블랙앤화이트, 블랙앤탄, 크림색, 회색, 적갈색, 흰색	
개 알레르기	사람에게 일으킬 수 있음	
한배새끼 수	6~8마리	
성향	경계심이 있다. 친근하다. 상냥하다. 독립적이다. 외향적이다. 사교적이다. 고집이 있다.	
짖는 정도	거의 짖지 않음	
아이와 어울리기	좋지 않음	
주요 질병	엉덩이관절이형성, 눈 질환(백내장, 각막이영양증, 녹내장, 진행성망막위축증)	
종종 있는 질병	위 궤양, 기관지염, 발작	

걸음걸이와 눈 확인 및 검진이 필요하다. 구토, 식욕부진, 기침 등의 증상이 보이면 즉시 내원하여 치료하는 것이 좋다.

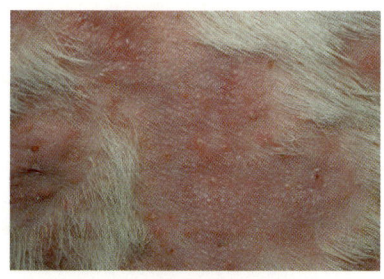

지나친 햇빛을 받아 국소적으로
탈모와 발적을 보이는 일광피부염 사례

자외선에 지나치게 노출되면 피부염이나 피부종양이 초래될 수 있다. 양지에 계속 묶어두지 않아야 한다. 산책을 하며 햇빛을 쬐는 정도는 좋다.

알래스칸말라무트
Alaskan Malamute

알래스칸말라무트, 은별이

썰매를 끄는 개, 알래스칸말라무트!
큰 몸집, 늑대 같은 멋진 외모로 시선을 사로잡는다.

북서 알래스카의 이뉴잇족이 마래뮤트(Mahlemutes)라고 부르던 개에서 유래했다. 이들은 사냥과 일을 도왔고, 함께 생활했다. 곰과 같은 큰 동물 사냥을 도왔다.

두꺼운 이중모를 가지고 있다. 어깨와 목둘레, 엉덩이 부분 털이 특히 풍부하다. 털 색은 항상 흰색이 포함된다. 검은색, 회색, 다갈색 등과 흰색이 섞이거나, 혹은 전체 흰색이다. 털이 많이 빠지기 때문에 집 안에서 키우기에 애로사항이 있다.

온순하고 조용한 편이다. 한번 보호자와 관계를 맺으면, 각별한 충성심을 보인다.

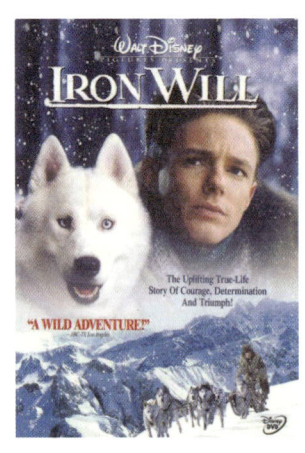

월트 디즈니사의 1994년작, '늑대개'의 주인공이 말라무트다.

● 품종 정보

고향	미국
별명, 줄임말	말라무트
기대수명	10~12살
키	61~66cm
체중	수컷 36~43kg / 암컷 32~38kg
털 손질 요구량	중간
털 날림	많음
털	거칠다. 두껍다.
색	검은색, 회색, 적갈색, 흰색
개 알레르기	사람에게 일으킬 수 있음
한배새끼 수	4~10마리
성향	애정 넘친다. 때론 공격적이다. 친근하다. 독립적이다. 장난기 많다. 충성심이 있다. 조용하다. 사교적이다.
짖는 정도	거의 짖지 않음
아이와 어울리기	좋음
주요 질병	종양, 엉덩이관절이형성, 백내장
종종 있는 질병	간질, 선천성심장병, 피부질환, 신장 질환

종양 예방을 위해서는 아래의 권고사항을 참고하자.

1. 가능하면 부모의 질병을 참고한다. 종양에도 가족력이 작용할 수 있다.
2. 어릴 때 중성화수술을 시킨다.
    중성화수술로 수컷의 고환암과 암컷의 유선 종양 예방이 가능하다.
3. 양질의 사료를 먹인다. 간식은 채소류로 챙겨준다.
4. 항산화제 영양제를 먹인다.
5. 매연이나 독성 물질 등에 노출되지 않도록 생활환경을 점검한다.
6. 규칙적으로 산책과 운동을 해준다.
7. 보호자와 깊고 따뜻한 유대감을 느낄 수 있게 생활한다.

아메리칸에스키모
American Eskimo Dog

썰매는 끌지 않아요

서커스에서 활약하며 유명세를 탔어요!

**명랑한 개, 아메리칸에스키모!
하얀 외모 때문에 작은 사모예드라고 불린다.**

● 외모의 특징

털은 대체로 완전히 흰색이지만 담갈색이나 크림색의 반점이 보일 수도 있다. 얼굴형이 역삼각형이고 귀가 쫑긋 서 있다.

크기 별로 ① **스탠다드** > ② **미니어처** > ③ **토이**로 분류한다.

● 닮은 친구들

재패니즈스피츠(약 5kg)   아메리칸에스키모(약 15kg)   사모예드(20~30kg)

● **성격의 특징**

똑똑하고, 기민하다. 에너지가 넘친다. ☞ 매일 운동이 필요하다. 낯선 사람에게는 다소 경계심을 갖는 편이다. 잘 짖고, 위기를 느끼면 물 수도 한다. 추운 날씨를 좋아한다. 일년 내내 더운 나라에서는 지내기 어렵다. 우리나라에서도 여름에 시원한 환경을 만들어줘야 한다. 털은 빽빽한 형태(이중모)로 되어 있다. 일주일에 2회 정도 빗질이 필요하고 털갈이를 하는 봄가을에는 주 3~4회 빗질이 필요하다.

● **추천 생활환경** 어른들로 구성된 활발한 가정 > 아이들이 있는 가정

● **품종 정보**

고향	미국
별명, 줄임말	에스키, 에스키모 스피츠
기대수명	12~14살
키	38~48cm
체중	9~18kg
털 손질 요구량	중간
털 날림	많음
털	빽빽하다. 두껍다. 짧거나 길다.
색	크림색, 흰색
개 알레르기	사람에게 일으킬 수 있음
한배새끼 수	약 5마리
성향	경계심이 있다. 활력이 넘친다. 친근하다. 독립적이다. 똑똑하다.
짖는 정도	자주 짖음
아이와 어울리기	좋지 않음
주요 질병	비만
종종 있는 질병	엉덩이관절이형성, 진행성망막위축증

충분한 운동이 필요하며 음식 조절로 비만하지 않게 해야 한다. 대체로 유전질환은 적은 편이다.

휘펫 Whippet

사슴을 닮은 달리기 선수, 휘펫! 친절하고 의젓하다.

뛰어난 주력과 날씬한 외모가 특징이다. 달리기 실력에서 그레이하운드와 쌍벽을 이룬다. 그레이하운드보다 키가 작은데도 실력이 비등한 것이 더 대단하다. 2004년 Boswell의 Windyglen 트랙에서 가진 183m 시합에서 휘펫은 그레이하운드와 비등비등한 성적을 냈다. 12초 이내를 기록한 40마리의 개 중에 절반이 휘펫, 절반이 그레이하운드였다. 평균 시속 60km/h에 육박하는 엄청난 속도다. (100m 12초도 선수급인데 183m 12초 이내라니.. 대단합니다!)

날씬한 외모와 착한 눈망울은 마치 사슴을 보는 것 같다. 어릴 때는 주둥이가 동글동글하게 짤막하지만 성장하면서 길어진다.

짖음이 거의 없고, 다른 개나 사람에게 정말 친절하다. 배변훈련도 천재적으로 해낸다. 신나게 뛰어 놀고, 보호자 주위에서 자는 것을 좋아한다. 경주견 출신이기 때문에 충분한 운동이 필요하다. 엉덩이나 무릎에 살집이 없어서 도톰한 방석을 깔아줘야 한다. 추위에 약하므로, 반드시 실내에서 생활해야 한다.

● 품종 정보

고향	영국
별명, 줄임말	스냅독(snap, 확 낚아채다)
기대수명	12~15살
키	수컷 38~53cm / 암컷 48~58cm
체중	9~18kg
털 손질 요구량	적음
털 날림	중간
털	빽빽하다. 가늘다.
색	검은색, 청회색, 적갈색, 흰색
개 알레르기	사람에게 일으킬 수 있음
한배새끼 수	4~8마리
성향	애정 넘친다. 명랑하다. 상냥하다. 똑똑하다. 조용하다. 사교적이다.
짖는 정도	거의 짖지 않음
아이와 어울리기	좋음
주요 질병	심장판막질환(이첨판폐쇄부전)
종종 있는 질병	척수공동증, 고관절이형성, 눈꺼풀속말림증, 슬개골탈구, 발작성 낙하, 혈소판감소증, 귓병

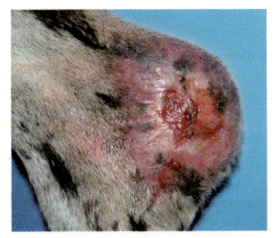

휘펫은 대체로 건강하다. 귓병이나 피부염이 있으면 진료를 조기에 받는 것이 좋다. 몸에 지방이 부족하기 때문에 몸무게를 감당하는 부위가 눌려서 피부염이 올 수 있다. 휘펫이 쉴 자리에는 푹신한 담요나 보금자리를 잘 마련해주는 것이 좋다.

뒤꿈치가 몸의 무게에 눌려서 발생한 피부염
처음에는 털이 빠지고 붉어지는데, 질병이 진행되면 붓고 피가 난다.

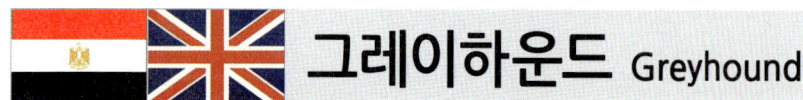

그레이하운드 Greyhound

*질주본능 카리스마, 그레이하운드!
달리기 왕, 하지만 평소에는 조용하고 내성적이다.*

그레이하운드는 치타에 이어 지구상에서 두 번째로 빠른 동물이다. 휘펫과 함께 경주견으로 활약한다.

● 달리기를 잘 하는 이유
1. 뼈가 유연하여 달리는 동작이 부드러우면서도 역동적이다.
2. 폐활량이 많고 심장이 튼튼하다.
3. 털이 짧아 공기 저항을 덜 받는다.
4. 긴 꼬리로 중심을 잡는다.

힘차게 달리며 운동하는 시간을 제외하면 나머지 시간은 조용히 휴식하는 것을 좋아한다. 잘 짖지 않고, 점잖다.

이집트가 원산지인데, 영국에서 경주견으로 활약하면서 영국 품종으로도 알려져 있다.

깨알지식

아담스미스 '국부론'에 나오는 개 이야기

'철학자와 지게꾼의 차이는 마스티프와 그레이하운드의 차이보다 작다.'
사람 개개인이 가진 재능의 차이는 크지 않다는 점을 언급한 말로 알려져 있다.

사실 국부론에 등장하는 개는 총 4마리다.
(마스티프, 그레이하운드, 스파니엘, 양치기개)

By nature a philosopher is not in genius and disposition half so different from a street porter, as a mastiff is from a greyhound, or a greyhound from a spaniel, or this last from a shepherd's dog. Those different tribes of animals, however, though all of the same species, are of scarce any use to one another. The strength of the mastiff is not, in the least, supported either by the swiftness of the greyhound, or by the sagacity of the spaniel, or by the docility of the shepherd's dog.

개 품종을 안 뒤 > 아담스미스의 취지를 이해하자
① 마스티프 : 덩치가 크고 힘이 센 품종이다.
② 그레이하운드 : 날렵하고 기민해서 경주견으로 활약하는 품종이다.
③ 스파니엘 : 호기심 많고 총명한 품종이다. 사냥도 잘 하고 꾀가 많다.
④ 양치기(shepherd)의 개 : 보더콜리를 의미한다.
　　똑똑하고 유순해서 양치기 역할을 훌륭하게 수행한다.

이 품종들은 같은 종(개)임에도 불구하고 재능이 참 다르다.
- 마스티프 – 힘
- 그레이하운드 – 날렵함
- 스파니엘 – 총명함
- 보더콜리 – 유순함

사람들마다 기본적으로 가지고 태어나는 재능의 차이는, 개들이 가진 선천적 차이보다 적다는 말이다. 하지만 아담스미스는 사람의 재능 차이가 매우 커진다고 했다. 본디 인간은 별 차이 없는 재능을 가지고 태어나지만 자신의 잉여생산물을 타인의 잉여생산물과 교환하는 과정을 반복함으로써 특정 분야의 전문가가 탄생하게 된다는 것이다. 이것이 아담스미스가 말하는 노동 분업이 발생하는 원리다. 도표로 표현하면 아래와 같다.

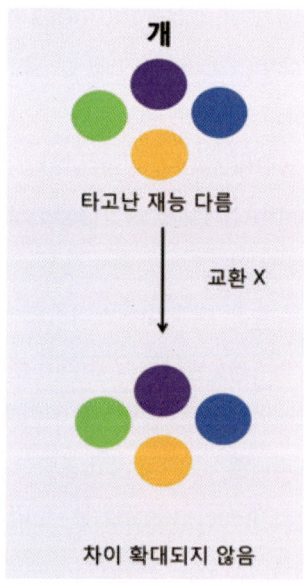

● 품종 정보

고향	이집트, 영국
별명, 줄임말	미국신사, 보스턴 불테리어
기대수명	10~13살
키	68~76cm
체중	수컷 30~32kg / 암컷 27~30kg
털 손질 요구량	적음
털 날림	중간
털	가늘다. 짧다.
색	검은색, 청회색, 회색, 적갈색, 흰색
개 알레르기	사람에게 일으킬 수 있음
한배새끼 수	1~12마리
성향	애정 넘친다. 명랑하다. 상냥하다. 똑똑하다. 독립적이다. 민감하다. 야외에서는 엄청난 에너지로 달리지만 실내에서는 무척 차분하다.
짖는 정도	거의 짖지 않음
아이와 어울리기	좋음
주요 질병	위 염전, 난청
종종 있는 질병	골육종, 간손상

식후 바로 운동을 하는 것은 위험하다. 식후 1시간 정도 충분한 소화를 한 뒤 운동하러 나가는 것이 좋다.

운동과 산책을 위해 실외에 자주 나가게 될 것이니 심장사상충 및 외부기생충(진드기) 예방을 특히 더 신경 써서 빠짐 없이 해줘야 한다.

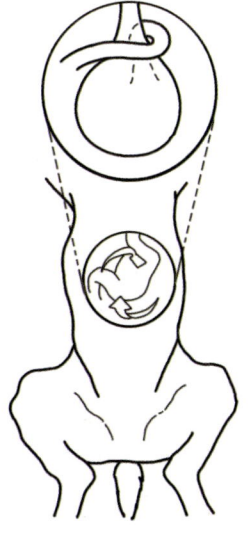

위가 꼬이는 질병인 위염전(gastric torsion)
과식으로 위 내용물이 많은 상태에서 달리기를 하면
→ 위가 출렁거리다가 꼬이게 될 위험성이 높아진다.

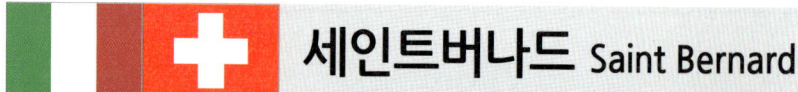

세인트버나드 Saint Bernard

힘이 세고 온순한 구조견, 세인트버나드!

공간만 된다면, 가정견으로도 충분한 매력이 있다.

스위스와 이탈리아 사이의 알프스 산맥 서쪽에 위치한 '세인트버나드'라는 산길의 한 숙소에서 길러지면서 세인트버나드라는 이름이 붙여졌다. 큰 덩치 만큼 힘이 무척 세다. 머리와 입이 커서 무는 힘도 매우 강하다. 귀는 늘어져 있고 눈 부위는 검다. 온 몸이 튼튼한 근육질이다. 털이 조밀하여 추위에도 매우 강하다. 구조견으로 활약하지만 성격이 워낙 온순해서 가정에서도 인기가 높다.

영화 베토벤(1992)의 주인공 개로 유명하다.

● 품종 정보

고향	이탈리아, 스위스
별명, 줄임말	세인트
기대수명	8~10살
키	71~89cm
체중	54~90kg
털 손질 요구량	중간
털 날림	중간
털	빽빽하다. 거칠다. 짧거나 길다.
색	검은색, 얼룩무늬, 갈색, 적갈색, 삼색, 흰색
개 알레르기	사람에게 일으킬 수 있음
한배새끼 수	6~8마리
성향	친근하다. 상냥하다. 독립적이다. 똑똑하다. 외향적이다. 조용하다. 사교적이다.
짖는 정도	거의 짖지 않음
아이와 어울리기	좋지 않음
주요 질병	골육종, 엉덩이관절이형성, 팔꿈치관절이형성
종종 있는 질병	간질, 심근병, 다발성신경장애

세인트버나드는 성장속도가 워낙 빨라 노화도 빠르게 진행된다. 수명이 다른 품종에 비해 다소 짧은 점을 미리 알아둬야 한다. 항산화제를 급여하는 것이 추천된다.

주요 질병은 뼈와 관련된 이형성과 종양이다.

1. 품종백과

# 로트와일러 Rottweiler

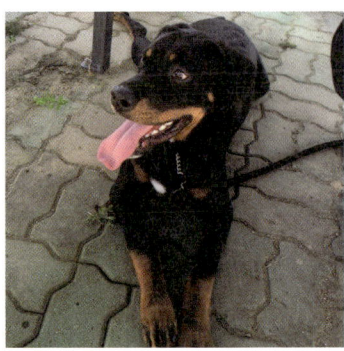

로트와일러, 홍이

무는 힘이 굉장한 개, 로트와일러!

집을 지키는 것이 특기다. 가정견으로 키운다면 훈련을 잘 마쳐야 한다.

고대 로마시절 식량운송용 소를 호위하는 역할을 했다. 그 후 멧돼지 사냥개로 활약했으며, 중세시대 로트바일(Rottweil)이라는 알프스의 소도시에서 가축을 보호했다. 히틀러의 경호견으로도 유명하다.

입이 크고 입과 목 근육이 발달하여 무는 힘이 상당하다. 몸집은 다부지고 뼈가 굵다. 귀는 작게 늘어져 있다. 털은 전체적으로 검은색이며 갈색의 반점이 입 주위, 목, 네 다리의 안쪽에 분포한다.

타고난 번견(집 지키는 개)으로 침입자를 맹렬히 공격한다. 영리하고 집념이 강하다.

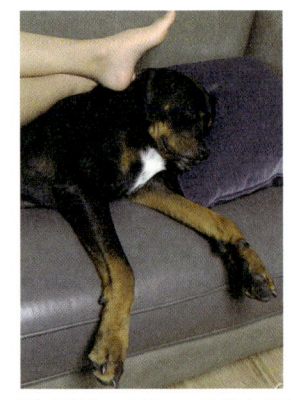

더없이 착하고 순한 로트와일러, 홍이

홍이가 처음 내원했을 때는 필자도 긴장할 수밖에 없었다. 로트와일러니까..
이제는 홍이의 성격을 아니까 두려움 없이 다가가고 예뻐해 줄 수 있다. 정기적으로 와서 귀 관리를 받고 있는 홍이, 피부병으로 고생했는데 더 아프지 말고 건강하게 지냈으면 좋겠다!

● 품종 정보

고향	독일
별명, 줄임말	로트
기대수명	8~11살
키	수컷 61~69cm / 암컷 55~64cm
체중	수컷 38~62kg / 암컷 36~62kg
털 손질 요구량	적음
털 날림	중간
털	빽빽하다. 부드럽거나 거칠다. 짧다. 곧다. 두껍다.
색	검은색, 블랙앤탄, 갈색
개 알레르기	사람에게 일으킬 수 있음
한배새끼 수	8~12마리
성향	경계심이 있다. 용감하다. 독립적이다. 똑똑하다. 충성심이 있다. 조용하다. 고집이 있다
짖는 정도	거의 짖지 않음
아이와 어울리기	좋지 않음
주요 질병	엉덩이관절이형성, 파보바이러스감염증, 골육종
종종 있는 질병	눈꺼풀속말림증, 눈꺼풀겉말림증, 심근병

로트와일러는 파보바이러스 감염증에 취약하다. 어릴 때 접종 시기를 놓치지 말고 횟수를 누락하지 않아야 한다. 성견이 된 후에도 보강접종을 철저히 해줘야 한다.

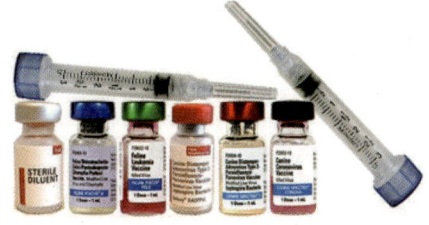

1. 품종백과

아메리칸핏불테리어
American Pit Bull Terrier

통뼈 강아지 핏불테리어!

투견으로 유명했지만, 이젠 함께 운동 할 스포츠견이 되고 싶어요.

근육질에 뼈가 튼튼하다. 핏불테리어의 뼈를 만져보면 그 굵기와 단단함에 놀라지 않을 수 없다. 갓 태어난 핏불 강아지의 뼈가 성견 포메라니안의 뼈보다 더 굵고 단단할 정도다.

특유의 투지와 근성, 고통을 잘 견디는 특징 때문에 대표적인 투견으로 훈련되어 왔다. 맷집이 좋아서 멧돼지 사냥에서 방어 역할을 하다 멧돼지아 전투를 벌이다가 사고가 나서 동물병원에서 봉합수술을 받는 경우가 있는데, 간단한 봉합수술은 마취 없이 할 수 있을 정도로(보호자가 마취 없이 하길 바라는 경우가 많다) 통증을 잘 견딘다.

● **한국의 멧돼지 사냥**

겨울철 농가에서는 멧돼지 출현이 걱정이다. 먹을 음식이 떨어진 멧돼지는 농가로 내려와 농작물을 망쳐놓는다. 이를 막기 위해 국가에서는 멧돼지 사냥 허가지역을 정해 총포허가와 수렵면허를 딴 사람들에게 사냥을 허용한다. 최종적으로는 총을 쏘지만, 사냥에 결정적인 기여를 하는 것은 사냥개들이다. 몰이, 방어, 공격 등 각자의 특기를 특성화한 사냥개 무리가 혼신의 힘을 다해 멧돼지와 맞선다. 하지만 이런 노력에도 실제 농가에서는 멧돼지로 인한 피해가 줄어들지 않고 있다.

예전 한 정치인이 "첫 서리가 내리면 특수부대를 동원해서 멧돼지를 잡겠다." 라는 공약을 낸 적이 있다. 특수부대의 전투력 향상과, 지속되는 농가 피해를 막기 위한 대책이었다. 당선이 되지 못해, 공약이행은 되지 못했다.

● 외모의 특징
이마 뼈가 쩍 벌어져 있다. 눈은 작고 타원형이다. 육중하다. 온 몸의 근육이 강하게 발달해 있다. 심지어 볼도 근육질이다. 꼬리는 아래로 쳐져 있다. 털은 두껍고 윤기 없이 뻣뻣하다. 다양한 털 색이 모두 인정된다.

● 유래
1800년대 불독과 테리어를 교배하여 만들었다. pit(구덩이)에서 싸우는 개였기 때문에 핏불이라는 이름이 붙여졌고, 영국이 태생인 또 다른 투견의 한 종류였던 스태포드샤이어(Staffordshire) 불테리어와 헷갈리지 않도록 하기 위해 '아메리칸' 핏불테리어'라고 불리게 되었다.

체격조건에 걸맞게 충분한 운동이 필요하다. 사회화와 사람을 따르는 훈련을 시켜야 한다.

● 품종 정보

고향	미국
별명, 줄임말	핏불
기대수명	8~15살
키	43~56cm
체중	수컷 16~30kg / 암컷 14~27kg
털 손질 요구량	적음
털 날림	중간
털	짧다.
색	검은색, 블랙앤탄, 청회색, 갈색, 회색, 적갈색, 흰색, 황갈색
개 알레르기	사람에게 일으킬 수 있음
한배새끼 수	5~10마리
성향	애정이 넘친다. 경계심이 있다. 명랑하다. 친근하다. 똑똑하다. 충성심이 있다. 사교적이다.
짖는 정도	거의 짖지 않음
아이와 어울리기	좋지 않음
주요 질병	근긴장, 위 염전, 난청
종종 있는 질병	엉덩이관절이형성증, 팔꿈치관절이형성증

핏불은 통증에 대한 표현을 잘 하지 않는 편이다. 다리를 불편해하거나 근육을 떠는 증상이 발생하면, 개가 아파하는 기색이 없더라도 충분한 휴식과 진료가 필요하다.

복서 Boxer

인내심이 많고 늠름한 개, 복서!
무서워 보이지만 순하고 점잖은 친구다.

불독과 그레이트덴 사이에서 탄생했다.
초기에는 투견으로 길러졌지만 점차 경찰견,군용견으로 활동했다. 1800년대 후반부터는 불독과 교배하여 가정견인 현재의 모습으로 변모해왔다.

두개골이 넓고 눈이 크다. 이빨은 맞물릴 때 아랫니가 윗니 앞으로 나오는 것이 일반적이다. 얼굴이 무서워 보이지만 성질은 무척 쾌활하고 순하다. 지능이 뛰어나고 보호자를 잘 따른다. 예리한 판단력을 가진 매력 만점의 개가 될 수 있다.

가슴이 넓고 단단하다. 움직임이 빠르고, 근육이 탄탄하다. 털은 짧고 윤기가 난다. 흰색과 바탕색(주로 황갈색, 가끔 검은색)이 섞여 있는데, 가끔 흰색이 바탕색이고 황갈색이나 검은색 반점만 있는 경우도 있다.

꼬리를 도킹(짧게 수술)하고 귀를 수술하여 쫑긋 서게 보이는 것이 유행처럼 되어 왔다.

집 밖에서 키울 경우 저온에 주의해야 한다. 털이 짧아서 저체온증이나 동상에 걸릴 위험이 다른 중대형견에 비해 높기 때문이다. 인내심이 강하고 자제력이 많아 다치거나 병에 걸려도 티를 내지 않으므로 면밀한 관찰이 필요하다.

● 품종 정보

고향	독일	
기대수명	10~12살	
키	수컷 58~64cm / 암컷 53~61cm	
체중	수컷 30~36kg / 암컷 22~30kg	
털	짧다.	
털 손질 요구량	적음	
털 날림	중간	
색	얼룩무늬, 옅은 황갈색, 흰색	
개 알레르기	사람에게 일으킬 수 있음	
한배새끼 수	6~8마리	
성향	경계심이 있다. 명랑하다. 용감하다. 활력이 넘친다. 친근하다. 똑똑하다. 충성심이 있다. 외향적이다. 장난기가 많다.	
짖는 정도	가끔 짖음	
아이와 어울리기	좋음	
주요 질병	종양, 심장병, 설사	
종종 있는 질병	갑상선기능저하증, 퇴행성골수병, 위 염전, 난산, 눈꺼풀속말림증, 엉덩이관절이형성증	

복서에게 주로 발생하는 특이질환으로는 부정맥과 만성설사가 있다.

갑자기 쓰러지는 실신 증상이 있을 경우 심장병에 대한 깊은 진료가 가능한 곳에 내원할 필요가 있다. 설사가 지속되면 반드시 진료를 봐야 한다.

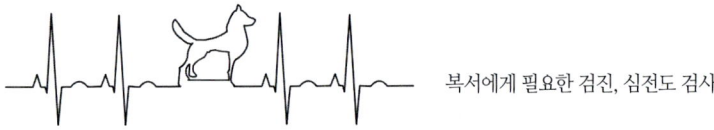

복서에게 필요한 검진, 심전도 검사

2. 개의 매력

나의 사랑스러운 강아지는, 내 발에서 뛰는 심장의 고동과 같다.

- 소설가, 이디슨 워튼 -

개의 매력

주인을 따르며 애교를 부린다.
정말 귀엽다!

언제 어디서나 내 편이 되어준다.

교육의 기쁨을 느낄 수 있다.

내 말을 따르는 모습에
큰 보람을 느낄 수 있다.

함께 산책하며 즐겁게 운동할 수 있다.
(나의 귀여운 다이어트 동반자!)

동물과 친구되는 법을 알려준다.

나보다 약한 존재에 대한
배려가 생긴다.

강아지가 보호자에게 바라는 10계명

— 인터넷 발췌

1. 제 수명은 10년에서 15년 정도밖에 되지 않습니다. 어떤 시간이라도 당신과 따로 떨어져 있는 것은 슬픈 일입니다. 저를 입양하기 전에 그것을 꼭 생각해주세요. (3년정도의 계획도 부족합니다. 15년정도의 미래상에 강아지를 포함해 계획해주세요.)

2. 당신이 바라는 것을 제가 이해하려면 시간이 필요합니다.

3. 저를 믿어주세요. 그것만으로 저는 행복합니다.

4. 저를 오랫동안 혼내거나, 벌 주려고 가두지 말아주세요. 당신에게는 일이나 취미가 있고, 친구도 있으시겠죠. 하지만 저에게는 당신밖에 없습니다.

5. 가끔 저에게 말을 걸어주세요. 제가 당신의 말뜻은 이해하지 못한다 해도, 제게 말을 건네는 당신의 목소리는 알 수 있습니다.

6. 당신이 저를 함부로 다루진 않는지 가끔 생각해주세요. 저는 당신의 그런 마음을 결코 잊지 않을 것입니다.

7. 저를 때리기 전에 생각해주세요. 제게는 당신을 쉽게 상처 입힐 수 있는 날카로운 이빨이 있지만, 저는 당신을 물지 않을 것이라는 것을 말입니다.

8. 제 행동을 보고, 고집이 세다, 나쁜 녀석이다. 라고 하기 전에 왜 그랬을까를 먼저 생각해주세요. 무엇을 잘못 먹은 것은 아닌지, 너무 오래 혼자 둔 건 아닌지, 나이가 들어 약해진 건 아닌지 등을요.

9. 제가 늙어도 돌봐주세요. 당신과 함께 나이든 것입니다.

10. 제게 죽음이 다가올 때, 제 곁에서 지켜봐 주세요. 제가 죽어가는 것을 보기 힘들거나, 제가 없이 어떻게 사냐는 제발 말하지 말아 주세요. 그리고.. 그저 잊지만 말아주세요. 제가 당신을 사랑하고 있다는 것을..

필자가 생각하는, 강아지가 보호자에게 바라는 것
1. 곁에 있어 주세요.
2. 곁에 있어 준다는 걸 잊지 마세요.

개는 늘 보호자와 함께 있고 싶습니다. 일터에서도 사랑스러운 반려동물을 곁에 두면서 일할 수 있으면 얼마나 좋을까요?

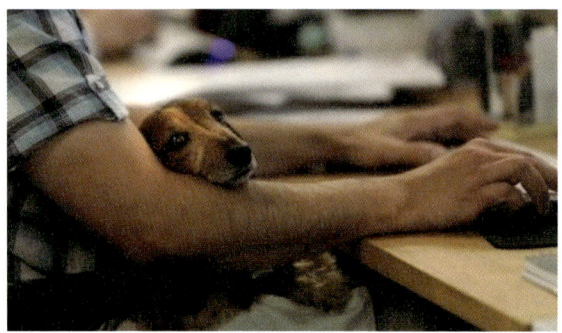

외국에서는 이미 이런 움직임들이 있습니다. 영국 가디언지에 따르면 미국과 영국에서 약 8%의 고용주가 일터에 반려견을 데려오도록 허용하고 있습니다. 반려동물이 업무동기와 효율을 상승시켜주고 스트레스를 풀어주기 때문이라고 합니다.

필자의 동물병원의 직원들은 특별한 일이 없더라도 가끔 반려동물을 데리고 출근합니다. 반면 일반 사무실에는 개를 데리고 출근하기는 쉽지 않을 것입니다.

우리나라에서도 이런 문화가 자리를 잡아서, 많은 보호자들과 그들의 반려견이 함께 있을 수 있는 시간이 늘어났으면 좋겠습니다.

강아지 관련 은어 & 신조어 & 용어사전

개너자이저: 개 + 에너자이저(건전지 상표)의 합성어, 기운이 충만한 상태.

궁디팡팡: 궁디(엉덩이) + 팡팡(의성어)의 합성어. 귀엽거나 기특해서 엉덩이를 톡톡 두드리는 것.

길천사: 유기견을 부르는 말.

꽃도장 찍다: 암컷의 생리를 뜻함.

댕댕이: 비슷한 모양의 글씨로 바꿔 읽는 신조어. 멍 ↔ 댕 상호교환으로 '멍멍이'가 '댕댕이'가 되었다.

득음했다: 목소리가 크고 우렁차서 짖을 때 시끄러운 상태.

몽이천사: 강아지가 천사처럼 착하고 예쁜 것을 강조해 붙여진 애칭

백만돌이: 기분 좋아서 빙글빙글 돌며, 펄쩍펄쩍 뛰는 행동을 하는 강아지

부비부비: 기분 좋아서 몸을 비비는 행동

분양, 입양: '산다.' '판다.'라는 말 대신 사용한다. 강아지를 물건이 아닌, 하나의 반려자로 존중하는 것.

분양비: 품종에 따라 희소성이 있을 때 발생하는 비용.

엄마쟁이다: 주인 밖에 모른다. '엄마 스토커(stalker: 따라 다니며 괴롭히는 사람)'라고도 표현한다.

업둥이: 길에서 데려온(업어온) 강아지

엄마쟁이들, 똘이 빵이   엄마 가방에 있는걸 좋아하는 또리

옥수수: 강아지의 아랫니를 부르는 말. 입 벌리고 누워있을 때 잘 보인다.

우다다: 한쪽방향으로 질주하는 모습. 간식을 향해, 반가운 사람을 향해, 때로는 놀이로.

임보: '임시보호'의 준말 예) 임보차 와있다. (=임시보호 중이다.)

강아지 옥수수

책임비: 책임지고 잘 키우겠다는 약속의 의미로 분양자에게 내는 돈. 일정기간이 지난 후 중성화 지원비 등으로 환불해주는 분양자도 있다. 분양을 전문적으로 하지 않는 일반인에게는 분양비+책임비를 지불하게 된다.

코독: 한국 강아지를 의미하는 Korean Dog의 준말, 믹스(Mix), 잡종, 똥개라는 말 대신 사용한다.

펫팸족: Pet(펫)+Familiy(패밀리)의 준말인 펫팸족은 반려동물을 가족처럼 생각하는 사람을 뜻한다.

> 통계 소개   **한국인이 좋아하는 반려동물**

여전히 인기 있는 반려동물은 개로 나타났으며, 가장 기르고 싶은 개는 '푸들'로 조사되었다.

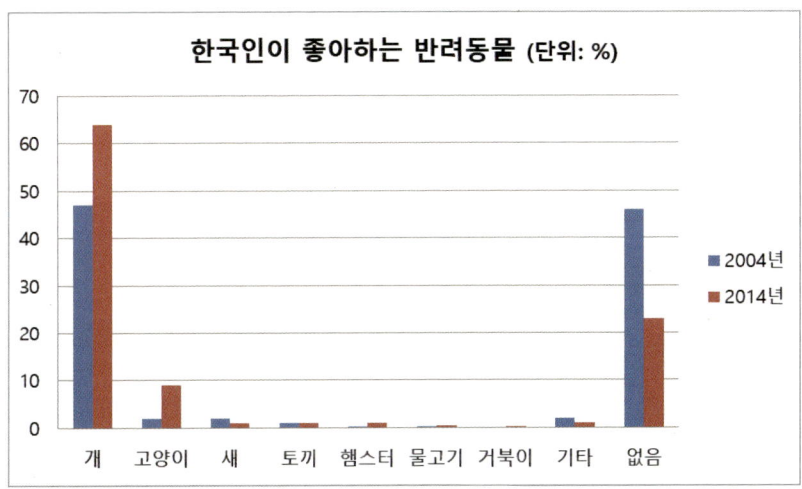

개와 고양이가 많이 늘었군요. 반면 '없음'이 많이 줄었군요!

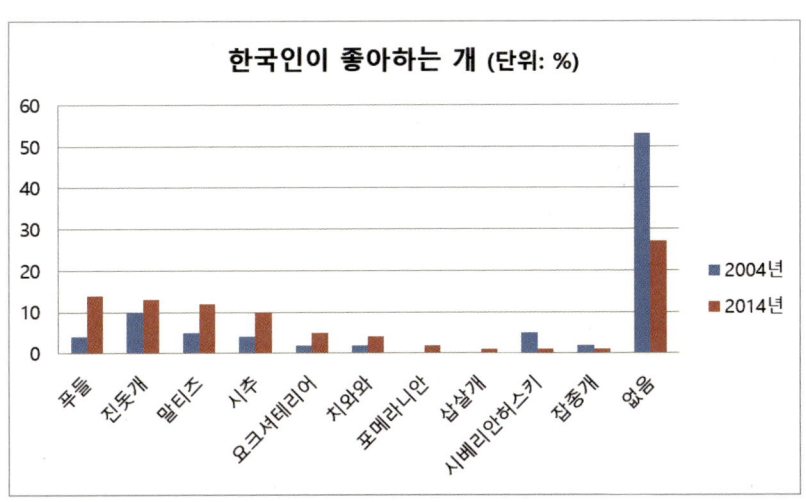

출처: 한국갤럽, 한국인이 좋아하는 취미와 문화
조사기간: 2014년 10월 2~29일
조사대상: 전국 만 13세 이상 남녀 1,700명

외국 세 나라의 가장 인기 있는 품종 Top 10 (2005년)

	미국	%	독일	%	영국	%
1	라브라도리트리버	15	저먼셰퍼드	20	라브라도리트리버	17
2	골든리트리버	5	닥스훈트	8	코카스파니엘	7
3	저먼셰퍼드	5	포인터	3	스프링거스파니엘	6
4	비글	5	라브라도리트리버	3	저먼셰퍼드	5
5	요크셔테리어	5	골든리트리버	2	스테퍼드셔불테리어	5
6	닥스훈트	4	푸들	2	카바리에킹찰스스파니엘	4
7	복서	4	복서	2	골든리트리버	4
8	푸들	3	불독	2	웨스트하이랜드화이트테리어	4
9	시추	3	코카스파니엘	2	복서	4
10	차우차우	3	로트와일러	2	보더테리어	3
	합계	52	합계	46	합계	58

10위까지의 합계 비율이 가장 낮은 것으로 보아, 독일이 가장 다양한 품종을 키우고 있군요.

개의 수와 개를 키우는 가정에 대한 통계 (2010년)

국가	개를 기르는 가정의 비율(%)	개 개체 수(백만)	사람 100명당 개 마리 수
호주	40	4.0	17.7
오스트리아	14	0.6	7.2
체코	43	3.1	30.2
프랑스	23	7.6	11.8
독일	13	5.3	6.2
영국	15	8.0	12.5
헝가리	44	2.0	21.2
스페인	27	4.7	10.0
스웨덴	14	0.75	7.5
스위스	11	0.45	5.6
미국	46	78.0	26.2

호주, 체코, 헝가리, 미국에서는 10집에 4~5집은 개를 키우는군요. 유럽의 선진국들에서는 동물보호법이 강하여 개를 키우고 싶어도 여건(집의 공간과 산책시켜줄 시간 등)이 안 되어 키우지 못하는 경우도 많습니다. 그래서 의외로 비율이 낮은 것 같습니다.

[강아지 갤러리]

눈길을 피하는 김모짜르트밍밍

개의 정면사진을 찍기는 무척 어렵다. 개에겐 눈을 마주보는 것이 경계를 의미하기 때문이다.

누가 강아지는 손을 사용하지 못한다 했는가!

공 물고 햇살을 쬐는 베니

세퍼트와 인사하는 제제

> 이런 것도 있어요 **Dog Photographer of the year**

Sarah Caldecott ©, UK

1873년 설립한 글로벌 반려견협회 '더 케널 클럽'이 매년 주최하는 반려견 사진대회. 세계 최대 규모와 높은 공신력을 자랑한다. 반려견을 사랑하는 이라면 누구나 응모할 수 있다. 홈페이지에 방문하면 수상작들을 감상할 수 있다. http://www.dogphotographeroftheyear.org.uk

개는 사람에게 도움을 주고 있어요

1. 길잡이도우미
맹도견(맹인을 안전하게 인도하도록 특별한 훈련을 받은 개)은 맹인의 길잡이가 되어준다.

신호등을 조절하는 천재 맹도견

2. 보초도우미
의젓한 모습으로 소중한 농장과 가정을 지킨다.

사냥개는 농작물피해를 주는 멧돼지를 잡는 데 일등공신이다.

목양견은 가축 무리를 몰아 안전한 장소로 이동시킨다.
다른 사람이 몰래 데려가거나, 사나운 동물로부터 가축을 보호한다.

3. 산책도우미

개는 최고의 산책 파트너다.

4. 구조도우미

사고 현장에서 탐지견은 사람의 목숨을 구한다.

지진 사고지역에서 생존자를 찾는 탐지견

5. 조사도우미

마약탐지견은 마약, 화약 및 총기류를 탐지하는 업무를 수행한다.
시체 탐지견은 경찰을 도와 단서를 찾고, 시신을 찾는 역할을 한다.

승객들의 수화물을 점검하고 있는 마약탐지견 투투

국방부 블로그 발췌

군견은 수색, 추적, 경계, 탐지의 역할을 충실히 수행한다.
군견은 힘든 군인들의 마음도 치유한다.

6 동물매개치료(동물과 사람이 관계를 맺어서 하는 치료)도우미

개가 매개가 되어 유대감, 교감, 불안해소, 자존감 향상 등의 긍정적 효과를 만든다. 이런 긍정적 변화는 면역력 향상 등 신체적 변화를 이끌어낼 수 있다.

7. 재활치료 도우미

혼자서 실천하지 못하는 재활치료도 동물과 함께라면 즐거운 활동이 될 수 있다.

8. 혈압도우미

개를 쓰다듬으면 차분해진다. 혈압이 안정된다. 불안한 마음이 사라진다. 개를 키우는 사람들이 그렇지 않은 사람들에 비해 심장 박동이 빠르지 않았으며, 스트레스를 받는 상황에서 쉽게 마음을 진정하고 심장박동이 정상으로 돌아왔다.

> **참고문헌**
> - Allen K, Blascovich J, Mendes WB (2002). 반려동물, 친구, 배우자와 심혈관의 반응. Psychosom Med.
> - Allen K, Shykoff BE, Izzo JL Jr. (2001). 정신적 스트레스에 혈압 반응을 누그러뜨리는 것은 혈압약이 아니라 반려동물과의 교감.
> - Hodgson, K., Barton, L., Darling, M., Antao, V., Kim, F. A., & Monavvari, A. (2015). 환자의 건강에 반려동물이 미치는 영향. 미국가정의학저널.

9. 아이들 스트레스 해소 도우미

미국 플로리다대학교 심리학과 연구팀이 학술지 '사회발달'에 발표한 내용에 따르면, 스트레스 상황에 처했을 때 반려견과 함께 있는 아이들은 스트레스 호르몬인 '코르티솔' 수치가 더 낮았다.

연구팀은 "반려견이 아이들의 스트레스를 낮추는 정서적 차원으로 작용하며 반려견과 상호작용하는 것이 스트레스를 다루는 효과적인 수단임을 보여준다."며 "어린 시절부터 스트레스를 잘 다루는 것이 성인기의 정서적 건강에 도움이 될 수 있다."고 말했다.

10. 이동도우미

썰매견들은 썰매를 끌며 눈길을 달린다.

파트라슈는 우유수레를 끌었다.

11. 심부름도우미

잘 훈련한 개는 집안일을 돕는다.

갖가지 심부름을 해내는 효자 호야,
SBS동물농장 캡쳐

개와 관련된 용어

1. 언더독(Underdog)

스포츠에서, 우승이나 이길 확률이 적은 팀이나 선수를 일컫는 말로 쓰인다.
"상대적으로 언더독으로 평가되던 한국 야구팀이 베이징 올림픽에서 금메달을 차지했습니다!"

사회과학에서는 상대적 약자를 언더독이라 하는데, 이는 투견장에서 위에서 내리누르는 개를 오버독(Overdog) 또는 탑독(Top dog), 아래에 깔린 개를 언더독(Underdog) 이라고 부른 데에서 유래한 단어이다.
이와 관련하여 '언더독 효과'라는 말이 있는데, 이는 약자가 성공하기를 바라는 심리나, 그를 응원하는 현상이다.

어려운 가정환경에서 자라서 성공한 유명인에게 대중들이 더 큰 찬사를 보내는 것이 언더독 효과라고 볼 수 있어요.

2. 워치독(Watchdog)과 랩독(Lapdog)

정치권력과 자본권력을 감시하면서 자유주의 가치를 지키는 언론의 역할을 이 감시견(watchdog)에 빗대어 이야기한다. 반면 보호자의 무릎(lap) 위에 앉아서 귀여움을 독차지하고 간식을 받아먹는, 감시하지 않는 언론을 랩독으로 비유한다.

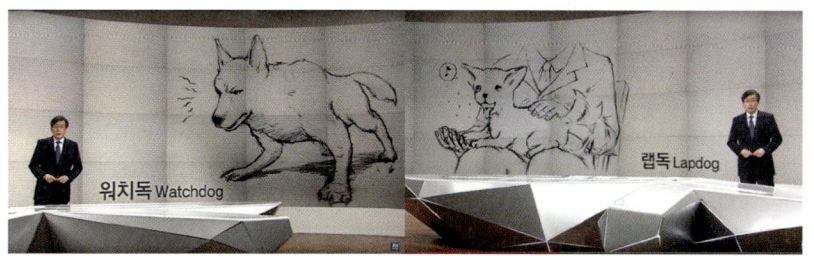

JTBC 뉴스룸 앵커브리핑 캡쳐

3. 핫도그(Hotdog)

핫도그란 위 사진처럼 길다란 모양의 소시지, 또는 그것을 빵에 끼운 음식을 지칭한다. 우리나라에서 소시지를 막대기에 꽂고 반죽을 발라 튀겨낸 길거리 음식은 영어로는 콘도그(corn dog)라고 부르는 게 맞다.

핫도그라는 이름의 유래는 명확히 밝혀진 것은 없지만, 핫도그에 끼워먹는 길다란 프랑크 소세지가 닥스훈트와 비슷하게 생겨서 닥스훈트 소세지라고도 불렸고, 이걸 미국에서 수입하면서 닥스훈트를 도그로 바꿔 불러 핫도그가 되었다는 설이 유력하다. 햄버거라는 어원이 함부르크(함부르크식 스테이크)에서 온 걸 보면, 우리가 사용하는 명칭의 유래는 다소 엉뚱하게 변형되어 온 것이 많은 것 같다.

개와 관련된 생물

1. 개 얼굴을 닮은 물고기, 도그페이스 푸퍼

도그페이스 푸퍼는 참복과 물고기다

필자의 소감: 안내판부터 읽고 "에이, 설마 개를 닮았겠어?"
물고기를 보고 나서 "진짜 닮았네 ㅋㅋㅋ"

2. 프레리독

프레리독은 쥐목 다람쥐과의 작은 포유류 동물이다.
울음소리가 개와 비슷하여 독이라는 이름이 붙었다.

3. 유전과 재능

개가 수많은 친구들을 가진 이유는,
그가 혀가 아닌 꼬리로 반김으로써 친구를 대하기 때문이다.

개는 늑대의 후손인가?

개의 조상은 개과동물이다. 개과 동물에는 여우, 늑대, 코요테, 자칼 등이 있다.
개의 직계조상이 누구인지 아직 정확하게 밝혀지진 않았지만,
유전자의 동일성으로 봤을 때, 늑대를 직계조상으로 보고 있다.

이 내용을 작성한 뒤로 동물원에 간 적이 있습니다. 이 글 내용이 머리 속을 맴돌아서인지 동물원에 있는 늑대가 정말 친숙하게 느껴졌어요. 마치 평소에 보고 진찰하는 개들처럼 보였습니다.

주의! 실제로 늑대를 만지면 안 돼요! 손이 물리거나 병균이 옮을 수 있어요.

< 크기 비교 >

말   버팔로 늑대   사람과 반려견

| 유전자의 동일성 | 개와 늑대의 유전자는 99.8%가 같다.
개와 코요테의 유전자는 96%가 같다.
사람과 침팬지의 유전자는 99%가 같다. |

늑대를 조금씩 길들이면서 지금의 개가 되었다는 것이 지배적인 의견이다. 늑대를 길들이기 시작한 것은 수 만년 전이라고 추정된다. 페르시아의 베르트 동굴에서 BC 9500년경으로 추정되는 개 기록이 있다.

다른 동물(양 등)을 지키는 것, 털을 얻는 것, 음식을 얻는 것(식용), 짐을 옮기는 역할로 개는 길들여졌고, 점차 사람과 교감하고 사랑 받는 애완, 반려의 목적으로 변모해왔다.

늑대는 개의 조상이지만, 이제는 그 개체수가 완전히 역전되었다. 현재 지구상에 살아있는 야생 늑대의 수는 10만 마리에도 미치지 못하나, 개는 10억 마리가 더 되는 것으로 추산된다.

늑대는 야생에서 살며 어린 나이부터 여러 위험에 노출되지만 개는 사람의 곁에서 보살핌과 현대 수의학의 도움을 받아 오래오래 사는 것이다.

개와 늑대의 나이 분포에 대한 연구를 살펴보면 이런 현상을 알 수 있다.

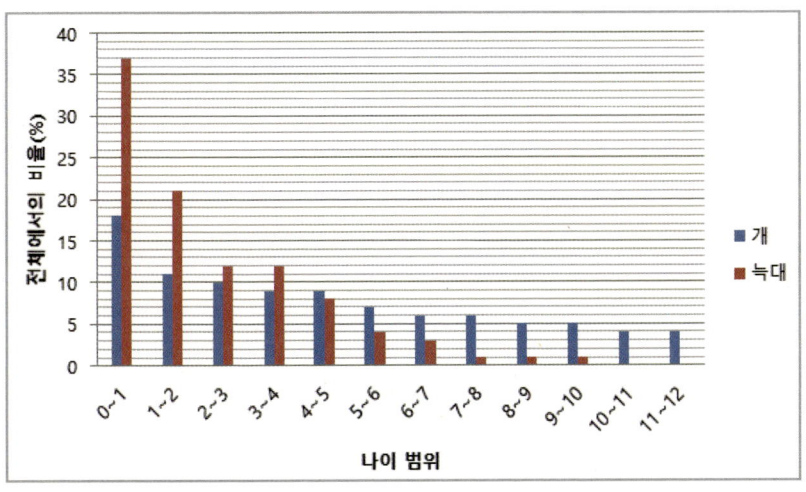

늑대(빨간색)의 개체수는 1살씩 먹으면서 급감하는 양상이 보이는군요.

3. 유전과 재능

개도 혈액형이 있나?

개도 혈액형이 있다.
사람과 같은 ABO식은 아니고 DEA 1.1, DEA 1.2, DEA 1(-)로 표현한다.
혈액형은 적혈구의 표면에 있는 항원(체내에서 면역반응을 일으키는 물질)의 종류에 따라 분류한 것이다.
개도 수혈이 필요할 땐 혈액형을 알아보는 검사와 수혈적합시험인 교차반응 검사를 한다.

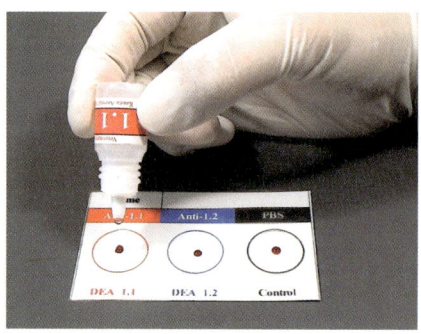

위급할 때를 대비하여 평소에 반려견의 혈액형을 미리 알아두는 것이 좋다.

개 혈액형 검사

깨알질문

Q : 개도 헌혈을 받나요? 수혈이 필요한 개는 어떻게 하나요?
A : 개는 대부분 '공혈견(피를 나눠주는 개)'으로부터 혈액을 공급받아서 수혈을 하게 됩니다. 건강관리와 혈액검사를 정기적으로 실시하고, 한 주에 나눠줄 수 있는 혈액의 양을 정해서 관리하고 있습니다.

개도 친자확인 가능한가?

가능하다. 일부 동물병원을 통해 의뢰하여 관련 실험실에서 시행될 수 있다. (가능한지 먼저 문의해야 함)
친자여부는 부모와 자식의 체세포(머리카락, 혈액, 입안의 점막세포 등)를 떼 내서 DNA를 분석하여 얼마나 일치하는지를 봄으로써 확인한다. 사람이나 동물 모두 이 방법으로 친자를 확인한다.

참고로 소도 친자확인을 많이 한다. 우리나라에서 쇠고기이력제라 하여 출생부터 사망할 때까지 소의 가족이나 사육현황을 투명하게 관리하는데, 친자확인으로 이 시스템을 점검한다.

여담이지만 우리나라의 쇠고기이력제는 아주 훌륭하게 체계화되어 있습니다. 한우고기 어떤 포장에서나 12자리 개체식별번호를 확인할 수 있으며, 이것을 검색하면 이 소가 어디서 태어나서 어디서 자랐으며 어디에서 도축되었는지 자세히 알 수 있습니다.
이 제도는 쇠고기에 위생 또는 안전상의 문제가 발생할 경우에 대비하여 그 이동 경로를 따라 추적함으로써 신속하게 원인을 규명하고 그에 따른 회수·폐기 조치를 취하기 위하여 도입되었습니다. 프랑스, 일본, 한국이 대표적인 쇠고기이력제 시행 국가이며 한국의 이력제 시스템은 다른 국가에서 참고하는 우수한 사례로 손꼽히고 있습니다.

한국의 모든 소는 이렇게 귀에 식별번호가 적힌 귀표를 장착하고 있습니다. 송아지일 때 각 농가에서 직접 장착하는데, 소규모농가일 경우 축협에서 장착을 해줍니다.

개의 털 색과 무늬는 어떻게 결정되나?

털 색과 무늬는 ① 색소세포의 종류, 그리고 ② 색 분포에 영향을 미치는 유전자 자리에 의해 결정된다.

털의 색과 무늬에 유전자적 우성-열성관계는 뚜렷하지 않다. 곱슬머리가 우성, 쌍커풀이 우성 이런 분명한 우성-열성 관계가 아니라는 뜻이다.

<색소세포의 종류>

 1) 유멜라닌(eumelanin): 검은 색 색소

 2) 페오멜라닌(pheomelanin): 적갈색~황색의 색소

이 두 종류의 멜라닌이 털, 피부, 눈(홍채)의 색을 결정한다.

④ 등에 검은 반점

⑤ 전체적으로 검은색 단색, 말단과 복부는 갈색 단색

⑥ 입 주위만 검은색

주둥이만 까만 강아지들(샤페이)

⑦ 다발 형태의 검은 무늬

다발 형태의 검은 무늬를 가지고 있는 개(그레이하운드)

⑧ 색소세포가 적어서 색이 밝음

색소세포가 적어서 밝은 색을 띠는 리트리버견

3. 유전과 재능　187

⑨ 색소세포가 완전히 없음(희귀함)

⑩ 검은색으로 태어났다가 → 점차 희게 변함

털끝이 희끗희끗한 개(포인터)

[몸짓 읽기] 고개를 살짝 갸우뚱하며 무슨 상황인지 궁금해하는 모습이네요.

⑪ 다양한 점박이

흰 바탕에 검은 점박이가 있는 아이들을 바둑이라고 부릅니다.
바둑이는 순우리말로 무늬가 얼룩덜룩한 개에게 흔하게 붙이는 이름이며, 개를 아우르는 대명사처럼 귀여운 강아지를 모두 '바둑이'라고 부르기도 합니다.

개의 크기는 어떻게 분류하나?

우리나라에는 초소형견이 많아서 10kg에 가까운 코카스파니엘이나 슈나우저 같은 품종을 중형견으로 인식하고, 진돗개를 대형견으로 생각하는 경향이 있다. 하지만 전통적인 분류는 아래와 같다.

1. 소형견 (10kg 미만)

2. 중형견 (10~25kg)

3. 대형견 (25~45kg)

4. 초대형견 (45~90kg)

티컵 강아지에 대해

티컵 강아지는 대부분 아주 작은 강아지들 사이의 근친교배로 태어납니다. 심지어 적정 급여량보다 적은 음식을 먹여 성장을 막아서 작게 만들기까지 합니다.

체구가 작다 보니 건강에 쉽게 무리가 갑니다. 폐사율(전체에 대비하여 죽은 비율)이 높으며 수명도 일반 개들에 비해 짧습니다. 보기에는 귀여우나 실상은 인간의 욕심 때문에 생긴 동물에 대한 학대인 것입니다. 더 이상 티컵 강아지가 생산되지 않았으면 좋겠습니다.

강아지가 얼마나 자랄까?

1) 품종으로 예측하기
품종 평균 몸무게와 크기에 대한 자료(☞ 품종백과)를 참고한다.

2) 부모의 크기로 예측하기
새끼는 대체로 부모와 비슷한 크기로 자랄 가능성이 높다.

3) 시기로 예측하기
일반적으로 강아지가 4개월 정도 자라면 반 자랐다고 본다.
단, 강아지의 체형이 살찌거나 마르지 않은 정상체형이어야 한다.
예를 들어 4개월 때 2.5kg이면 → 다 자라면 약 5kg 정도가 될 것이라고 예상할 수 있다.

이 개는 순종일까? 믹스일까?

정확하게는 직접 확인해봐야겠지만, 일반적으로는 크기와 몸무게를 확인해보면 알 수 있다.
특징적인 외모(시추는 얼굴이 눌렸고, 닥스훈트는 다리가 짧고 등)를 가졌고 품종별 평균 키와 몸무게가 확인되면 → 순종이라고 판단할 수 있다.
영문해석이 가능하다면 공인된 캔넬클럽에서 제공하는 품종에 대한 상세 정보를 비교 대조해보는 것이 좋다. ☞ http://www.akc.org 미국 켄넬클럽

쇼독을 목적으로 하는 것이 아니라면 순종인지 아닌지가 중요하지 않습니다. 잡종은 개 본연의 자연스러운 교배방식입니다.
순종 개는 오랜 시간 동안의 선택적 교배를 해 왔기 때문에 유전적 결함과 질병이 많습니다. 품종을 떠나 행복한 가족이 되었으면 좋겠습니다.

교배 용어

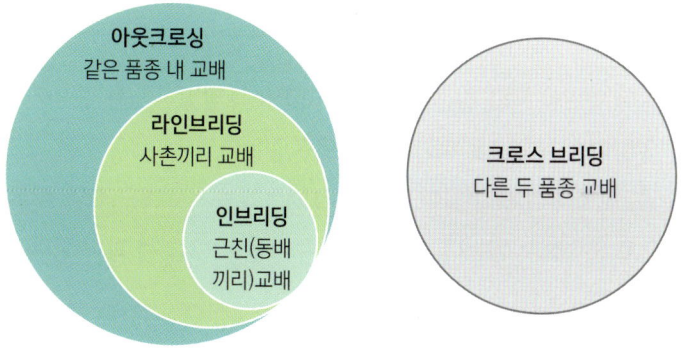

1) 인브리딩
인브리딩은 같은 배 형제끼리의 교배를 말한다.
*근친교배는 유전적인 결함이 생기는 경우가 많기 때문에, 무분별한 인브리딩은 삼가야 한다.

2) 라인브리딩
라인브리딩은 사촌 간의 교배를 말한다.
*라인브리딩은 가까운 혈통간의 좋은 유전형질을 더 집중시키기 위해서 사용한다.

3) 아웃크로싱
아웃크로싱은 같은 품종 중에서 친척이 아닌 개체간의 교배를 뜻한다. 일반인들이 가장 흔히 하는 교배법이다. (같은 품종의 수컷을 찾아, 암컷과 교배하는 것)

4) 크로스 브리딩
다른 두 품종을 교배하는 것을 뜻한다. 특별한 이름을 붙이기도 한다. 예를 들면, 코카 스파니엘과 푸들을 교배하면 코카푸(Cockerpoo)라고 부릅니다. 말티즈와 푸들을 교배하면 말티푸(Maltepoo)라고 부릅니다.

크로스브리드(Cross breed)= 순종 + 순종
랜덤브리드(Random breed)= 잡종 + 순종 (혹은, 잡종 + 잡종) = 믹스견

개의 걷기와 달리기

1) 걷기

개는 걸을 때 앞발을 딛고, 같은 쪽 뒷발이 따라와서 앞발이 있는 곳 약간 뒤를 딛고 나면 앞발이 다시 앞으로 나가는 방식으로 걷는다.

이런 방식으로 좌우 발을 번갈아 가며 딛기 때문에 순서로 보면 좌앞, 우뒤, 우앞, 좌뒤 순으로 연속해서 딛는다. 한 발씩 떼기 때문에 항상 세 발이 땅에 닿아 있는 셈이다.

걸을 때 앞발이 지탱하는 수직의 힘은 대략 개의 체중과 같다고 한다. 뒷발에는 체중의 80% 정도의 힘이 가해진다. 걸을 때 앞발이 바닥에 닿아 있는 시간은 뒷발의 1.5배 정도 된다.

길을 걷고 있는 개. 세 발이 땅에 닿아 있다.

2) 빠르게 걷기

빠르게 걷는 것은 에너지 소모가 적으면서 비교적 빠르게 이동하는 효율적인 이동방식이다.

앞발과 반대쪽 뒷발을 짚고 가볍게 점프하며 앞으로 나가며, 다른 쌍의 앞발과 반대쪽 뒷발을 짚는 것을 반복하는 방식이다.

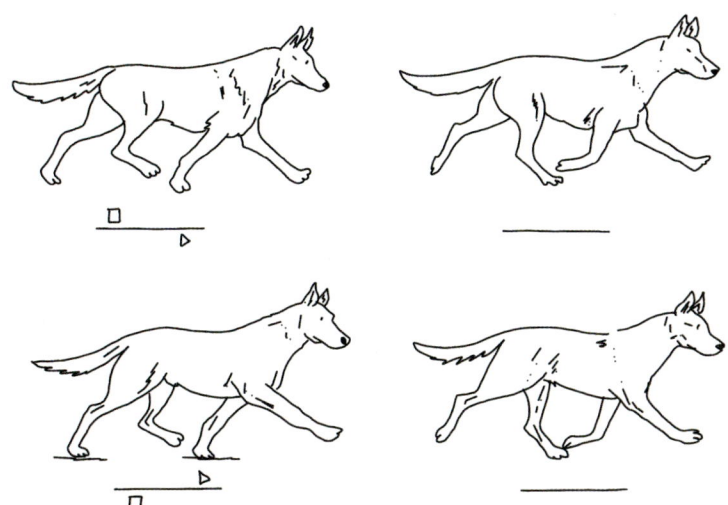

개가 수영을 하며 '개헤엄' 칠 때도, 빠르게 걷기를 할 때처럼 다리를 저으며 헤엄친다.

빠르게 걷고 있는 셰퍼트견

깨알정보

개헤엄은 쉬운 편이지만, 인간이 구사할 수 있는 다른 영법(자유형, 평형 등)에 비해 체력소모가 크다.

개헤엄은 우리만 하는 것으로..

[누나의 제보] 여자분들은 메이크업과 헤어 스타일을 망가뜨리지 않으려고 개헤엄을 선호한다고 합니다. (남자, 어리둥절)

3. 유전과 재능

3) 달리기

개가 달릴 때는 두 뒷발을 순차적으로 힘차게 차서 점프한 뒤, 두 앞발로 착지하며 몸을 웅크리며 뒷발을 찰 자세를 만든다.

한쪽 뒷발에 이어 반대쪽 뒷발을 차고 앞발로 착지할 때는 마지막에 찬 뒷발 쪽 앞발을 먼저 짚는다.

앞다리로 무게를 주로 지탱했던 걷기와는 달리, 달리기를 할 때는 근육이 튼튼한 뒷다리의 힘으로 빠르게 앞으로 나아간다.

역동적인 뒷다리 발차기를 위해
몸을 웅크리고 있는
개의 달리기 모습

개는 왼손잡이일까? 오른손잡이일까?

개가 앞발 중 어느 발을 주로 쓰는 지에 대한 연구결과가 있다.

개가 밖에 나가자고 문을 긁을 때, 잠자리를 정돈할 때, 딛고 일어실 때 어떤 앞발을 주로 쓰는지를 조사하여 연구된 결과다.

연구에서 57%의 개는 오른쪽 앞발의 사용을 선호했다.
그리고 암컷이 수컷보다 오른쪽 앞발 사용을 더 좋아하는 것으로 나타났다.
18%는 왼쪽 앞발 사용을 선호했고, 25%는 한쪽에 대한 선호도가 없었다. (양손잡이)

어떤 개가 가장 똑똑할까?

1994년, 미국의 스탠리 코렌이라는 심리학자는 '개의 지능(The intelligence of Dogs)'이라는 책을 출간했고, 2006년에 개정판을 냈다. 이 책에서 스탠리는 품종별 지능을 '훈련 적응도 및 수행능력'의 기준으로 나누었다.

순위	품 종	순위	품 종
1	보더콜리	41	아이리시울프하운드
2	푸들	42	쿠파츠/오스트레이리리안세퍼트
3	저먼세퍼트	43	살루키/포인터
4	골든리트리버	44	카발리에킹찰스스파니엘
5	도베르만핀셔	45	시베리안허스키/비숑프리제
6	셔틀랜드쉽독	46	티베탄스파니엘/폭스하운드
7	라브라도리트리버	47	스코티시디어하운드
8	파피용	48	복서/그레이트댄
9	로트와일러	49	닥스훈트/스테포드쉐어불테리어

10	오스트레일리아캐틀독	50	알레스칸말라무트
11	웰씨코기	51	휘펫/샤페이
12	미니어처슈나우저	52	로데지안리즈백
13	잉글리시스프링거스파니엘	53	이비잔하운드
14	벨지앙세퍼트	54	보스턴테리어/아키타
15	시퍼키/벨지앙쉽독	55	스카이테리어
16	콜리/키스훈드	56	노폴크테리어/실리햄테리어
17	저먼포인터	57	퍼그
18	잉글리시코커스파니엘/스텐다드스파니엘	58	프렌치불독
19	브리타니	59	브루셀스그리폰/말티즈
20	코커스파니엘	60	이탈리안그레이하운드
21	와이머라너	61	차이니즈크레스티드독
22	벨지앙말리누아/버니즈마운틴독	62	티베탄테리어/재패니즈친
23	포메라니안	63	올드잉글리시쉽독
24	아이리시워터스파니엘	64	그레이트피레니즈
25	비즐라	65	스코티시테리어/세인트버나드
26	카디건웰씨코기	66	불테리어
27	요크셔테리어/풀리	67	치와와
28	자이언트슈나우저	68	라사압소
29	에어데일테리어	69	불마스티프
30	보더테리어	70	시추
31	웰시스프링거테리어	71	바셋하운드
32	맨체스터테리어	72	마스티프/비글
33	사모예드	73	페키니즈
34	아메리칸스텐포드셔테리어	74	블러드하운드
35	케른테리어/케리블루테리어	75	보르조이
36	노르웨이안엘크하운드	76	차우차우
37	실키테리어/미니어쳐 핀셔	77	불독
38	노리치테리어	78	바센지
39	달마티안	79	아프간하운드
40	소프트코티드휘튼테리어		

가정견은 훈련보다 사람과의 교감이 특기이니, 순위가 낮다고 실망하지 마세요.

Q : 우리집 개는 얼마나 똑똑할까요?

A : 당신이 믿으시는 만큼 똑똑합니다.

개는 자식을 알아볼까?

1) 아빠
아비는 보통 새끼에 대한 부성애가 없다.
태어난 새끼와 같이 살더라도 어미만큼 아이들을 품거나 돌봐주지 않는다.

2) 엄마
어미는 강력한 호르몬의 작용으로 출산 한달 때까지 모성애가 강하다.
특히 생후 2주간은 어지간해선 새끼 곁을 떠나지 않는다.

엄마와 쭉 같이 살 경우
새끼가 어릴 때는 강한 모성애로 자식을 돌본다. 하지만 점점 강아지가 힘이 좋아져 어엿한 성견이 되면, 어미-자식간의 관계는 사실상 사라진다. 호르몬 작용이 끝난 어미는 더 이상 강아지를 친구 이상으로 돌보려 하진 않는다. 그저 친한 친구로 지내거나, 혹은 서열경쟁을 통해 어미가 서열 아래가 되기도 한다.

수유가 끝나고 새끼가 떠난 경우
어미는 새끼의 냄새를 기억하기 때문에 떠난 새끼를 몇 개월 만에 만나도 알아볼 수 있다. 하지만 자식이 성견이 되고 나면 알아보기 어렵다.

실제로 늑대소년이 존재할 수 있을까?

송중기, 박보영 주연의 늑대소년(2012)

아기가 자연에 버려져, 마침 수유중인 동물을 만나게 되면 → 희박하지만 가능한 이야기다.

수유중인 동물은 모성애를 갖고 있어서, 다른 종의 동물도 품어줄 수 있으며 아기도 다른 동물의 젖을 먹더라도 큰 무리 없이 자랄 가능성이 있다.

다만 영화에서처럼 늑대소년이라 하여 체온이 46도로 높다거나, 혈액형이 판독되지 않는 일은 과학적으로 설명되기 어렵다.

<대표적인 사례>

1) 우크라이나 개 소녀, Oxana Malaya

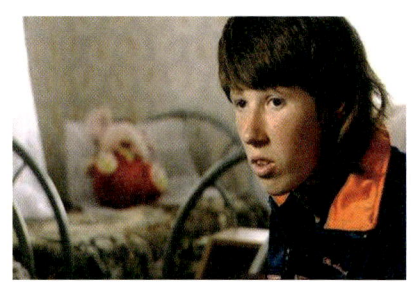

3살에서 8살까지 방치된 채 개들이 배회하는 거리에서 혼자 지내게 된 그녀는, 개들과 함께 지내며 강한 유대감을 느꼈다. 그녀는 개처럼 짖었고, 네 발로 걸었고, 음식을 먹기 전에 개처럼 킁킁대며 냄새를 맡았다. 그녀는 후각과 청각, 시각이 매우 예민했다.

구조된 후 그녀는 인간사회에 적응하는데 큰 어려움을 겪었다. 특히 언어 익히기를 너무 힘겨워했다. 2013년 그녀는 29세로, 정신지체를 가진 채 농장에서 소를 돌보며 지내고 있다. 그녀는 개와 함께 지냈을 때가 가장 행복했다고 말했다.

2) 러시아 새 소년

2008년에 러시아에서 7살의 '새 소년'이 발견되었다. 그는 좁은 아파트에서 십 수 마리의 새와 함께 방치되어 지내왔다. 그는 사람 언어를 알아듣지 못했고, 짹짹거림(새의 울음소리)으로 의사소통을 했다. 이 소년은 부모에 의해 방치된 경우로 안타깝고 슬픈 이야기다.

개와 고양이가 사람을 보는 관점의 차이

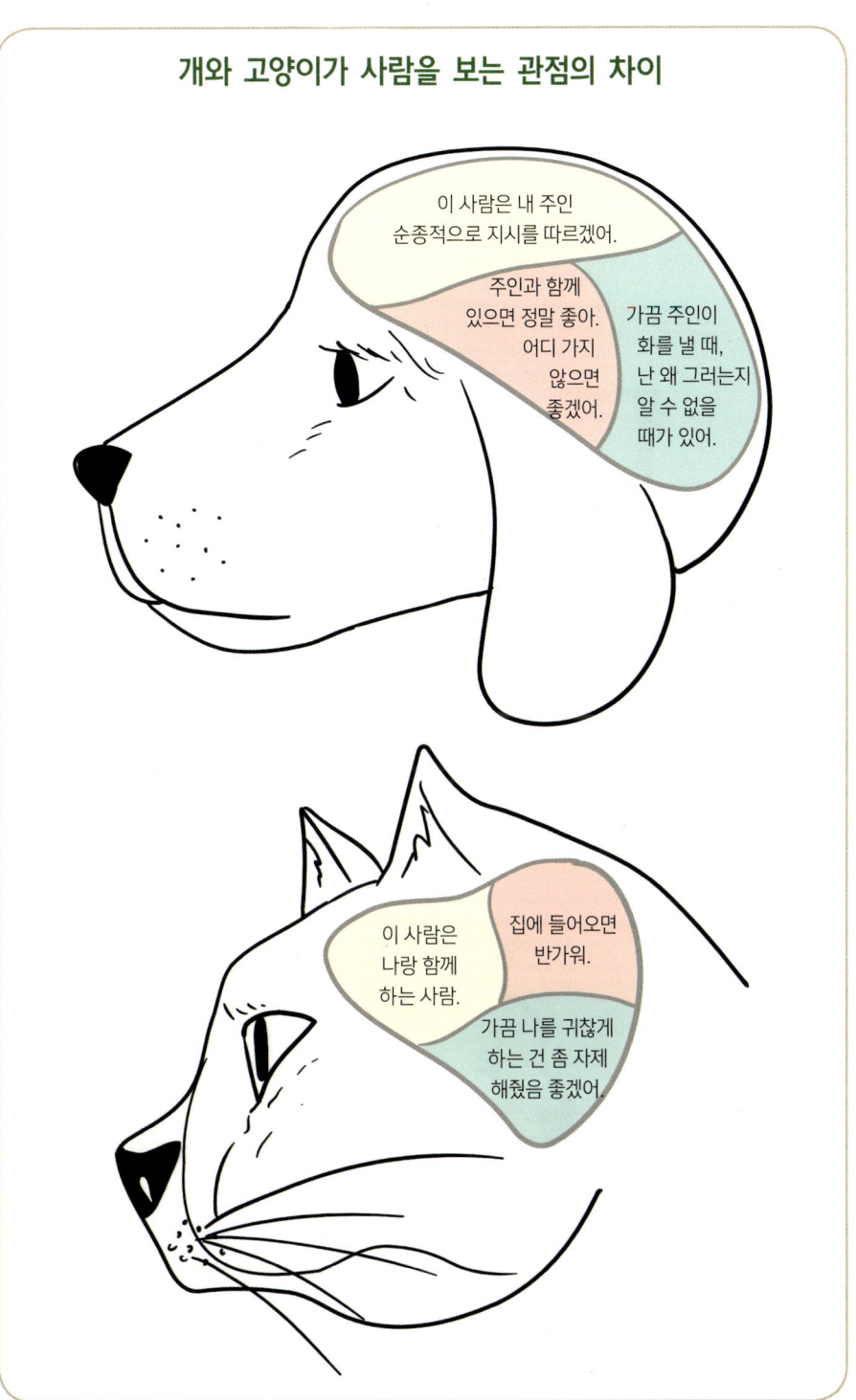

3. 유전과 재능

개의 평소 생각 vs 고양이의 평소 생각

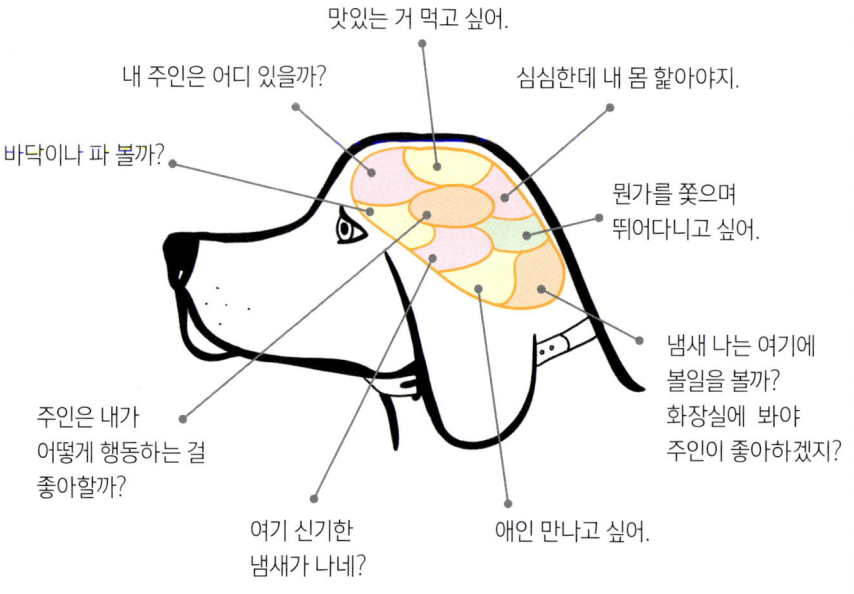

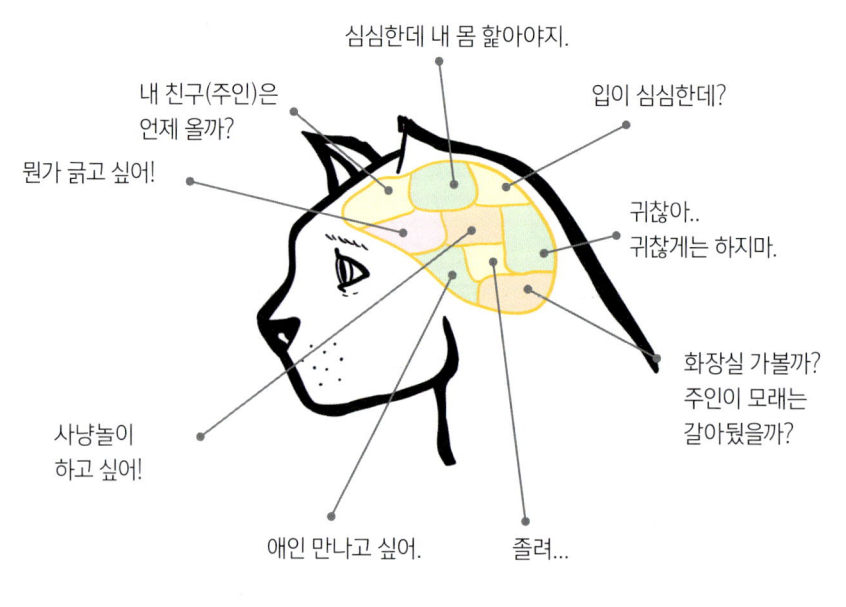

깨알재미

고양이 성향의 사람 vs 강아지 성향의 사람

(실제로는 고양이나 강아지나 성격차이가 크지 않지만 재미로 해보는) 당신은 어떤 성향의 사람인가요?

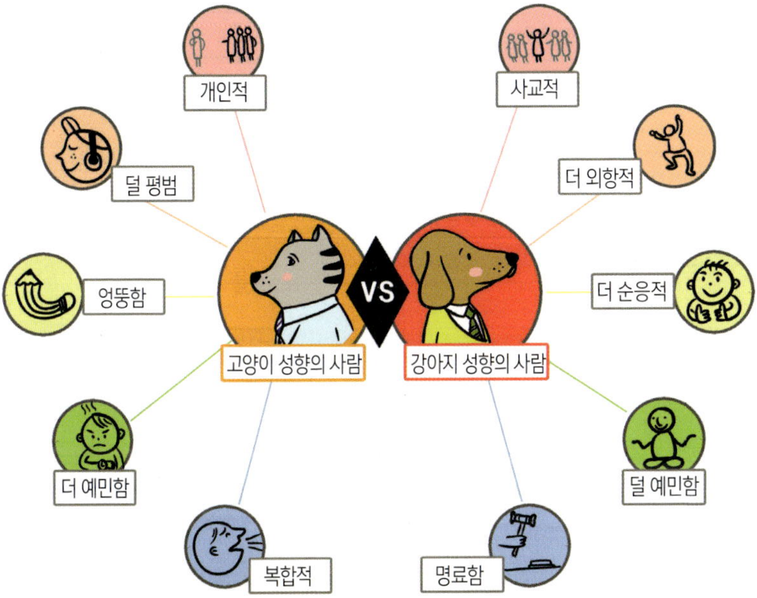

- 개인적 / 사교적
- 덜 평범 / 더 외향적
- 엉뚱함 / 더 순응적
- 더 예민함 / 덜 예민함
- 복합적 / 명료함

고양이 성향의 사람 VS 강아지 성향의 사람

당신은 어떤 성향의 사람인가요?

김병목 : 개인적이고 덜 예민하고 순응하고 명료한 강아지형 인간
김지원 : 개인적이고 덜 평범하고 더 예민하고 복합적인 고양이형 인간

4. 바디랭귀지

표정만 봐선 모르셨겠지만.. 지금 최고로 기분 좋은 상태예요!

사람은 개에게 말합니다. 하지만 많이 들으려 하지 않습니다. 그것이 문제입니다. – '내친구 푸우'의 작가 A. A. Milne –

개는 항상 우리에게 몸짓으로 의사를 전달하고 있습니다.
작은 몸동작을 유심히 살펴 보고 따뜻한 손길로 대화를 나눕시다.

[강아지 행동 수업1 – 이건 무슨 의미일까?]

1. 눈 깜빡이기

눈 깜빡임은 항상 좋은 뜻이다. 편안함을 느낄 때, 긴장하지 않을 때 눈을 깜빡인다.

개를 바라볼 땐 눈을 깜빡여주세요. 이것이 소위 말하는 '눈 키스(kiss)'입니다. 눈을 정면으로 응시하지 않는 게 좋아요. 눈에 힘을 빼고 깜빡이며 바라봐줄 때 개는 두려움을 걷고 편안함을 느낄 거예요.

2. 눈길 돌리기

서로 편할 때, 눈을 마주치지 않는다.

친한 친구끼린 눈을 응시하지 않아요.

상대의 접근을 허용할 때, 시선을 피한다.

이쪽으로 오려고? 알았어. 난 적개심 없다는 거 알아줘.

상대의 구역을 침범하지 않으려는 의도를 보일 때, 눈길을 돌린다.

나 싸울 의도가 전혀 없어. 그쪽으로 가지 않을게.

3. 혀 날름거리기

어쩔 줄 몰라 할 때, 싫을 때 혀를 날름거린다.

어쩜 좋아! / 나 지금 상황이 뭐가 뭔지 잘 모르겠어. / 아.. 싫은데..

눈치를 볼 때 혀를 날름거린다.

(눈치 보며) ..어떡할까?

혀를 내밀고 있는 삼식이

[표정 읽기] 단지 지쳐서 헐떡일 땐, 혀를 늘어뜨릴 뿐 '날름'거리지는 않는다.
이 아이는 혀를 내밀고 있지만 긴장하거나 눈치를 보는 것은 아니다.
숨이 차서 혀가 늘어졌을 뿐, 꼬리를 들고 있고 얼굴 표정 또한 찡그리지 않은 것으로 볼 때 기분 좋은 상태임을 알 수 있다.

4. 냄새 맡기(킁킁대기)

냄새를 맡는 행동은 여러 상황에서 나타날 수 있다.

1) 스트레스를 받을 때   어쩔 줄 모르겠어. 여기 어디야?
2) 운동/산책 중 탐구를 위해   우와! 신기하다. 이건 무슨 냄새지?
3) 딴청을 피는 용도로(대결하고 싶지 않음을 표현하기 위해)
   난 너와 싸우고 싶지 않아. 난 그냥 딴짓 중인걸?
4) 친구와 인사를 나눌 때   안녕? 넌 누구니?

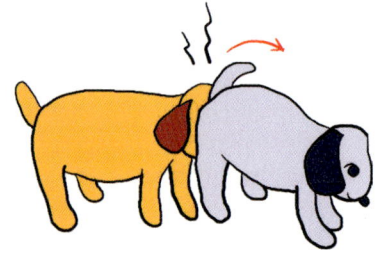

인사를 나눌 때 엉덩이 냄새를 맡는다. 이때 사교적인 친구는 꼬리를 들어 반겨준다.

5. 털기

평화적인 입장을 보여주고 싶을 때 몸을 턴다. 싸우지 않으려는 '딴청 피우기' 행동 중에 하나인 것이다.

대표적인 딴청 피우기 행동
- 시선 피하기
- 킁킁 냄새를 맡기
- 몸 털기
- 긁기
- 하품하기

깨알정리

이 외에도 특정 상황에 털기가 있을 수 있다. 머리만 계속 털면 귓병을 의심할 수 있다.

이런 딴청피우기는 개를 훈련할 때 사람도 활용할 수 있는 행동입니다. '이거 별거 아니야~'라는 의미로 개의 긴장을 누그러뜨릴 수 있고, 개가 집착하는 행동에 대해서 하품 등을 해버림으로써 '나는 동의하지 않아'라는 것을 알려줄 수 있습니다.

6. 긁기

긁기는 '딴청 피우기' 행동이다. 상대방(사람, 개)이 접근할 때, 자신이 경계하지 않는다는 것을 알리기 위해 이런 행동을 한다.

별다른 상황 없이 계속 긁을 경우, 피부병을 의심해볼 수 있다.

7. 하품하기

1) '딴청 피우기' 행동으로써 하품하기
2) 가벼운 스트레스를 받을 때 하품을 할 수 있다. 훈련이나 교육 중에 종종 볼 수 있는 행동이다.

8. 앞발 들기

1) 호기심을 느낄 때   저건 뭘까? 나 주는 걸까? 놓아주는 걸까?
2) 불확실함을 느낄 때   이거 뭔가 긴장되네.
3) 항복의 의미를 전할 때
4) 사냥할 때(툭툭 건드려보기 위해)

9. 핥기

본능적으로 핥기는 순종적인 행동이다. 하지만 존경심의 표현이 아니라, 핥는 것이 단순한 집착 행동일 수 있다. 상황에 맞지 않는 과도한 핥기는 못하게 해야 한다.

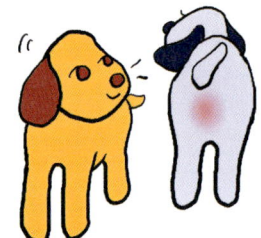

10. 친구 개 항문냄새 맡기

항문냄새 맡기는 인사의 표현이다.
안녕? 잘 지냈어?
서혜부(사타구니) 냄새를 맡는 것도 인사의 표현이다.

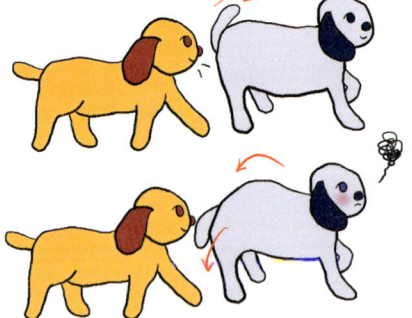

사교적인 아이는 꼬리를 들고 상대의 접근(냄새 맡음)을 허용한다.

두려움에 찬 아이는 도망가려 한다. 꼬리를 내리고 등을 구부린다.   난 네가 무서워.

11. 쭉쭉이(스트레칭)

환영의 몸짓이다.   어서 와요!

앞쪽 몸을 낮춘 채 엉덩이를 든다.

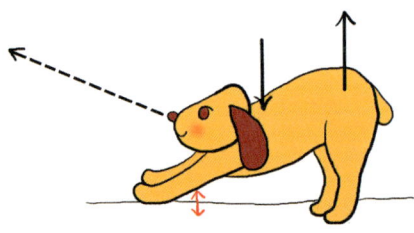

코는 인사를 받는 사람에게로 향해 든다.
발꿈치는 주로 떠 있다.

뒷다리를 쭉 펴며 스트레칭 하는 것은 반가움을 표현하는 것이다.
눈에 힘을 빼고, 상냥하게 바라본다.
하품을 하며 접근을 허용한다.

12. 꼬리의 움직임

꼬리를 올린다는 것은 흥분을 했다는 뜻이다.
꼬리를 조금씩 내린다는 것은 생각이 많아지고 차분해진다는 뜻이다.
꼬리를 힘껏 내려 감는다는 것은 매우 두렵다는 뜻이다.

강아지가 예방주사를 맞을 때 꼬리를 흔드는 경우가 많습니다. 그럴 때면 보호자분들이 이렇게 말씀하세요. "어머, 주사 맞는데 좋아하는 것 좀 봐" 사실 개는 좋을 때만 꼬리를 흔드는 것이 아닙니다. 어쩔 줄 모를 때 꼬리를 흔듭니다. 좋아서 어쩔 줄 모를 때, 혹은 당황에서 어쩔 줄 모를 때도 꼬리를 흔들 수 있는 것입니다.

[강아지 행동 수업2 – 개의 마음 읽기]

1. 느긋하고 편안해. 기분 좋아!

- 입술이 편안하게 늘어져 있다. 입은 닫고 있다(더우면 열고 있을 수 있음).
- 눈에 힘을 주지 않는다. 반쯤 감거나 자주 깜빡인다.
- 귀에 힘을 주지 않는다. → 귀가 자연스럽게 늘어져 있다.

더워서 입을 열고 있지만 편안해 보이는 개의 표정　　　　사람미소를 짓고 있는 짱구

개가 입꼬리를 위로 당기는 것은 보통 기분이 좋을 때가 아니라 긴장할 때 나타나는 표정입니다. 하지만 위의 짱구의 경우, 이마나 귀, 그리고 눈이 편안해 보이는 것으로 보아 현재 긴장한 표정은 아닌 듯 합니다. 이 미소는 호흡을 쉽게 하기 위해서 입을 조금 당겼거나, 아니면 정말 주인의 웃는 표정을 따라 한 것 같습니다.

• 또 하나의 기분 좋은 행동, 거울행동

거울행동이란? 개는 평온하고 기분이 좋을 때 상대의 자세나 행동을 흉내 내는데, 이것을 '거울 행동'이라고 한다.

꼬리는 힘을 빼고 반 정도만 가볍게 들고 있다.
부드럽게 휘어 있다.
다리가 빳빳하게 경직되어 있지 않다.
보호자(혹은 친구 개)의 자세와 시선을 모방한다.

어린이들이 종종 이런 질문을 합니다. "우리 강아지는 왜 자꾸 제 얼굴에 엉덩이를 내밀어요?" 언뜻 엉뚱한 질문이라고 생각할 수도 있지만, 이것은 애정을 갖고 관찰해서 생긴 중요한 호기심이에요.

"강아지가 너를 좋아해서 그래. 강아지는 너와 마주보기보다는 너와 같은 곳을 보고 싶어하거든. 그래서 엉덩이 방향이 그렇게 되는 거야." 필자는 이렇게 대답해 줍니다.

평온한 마음으로 거울행동을 하고 있는 개들

2. 안녕? 널 알고 싶어! - 자신 있는 태도

몸을 앞으로 향해 상대에게 다가간다.
얼굴을 내밀어 적극적으로 냄새를 맡으려 한다.

꼬리와 고개를 들고 자신 있게 다가가는 까꿍이

왼쪽 개는 자신감에 차 있다.
"안녕? 무슨 일이야?"
반면 오른쪽 개는 수줍음을 타고 있다. 딴 곳을 보고 있다.

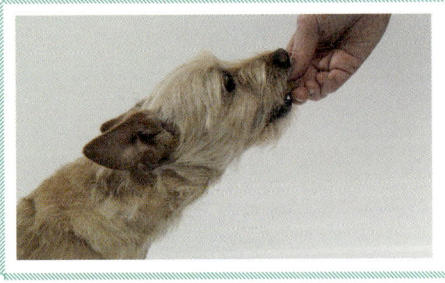

귀는 뒤로 젖혀져 있고, 눈 주위를 찡그리고 있다.

귀를 젖히며
조심스럽게 간식을
받아먹는 개

3. 안녕? 근데 조금 조심스러워.

앞쪽을 향하지만 자세가 어정쩡하다.
앞다리에 힘을 준다(빳빳하게 펴고 있다).
꼬리를 내린다.

몸과 얼굴이 앞을 향하고 있지만, 혀를 날름거린다. ← 긴장함
꼬리를 내려서 전체적으로 몸이 둥글다.

[표정 읽기] 눈을 크게 뜨고, 귀를 젖히며 긴장해 보이는 개의 표정.
개는 긴장하면 입꼬리를 당겨서 볼에 주름(화살표)이 보인다.

[몸짓 읽기] 꼬리를 들고 정면을 바라보는 적극적인 우측 개와 달리 좌측 개는 시선을 피하고 무게중심을 뒤로 두고 있다. 긴장한 모습이다.

4. 저 친구 무서워. 불편해.

거리를 둔다(가까이 붙어 있지 못한다).
서로 다른 곳을 향한다.

5. 궁금해! 장난치고 싶어

코와 입을 갖다 댄다. 냄새는 이떻까? 물어 보면 어떨까?
앞발로 관심대상을 건드려본다. 건드려보면 어떨까?

6. 야호! 맛있는 거 주려나 보다!

관심 가는 쪽을 바라본다. 저기 뭐가 있는데?
고개를 갸우뚱한다. 응? 이건 무슨 상황이지?

사진 찍는 게 신기한지
고개를 갸우뚱하는 뚜뚜

입을 살짝 벌리기도 한다. 관심거리에 집중해서 넋이 나가서다.
귀를 쫑긋 세운다(귀가 쳐진 개들은 세우진 못해도 귀에 힘을 준다).
뒷다리를 살짝 굽혀, '곧 움직일 자세'를 잡는다.

[몸짓 읽기] 앉아는 있지만 귀를 세우고 앞을 응시하고 있다. 쉬는 것이 아니라 집중하여 다음 명령을 기다리고 있는 상황으로 보인다.

초집중..

7. 무서워..

눈을 크게 뜬다. 동공이 커진다.
귀에 힘을 준다. 옆이나 뒤로 젖힌다.
입 꼬리를 당긴다.
표정을 찡그린다. 이마, 눈, 그리고 입술 주위에 주름이 진다.
혀를 내민다. 혀를 주걱모양으로 만든다. 침을 흘린다. 혀를 날름거리기도 한다.
딴 곳을 본다.

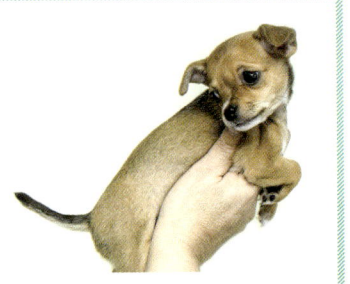

[표정 읽기] 미간을 찡그리고 눈을 크게 뜨고 있는 것을 보아 두려워하고 있다. 두려움이 더 커지면 혀를 내밀고 입꼬리를 볼 쪽으로 당겨 더 강하게 찡그릴 것이다.

다리에 힘을 주고 뻣뻣하게 서 있는다.
꼬리를 내린다. → 몸 윤곽이 전체적으로 아치형이 된다.
숨을 헐떡인다.
갑자기 킁킁대거나 긁는 행동을 한다.

8. 공포스러워! 두렵다고!

몸을 벽에 기댄다. 심할 경우 머리를 숙인다.
귀는 옆이나 뒤로 젖힌다.
곁눈질을 한다. 딴 곳을 본다.
꼬리를 내려 감는다.
앞다리에 힘을 줘서 빳빳하게 펴고 있다.

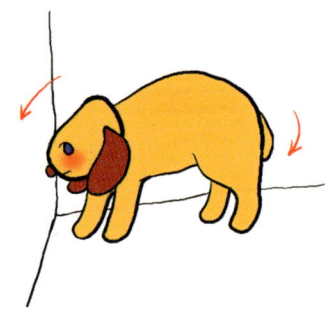

9. 너 뭐야? 싸울래?

앞을 향한다.

입을 벌린다. 'C' 모양으로 벌리고 있다.

이빨을 보인다.

다리에 힘을 꽉 주고 있다.

똑같이 입을 벌리고 있지만 좌측 개는 눈에 힘을 빼고 입을 벌리고만 있는 거라 공격적인 의사가 없다. 우측의 개들은 앞다리에 힘을 주고 이빨을 드러내며 위협하고 있다.

10. 가까이 오지마! 물어버릴 거야!

몸을 뒤로 향한다. 눈을 크게 뜬다.

눈에 힘을 주고 주시한다. 동공이 커진다.

입을 양쪽으로 넓게 벌린다. 이빨을 보인다. 혹은 입을 꾹 닫고 있을 수도 있다.

다리에 힘을 준다. 앞발을 든다.

공격성 경계를 보이는 모습. 주둥이를 찡그리며 이빨을 보이고 있다.

귀를 뒤로 젖히는 것으로 보아 두려운 기색도 감지된다.

11. 이거 내 거야! 뺏지 마!

누군가 장난감(혹은 음식)을 빼앗으려 할 때 종종 나타나는 표정이다.

눈과 몸에 힘을 주고 있다. 움직이지 않는다.

12. 놀아줘. 난 놀고 싶어.

뒷다리를 든다. 팔꿈치를 바닥 가까이에 짚고 있다.

호기심의 표현으로 귀를 든다. 꼬리는 내린다.

입을 살짝 연다. 입술은 늘어져 있다.

13. 우리 지금 싸우는 거 아니에요. 장난치는 중이에요.

눈을 마주치지 않는다. 가까이 있다. 긴장하지 않았다.

입술을 늘어뜨리고 있다. 귀를 반쯤 들고 있다.

물고 있지만 얼굴에 긴장감이 없다. 귀에 힘을 빼고 있다.

장난치고 있는 강아지들

위의 강아지는 눈을 감고 귀도 내리고 전체적으로 긴장감이 없다. 즐거운 놀이에 심취한 듯한 표정이다.

반면 아래에 있는 개는 좀 불편한지 안면에 힘을 주고 귀 끝을 세우고 있다. 눈을 부릅뜨고 있다.

5. 감각, 입맛, 배설

내가 바보 같은 행동을 할 때, 개는 나를 나무라지 않을 뿐 아니라 나와 함께 바보가 되어준다 - 작가, 사무엘 버틀러 -

개의 시력은 사람과 어떻게 다를까?

개는 시각보다 후각이 발달해 있다. 시각으로 무언가를 알아차리긴 하지만, 좀더 정교한 판단은 후각에 의존한다.

예를 들어 잔디밭 가운데 어떤 물건이 있을 때, 사람은 눈으로 그 위치를 기억하는 반면 개는 냄새로 기억합니다. 이런 개의 후각을 이용하여 훈련하는 것을 '노즈워크(nose work)'라고 합니다. 간식을 보여주는 것보다 여기저기 던져주거나 숨겨서 냄새로 찾으며 활동하게 하는 훈련법입니다.

노즈워크 = 집중력 향상, 후각본능 일깨우기, 음식에 대한 흥미 상승

깨알정보

이런 제품도 있어요!

사료를 숨겨서 노즈워크를
촉진하는 킁킁매트

열심히 냄새를 맡고 있는 랩이

개는 밤눈이 밝다. 어두운 곳에서도 사람보다 4~5배 밝게 사물을 볼 수 있다. 자연에서 개에게 가장 중요한 사냥시간은 어둑어둑한 새벽이며, 이때 목표를 가장 잘 관찰할 수 있게 발달했기 때문이라고 한다.

개의 안구 크기는 9.5~11.6mm이며 두개골의 길이와 넓이, 그리고 안구의 크기가 비례관계가 있다. 대체로 안구가 클수록 동공의 크기도 커서, 밤눈이 더 밝은 편이다.

개의 시력은 정교한 것을 구분하는 것보다 움직이는 것을 포착하는 쪽으로 발달

했다. 실험에 따르면, 개는 800~900미터 앞에 움직이는 물건을 인지하지만, 정지해 있는 물건의 경우 500~600미터 앞에 있어야 인지가 가능하다고 한다.

탁월한 움직임 포착 능력 때문에 개는 TV시청이 어렵다고 하니 흥미롭다. 텔레비전 화면의 움직임은 50~60Hz로 사람의 눈에 편하도록 제작되어 있다. 개에게 적합한 움직임 속도는 70~80Hz이기 때문에, TV는 개가 보기에는 화면전환이 느리고 끊겨 보인다는 것이다.

 최근 개를 위한 방송 프로그램이 생겨서 화제입니다. 나중에는 프로그램뿐 아니라, 개를 위한 TV, 그러니까 개의 눈에 가장 편한 TV가 나올 수도 있겠다는 상상을 해봅니다.

개의 시력(정교한 모양과 복잡한 색을 구분하는 능력)은 사람의 1/3~1/4 수준으로 낮다.

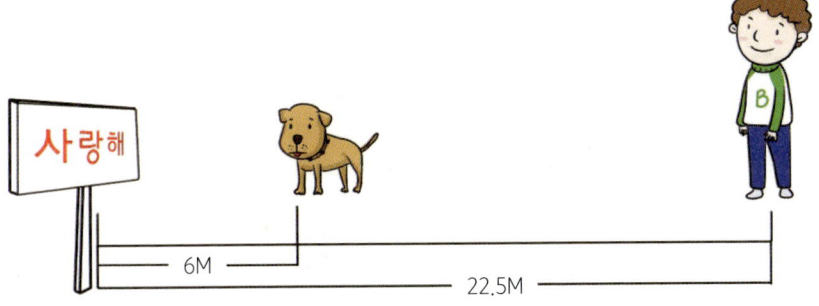

시력 : 사람 > 개 ≥ 고양이

개도 노안이 온다

개 시각의 초점은 50센티미터에 맞춰져 있다. 이 거리의 물건을 가장 선명하게 본다. 이보다 가까운 것은 초점을 맞춰서 확인하는데, 이 능력이 나이가 들수록 노쇠해진다. 일반적으로 개가 노안이 오기 시작하는 나이는 6살 정도(사람은 45세정도)다. 이때부터는 50센티미터보다 가까운 물건에 초점을 맞추지 못하는 경우가 생기기 시작한다.

사람도 태어날 때는 초점이 약 50센티미터에 맞춰져 있다. 이 길이는 젖을 먹는 아기가 엄마와 눈을 마주치는 정도의 거리다. 이 거리에 맞춰 모빌을 달아주곤 하는데, 모빌보다 사람(엄마나 아빠)의 얼굴을 많이 보여주는 게 더 좋다고 한다.

개는 색맹인가?

한때 개는 색맹이라고 알려졌으나 최근에는 색맹이 아니라는 연구가 더 많이 발표되고 있다.

사람과 비할 바는 못되지만 개는 파란색 계열과 같은 일부의 색은 다른 색과 구분한다.

개가 구분할 수 있는 색: 노란색, 파란색, 검정색, 하얀색, 회색

깨알질문

Q : 개가 회색을 본다는 건 어떻게 알아냈을까?

A : 사람의 결과에 빗대 유추했을 것이다.

눈의 망막이라는 구조에는 색의 인지를 담당하는 '원추세포'라는 것이 있다.

사람에서 회색을 느끼게끔 하는 원추세포의 양상과 개 원추세포의 양상을 서로 비교 대조하여 개가 전반적으로 회색 시야를 가진다는 것을 알아내었다. 다른 색들에 대한 구분여부는 임상실험을 통해 결과를 냈다.

개가 회색을 구분한다. 하지만 사람처럼 회색의 다양한 진하기를 구분하진 못한다.

개의 시야는 얼마나 넓나?

소나 사슴 같은 초식동물에 비해서 → 두 눈 모두로 볼 수 있는 시야가 넓다.
품종에 따라 차이가 있다.

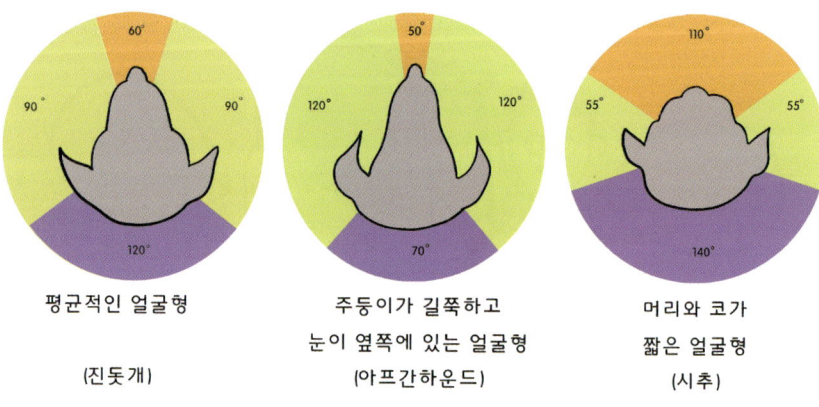

평균적인 얼굴형
(진돗개)

주둥이가 길쭉하고
눈이 옆쪽에 있는 얼굴형
(아프간하운드)

머리와 코가
짧은 얼굴형
(시추)

■ 오렌지색 : 두 눈으로 입체적으로 보는 시야
■ 노란색 : 한 눈으로 보는 시야
■ 보라색 : 보지 못 하는 범위

머리 짧은 개와 긴 개

[표정 읽기] 두 마리 모두 귀를 젖히고 긴장한 모습을 보여주네요. 특히 왼쪽 개는 미간을 찌푸리며 스트레스 상황인 것을 느낄 수 있습니다.

개는 사람보다 얼마나 더 냄새를 잘 맡나?

개의 후각은 사람보다 십만 배 정도 민감한 것으로 알려져 있다. 특히 후각이 민감한 블러드하운드나 바셋하운드의 경우, 사람보다 약 백만 배 민감한 후각을 갖고 있다.

깨알질문

Q : 개는 보호자를 (주로)냄새로 알아보나? 얼굴로 알아보나?
A : 습과 목소리, 냄새를 종합하여 판단하지만, 냄새로 인지하는 부분이 가장 크다.

보호자가 분장을 하고 여러 사람 사이에 섞여 있더라도, 개는 냄새 만으로도 보호자를 찾아낼 수 있어요!

개는 왜 이렇게 냄새를 잘 맡을까?

개의 후각이 뛰어난 것은 '후각 함요'라는 구조 덕분이다.

종잇장처럼 얇은 뼈들이 미로처럼 얽혀 있는 후각 함요에는 수백만 개의 후각 수용체가 있다. 이 수용체로부터 뇌까지 신경세포가 연결되어 있다. 뇌는 이렇게 전달받은 신경자

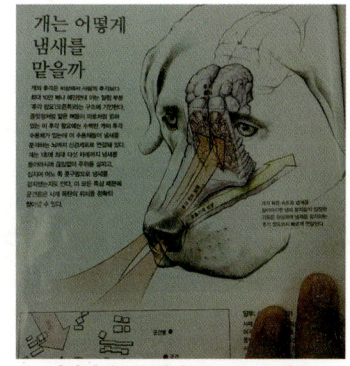

네셔널지오그래픽 2014. 6.호 참고

극을 냄새로 인식한다.

후각 수용체의 수도 사람과 큰 차이를 보인다. 사람의 후각수용체 수는 1200만~4000만개인데 비해 개의 후각 수용체는 2억2천만개~20억개가 된다.

개는 1초에 최대 다섯 차례까지 냄새를 들이마실 수 있다. 심지어 어느 쪽 콧구멍으로 냄새를 감지했는지도 안다.

이 부분 참 흥미로워요. 어느 쪽에서 소리가 나는지를 느껴보려 한 적은 있지만 어느 콧구멍에서 냄새가 감지되는지는 한번도 생각해보지 못했어요.

개가 좋아하는 냄새와 싫어하는 냄새는?

개가 좋아하는 냄새	개가 싫어하는 냄새
• 익숙한 보호자의 냄새 • 익숙한 자신의 냄새를 좋아한다. 악취가 나는 변 냄새는 자신의 것이라도 좋아하지 않는다. • 맛있는 음식 냄새 • 새로운 냄새를 좋아한다. 산책 길에 발견한 풀 냄새, 다른 개의 소변 냄새를 흥미로워한다.	• 고추, 커피 및 담배의 향 • 식물 오일인 라벤더, 레몬그라스, 시트로넬라(새콤한 향, 천연모기퇴치제로도 쓰임), 페퍼민트(박하향), 유칼립투스, 머스타드 향 • 자신과 사이가 좋지 않은 사람, 다른 개의 냄새 • 일반적인 악취

* 좋아하는 냄새와 싫어하는 냄새는 개체마다 다를 수 있음

깨알질문

Q : 현대인은 향수도 뿌리고 샤워젤도 사용하는데 보호자가 늘 사용하던 것과 다른 것을 사용해도 개는 알아볼 수 있을까?

A : 새로운 향수나 샤워젤을 사용하면 개가 처음엔 이상하게 느낀다. 하지만 '냄새만으로' 모든 것을 판단하는 것은 아니기 때문에 충분히 보호자를 알아챌 수 있다. 바뀐 냄새도 보호자의 냄새라는 것을 차차 알게 된다.

사람과 청력 차이가 있을까?

청력 자체는 사람과 비슷하다. 들을 수 있는 음역은 사람보다 훨씬 넓다.

● 어른/청소년/개가 들을 수 있는 것

1. 사람의 목소리 (남자: 100~150Hz, 여자: 200~250Hz)

2. 틴버즈 teen-buzz (10대들만 들을 수 있다는 고주파음)

3. 생쥐의 초음파소리 (2만Hz이상의 고주파음)

개/사람/고양이의 감각 비교

	개	고양이
시력	사람의 1/4~1/5 수준	사람의 1/4~1/10 수준
밤눈	사람보다 4~5배 밝게 본다.	사람보다 약 6배 밝게 본다.
색 구분	일부 색맹	일부 색맹
후각	사람의 십만~백만배	사람의 약 15배
청력	사람과 비슷	사람과 비슷
들을 수 있는 음역대	사람에 비해 넓음	사람에 비해 넓음

개와 사람의 감각 비교

	감각	개	사람	설명
시각	시각신경 감도의 파장(볼 수 있는 색깔과 관련)	2원색을 구분하는 시각	3원색을 구분하는 시각	개는 중간~긴 파장(예를 들어 노란색vs빨간색)에 대한 구분 감각이 없다.
	시야	250도	180도	개의 시야가 넓다.
	한눈 시야/ 양눈 시야	135~150도 / 30~60도	160도 / 140도	사람은 대부분의 시야가 양눈 시야여서 시각에 입체감이 뛰어나다.
청각	귀의 움직임	귀가 움직인다.	귀가 고정되어 있다.	개는 관심 가는 쪽으로 귀를 쫑긋 세울 수 있다.
	청각 범위	41~44,000 Hz	31~17,600Hz	개는 초음파소리도 들을 수 있다.
후각	지방산 냄새 감지	0.1~10 ppb (십억분율)	3.1~31.6 ppb	개가 훨씬 민감하다.
	아세트산 냄새 감지	0.00001 ~0.00002 ppb	9.1~167.5 ppb	개가 훨씬 민감하다.

개는 언제부터 짖을 수 있을까?

생후 2~4주부터 짖을 수 있다.

3개월까지는 공격성과는 관계 없이, 칭얼댐이나 놀자는 의미로 짖는다.

4개월쯤부터 음식 보호나 위협의 의미를 담아 짖을 수 있게 된다.

개가 짖는 소리는 얼마나 클까?

2m 거리에서 100데시벨(dB), 10m 거리에서 80데시벨(dB)정도다.

<dB 참고표>

dB	소리	dB	소리
0 dB	들을 수 있는 최소의 소리	80 dB	지하철 차내 소음
10 dB	숨 쉬는 소리	90 dB	지하철/자동차 소리
20 dB	시계 초침, 나뭇잎 부딪치는 소리	100 dB	전기톱 소리
30 dB	사람이 속삭이는 소리	110 dB	자동차 경적 (1m), 평균 인간의 고통 임계치
40 dB	도서관 또는 주간의 조용한 주택에서 들리는 소리	120 dB	비행기의 엔진소음
60 dB	일반 대화	150 dB	제트기 이륙하는 소리, 고막이 파열될 수 있다.
70 dB	전화벨(0.5m)	170 dB	발사대를 떠나는 로켓 소리

* 가정견의 짖는 행동에 대한 실험(Flint EL, 2005) 결과, 하루 동안 개의 평균 짖는 횟수는 3.1회였고, 짖는 시간은 한번에 평균 50.9초였다. 실험에 참가한 100마리의 개는 보호자와 함께 그들의 집에서 관찰되었다.

많이 짖는 품종으로 비글, 코커스파니엘, 콜리, 닥스훈트, 달마티안, 미니어처슈나우저, 셔틀랜드쉽독, 실키테리어, 요크셔테리어 등이 조사되었다.

개는 무엇을 표현하려 소리를 지를까?

개는 크게 6가지의 서로 다른 소리를 낸다. 각각의 의미는 다양하다.

<개의 목소리에 담긴 의미>

의미 목소리	알림	칭얼 거림	방어적	고통	반가움	단체 행동	놀이 요구	복종	위협
1. 짖음 (멍멍)	O	O	O	O	O	O	O		O
2. 으르렁	O		O	O	O	O		O	O
3. 낑낑대기		O		O	O	O	O	O	
4. 하울링 (아오~)		O			O	O		O	
5. 비명				O					
6. 이갈기				O			O		O

찢어질 듯한 높은 음(하이톤)으로 짖는 것은 뭔가를 요구하거나 조르는 의미일 가능성이 높습니다.

깨알재미

개 울음 번역기

"나랑 놀아주세요." 일본 완구 업체 다카라 토미사가 개발한 '바우링궐 보이스'는 개의 울음소리에 따른 감정 상태를 6가지로 분류해 글씨로 알려준다.

깨알재미

말하는 개들

① 오디(품종: 퍼그)
1997~2008년까지 살았던 퍼그 개, 오디는 래터맨 쇼에 출연하여 "I love you"라는 말을 보여줬다.

② 미스카
(품종: 시베리안허스키)
"I love you", "Hellow" 등의 말을 따라했다.

개 얼굴의 수염은 어떤 역할을 하나?

눈 위와 볼, 아래턱, 그리고 주둥이에 긴 수염(가닥수염)이 나 있다.

가닥수염은 다른 털에 비해 피부 깊숙한 곳에서부터 뻗어 나와 → 마치 지렛대와 같이 작용해서 → 털인데도 공간을 감지할 수 있다.

가닥수염은 좁은 곳, 혹은 어두운 곳에서 공간을 인지하는데 도움을 준다.

깨알걱정

Q : 미용을 하면 수염을 다 깎던데 괜찮나요?
A : 가닥수염을 깎더라도 균형을 잡거나 걷는 것과 같은 운동에는 전혀 무리가 없습니다. 걱정하지 않으셔도 돼요.

〈밝혀지지 않은 이야기〉

1. 일부 개는 지진 전에 행동변화를 보인다고 한다.
지진을 앞두고 발생하는 동물의 행동변화는 지질학에서 꾸준히 연구되고 있다. (고양이도 마찬가지로 지진을 느낀다는 연구가 진행중이다. 고양이공부 187쪽)

2. 일부 개는 주인의 발작 또는 심장마비를 알아차린다고 한다.
질병관련의 독특한 냄새나, 주인 자세의 미세한 변화를 포착한 결과라고 한다.

개의 입맛은 어떨까?

1) 고기를 좋아한다.
고기 종류에 대한 일반적인 선호도는 아래와 같다.
쇠고기 > 돼지고기 > 양고기 > 닭고기 > 말고기

만성질환으로 정말 식욕이 없는 개에게건 때론 간 소고기를 구워서 먹여볼 수 있습니다.

2) 습식사료(캔사료)를 좋아한다.
캔에 담긴 고기를 가장 좋아한다. 건사료나 조리한 음식보다도 습식사료를 더 즐긴다는 연구결과가 있다.
습식사료(캔사료) > 건사료, 조리한 음식

3) 익힌 음식을 더 좋아한다.
생식보다는 가볍게 익힌 고기를 더 좋아한다.
가볍게 익힌 고기 > 생식

4) 갈아서 만든 고기 질감을 좋아한다.

덩어리고기보다는 갈아져 있는 고기의 육질을 즐긴다.

갈아져 있는 고기 > 덩어리고기

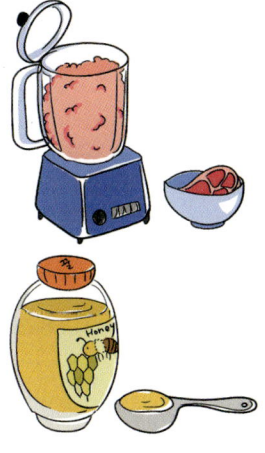

5) 단맛을 좋아한다.

담담한 맛 보다는 단맛을 좋아한다.

단맛 > 담담한 맛

사람이 느끼기에 매우 단 음식도 개는 즐길 수 있다.

이런 이유로 가루약을 먹일 때 꿀이나 잼과 함께 먹이면 손쉬워요. 물론 사료에 섞어줘서 잘 먹으면 좋겠지만 도저히 먹지 않을 땐 이 방법을 일시적으로 사용할 수 있습니다. 개에게 약을 먹이는 다양한 방법 ☞ 473p

1) ~ 5)의 내용은 일반적인 개의 입맛에 대한 연구결과이며, 입맛의 차이는 개마다 조금씩 다를 수 있다.

사람 / 개 / 고양이의 입맛

	사람	개	고양이
단맛	대체로 좋아함	좋아함	관심 없음
짠맛	대체로 즐김. 강하면 싫어함	특별히 즐기진 않지만 간이 너무 되어있지 않으면 싫어함.	즐기지 않음
쓴맛	대체로 싫어함	특별히 좋아하거나 싫어하지 않음	싫어함
신맛	호불호가 다양함	특별히 좋아하거나 싫어하지 않음	좋아함
조미료맛	대체로 좋아함	대체로 좋아함	좋아함

조미료맛은 MSG(MonoSodium Glutamate)에 의해 느껴지는 맛으로 감칠맛이라고도 부르는데요, 감칠맛이라는 뜻 자체는 '끌린다', '당긴다'라는 느낌의 표현입니다.

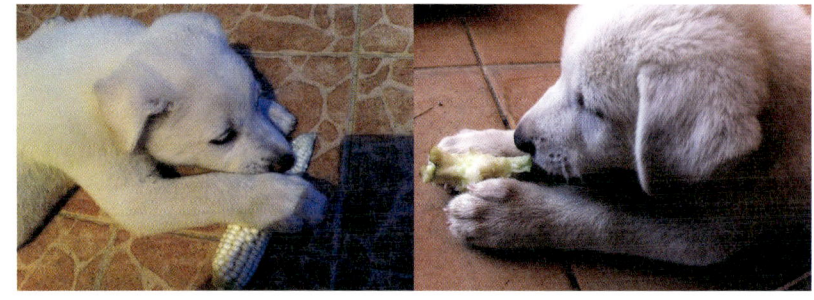

먹보 봄이

어린 강아지들은 이렇게 허겁지겁 복스럽게 잘 먹는다.
아무거나 막 먹으면 탈이 날 수 있으니 조심하세요!

깨알정보 개는 사람처럼 음식을 잘게 씹어먹지 않는다
개는 야생에서는 송곳니로 고깃덩어리를 찢어서 → 삼킨다.
개가 사료를 덜 씹고 삼키는 것은 정상이다. 삼키거나 작은 어금니로 사료를 살짝 부숴 먹는다.

날씨가 더우면 덜 먹을 수 있다

더위 탓에 식욕이 떨어질 수 있다.
거기에 한 가지 더 이유가 있다. 날씨가 더우면 기초대사량이 떨어진다. 원래 몸은 열을 내는 데 에너지를 소모해야 하는데 날씨가 더우면 이 일을 할 에너지 소모가 줄어들기 때문이다. 섭취해야 할 에너지가 덜 필요하게 되고, 그에 맞춰 덜 먹을 수 있다.

더우면 우리도 피서가 필요해요.
더운 날 풀장에서 피서를 즐기는 라크,
http://blog.naver.com/lovegywjd12/

Q : 개가 한 가지 사료만 계속 먹으면 어떨까? 질려서 새로운 사료를 바랄까?

깨알질문 A : 한 종류의 사료만 먹이면 질릴 거라는 것은 사람의 생각이다. 실제로 개는 그렇지 않다.

이렇게 예를 들어보자. 야생의 개(조상인 늑대)가 생활하는 곳에 닭과 오리, 연어가 있다고 가정할 때, 만약 개가 오리를 제일 좋아한다면 → 개는 오리만 잡아 먹는다. 더 이상 오리가 없으면 다른 먹이를 찾는다.

사람은 어릴 때부터 골고루 음식을 먹지만 개는 자기가 선호하는 음식부터 집중적으로 섭취한다. 따라서 개가 영양이 우수하고, 맛이 좋은 사료를 먹고 있다면 → 그대로 쭉 먹여도 좋다.

사료에는 개에게 맞는 영양소가 골고루 들어 있으므로, 사료만 먹는다고 해서 영양 불균형이나 결핍이 발생하지 않는다.

물론 더 좋은 사료를 발견했거나, 개가 새로운 사료를 더 좋아한다면 바꿔도 좋다.

병이 있어서 처방식을 먹이고 있는데, 평생 먹여야 할까?

병이 일시적인 것인지, 평생 관리해야 할 것인지에 따라 다르다.
일시적이라면, 검진을 통해 회복이 된 후에는 일반사료로 넘어가도 좋다.
평생 관리해야 한다면(예를 들어 심장병, 신장질환 등) 평생 처방식을 먹여야 한다.

식이는 질병의 관리에 매우 중요하다. 재진을 볼 때 영양에 관해서도 수의사와 지속적인 상담을 하자.

처방식을 먹이고 있다면 왜 그 처방식을 먹이고 있는지 알고 계셔야 합니다. 그리고 그로 인해 얻는 이익과, 반대로 그 처방식에 부족한 영양소 및 그 합병증에 대해서도 인지해야 합니다.

가령 신부전이 있는 환자는 평생 신장 처방식을 먹여야 합니다. 신장 처방식은 단백질 함

5. 감각, 입맛, 배설

량이 낮아서 신장의 부담을 줄여줄 수 있으며, 나트륨을 제한하여 신부전의 합병증인 고혈압을 완화합니다. 대신 장차 단백질 부족으로 인한 영양결핍이 있을 수 있습니다. 털이 푸석푸석해지고 근육이 탄탄하지 못해질 수 있습니다. 이를 대비하여 피부건강 및 신장 자체에도 도움이 되는 오메가3 영양제가 권유됩니다.

새끼 강아지는 언제 젖을 떼나?

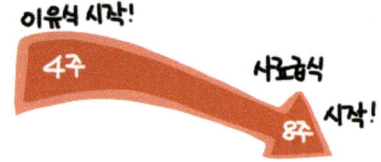

생후 4주 전까지: 어미 젖을 먹거나 보호자가 수유를 해준다.

생후 4주: 이유식 시작

사료를 따뜻한 물에 불려 먹이기 시작한다.

생후 8주: 사료급식 시작

서서히 덜 불려서 → 점차 건사료를 먹게 한다.

적절한 식사 횟수는?

젖을 먹는 기간: 어미가 알아서 먹이게 한다.

보호자가 수유를 해준다면 하루 6~8회 급여한다.

젖을 뗀 후 ~ 생후 4개월까지: 하루 4번 먹인다.
생후 4개월 ~ 생후 7개월까지: 하루 3번 먹인다.
생후 7개월 이상(소형견): 하루 2번 먹인다.
생후 7개월 이상(중-대형견): 하루 1번 먹인다.

건사료 급여량 계산

1) 사료 봉지에 체중별 하루 급여량이 표시되어 있다.
저체중, 보통, 과체중으로 세분하여 권장량이 표시되기도 한다.

• 일일 급여 권장량 (컵 기준)
일반 종이컵 185ml 1컵 기준, 약 67g 측정 됩니다.
(반려견마다 에너지 요구량이 다를 수 있으므로 반려견의 특성에 따라 급여량을 조절해주시고, 항상 신선한 물과 함께 급여해주세요)

반려견의 체중 (kg)	하루 1시간 가량의 산책	하루 1~2시간 산책 및 운동	하루 3~4시간 운동이나 훈련
4kg	1 1/4컵	1 1/2컵	1 2/3컵
7kg	1 2/3컵	1 3/4컵	2 1/4컵
9kg	2컵	2 1/2컵	2 3/4컵
11.5kg	2 1/2컵	2 3/4컵	3컵

"유통과정 중 손상되거나 파손된 제품은 공정거래위원회 고시 소비자분쟁해결기준에 의거 교환 또는 보상 받을 수 있습니다."

사료 급여량 표시의 예(네추럴초이스 어덜트)

그람(g)으로 표시되는데, 만약 계량저울이 없다면 종이컵으로 어림짐작할 수 있다.

종이컵을 한 컵 가득 채우면 약 80g임을 감안하여 하루 급여량을 구한 뒤 → 주는 횟수로 나눈다. 예를 들어 하루 먹일 양이 80g이고, 하루 2번 먹일 경우 → 반 컵씩 하루 두 번 준다.

사료마다 알갱이의 크기와 질량이 다르기 때문에 사료 종류에 따라 약간의 차이가 난다.

사료 80g

2) 캔사료나 간식을 줄 경우, 건사료는 하루 급여량보다 덜 줘야 한다.
산책이나 활동을 많이 한다면 하루 급여량보다 더 줘야 한다.

사료 주는 법

1) 그릇에 담는다

하루 사료 급여량을 급여횟수로 나누면 한 번에 먹일 양이 된다.

예) 5kg 성견의 하루 사료 급여량 100g / 급여횟수 2번 => 한 번에 먹일 양 50g

2) 주기 전에 기초훈련을 한다

앉아, 엎드려, 기다려, 손 등 기초훈련을 한 후 사료를 준다.

3) 시간이 지나면 사료를 치운다.

10분이 지나도 사료에 관심이 없다면 그릇을 치운다.
물은 그대로 둔다.

 사료를 쌓아두면 냄새가 다 날아가서 사료에 대한 흥미가 떨어져요.

4) 낱개의 사료는 노즈워크로 활용할 수 있다.

간식 삼아 하나씩 던져주어 찾아먹게 해주자.

가정식을 하고 싶다면?

1) 미리 고려할 점

① 가정식을 만드는 데는 시간과 노력이 든다.
② 영양의 균형을 잘 맞춰줘야 한다.
③ 정기적인 검사가 필요하다.

가정식을 하다 보면 가끔 영양 불균형으로 몸에 이상증상이 생길 수 있다.
이를 점검하기 위해 검사가 필요하다.

① 보호자가 개의 털과 피부 상태를 꾸준히 확인한다. (영양결핍이 오면 털이 푸석푸석해진다.)

② 혈액검사로 각종 혈액화학식(콜레스테롤, 칼슘, 인, 혈중단백질 등) 및 전해질 수치(나트륨, 칼륨, 염소 등)를 점검한다. 칼슘 수치가 높을 경우, 결석이 생기는 등 문제가 생길 수 있으니 칼슘제를 빼거나 조절해야 한다.

③ 가정식 시작 전에 검사하고, 가정식 시작 1달 후에, 그리고 약 3~6개월마다 검사한다.

사료를 주식으로 하면서 가끔 특식으로 가정식을 준비해줄 경우 위와 같은 정밀한 검사관리는 불필요합니다.

2) 레시피의 구성과 기본 개념 이해하기

<개를 위한 가정식 요리법의 기본 구성>
① '쌀밥'으로 대표되는 탄수화물 그룹
② '쇠고기'로 대표되는 단백질 그룹
③ '식용유'로 대표되는 지방 그룹
④ 칼슘제
⑤ 종합영양제

탄수화물과 단백질은 익혀서 준비한다.
익히면 맛이 좋아지고 소화율이 높아지며 안전해진다.
탄수화물과 단백지의 비율은 밥이 고기 양의 2~3배면 된다.

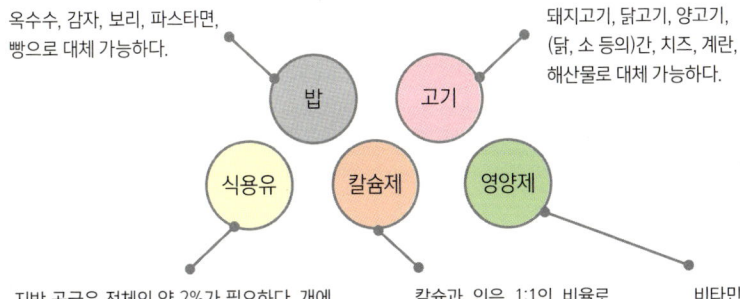

옥수수, 감자, 보리, 파스타면, 빵으로 대체 가능하다.

돼지고기, 닭고기, 양고기, (닭, 소 등의)간, 치즈, 계란, 해산물로 대체 가능하다.

지방 공급은 전체의 약 2%가 필요하다. 개에겐 리놀렌산이 필요하므로 올리브유나 카놀라유보단 포도씨유, 해바라기씨유, 옥수수유 혹은 일반 식용유가 좋다. 기름기가 많은 식재료를 쓸 땐 식용유를 따로 첨가하지 않는다.

칼슘과 인은 1:1의 비율로 급여되어야 하는데, 가정식을 할 경우 칼슘 공급량이 부족해지기 쉽다. 별도의 칼슘제를 먹여주자.

비타민과 미네날 공급을 위해, 개를 위한 종합영양제를 추가한다.

깨알정보 동물병원에서 판매하는 사료의 칼로리 정보

* 사료별 열량은 성분표를 참고하여 계산되었으며 약간의 오차가 있을 수 있습니다.

사료명	Kcal/g	사료명	Kcal/g	사료명	Kcal/g
로얄캐닌 Mini Starter	4.26	로얄캐닌 Indoor Junior	3.99	로얄캐닌 Indoor Adult	3.78
로얄캐닌 Indoor Mature	3.81	힐스 Puppy	3.80	힐스 Adult	3.70
힐스 Senior	3.80	뉴트로 Puppy	3.81	뉴트로 Adult S	3.60
뉴트로 Adult M	3.81	뉴트로 Senior	3.54	퓨리나 Selects Puppy	3.86
퓨리나 Selects Adult	3.81	Now 칠면조·연어·오리	4.10	Go 치킨·연어·오트밀	4.25
Go 과일·야채	4.94	오리젠 Puppy	4.15	오리젠 Adult	3.90

처방 사료명	Kcal/g	처방 사료명	Kcal/g	처방 사료명	Kcal/g
Obesity	3.11	Satiety Support	2.86	Weight Control	3.28
Hypoallergenic 21	4.00	Hypoallergenic < 10	3.88	Sensitivity Control	3.34
Skin Support	3.64	Intestinal low fat	3.45	Fibre	3.68
Hepatic	3.90	Renal	3.99	Urinary S/O	3.86
Cardiac	4.14	Mobility Support	3.68	Anallergenic	3.88
Gastrointestinal	4.07	Urinary S/O moderate	3.31	Dental Special Small Dog	3.72
캔 Obesity	257/캔	캔 Sensitivity	642/캔	캔 Intestinal	495/캔
캔 Intestinal low fat	408/캔	캔 Hepatic	634/캔	캔 Renal	791/캔
캔 Urinary S/O	588/캔	캔 Cardiac	540/캔	캔 Recovery	240/캔
c/d	4.19	d/d	3.88	g/d	3.63
h/d	4.35	i/d	3.84	k/d	4.02
l/d	4.44	p/d	4.17	r/d	2.70
t/d	3.77	u/d	4.04	w/d	2.98
z/d	3.71	Ultra z/d	4.13	퓨리나 HA	3.60
캔 a/d	182/캔	캔 c/d	439/캔	캔 d/d	581/캔
캔 g/d	464/캔	캔 h/d	541/캔	캔 i/d	548/캔
캔 k/d	554/캔	캔 l/d	471/캔	캔 n/d	660/캔
캔 p/d	591/캔	캔 r/d	302/캔	캔 s/d	572/캔
캔 u/d	597/캔	캔 w/d	359/캔	캔 z/d	148/캔

개에게 좋은 기름은 지방산이 풍부한 포도씨유, 현미유, 콩기름, 옥수수유, 해바라기씨유이다.

일반적으로 콩기름과 옥수수유가 구하기 쉽고 저렴한 편이지만, GMO농산물로 만들었을 가능성이 높기 때문에 포도씨유가 가장 추천된다.

포도씨유와 해바라기씨유는 GMO와 무관합니다. 포도씨유는 한국 식약청이 고지한 기능성 건강식품에 포함되어 있습니다.
해바라기씨유도 지방산이 풍부한 좋은 식용유인데요, 그 지방산 중 일부가 유해할지도 모른다는 연구가 있어서 조금 찝찝합니다.
사람이 먹기 위한 기름으로는 현미유와 올리브유도 안전하고 좋은 기름입니다.

GMO란?

Genetically Modified Organism의 준말로서, 유전자변형 식품을 의미한다. 생산량을 증대시키고 병해충으로부터 강해지기 위해 1990년대에 GMO식품의 개발이 시작되었다.

씨 없는 수박처럼 '자연에서 발생할 수 있는' 형태를 강화 발전시키는 것을 육종이나 개량이라고 하는 반면, '자연에서 절대로 발생할 수 없는' 형태의 유전자변형을 만들어서 식품화한 것이 GMO식품이다.

GMO식품으로 인해 비정상적으로 다태아 임신이 늘어나고 인구가 폭발적으로 증가한다는 미래 배경으로 전개되는 영화, <월요일이 사라졌다>

'인구는 (억제되지 않을 경우) 기하급수적으로 증가하고, 식량은 산술급수적으로 증가한다.'
'인구론'의 저자 맬서스의 철학도 함께 담긴 영화라고 생각해요. 흥미롭게 봤습니다.

3) 기본 요리법 소개

① 건강한 개를 위한 가정식 기본 요리법

요소	세부사항	그램(g)	비율(%)
익힌 탄수화물	밥, 옥수수, 감자, 보리, 파스타면, 빵 등	240	58
익힌 고기	쇠고기, 돼지고기, 닭고기, 닭간, 치즈, 계란, 해산물 등	120	29
식용유	기름기 있는 고기 사용시 생략 가능	10	2
섬유질이 높은 음식	곡물 위주의 씨리얼, 양배추나 호박 같은 채소, 또는 영양제인 실리움허스크파우더 (인터넷 구입)	30	7
칼슘제		4.0	-
종합영양제	멀티비타민 + 멀티미네랄	1.0	-

>> 영양 구성 (%, 건물 기준) : 총 820kcal

단백질	21	지방	20	조섬유	6.5	칼슘	0.66
인	0.59	마그네슘	0.1	나트륨	0.2	칼륨	0.6

>> 요리법

- 곡류는 삶아서 익힌다.
- 고기는 잘게 자르거나 다져서 굽는다.
- 칼슘제와 영양제는 모두 분말로 준비하여 곡류, 고기와 함께 섞는다.
- 잘 섞어서 먹인다.
- 보관할 양은 뚜껑을 덮어 냉장고에 보관한다.

② 신부전 환자를 위한 요리법 : 총 390g

요소	그램(g)	요소	그램(g)	요소	그램(g)	요소	그램(g)
쌀밥	237	익힌 쇠고기	78	삶은 계란	20	일반 빵	50
식용유	3	칼슘제	1.5	소금	0.5		

>> 영양 구성 (%, 건물 기준) : 총 445kcal

단백질	21.1	지방	137	조섬유	1.4	칼슘	0.43
인	0.22	마그네슘	0.09	나트륨	0.33	칼륨	0.26

③ 과체중 개를 위한 다이어트식 요리법 : 총 501g

요소	그램(g)	요소	그램(g)	요소	그램(g)	요소	그램(g)
쌀밥	325	닭고기	65	삶은 계란	81	곡물 씨리얼	26
칼슘제	2	소금	1	종합영양제	1		

>> 영양 구성 (%, 건물 기준) : 총 398kcal

단백질	22.6	지방	8.0	조섬유	5.8	칼슘	0.50
인	0.37	마그네슘	0.14	나트륨	0.45	칼륨	0.63

④ 심장병 환자를 위한 요리법 : 총 438g

요소	그램(g)	요소	그램(g)	요소	그램(g)
쌀밥	330	쇠고기	94	곡물 씨리얼	9
식용유	2	칼슘제	2	종합영양제	1

>> 영양 구성 (%, 건물 기준) : 총 431kcal

단백질	20.8	지방	12.4	조섬유	2.9	칼슘	0.49
인	0.26	마그네슘	0.11	나트륨	0.12	칼륨	0.59

⑤ 요로결석 환자를 위한 요리법 : 총 509g

요소	그램(g)	요소	그램(g)	요소	그램(g)
쌀밥	431	삶은 계란	49	식용유	27
칼슘제	1.2	종합영양제	1.2		

>> 영양 구성 (%, 건물 기준) : 총 483kcal

단백질	9.8	지방	21.8	조섬유	2.2	칼슘	0.38	인	0.10

⑥ 위장관 질환 환자를 위한 요리법 : 총 585g

요소	그램(g)	요소	그램(g)	요소	그램(g)
쌀밥	232	코타지 치즈	232	삶은 계란	116
식용유	2	칼슘제	1	종합영양제	1

>> 영양 구성 (%, 건물 기준) : 총 450kcal

단백질	30.4	지방	15.6	조섬유	0.71	칼슘	0.42	인	0.39

강아지 음료 멍푸치노
- 소간파우더
- 락토프리 우유 거품
- 기능성 강아지 우유

깨알디저트

제 동물병원에서 제공하는 간식입니다. 견공들 맛보러 놀러 와도 좋아요!

개가 식물을 잘 먹을 수 있나?

소량으로 먹기도 한다. 채소를 간식으로 먹거나, 마당의 잔디를 씹어 먹는다. 하지만 많이 먹으면 반드시 탈이 난다. 소화를 시키지 못해 구토나 설사를 하게 된다. 개는 섬유소를 소화하는 능력이 매우 적기 때문이다.

일부 식물은 개에게 위험하다. 위험성이 있는 식물은 집 안에 두지 않아야 한다. 어린 개는 이것저것을 마구 집어 먹으니 특히 주의해야 한다.

개의 조상인 늑대도 식물을 섭취합니다. 근데 그 방식이 독특합니다.
늑대는 피식자(사슴 등)의 내장을 즐깁니다. 내장을 먹으며 → 그 속에 있던 식물을 함께 섭취하게 됩니다.
늑대는 식물을 잘 소화할 수 없지만, 피식자의 내장 속에 '반쯤 소화된' 식물은 탈 없이 소화할 수 있습니다.

<개에게 위험할 수 있는 식물>
서양협죽도, 은방울꽃, 칼란코에, 아젤리아, 소철(사고야자), 로자리콩, 아주까리, 샤프란, 글로리오사, 주목, 브룬펠시아

<개가 맛봐도 되는 식물>
퍼플바질, 아프리카데이지, 펜넬, 금어초, 단지산호

개는 어떻게 물을 마실까?

혓바닥을 뒤로 말아 물을 들어올린 뒤 → 삼킨다.
말린 혓바닥은 국자처럼 물을 담기에 완전한 모양이 아니기 때문에 → 입에 담는 양보다 흘리는 양이 더 많다. 물 마시고 나서 입 주위가 젖는 것은 이 때문이다.
평균적으로 개는 하루에 9번 물을 마신다.
7kg 개의 경우, 한번에 약 60ml의 물을 마신다.
더워지면, 물을 더 많이 마신다.

개의 배설량은 얼마나 될까?

소변량 : kg당 60ml 정도의 오줌을 눈다.
예를 들어, 5kg 개는 하루 약 300ml의 오줌을 눈다. 하루에 6~9회 배뇨한다.

대변량 : 7kg 개의 경우, 하루 평균 약 350g의 대변을 본다. 하루에 2~3번 배변한다.

개의 정상 변 색깔은?

개의 정상 변 색은 황갈색이다. 먹는 음식에 따라 변 색이 조금씩 달라질 수 있으며, 일반적으로 먹는 사료의 색깔보다 조금 더 진한 색을 띤다.

변 색깔은 소화되고 남은 음식물과 빌리루빈이라는 효소, 그리고 장내 정상 세균들의 활동에 의해 결정된다.

<비정상 변 색깔>

| 정상 | 대장 또는 항문 출혈 | 염증성 장 질환 | 담낭 질환 | 췌장 질환 | 상부 소화기 (위나 소장) 출혈 |

개의 건강한 변 상태는?

1. 변비변

딱딱하고 마른 변으로, 변비증상(배변을 힘들어함)을 보일 가능성이 높다. 집었을 때 바닥에 잔변이 묻지 않는다. 변이 길게 붙어있지 않고 대체로 따로 떨어져 있다.

 (늙은)호박이나 식이섬유 영양제를 먹일 필요가 있습니다. 식이섬유는 변을 부드럽게 하고 배변량을 증가시켜서 변비를 개선합니다. 음식물의 장 통과 시간을 조절해주고 좋은 정상세균을 증강시켜서 장을 튼튼하게 하는 효과도 있습니다.

소개

식이섬유 영양제,
Vetpuls사의 파이보

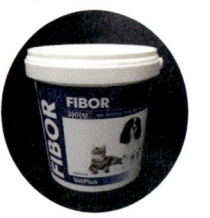

2. 최상의 변
단단하지만 심하게 딱딱하진 않아서 휘어질 수 있다. 구분선이 보인다. 집었을 때 바닥에 잔변이 아주 소량 묻게 된다.

3. 나쁘지 않은 변
통나무 모양이다. 구분선이 거의 보이지 않으며 표면이 습하다. 집어 들면 끊어지진 않고 잡힌다. 집었을 때 잔변을 남긴다.

4. 식이변화를 고려해야 하는 변
질척한 변이다. 집었을 때 끊어지며, 바닥에 잔변을 남긴다.

5. 설사변(동물병원에 내원해야 합니다)
모양이 없지만 (물이 아닌)질감은 느껴진다. 떨어진 곳에 점 형태로 뭉쳐 있다.

6. 심한 설사변(동물병원에 내원해야 합니다)
질감이 느껴지지 않는 형태 없는 물똥이다.

새끼 강아지의 배변은 관찰할 수 없는데?

새끼의 배설물은 어미가 다 핥아 먹는다.
모성 본능으로 생식기를 핥아 주면서 배설물도 먹어 버리는 것이다.
어미의 이런 습성은 1~2달까지 이어진다.

암컷 수컷의 소변보는 자세는 어떻게 다른가?

1) 새끼의 배뇨자세: 무게중심을 앞에다 둔다. 머리는 살짝 숙이고 뒷다리에는 힘이 덜 들어간다.

2) 생후 2달이 되면, 암컷은 무게중심을 뒤에 두고 머리를 살짝 든다. 뒷다리를 낮춰 마치 대변을 보는듯한 자세로 소변을 본다.
이 시기, 수컷의 자세는 새끼 때의 자세와 같다.

3) 생후 5~8달이 되면, 수컷은 한쪽다리를 들고 소변을 보기 시작한다.

다리 들고 소변보기 전에 중성화(거세)하면 → 앞으로도 다리를 들지 않고 소변을 볼 것이다.
다리 들고 소변보는 습관이 생긴 뒤라면 → 중성화 하더라도 다리를 들고 오줌을 눌 가능성이 높다.

깨알재미

영역표시로서의 배뇨와 관련하여

개의 영역표시는 사람들의 SNS활동과 비슷하다고 합니다. 나무 등 특정 장소에 배뇨를 하는 게 마치 좋아요+1을 누르는 것과 비슷하다는 것이지요.

#핫플레이스 #방문인증배뇨 #좋은냄새 #산책 #일상 #배뇨

- 홍끼 작가님의 웹툰 [노곤하개] 3화 참고

※ 성견의 다양한 배뇨자세 - 총 12가지의 대표적인 배뇨자세가 있다.

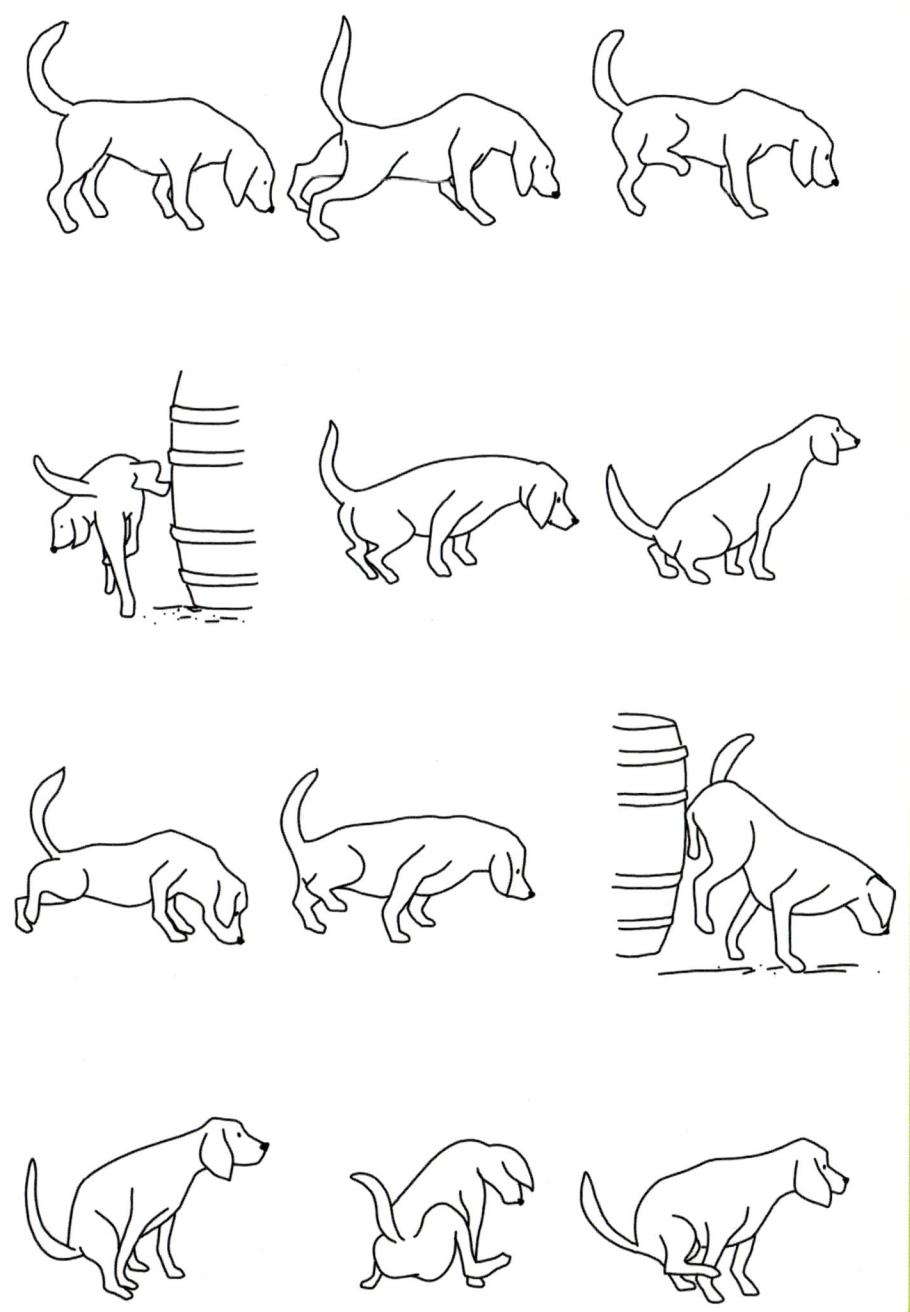

성견의 배변에 대해

대부분 다리를 벌리고 등을 아치형으로 굽혀서 자세를 잡은 뒤, 변을 본다.

암캐의 96.8%와 수캐의 79.5%는 이런 자세로 변을 본다.

나머지는 허리를 굽히고 다리를 드는 등 다양한 자세로 대변을 본다.

배변의 형태는 나이, 활동량, 음식에 따라 다르다.

	자주 배변	덜 자주 배변
나이	어린 개	나이든 개
활동	활동적인 개	차분한 개
음식	섬유질을 많이 섭취하는 개	섬유질을 덜 섭취하는 개

대체로 잠에서 깼거나, 걷거나, 먹은 후 20분 이내에 변을 본다.

6. 가족이 되려면

개는 우리에게 모든 것을 준다. 우리는 그들의 우주 한 가운데이며, 우리는 그들의 사랑과 믿음, 신뢰의 중심이다. - 사진작가, 로저 카라스 -

개를 기르는 비용은 얼마 정도 될까?

2010년 국립수의과학 검역원의 자료를 보면, 우리나라에서 개 한 마리를 기르는 데 드는 비용은 한달 평균 약 6만 5천원인 것으로 조사됐다.
지출 항목은 사료값, 용품구입비, 미용비, 예방 및 치료비다.
조사시점으로부터 시간이 꽤 흘렀다는 것을 감안하면, 양육 비용은 매월 10만원 이상이 될 것이다. 질병에 걸리면 더 큰 비용부담이 생길 수 있다는 것을 미리 마음먹고, 반려견을 데려와야 한다.

심지어 이런 표어도 있어요.

보호자란.. 부모와 같아서 되도록 좋은 물건 고르게 되고, 좋은 음식 먹이고 싶고, 힘들지만 더 큰 뿌듯함을 느끼게 됩니다.

개와 함께 할 시간이 필요하다

개가 제일 좋아하는 것은 간식이 아니라 보호자와 함께 있는 것입니다.

관절이 튼튼한 개는 하루 2번 산책해주면 좋다.
반면 관절이 약하고 질병을 가진 개, 대표적으로 슬개골탈구를 가진 소형견은 무리한 운동을 삼가야 한다. 이런 경우 실내에서 개와 교감하고 놀 수 있는 시간을 가지자.

산책을 못한다고 해서 너무 슬퍼하지 마세요. 무리한 운동을 하는 것은 바람직하지 않아요. 여러분의 반려견은 보호자와 함께 있는 그 자체로도 행복할 수 있습니다.

즐겁게 식사할 음식을 챙겨주고, 대소변을 치워주고, 목욕할 시간이 필요하다.

귀가 후 대화하는 시간을 가져보세요. 개와의 대화는 말로 하는 것이 아닙니다. 가만히 앉아서 마주보고 10분 정도 있어주면.. 개는 보호자를 기다리며 하루 종일 있었던 이야기를 전해줄 거예요.

개를 키운다면 페티켓을 지켜야 합니다

페티켓: 반려동물을 가리키는 영어인 펫(Pet)과 에티켓(Etiquette)의 합성어. 반려동물을 기를 때 지켜야 할 예의를 일컫는 말.

개를 무서워하거나 싫어하는 사람에게 피해를 주지 않도록, 이들을 존중하고 배려해야 합니다.

- 외출을 할 땐 목줄을 착용한다.
- 먼저 관심을 갖고 다가오는 사람에겐 개를 인사시켜줄 수 있지만, 개를 두려워하는 사람이 지나갈 땐 줄을 짧게 잡는다.
- 으르렁거리나 물 가능성이 있다면 입마개를 씌운다.
- 배변봉투를 준비하여 배변을 치운다.
- 대중교통을 이용할 땐 이동가방에 넣어 탑승한다.
- 질병을 옮기지 않도록 예방접종과 구충을 해준다.
- 건물이나 가게에 들어갈 땐 개 출입이 가능한 곳인지 확인한다.

개 입양의 목적 - 외국 통계 소개

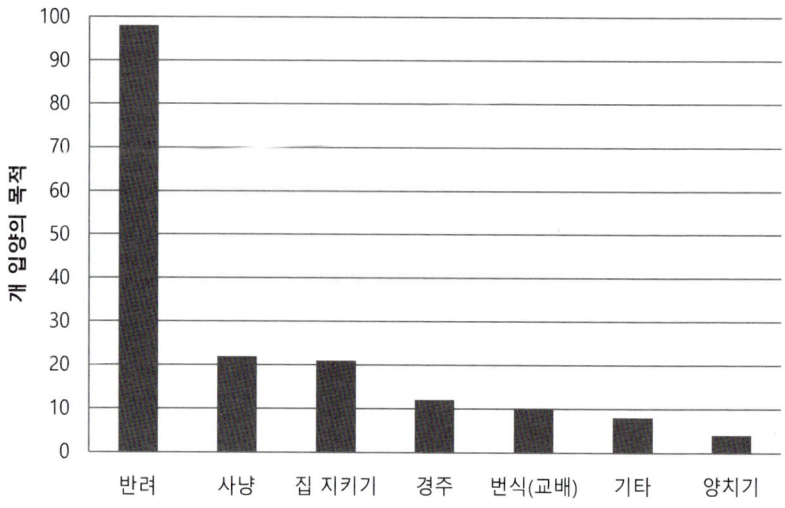

중복 답변이 가능한 조사였기 때문에 대부분 반려(짝이 되는 친구)를 목적으로 들었고, 그 외에 여러 활동을 함께 하기 위해 개를 키우는 것으로 나타났다.
이 자료는 스웨덴에서의 1999년 조사 결과다. 최신 자료나 국내 자료가 없어서 아쉽지만 개 입양 목적의 전체적인 흐름은 파악할 수 있다. 한국에서는 작은 개가 많기 때문에, 반려 외의 목적은 이 통계보다 훨씬 적을 것이다.

개는 사냥에 큰 도움을 줍니다. 그래서 사냥이 상대적으로 덜 중시되는 농경 사회였던 우리나라는 소와 같은 가축에 비해 개를 덜 귀하게 여긴 반면, 사냥을 중시하던 서양 귀족들은 개를 무척 아꼈던 역사가 있습니다.

필자가 삼척에서 군 대체복무를 하던 시절에는 사냥과 집 지키기를 목적으로 개를 키우는 사람들을 많이 봤습니다. 시골의 집 앞과 공장 앞에는 꼭 개 두세 마리가 지키고 있었습니다. 인적이 뜸하기 때문에 이들이 손님에 대한 알림이자 외부인에 대한 경계의 역할을 톡톡히 하는 것이었습니다.

아이와 개, 함께 살기 - 함께여서 더 좋은 이유

1) **두뇌발달** : 동물과의 교감은 좋은 두뇌자극이 된다.
개에게 말을 걸고, 장난치고, 안아주면서 감각이 발달한다. - 미국가정의학저널 2015

2) **면역력 강화** : 적당한 면역자극을 받게 되어 아토피, 천식 예방에 효과가 있다 (특히 1세 이하의 영아). - 미국국립과학원회보 2013
단, 면역체계가 거의 형성된 어린이(6~7세 이후)가 동물과 생활하며 아토피증상을 겪는다면 → 격리가 추천된다. (의사와 상담필요)

3) **외롭지 않다** : 개는 아이에게 정말 좋은 친구가 된다.

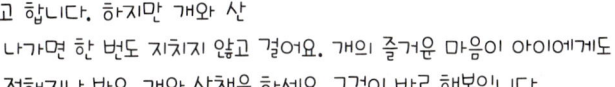

네 살배기 제 아이는 평소에는 걷는 걸 좋아하지 않아서 자주 안아달라고 합니다. 하지만 개와 산책을 나가면 한 번도 지치지 않고 걸어요. 개의 즐거운 마음이 아이에게도 담뿍 전해지나 봐요. 개와 산책을 하세요. 그것이 바로 행복입니다.

4) **책임감을 배운다** : 생명을 돌보며 책임감 있는 의젓한 아이로 자란다.

5) **인내심을 기른다** : 개에게 양보할 일이 생긴다.

6) **감정의 배출** : 사랑을 표현하는 법을 배운다. 엄마, 아빠에겐 쑥스러운 사랑표현도 개에게는 쉽게 꺼낼 수 있다.

7) **정서적 안정**
불안감을 완화하고 혈압과 심장박동을 안정시킨다. 강박증상을 막아준다.

3~6세의 아이들에게 두 번 병원에 내원하게 하고 한번은 개가 있는 방에서, 한번은 개가 없는 방에서 진료를 봤다. 개가 있을 때, 아이의 불안증세가 현격히 적었다. - Nagengast SL, Baun MM, Megel M, Leibowitz JM (1997).

8) 사회성 기르기

개는 타인과 대화하며 사회성을 기를 수 있는 좋은 기회를 준다. 개와 함께 있으면 다른 사람이 말을 걸어올 것이다.

개와 함께 있으면 모르는 사람과도 쉽게 소통이 시작된다.

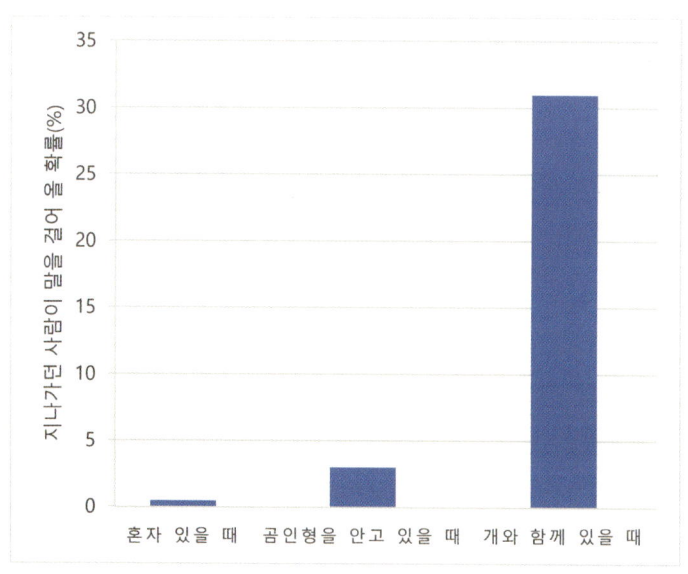

아이가 크고 나면, 개와 함께 산책을 나가서 즐거운 가족 나들이 시간을 갖자. 산책을 나가면, 아이도 목줄을 쥐고 싶어 할 것이다. 아이에게도 줄을 주되, 보호자가 짧은 줄을 잡고 직접 개를 제어해 줘야 한다. 아이에게만 목줄을 맡겨선 안 된다.

(아이) 긴 줄을 잡고 개를 제어한다는 책임감을 느끼게 해줌
(어른) 짧은 줄을 잡고, 직접 개를 제어

연희동 우리 집에는 열 마리의 개가 같이 산다. 일명 '소시지개'라고 불리는 다리 짧은 닥스훈트들이다. 사춘기를 겪던 아들을 위해 데려온 한 마리가 대가족을 일궈냈다. 명색이 동물행동학자인 나이지만 열 마리는 사실 좀 너무 많다. 그러나 어려서부터 늘 개들과 함께 자란 아들은 무척 행복해한다. 자연과 동물에 한 사랑은 함께 부대끼면서 크는 것 같다. - 최재천 교수님의 '통섭의 식탁' 중에서..

아이와 개의 양육을 위해 주의할 점

시기	주의할 점
보호자가 임신을 계획 중일 때	앞으로 생길 아이의 안전을 위해, 개에게 기초복종훈련을 시켜야 한다. 완수해야 하는 훈련: 1) '기다려!' 훈련 2) '엎드려!' 훈련 3) 목줄착용 적응 4) 뛰어오르지 않게 하기 5) 부를 때 오게 하기 아이와 접촉하기 전에 흥분을 가라앉힐 수 있도록 앉아, 기다려와 같은 명령을 잘 따를 수 있어야 합니다. 아이에게 뛰어올라선 안 되고, 접촉을 제한해야 할 때는 쉽게 격리할 수 있도록 부르면 오는 훈련이 되어야 합니다.

출산을 앞두고	아기 방을 만들어, 개가 출입하지 못하도록 훈련한다.
	아기의자와 유모차를 미리 구입하여, 개가 유모차와 떨어져 걷도록 훈련한다.
	아기 로션 냄새를 개에게 맡게 해서 → 아기 냄새에 익숙하게 해준다. 아기 울음소리를 미리 들려주는 것도 좋다.
아기가 태어난 후	개가 혼자 아기 방에 접근하지 못하게 한다. 보호자가 보는 앞에서 아기와 개가 만나게 한다. 아기를 움직이게 하고, 개에게는 엎드려! 명령을 내리고, 기다리게 한다. 개를 칭찬해준다. 혹시 아이가 개의 먹이나 장난감을 뺏더라도 공격성을 보이지 않을 만큼 개를 훈련해 둬야 한다.
	아무래도 아이에게 관심이 많이 간다. 하지만 개에게도 시간을 할애해줘야 한다. 산책을 나가고 훈련과 칭찬하는 시간을 갖자.
	개의 장난감과 아이의 장난감을 구분한다. 음식 그릇도 구분한다. 개가 아이의 장난감이나 그릇에 관심을 가지면 단호하게 꾸짖는다. 아이도 크면 개의 장난감이나 그릇을 뺏지 않게 교육한다.
	아이가 개를 괴롭히지 않도록 교육한다. 꼬리나 귀 등을 당겨선 안 되고, 구석에 있는 개를 괴롭히거나 꺼내려 하면 안 된다. 개를 위협하며 뛰어들거나, 비명을 지르지 않게 한다.
	아이에겐 집 밖의 다른 개들이 우리 집의 개와 같지 않다는 것을 교육해야 한다. 다른 개는 조심해야 한다. 안전이 우선이다.
	아이를 안고 진료를 받으러 오시는 분들도 많습니다. 육아와 강아지 관리에 노고가 이만 저만이 아닐 것임을 잘 압니다. 바쁘고 손이 많이 가더라도.. 더불어 산다는 것은 축복입니다.

반려동물 때문에 아이의 건강이 위협받는다는 생각은 오해다.
문제가 되는 경우는 드물다.
동물의 기생충 예방을 주의하면 건강의 염려는 없다.
개를 처음 키울 때, 동물병원에서 기생충 감염 여부를 확인하고 구충제를 먹여주도록 하자.
이후 6개월마다 구충제를 먹여주면 기생충을 예방할 수 있으며 안전하게 함께

살 수 있다.

> **책 소개** 임신하면 왜 개, 고양이를 버릴까? (권지형&김보경 저, 책공장)

퍼그견 오드리와 함께 지내 온 윤슬 어린이

깨알정보 **대한민국 역대 '퍼스트펫(대통령의 반려동물)'**
지금까지 대통령이 키웠던 반려동물은 어떤 아이들이 있을까?

정치인의 이름이 많이 나오는 것이 조심스럽긴 하지만, 나름 개 관련 모든 정보를 싣고 싶은 욕심에 퍼스트펫에 관해서도 다뤄봅니다. 개에 관한 즐거운 이야기 정도로 봐주세요.

이승만 대통령
애견인으로 참 유명했다. 미국에서 킹찰스스파니엘(☞ 67p) 4마리를 데려다가 키웠다. 경무대(대통령의 집무실 및 사저) 안에서 항상 같이 다니는 것은 물론이고 가족사진을 함께 찍기도 했다.

박정희 대통령
백구(흰 진돗개, ☞ 11p), 황구(황색 진돗개), 치와와(☞ 24p), 스피츠(☞ 61p) 등 다양한 개를 길렀다. 스피츠 방울이가 그 중 가장 유명하다.

전두환 대통령
진돗개 송이와 서리를 키웠다. 개를 아껴서 직접 밥을 챙기고 산책도 시켰다고 한다.

김대중 대통령
남북 적십자회담 때 선물 받은 풍산개(☞ 15p)단결과 자주를 키웠는데 나중에 이름을 우리와 두리로 바꿨다. 이 당시 김대중 대통령은 평화와 통일이라는 진돗개 암수 한 마리씩을 선물했다.

노무현 대통령
청와대에서는 키우지 않았고, 고향 집으로 내려와 보더콜리(☞ 127p)종인 누리 한 마리를 키웠다. 노무현 대통령 서거 후 두 달쯤 뒤 누리가 집을 떠났다고 한다.

이명박 대통령
서울시장 시절 삽살개를 키웠는데, 당시 서울시민 공모로 '몽돌이'라는 이름을 지어줬다. 청와대에서는 청돌이라는 이름을 가진 진돗개를 키웠고, 이명박 대통령이 퇴임한 후 사저(개인 저택)에서 지금도 함께 지내고 있다.
2013. 6. 14. 뉴스Y, 박앵커의 뉴스콕콕. 참고

문재인 대통령

문재인 대통령은 평소에도 반려동물에 대한 관심과 애정이 많았다. 양산 자택에 풍산개 마루와 반려묘 찡찡이와 뭉치를 키웠다.

풍산개 마루와 문재인대통령

퍼스트독, 토리

2년 전 식용으로 도살되기 직전에 구조됐지만 검은색이라는 이유로 입양되지 못하다가 문재인 대통령이 입양하였다. 세계 최초의 유기견 출신 퍼스트독이다.

미국의 44대 대통령, 버락 오바마도 애견인이다.

그의 애견인 포르투갈 워터독, 보와 함께 즐거운 시간을 갖고 있는 오바마 대통령

6. 가족이 되려면   257

암컷 VS 수컷, 무엇이 다를까?

암컷	수컷
• 체격이 작다. 차분하다. • 일년에 1~3번 발정이 온다(생리를 한다).	• 사람에게 복종적이다. 사근사근하다. • 집 밖에 나가보려는 욕구가 강하다. • 영역표시를 위해 다리 들고 오줌을 눈다. • 평소에 무척 얌전한 개일지라도, 암컷을 앞에 두고는 • 갑자기 다른 개에게 공격적으로 행동할 수 있다. • 짝짓기동작을 하려 한다.

사춘기 전에 중성화하면(생후 6개월 이내) ☞ 암컷, 수컷의 차이는 거의 없다. 성숙한 후 중성화하면(1살 이후) ☞ 체격의 차이는 있으나 성격과 태도는 비슷해진다. 수컷의 경우에는, 다리 들고 오줌 누는 행위와 짝짓기행동이 습관으로 남을 수도 있다.

성적인 성숙이 이뤄지는 생후 6~12개월 전까지, 암컷과 수컷은 크기와 외모에 거의 차이가 없습니다. 생식기를 보고 암수를 구분할 수 있는 정도이지요. 성적 성숙이 이뤄지면 수컷은 다리를 들고 오줌을 누기 시작합니다. 그리고 영역과 서열을 중요하게 여기게 됩니다. 그래서 수컷은 보호자에게 더 사근사근하고 말을 잘 듣는 경향을 보입니다. 외모에서는 또래 여자형제에 비해 머리와 골격이 커지면서 꽤 남자다운 느낌을 줍니다.
암컷은 생리를 시작합니다. 생식기가 붓고 피가 맺히면 기저귀를 준비하세요. 뒤에 자세히 설명하겠지만 암컷은 생리를 1년에 1~3번 하며 피가 나오는 기간은 평균 9일 정도 됩니다.

여러 마리의 개, 주의가 필요해요

1) 일반적으로 셋 이상을 기르는 것은 쉽지 않은 일이다.

2) 개 각자에게 필요한 관심과 훈련시간을 주어야 한다.

3) 개 사이에 서열관계가 보인다면, 서열이 낮은 아이를 위한 배려가 필요하다. 식

사장소를 따로 떨어진 곳에 마련해줘서 눈치보지 않고 먹을 수 있게 해주자. 숨을 수 있는 보금자리를 만들어줘서 싸움을 피하고 쉴 수 있게 해주자.

4) 암컷과 수컷을 한 마리씩 키우면 둘 사이가 가장 좋다. 하지만 중성화하지 않았다면 새끼를 가지게 된다. 수컷과 수컷은 서로 라이벌 관계를 형성해서 다투거나 강한 서열관계를 맺을 가능성이 있다. 암컷과 암컷은 대체로 잘 지내는 편이다. 둘 다 중성화를 한다면 성별로 인한 조합의 좋고 나쁨은 없다.

- 암1, 수1= 가장 좋음
- 중성화 암1, 중성화 암1 = 괜찮음
- 수1, 수1 = 좋지 않음
- 암1, 암1= 괜찮음
- 중성화 수1, 중성화 수1 = 괜찮음

사이 좋은 친구 몽이와 미미
- 몽이: 흰색 말티즈 중성화 한 남아
- 미미: 요크셔테리어 중성화 한 여아

함께 쉬고 있는 나리(고양이)와 보리(강아지)

개를 입양하는 방법

1) 지인에게 구하는 방법

지인의 반려견이 새끼를 낳아, 분양해주는 경우다.
부모, 혹은 적어도 어미의 건강상태나 성격을 확인할 수 있기 때문에 좋다.

부모의 건강상태와 성격을 새끼강아지가 물려받을 가능성이 높습니다.

2) 동물보호소 이용하기

주인을 잃은 개와 새 삶을 시작한다.

[우리동네 유기동물보호소 찾기] → 동물보호관리시스템: www.animal.go.kr

이미지 출처: 이효리 2012년 달력화보

필자가 가장 추천하는 방법이다. 의젓한 성견을 데려오는 것은 무척 좋은 일이다. 성견은 어린 시절 발생하는 유전질환으로부터 자유로우며, 이미 잘 형성된 개의 성격을 알 수 있다는 장점이 있다. 애견 선진국에서는 애견샵이 사라져가는 추세이며 동물보호소를 통해서 분양이 이뤄지고 있다.

3) 인터넷을 통한 분양

'지역명(서울, 대구 등)'+'강아지 분양' 등으로 검색하여 인터넷 분양 글을 찾을 수 있다. 강아지를 보지 않은 채로 분양 이야기를 나누는 것이니, 더 신중해야 한다.

4) 동물판매업소(펫샵) 이용하기

다양한 품종의 강아지를 직접 보고 선택할 수 있다.

통계 소개 전국 권역별 반려동물 입수 경로

(자료: 국립수의과학검역원. 2010년 동물보호에 대한 국민의식 보고서 / 단위: %)

구분	수도권	광역시	도시	농촌
아는 사람	54.1	53.9	53.5	76.4
동물판매업소	27.8	29.1	28.9	7.3
기르던 동물 새끼	6.0	6.3	8.2	11.0
유기동물 입양	9.5	6.9	8.8	1.5
인터넷 구입	5.2	6.1	4.7	0
버려진 동물	3.9	4.4	3.3	9.3
기타	1.5	2.4	2.3	1.8

아는 사람에게 분양 받는 경우가 가장 많군요. 유기동물 입양이 더 활성화되면 좋겠습니다.

> **동물판매업소 가기 전, 읽고 가자**
> 1) 만 14세 미만의 사람은 애완견을 분양 받을 수 없다. 보호자가 동반할 경우 분양이 가능하다.
> 2) 강아지는 만 2개월 이상만 분양될 수 있다.
> 3) 분양 후 15일 이내 질병 발생시 판매업소가 치료를 책임진 뒤 소비자에게 인도한다.
> 4) 분양 후 15일 이내 애완견 폐사 시 동종의 애완견으로 새로 분양 받거나 지불한 금액을 환불 받는다. 단, 소비자의 중대과실로 피해가 발생한 경우에는 배상을 요구할 수 없다.
>
> – 소비자 피해보상규정(재정경제부 고시 제 2002-23호) 제24조.

현장르포 필자는 어떤 개를 키우는 걸 추천할까?

(친구의 전화) 병목아 뭐 하나 물어보자. 우리회사 과장님 부모님이 개 키우려고 하시는데 어떤 개가 좋아? 추천 좀 해줘. 털이 좀 덜 빠지고 몸집은 좀 있으면 좋겠다고 하셨대.

(나의 대답) 털 덜 빠지고 키우기 좋은 애는 푸들이나 말티즈야. 몸집이 있는 개는 힘드실 거야. 큰 개는 그만큼 산책과 운동을 정말 많이 시켜줘야 하거든. 그리고 새끼부터 키우시고 싶은 욕심이 나시겠지만 가능하면 1살 정도 된 아이가 어떨지 여쭤봐. 어릴 때 잔병치레나 교육에 대한 부담을 더시는 게 좋거든.

● 건강한 강아지인지 판단하기 ●

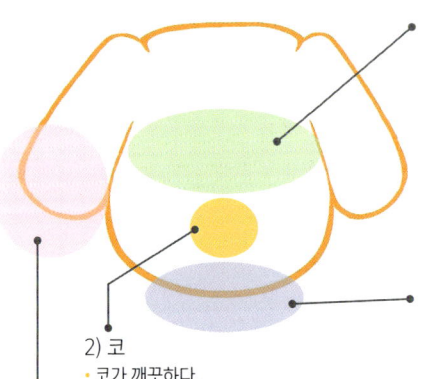

1) 눈
- 진득진득한 눈곱이 없어야 한다.
- 눈 안쪽에 약간의 마른 눈곱은 정상이다.
- 눈이 붓지 않았다.
- 눈동자가 깨끗하고 초롱초롱하다.
- 긴장할 땐 동공이 커진다.
- 눈동자가 빠르게 좌우로 흔들리지 않는다.
- 양쪽 눈의 눈동자가 같은 곳을 향하며, 한곳을 응시할 줄 안다.
- 눈을 가려워하거나 앞발로 눈을 자꾸 긁으려 하지 않는다.

2) 코
- 코가 깨끗하다.
- 누런 콧물, 혹은 코피가 없다.
- 재채기가 없다.
- 사료를 근처에 두면 냄새를 맡거나 먹는다.

3) 입
- 입냄새가 나지 않는다.
- 입술을 들어 보면 잇몸이 깨끗하고 선홍색이다.
- 치아의 뿌리가 노출되지 않고 치아는 잇몸에 단단하게 잘 붙어 있다.
- 입을 다물었을 때 이가 가지런히 만나야 한다.
- 윗니가 아랫니보다 앞쪽으로 나오는 것이 정상이다. 예외적으로 얼굴이 짧은 품종(단두종)은 이가 가지런하지 않고 아랫니가 앞쪽으로 나오는 것이 정상이다.

4) 귀
- 귀를 가려워하지 않는다.
- 자꾸 비비고 머리를 흔들지 않는다.
- 쿰쿰한 냄새가 나지 않는다.
- 소량의 황색 귀지는 있을 수 있으나, 귀지가 많거나 짙은 색(갈색)은 귓병을 의미한다.
- 귓바퀴 색은 피부 색과 같아야 한다.

5) 피부
- 털에 윤기가 있으며, 빠진 부위가 없다.
- 몸을 간지러워하지 않는다.
- 자꾸 발로 긁거나 입으로 물지 않는다.
- 피부가 깨끗하다. 여드름처럼 볼록한 것, 딱지, 마른 각질(비듬처럼 피부에서 쌀겨 모양으로 표피 탈락이 발생한 것)이 없다.
- 피부가 매끈하다. 만져봤을 때 너무 진득진득하지 않고, 반대로 너무 건조하여 거칠지 않다.

6) 항문
- 꼬리를 들어 항문을 관찰한다.
- 항문이 깨끗하고 건조하다. 부어있지 않다.
- 변이 무르지 않고 형태가 있다.
- 변에 혈액이 섞여 있지 않다.
- 피비린내가 나지 않는다.
- 개가 썰매를 타듯이 엉덩이를 바닥에 끌지 않는다.
- 엉덩이 주위를 가려워하지 않는다. 자꾸 핥지 않는다.

7) 체형
- 대칭으로 균형이 잘 잡혀있다.
- 너무 마르지 않았다.
- 갈비뼈와 척추뼈를 만졌을 때, 두드러지게 느껴지면 안 된다.
- 너무 살찌지 않았다. 엎드려 있는 개를 위에서 보았을 때, 배가 가슴보다 넓으면 안 된다.
- 몸에 혹이 없어야 한다.

8) 움직임
- 걸음걸이가 자연스럽다.
- 다리를 절거나 깨금발(한 발을 들고 한 발로 섬)로 걷지 않는다.
- 중심을 잘 잡는다. 중심을 잃고 비틀거리지 않는다.
- 한쪽으로 빙빙 돌거나 목이 한쪽으로 치우치지 않는다.

강아지 성격 알아보기

<강아지의 성격을 알아내는 검사> 출처: Royal Canin Dog Encyclopedia

검사	상황	반응 선택지 (택일)
부르기 검사	생후 약 7주 된 강아지에게 하는 검사 강아지를 바닥에 놓고, 1~2발짝 뒤에 앉는다. 박수를 친 뒤 강아지의 행동을 관찰한다.	1. 즉시 꼬리를 높게 들고 달려와 사람에게 점프한 뒤 손을 핥는다. 2. 즉시 꼬리를 높게 들고 달려와 앞발로 손을 긁는다. 3. 즉시 달려와 꼬리를 흔든다. 4. 꼬리를 내리고 머뭇거린다. 5. 오지 않는다.
뒤따름 검사	말 없이 검사해야 한다. 강아지의 시야에서, 천천히 걷는다.	1. 꼬리를 높게 들고 즉시 따라와 발을 문다. 2. 꼬리를 높게 들고 즉시 따라온다. 3. 꼬리를 내리고 즉시 따라온다. 4. 꼬리를 내리고 머뭇거린다. 5. 따르지 않고 멀리 가버린다.
복종검사1	개가 잘 모르는 사람이 검사자가 되어야 한다. 머리와 등에 압박을 주어 강아지를 스핑크스자세로 앉힌다. 강아지를 쓰다듬어 준다.	1. 몸을 구르려 하고, 앞발을 바둥거리며 긁으려 한다. 으르렁거리고 물려고 한다. 2. 몸을 구르려 하고 앞발을 바둥거리며 긁으려 한다. 3. 처음엔 싫어하지만 곧 진정을 하고 손을 핥는다. 4. 배를 보이며 돌아 누워서 손을 핥는다. 5. 두려움에 완전히 얼어버려서 움직이지 않는다.
복종검사2	개가 잘 모르는 사람이 검사자가 되어야 한다. 강아지를 뒤로 눕혀 가슴 위에 손을 얹고, 30초간 반응을 본다.	1. 격렬하게 반항하고 물려고 한다. 2. 빠져나올 때까지 격렬하게 반항한다. 3. 처음엔 벗어나려고 하며 싫어하지만 곧 차분해진다. 4. 벗어나려 하지 않고 손을 핥는다. 5. 벗어나려 하지 않고 얼어버려서 움직이지 않는다.

6. 가족이 되려면

안기 검사 	개가 잘 모르는 사람이 검사자가 되어야 한다. 개의 가슴에 두 손을 얹고 개를 들어 올린다. 30초간 반응을 본다.	1. 강하게 반항한다. 으르렁거리고 물려고 한다. 2. 강하게 반항한다. 3. 처음에는 싫어하지만 곧 차분해지고 손을 핥는다. 4. 벗어나려 하지 않는다. 손을 핥는다. 5. 벗어나려 하지 않는다. 얼어버려서 움직이지 않는다.

<결과지>

1번: (　　)개　　2번: (　　)개　　3번: (　　)개
4번: (　　)개　　5번: (　　)개

<결과 해석>

1번이 많을 경우: 공격적이라서 애완견으로는 적합하지 않다. 집을 지키는 개로 적합하다.

2번이 많을 경우: 고집이 세다. 엄격한 훈련이 필요하다.

3번이 많을 경우: 사회성이 좋다. 가정에 잘 적응할 것이다.

4번이 많을 경우: 복종적이다. 칭찬과 운동으로 자신감을 북돋워줘야 한다.

5번이 많을 경우: 내성적이다. 사회화(다른 존재와 교류하기)가 되지 못했다.

● 참고사항 ●

- 너무 어리거나, 특수하게 스트레스를 받았거나, 음식이나 잠이 필요할 때엔 정확한 결과가 나오지 않는다.
- 강아지의 성격은 성장과정에서 훈련과 교육을 통해 충분히 바뀔 수 있다.

단두종(머리가 짧고 코가 눌린 개)을 데려올 땐 콧구멍이 넓은 아이를 택하자

콧구멍이 넓을수록 좋아요

단두종에 포함되는 개: 시추, 퍼그, 페키니즈, 불독, 카바리에킹찰스스파니엘, 재패니즈친, 보스턴테리어
단두종의 강아지들은 '단두종증후군'이라는 병을 겪을 수 있다.
단두종증후군의 원인: 콧구멍이 좁은 것 숨을 들이쉬는 것이 원활하지 않음
단두종증후군의 증상: 숨을 들이쉴 때 코 고는 소리를 내고 종종 켁켁인다. 운동을 오래 못한다.
이미 같이 지내는 단두종 개가 호흡이 거칠고, 콧소리를 많이 낸다면, 수의사와 상담하여 단두종증후군의 여부를 알아내고 수술적 치료 혹은 관리를 시작하자.

개 이름 짓기
개의 입장에서는 1~2음절의 이름이 듣기 좋다. 그러나 작명은 보호자의 뜻과 개성이다. 본명을 길게 하고, 애칭으로 불러주는 것도 한 방법이다.

처음 본 강아지와 인사하기
1) 짖거나 경계하면 → 다가가지 않는다.
개가 먼저 흥미를 갖고 다가오는지 관찰한다. 어른의 경우, 몸이 작아 보이게끔 앉아 있으면 개가 덜 무서워한다.
만약 짖거나 경계하며 오지 않을 경우, 아직은 인사할 때가 아니다. 자주 만나서 익숙해진 뒤에 인사를 나누자.

6. 가족이 되려면 **265**

2) 경계하지 않으면 → 다가가서 내 손 냄새를 맡게 한다.

한 손을 가볍게 주먹 쥐어 개에게
조심스럽게 내민다. 냄새를 맡게 한다.

3) 개가 냄새를 맡으면, 부드럽게 쓰다듬어준다.

처음에는 턱이나 볼을 만져주는 것이 좋다. 머리 위쪽으로 손이 향하면 개가 두려워할 수 있으니 주의하자.

4) 만약 개가 몸을 뒤로 젖히며 굳어지면 → 인사를 미뤄야 한다. 더 다가가지 말자.

인사 대신에 개의 주변에서 딴청을 피우며 앉아서, 무던하게 개와 함께 시간을 보내보세요. 적당한 거리를 두고 간식을 툭 던져주는 것도 좋아요. 다음에 만날 땐 개가 덜 예민하게 반응할거예요.

개는 후각(냄새)으로 대화합니다.
차분하게 내 냄새를 맡게 해주고, 계속 다정스런 태도를 보인다면 쉽게 친해질 수 있어요.

내 강아지와 첫만남 후

1) 먼저 동물병원에 들른다

① 개의 건강상태 확인 – 체중이 적절한지 확인하고 청진을 비롯한 몸 상태를 꼼꼼히 살펴보는 신체검사를 받는다. 수의사와 상담 후 필요에 따라 변검사나 전염병 키트검사가 진행될 수 있다.

② 예방접종, 심장사상충 예방, 구충제 복용에 대한 일정 잡기
③ 건강관리에 관련된 궁금한 점을 알아온다.
④ 동물병원의 진료시간과 응급진료 가능여부를 알아둔다.
⑤ 필요한 물품을 구입한다.

첫 건강검진 때, 사료 급여량이 적어서 너무 마른 아이들을 자주 봅니다. 잘 먹고 잘 크고 있는 아이들은 옆구리의 갈비뼈를 만졌을 때, 마치 사람의 손등에 뼈를 만졌을 때와 비슷한 느낌으로 적당한 살과 함께 만져져야 합니다. 갈비뼈가 두드러진다면 지나치게 마른 것이에요. 사료 급여량을 늘려야 합니다.

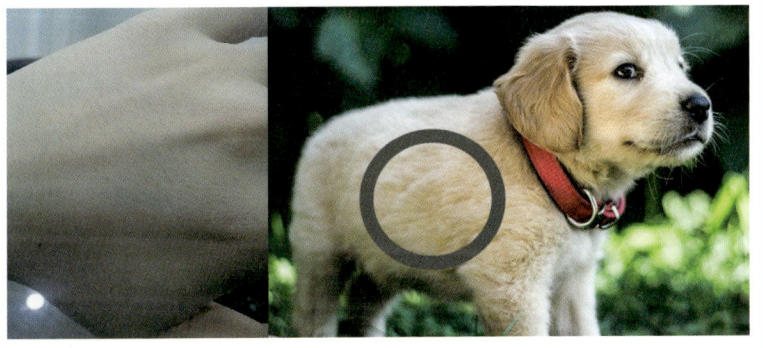

2) 집에 온 후 → 적응기간을 갖는다

적응기간 동안 야단을 쳐선 안 된다. 주인이 좋은 존재라는 믿음을 줘야 한다.

어미와 형제들과 떨어져 새로운 환경으로 온 개에게 정서적 안정이 중요해요. 온 우주가 안전하다고 느끼게 해줘야 합니다. 따뜻하게 안아주고 보살펴주세요.

새로운 집에 온 개는 특히 눈치를 많이 본다

배설문제로 야단을 맞게 되면, 개는 그것이 '배설실수'에 대한 야단이라고 생각하지 못하고 '배설' 자체에 대한 야단으로 생각하고 배설 자체를 꺼리게 될 수 있다.

본격적인 배설훈련은 1주 정도 지나서 시작하자.

일반적으로 적응기간은 1주일이다. 적응이 끝나면 → 이제 기본예절을 가르친다.

함께 살아가기 위해서는 약속과 규칙이 있어야 합니다. 일반적인 생활예절은 아래에 소개합니다. 하지만 꼭 이대로 따르실 필요는 없습니다. 어디까지 허용할 것인지 어떤 행동은 하지 못하도록 할 것인지는 가족과 함께 미리 정해주시기 바랍니다.

① 흥분하며 소파나 침대에 오르지 않게 한다.

소파나 침대는 쉬는 곳이 되어야 합니다. 흥분한 개가 마음대로 뛰어오르는 것 보다는, 차분하게 보호자가 허락할 때 올라와서 함께 쉬는 공간으로 만드는 것이 좋지 않을까요?

② 사람음식을 탐하지 않게 한다. 사람 음식에 관심을 보이면 안 된다고 알려준 뒤 완전히 모른체하는 것이 좋다.

강아지에겐 맞지 않은 음식이어서 그래. 다른 거 줄게. 이거 먹고 놀러 가자.

③ 식사 전 시간을 활용하여 앉아, 기다려와 같은 기초훈련을 시킨다.

④ 정해진 양만큼만 규칙적으로 밥을 먹인다. 10분 내에 다 먹지 않으면 남은 사료는 치운다.

⑤ 개가 낑낑거리거나 짖을 때 다 받아주지 않는다. 개가 원하는 것을 짖거나 칭얼거림으로써 얻을 수 있다고 느끼게끔 생활하면 곤란하다.

대신 생활 속에서 개가 진짜 원하는 것이 무엇인지 알려주는 몸짓에 귀 기울이고 해줄 수 있는 것을 찾는 것 또한 보호자의 의무입니다.

7. 개의 위시리스트

동물은 미워하지 않습니다. 우리는 그들보다 나을 필요가 있습니다.
- 엘비스 프레슬리 -

7. 개의 위시리스트

개의 음식

1. 주식

건사료 vs 습식사료

	건사료	습식사료
맛	자기 입맛에 맞는 건사료는 오독오독 맛있게 잘 먹는다. 어린 강아지들은 씹지 않고 흡입하듯이 삼키기도 하는데, 그렇게 먹어도 소화에는 무리가 없다. 개가 느끼는 맛있는 사료의 요건에는 맛뿐만 아니라 사료의 냄새와 알갱이의 질감도 크게 작용합니다. 개가 잘 먹고 좋아하는 사료의 냄새나 질감을 기억해뒀다가 누군가 개가 어떤 걸 좋아하냐고 물으면 설명해보세요. "우리 개는 오리고기 맛과 약간 발효된 듯 하지만 깊은 향, 그리고 완두콩만큼 작은 알갱이를 좋아해요!" 사랑하는 강아지야, 나는 너의 식성에 이만큼 관심이 있단다.	대체로 습식을 더 좋아한다. 건사료에 습식을 비벼주는 방법도 있다.

보관	개봉 후에도 꽤 오래 보관할 수 있다. 냄새가 날아가면 풍미(음식의 고상한 맛)가 떨어지므로, 사료를 꺼낸 뒤에는 봉지를 잘 닫아야 한다. 같은 사료라도 새 봉지를 뜯었을 때 아이들이 더 맛있어하며 먹는 이유.	찌그러진 캔은 구입을 피한다. 직사광선을 피해 서늘한 곳에 잘 보관한다. 개봉 후에는 냉장보관 해야 하며, 5일 내에 먹여야 한다. 랩으로 밀봉해두면 좋다.
수분	수분이 10% 미만으로 균형 잡힌 영양이 집중되어 있다. 부족한 수분을 채울 수 있도록 신선한 물을 충분히 마련해줘야 한다(물은 보호자가 마시는 물을 공유하면 된다). 음수량(마신 물의 양)이 부족하면 소변이 진해지고 비뇨기질환에 걸리기 쉽다. 어린 강아지는 원래 물을 잘 마시지 않습니다. 사료를 따뜻한 물에 불려주기 때문에 수분이 먹는 것으로도 충분히 보충되기 때문입니다. (마치 아기가 모유나 분유를 먹을 때 물을 안 마시는 것처럼) 점차 사료를 불리지 않고 건사료째로 주게 되면 목이 말라서 물을 따로 많이 마시게 됩니다.	수분이 70% 이상 함유되어 있어 양 대비 칼로리가 높지 않다(흔히 습식사료는 칼로리가 높다고 오해한다). 같은 양을 먹는다면 건사료보다 살이 빠진다. 수분공급에 유리하다. 비뇨기질환이 있을 경우 습식급여 방식이 질병관리에 더 좋다.
치석*	이빨관리에 유리하다. 사료를 부수고 씹는 과정에서 치아를 사용해 잇몸운동이 된다. 하지만 건식도 부스러기가 치아 주변에 끼면 치과질환의 원인이 될 수 있다. 식후에 치아 주변에 부스러기가 남지 않도록 닦아줘야 합니다. 칫솔질이 힘들다면 손가락으로 간단하게 닦아주세요.	주로 습식을 할 경우 건식보다 치석이 빨리 쌓일 수 있다. 하지만 음식의 종류보다는 칫솔질을 얼마나 자주 해 주느냐가 더 중요하다. 하루 1번! 꼭 칫솔질을 해주자.
종류	개의 주식으로 자리매김하고 있기 때문에 종류가 무척 다양하다. 상품과 판매회사에 대한 평가에 대해 알아보고, 아이의 입맛에 맞는지 확인해보자. 급여 후 변 상태는 괜찮은지, 털의 윤기는 좋은지, 갑자기 가려워하지는 않는지도 함께 관찰해야 한다. 개가 피부가 안 좋거나, 콩팥이 안 좋은 등의 질병이 있다면 수의사로부터 처방식을 받아 급여해야 한다.	다양한 캔 종류가 시장에 나와 있다. 보통 낱개로 팔기 때문에 먹여보고 골라주자.

*치아 위에 칼슘이나 인 같은 무기질이 쌓여 돌처럼 만들어진 것

2. 간식

2-1 개껌

개의 간식으로는 개껌이 좋다. 개껌은 일반 사료나 음식보다 오래 씹어서 먹을 수 있도록 질기게 만들어져 있다. 개는 개껌을 씹은 후 삼킨다.

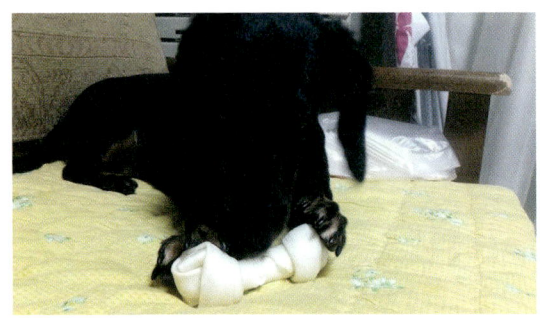

개껌을 즐겨 먹는 루팡이

개껌의 성분 중에 글루텐(밀가루와 같은 곡류 가루가 점착성이 있는 덩어리로 남는 것)은 없을수록 좋다. 콜라겐이 많은 돼지껍데기나 우피를 주성분으로 만든 개껌은 먹어도 되는 것이다. 단, 너무 급하게 먹어서 덩어리째로 삼키지 않도록 주의해야 한다.

어린 강아지는 개껌을 통째로 삼켜버릴 수도 있습니다. 삼켜버린 개껌은 소화가 되지 않아서 결국 내시경 시술이나 개복수술을 통해 제거해야 하는 상황까지 올 수 있습니다.

따라서 어리고 식탐이 강할 때는 아예 개껌을 주지 않는 것이 안전합니다. 간식을 조심스럽게 받아먹는 태도가 생기고 나면 보호자의 감독 하에 개껌을 주기 시작해보세요.

깨알질문

Q : 개껌은 구강 건강에도 도움을 준다?

A : 예, 씹는 동안 치석을 예방하는 효소(각종 화학반응에서 자신은 변화하지 않으나 반응속도를 빠르게 하는 단백질)가 나오고, 씹는 과정에서 치아가 일부 닦여서 관리에도 도움을 준다.

2-2 습식사료를 간식으로

습식사료를 간식 삼아 하루 1/4~1/2캔씩 먹이면 입맛도 돋우고, 수분 공급에도 좋다. 건사료에 비벼 주는 것도 좋다.

2-3 수제간식

개 전용으로 시판되는 수제간식을 준비해도 좋다. 필수는 아니고 개껌이나 습식사료로도 개는 만족스러워할 수 있다. 가끔 챙겨주는 특식으로 삼자.

 애견카페에서 개를 위한 요리를 직접 주문 받고 만들어 주는 광경. 과거에는 생경했던 이런 문화가 이제 자연스러워지고 있습니다.

2-4 사람음식

사료와 동물용 간식이 개 건강에 가장 최적화되어 있습니다.
그러나 안전한 사람음식은 조금 공유하셔도 됩니다.

간식을 기다리는 또리와 짱구

사람음식을 주기 전 체크체크!

 포도, 초콜릿, 양파는 독성이 있다.
콜라비는 독성이 우려되니 먹여선 안 된다.

 사람음식을 간식으로 줄 때는 전체 식사량의 10%를 넘지 않아야 한다. 과할 경우 비뇨기 결석이 생기거나 영양불균형이 생길 수 있으니 주의가 필요하다.

채소나 과일을 간식으로 주로 급여한다면 비타민 과량이 되지 않도록 비타민 영양제를 따로 주지 않아야 한다.

알레르기증상(가려워함)을 보인다면 주지 않아야 한다.

<무난하게 줘도 되는 음식>

고기류 살코기 위주로 주세요,	닭고기, 쇠고기, 돼지고기가 대표적. 칠면조, 오리, 양, 사슴, 토끼 등의 고기도 가능하다.
생선	고등어, 연어, 새우, 참치, 대구, 가자미, 정어리, 송어
고기 부산물	간, 신장, 심장 등의 내장이 쓰일 수 있다. 소의 내장이 대표적이며, 돼지와 닭 등의 내장도 사용 가능하다. 직접 간식으로 사용하기보다는, 이런 것들을 재료로 한 간식제품도 괜찮다는 점을 구입 시 참고하시기 바랍니다.
유제품	우유, 요거트, 치즈, 계란
채소 충분히 익혀서 줘야 소화를 잘 시킬 수 있습니다.	오이, 양배추, 고구마, 감자, 당근, 콩, 땅콩, 완두콩
곡류 빵에 너무 단 부분은 주지 않는 것이 좋습니다.	밀, 보리, 호밀로 만든 각종 빵류, 쌀밥, 씨리얼, 옥수수, 오트밀, 파스타면
과일 씨를 삼키지 않도록 꼭 주의하세요!	사과, 바나나, 살구, 딸기, 수박, 복숭아, 귤, 오렌지, 배, 파인애플, 망고

<굳이 먹이지 않는 것이 좋은 음식> 독성이 있을 수 있어요

토마토, 버섯, 체리, 아보카도, 아스파라거스

3. 영양제

개의 상태	영양제 추천
일반적인 개	항산화제(비타민E, 비타민C, 베타-카로틴)
피부가 좋지 않다	오메가3 영양제
사람 음식을 많이 먹는다	영양 균형이 깨져 있을 가능성이 있으므로 종합비타민제가 좋다.
관절질환을 갖고 있다	오메가3, 관절 보조제(글루코사민+콘드로이친), 항산화제

	증상	권장 영양제
(내 심장이...)	심장질환을 갖고 있다	심장 보조제(L-카르니틴, 코엔자임Q10 성분)
	신부전 환자	신부전보조제, 칼륨보조제, 철분제, 오메가3 영양제
(아이고~ 배야~)	장이 민감한 개	유산균제제, 식이섬유
(피로는 간 때문이야.)	간 기능이 떨어진 개	간 보조제(SAMe, 실리마린 성분)
(눈이 침침해...)	시력에 문제가 있거나 눈 주위가 지저분한 개	눈 보조제(항산화제, 루테인, 제아잔틴)

사료를 잘 먹는다면 꼭 영양제를 먹일 필요는 없습니다. 상태에 따라서는 영양제의 복용이 건강을 증진할 수 있습니다. 자체판단보다는 건강검진 후 수의사로부터 알맞은 영양제를 권유 받는 것이 좋습니다.

강아지 옷

패션리더 라크, http://blog.naver.com/lovegywjd12/

강아지 옷은 멋을 위해 입히기도 하지만, 피부를 보호하고 따뜻하게 해주기 위해서도 필요하다. 특히 미용 후에는 개 스스로 긁어 상처를 낼 수도 있고, 털을 깎은 후라 추워하므로 옷을 입혀야 한다.

※ 책 소개: 팅크 따라 강아지옷 만들기 – 미호출판사

강아지가 메고 다닐 배낭

강아지용 방수 부츠

고급 아웃도어(야외 활동 야외복)

강아지용 우비(기능성 옷)

행동교정 용품

오리 입마개(머즐)

자주 사용하지 않고 필요할 때만 짧게 쓰면 무리가 없다. 무는 행동이 방지된다.

입마개 착용 훈련
1. 입마개와 함께 간식을 입 주변에 대 주며 입마개에 대한 거부감을 없앤다.
2. 간식을 주며, 입마개를 완전히 씌웠다가 빼는 것을 반복한다.
 입마개를 쓰는 시간을 차차 늘려준다.

착용했을 때 개가 입을 충분히 움직일 수 있고 숨 쉬는 데 무리가 없을 만한 사이즈가 좋다.

● 그릇

- **종류:** 스테인리스나 세라믹(도자기) 재질로 된 그릇이 씻기 쉽다. 플라스틱 그릇은 휴대가 간편하지만, 개의 입 주위에 자극을 줄 수 있다. 간혹 개가 그릇도 씹으려 해서 보기 흉해진다.
- **개수:** 사료 그릇과 물그릇을 2개씩 준비한다. 사료 그릇은 식사시간마다 쓰고 설거지하면 된다. 물그릇은 하루 종일 곁에 둬야 하고, 하루에 한 번씩은 물을 갈아주자. 자주 갈아주면 더 좋다.

다양한 모양의 강아지 그릇

높이가 맞는 강아지 그릇

개는 몸집이 다양하기 때문에 다양한 높이의 그릇이 있다. 개의 가슴 조금 아래 정도의 높이로 된 것을 사주면 개가 편하게 사용할 수 있다.

강아지를 위한 맞춤 원목 그릇
출처: 도그디자인(http://blog.naver.com/dogdesign01/)

사료량(g)을 측정해주는 그릇

휴대용 물통 및 물그릇

● 보금자리

보금자리는 방석형과 하우스형이 있다.

방석형은 가장 기본적인 보금자리이고, 하우스형은 개가 소심하여 안전한 느낌을 주는 공간을 좋아하거나, 추위에 약할 때 즐겨 찾는다.

일반적으로 두 가지 종류를 모두 마련해주는 것이 좋다.

방석형 보금자리   하우스형 보금자리

접이식 강아지 텐트   강아지용 카시트

● 울타리

사람과 개의 공간을 구분하기 위해 울타리를 쳐 준다.

펜스(fence)처럼 구조물로 만드는 것이 있고, 케이지(cage)처럼 개를 가두는 방식도 있다.

실내용 펜스

대형견을 위한 야외 대형 펜스

가두는 방식의 케이지

개가 자기의 공간을 인식하는 것은 '울타리'라는 구조물 때문만은 아닙니다.

집안에 선만 긋고 그 밖으로 나올 때 주의를 주어 들어가게 한다면, 개에겐 그 선이 경계가 될 수 있습니다.

● **배변패드**

배변패드를 깐 곳에 개가 대소변을 보게 하면, 깔끔하게 치우기 좋다. 소변을 흡수하여 냄새를 줄인다. 두께와 크기가 다양하다. 두껍고 큰 것이 사용하기에 좋다.

● **기저귀**

암컷이 생리를 하거나, 외출 시 소변관리를 위해 필요한 물품이다.
꼬리를 빼는 구멍도 있다.
허리둘레나 체중별로
사이즈가 다른 제품이 있다.

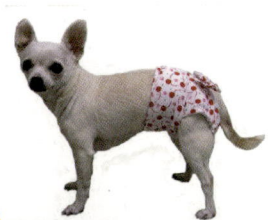

이것이 신사의 매너벨트

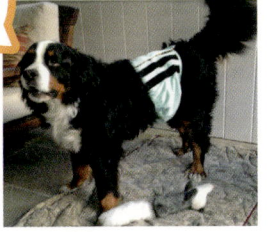

수컷의 생식기에 채워서 영역표시(다리 들고 오줌누기)만 막는 기저귀도 있다.

7. 개의 위시리스트

● **샴푸, 린스**

털을 부드럽고 윤기 있게 한다.

피부를 깨끗하게 하고 좋은 향이 나게 한다.

단모종은 겸용샴푸(샴푸와 린스 겸용)를 써도 무방하다.

피부가 건조하여 비듬이 있는 단모종과 장모종은 되도록 샴푸, 린스를 둘 다 사용해주는 것이 좋다.

> **사람샴푸를 쓰는 것에 관해**
>
> 사람샴푸를 사용하면 개의 피부막이 자극을 받아 피부염으로 진행될 수 있다.
>
> 사람과 개의 피부 pH(산성이나 알칼리의 정도)가 다르기 때문이다. (사람: 약산성 / 개: 중성)
>
> ☞ 사람용 중성샴푸를 사용하면 이론상 무리는 없겠지만, 추천하지는 않는다.

현관에 두고 개의 발만 전용으로 세척하는 제품도 있다.

산책 후엔 족욕타임~

목욕 후 털을 말리는 전신 건조기도 있다. 드라이어보다 빠르게 털을 말릴 수 있다. 처음에는 개가 조금 무서워할 수도 있지만 적응하면 잘 있어준다.

● 빗

털이 잘 뭉치지 않는다면 ☞ 일반 빗으로 빗는다.
털이 자주 뭉친다면 ☞ 슬리커(sliker, 강하고 긴 철사로 된 빗)로 뭉친 털을 풀어낸 뒤 일반 빗으로 빗는다.

슬리커 빗

● 눈곱빗

말라서 붙어있는 눈곱은 손으로 조심스럽게 떼 내도 무리는 없지만, 위생적으로 관리하기 위해서는 눈곱빗을 사용하는 것이 좋다.

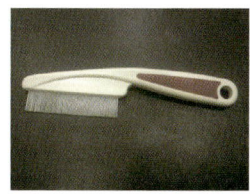

눈곱빗은 모가 촘촘하다.

● 발톱깎이

산책을 많이 한다면 발톱을 깎아주지 않아도 된다. 마모(마찰 부분이 닳아서 없어짐)작용으로 자연스레 다듬어지기 때문이다.
주로 실내에서만 생활하면 → 정기적으로 발톱을 잘라줘야 한다. 발톱이 길면 부러질 위험이 있고, 걷기에 불편함을 느낄 수 있다.

동물용 발톱깎이(고양이와 겸용으로 사용 가능)를 구입하여 발톱을 깎아준다. 2주에 1회 정도면 적당하다. 발톱이 길다고 느껴지면 잘라주면 된다.

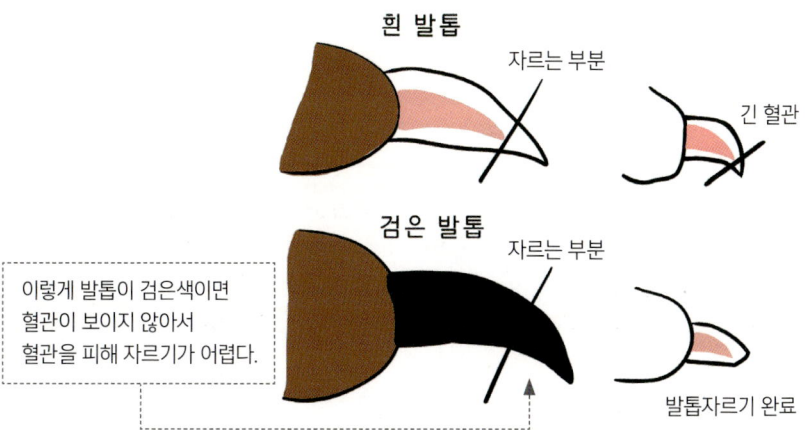

발톱 뿌리 쪽의 혈관(붉게 보인다)을 피해 자르면 되는데, 자신이 없거나 발톱이 검은색이어서 혈관이 잘 보이지 않을 땐 → 동물병원이나 애견샵에 관리를 부탁하자.

수의사나 미용사도 매번 완벽하게 발톱을 깎을 수는 없습니다. 단정하게 해주기 위해 짧게 깎다 보면 피가 날 때도 있는데, 이럴 땐 지혈제를 발라서 응급처치를 합니다.
조심스럽게 짧지 않게 깎은 후, 산책으로 자연스럽게 발톱을 다듬는 것이 가장 좋은 방법입니다.

● 칫솔/치약

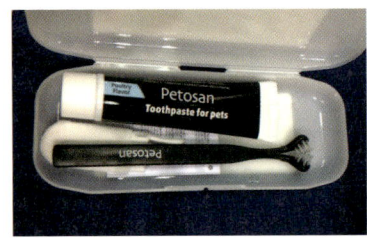
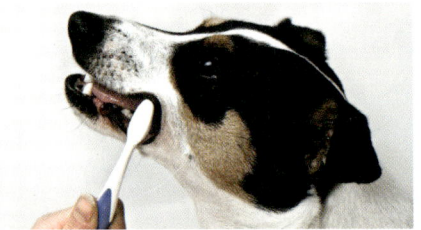

개도 사람처럼 양치를 해야 한다. 나이가 들면 치석(치아 표면에 엉겨 붙은 물질)이 생겨, 4세 이후 약 80%가 치주질환을 겪는다.

치주질환이 심해지면 구강 속 세균이 잇몸 속 혈류를 따라 전신혈액으로 유입되어(이를 패혈증이라고 한다) 큰 위험요인이 될 수 있다.

칫솔질은 매일 해주는 것이 가장 좋다.

동물용 칫솔 중에서도 작고, 부드러운 칫솔모를 추천한다. 사람 유아용 칫솔을 사용해도 괜찮다.

깨알정보
개의 치아와 치아 사이가 대부분 벌어져 있기 때문에 치간칫솔이나 치실을 사용할 필요는 없다. 앞니가 촘촘한 친구들이 있긴 하지만 개는 앞니를 주로 사용하진 않기 때문에 이 친구들도 송곳니와 어금니 위주로 칫솔질만 자주 해주어도 좋다.

치약은 반드시 동물용을 사용해야 한다. 동물용은 치약을 뱉지 않고 먹을 수 있도록 만들어져 있다. 제품마다 성분은 다양한데, 징크아세테이트를 비롯한 항균 및 미생물방지효능을 주면서도 먹을 수 있는 성분으로 되어 있다. 사람용 치약은 불소와 계면활성제가 들어 있어서 해롭다.

화학제품은 조심하여 사용하는 것이 좋습니다. 약물이나 보조제는 FDA(미국 식품의약국)승인이 된 것을 사용하고, 그 외에 치약, 소독제, 냄새제거제 등도 성분분석을 해 보고 안전하게 사용하는 것이 좋습니다.

화학제품의 위험성을 경고하는 책들

필자가 인상 깊게 읽었던 레이첼 카슨의 '침묵의 봄'의 첫 장에 나오는 마지막 구절을 소개해 드립니다.

"오늘날 수많은 마을에서 활기 넘치는 봄의 소리가 들리지 않는 것은 왜일까? 그 이유를 설명하기 위해 이 책을 쓴다."

● 장난감

개는 물기, 당기기, 쫓기를 좋아한다. 그 본능을 충족시켜줄 수 있는 장난감으로 고르자.

일반적으로 말랑말랑한 공, 줄다리기용 노끈, 원반, 물어뜯을만한 장난감등을 구입하면 된다. 집에 있는 플라스틱 물통을 개 장난감으로 활용할 수도 있다.

이건 무는 욕구가 충족 되는군요!

이건 물고 당기는 욕구가 충족되는군요!

공놀이 중인 제제

● 이동가방

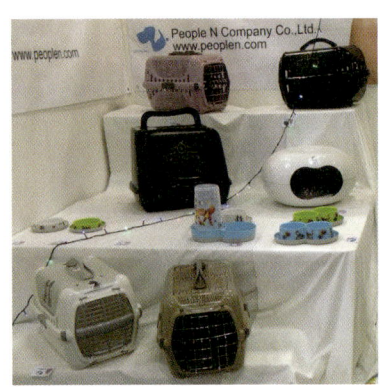

중소형견의 외출 때 사용한다. 고양이와 겸용으로 사용 가능하다.

대형견은 잘 훈련한 뒤, 목줄을 하여 데리고 다니자.

개를 안아서 이동할 수도 있겠지만, 이동가방에 넣는 것이 더 안전하다. 이동가방을 사용하더라도, 꺼낼 때의 안전을 위해 목줄이나 가슴줄은 해두는 것이 좋다.

이동가방은 통풍이 되는 것이 좋으며, 개의 크기에 맞는 사이즈를 사용해야 한다. 개가 들어가서 크게 움직이지 못할 정도(개 몸집의 1.5배 정도의 공간)가 적당하다.

책가방처럼 메는 이동가방

답답하지 않은 개방형 이동가방

● 목줄/ 가슴줄

사이즈가 잘 맞도록 직접 채워보고 구입하는 것이 좋다.

가슴줄

제어하기에는 목줄이 좋지만 목에 자극이 될 수 있다. 켁켁거림이 있는 아이들은 가슴줄을 사용하자.

개가 힘이 세고 제어하기 어렵다면 초크체인을 사용할 수 있다.

훈련용으로 효과적인 목줄, 초크체인

일체형 목줄이나 가슴줄 대신, 분리된 목줄이나 가슴줄에 리드줄을 연결해서 사용하기도 한다. 길이조절이 가능하기 때문에 산책할 때 좋다.

● 액세서리

털이 긴 아이들은 머리핀과 끈으로 멋을 낼 수 있다. 시야확보 등의 기능적인 측면이 있다. 핀이나 끈은 너무 당겨 묶으면 안 된다. 당긴 부위에 피부병(피부당김탈모증)이 생길 수 있기 때문이다. 이틀 이상 오래 두는 것도 좋지 않다.

리리(요크셔테리어)와 콩이(말티즈)

● 인식표

인식표에는 보호자의 연락처와 개의 이름이 적혀 있어야 한다. 성별이나 생일을 쓰기도 한다. 개에게 너무 무겁지 않으면서, 잘 빠지지 않을 만한 단단한 것이 좋다.

마이크로칩(microchip: 몸 속에 심는 전자인식표)를 하더라도, 따로 인식표를 하고 외출하는 것이 안전하다.

정확한 정보의 이름표를 달고 있는 멍멍이

필자의 병원에서 구조하여 유기견으로 등록되었다가 마이크로칩 덕에 주인에게 쉽게 돌아갈 수 있었던 백구

집을 찾아줘서 고맙습니다!

깨알질문

Q : 마이크로칩이 몸에 나쁘진 않나?

A : 외국에서는 이미 수년 전부터 시행해왔고, 지속적으로 안전성을 검증하고 보완하고 있다. 마이크로칩 주사부위에 염증반응이 생겨서 치료하는 경우가 드물지만 있을 수 있다.

Q : 심는데 걸리는 시간은?

A : 일반 피하주사(피부 아래 공간에 약물 등을 주입하는 주사법)처럼 주입하기 때문에 시술시간은 짧다.

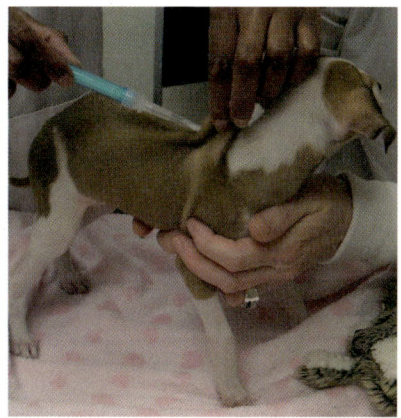

Q : 심는 비용은?

A : 마이크로칩 시술 및 등록비용은 시·군·구마다 다를 수 있다. 동물병원에 문의하여 마이크로칩 시술을 하는지, 비용은 어떻게 되는지 물어볼 수 있다.

Q : 심지 않을 경우 처벌은?

A : 동물등록을 하지 않으면 과태료 부과 대상이 된다.
1회 20만원, 2회 40만원, 3회 60만원으로 법적 처벌이 정해져 있다.
마이크로칩 삽입을 원치 않을 경우, 외장형 칩을 받아서 외출 때마다 목줄에 다는 방법도 있다.

8. 임신과 출산

순수한 사랑의 감정을 전할 수 있는 생물은 오로지 개와 아이뿐이다.

- 영화배우 조니 뎁 -

임신 준비

출산여부는 빨리 정하자!

1. 예방
2. 건강
3. 서열 때문이다

1. 예방

- 어릴 때(생후 5~6개월) 중성화수술을 하면 유선 종양(가슴에 생긴 종양) 예방율이 높다.
- 성숙한 뒤(약 2살 이후) 중성화하면 높은 예방율을 기대하기 어렵다.

유선종양

유선종양 발생 시 가슴의 넓은 부위를 덜어내는 큰 수술 진행합니다.
양성과 악성이 반반 정도 되어서 수술 후에도 조직검사 결과가 나올 때까지 마음을 졸이게 됩니다.
양성이라면 수술로 치료가 되지만 악성이라면 종양 전이로 2년 내에 사망할 가능성이 높습니다.

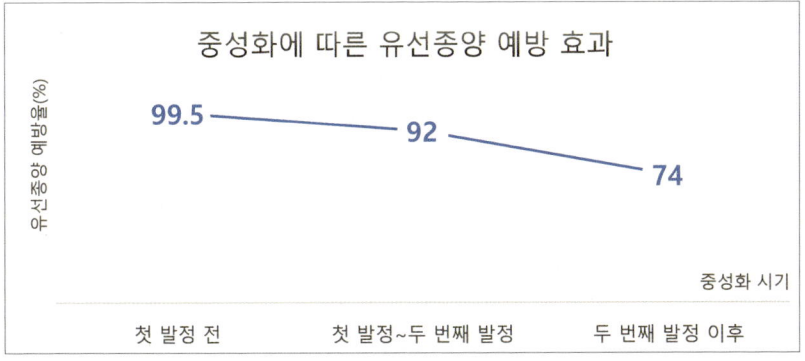

중성화에 따른 유선종양 예방 효과

- 중성화를 첫 발정이 오기 전에 하면 99.5% 예방
- 첫 발정 이후 두 번째 발정 전에 하면 92% 예방
- 두 번째 발정 이후에 하면 74% 예방

2. 건강

- 계획임신으로 건강을 지키자!
- 개도 사람처럼 산모의 건강이 새끼에게 영향을 준다.

건강한 산모: • 비만하거나 너무 마르지 않은 체중
- 건강한 음식을 먹는 식습관 (검증되지 않은 간식 금지)
- 임신적령기의 연령 (1.5세~3세)

5세 이후의 임신은 노산으로 볼 수 있다.

임신가능기간은 난자의 수와 관련된다. 성숙한 암컷 개가 가진 난자 수는 약 250,000개이며 5세가 되면 약 33,000개로 줄고 10세가 되면 약 500개로 줄어든다. 노령에서도 수정은 가능하지만 성공률이 현저히 떨어진다.

노산을 하면 산모가 위험하고 새끼들도 건강하지 않을 확률이 높아요.

깨알정보

개는 폐경되지 않는다 → 다만 주기의 변화가 있다.
사람과 달리 개는 폐경기가 없다. 나이가 들면서 점점 발정주기가 길어지긴 하지만, 평생 발정이 돌아오고 임신이 가능하다. 물론 중성화 수술을 하면 발정과 생리가 멈춘다.

3. 서열

- 엄마가 건강하고 활발해야 이후 아이와의 서열싸움을 감당할 수 있다.

새끼강아지가 장차 자라서 함께 생활하게 됐을 때, 새끼의 힘에 밀려 어미개가 서열 아래로 내려가서 생활하게 되는 사례가 많다. 보호자의 입장에서도 이런 관계를 지켜봐야 하는 안타까운 상황이 올 수 있다.

실제로 새끼와 함께 살게 된 엄마개가 있는 많은 가정에서 이와 비슷한 상황을 겪게 됩니다. 적어도 서열에서 밀리지 않고 수평적인 관계를 유지할 수 있도록 엄마 개가 건강하고 활발해야 합니다. 물론 사람의 모자관계와 효도의 개념을 개에게 대입할 필요는 없습니다. 하지만 쿨하기 힘든 보호자의 정신건강을 위해 생각해두세요.

우리 강아지에게 임신을 권해도 될까?
= 유전병/ 보호자의 상태 고려하기

1) 엄마개의 유전병

전신 모낭충증 = 2세를 권하지 않는다.

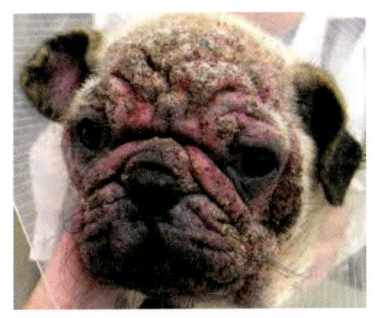

모낭충증: 어미로부터 물려 받은 모낭충들로 인해 생기는 피부병

모낭충은 어미에서 아이로 전해진다. 전해진 모낭충이 강하거나 아이의 면역력이 약할 경우 성견이 될 때쯤 모낭충이 온 몸에 번지게 된다. 몸 곳곳이 짓무르고 가렵고 각질이 심하며 재발이 쉬워서 고통스럽다.

수두증 = 2세를 권하지 않는다.
유전이 가능한 신경질환이다. 비틀비틀 걷거나 의식이 떨어질 수 있으며 심할 경우 발작을 한다.

수두증은 뇌척수액의 배출장애로 뇌에 물이 차서 뇌압이 상승되는 질병으로, 사람의 수두와는 다릅니다. 사람의 수두는 수두-대상포진 바이러스에 의한 감염성질환입니다. 미열로 시작하여 가려움증과 물집을 동반합니다.

심장병 = 2세를 권하지 않는다.
유전될 수 있다.
심장의 기능이 떨어져서 활발하지 못하며 운동 시 쉽게 지친다.
기침증상이 나타나며 수명이 짧다.

지나치게 공격적, 심리적으로 불안한 개
= 2세를 권하지 않는다.
성격이 전해질 수 있다.
또 큰 문제는 정서적으로 안정되지 못한 어미는 아이를 돌보지 않아서 아이가 건강하게 자랄 수 없다는 것이다.

물론 건강의 문제로 아예 출산을 막는 것은 과한 침범이 아닌가? 라는 생각이 드실 수 있습니다. 법적인 제제가 있는 부분이 아니므로 최종 판단은 보호자의 몫입니다. 다만, 건강하지 않을 수 있는 강아지를 잘 책임져 주실 수 있는지 심사숙고 해주세요.

2) 보호자의 상태

= 새끼를 낳아 모두 분양하거나 책임질 수 있을지 생각해보자.
개는 평균적으로 2~7마리의 강아지를 낳는다. 이 아이들을 모두 좋은 가정으로 입양 보낼 수 있을 지 객관적으로, 현실적으로, 냉정하게 생각해보자.

7남매의 엄마, 복순이

새끼들이 생겨서 젖을 뗄 때면 하나씩 하나씩 좋은 곳으로 분양을 보냅니다. 하지만 꼭 한 마리는 남겨 두어 어미랑 함께 기르게 됩니다. 누군가 권유한 적도 없고 정해진 바도 없지만 대부분의 보호자들이 꼭 그렇게들 하십니다. 대를 잇는다는 유교적인 관습이 개에게도 적용된 게 아닐까 생각해봅니다.

임신결정 후 준비

= 사람과 크게 다르지 않다.
= 건강/ 습관/ 상담/ 신랑 정하기

1. 될 수 있는 한 건강하게 생활하게 한다. (기본이지만 재강조!)
2. 사회성을 기르고 집착하는 습관에서 벗어나게 한다.

<엄마개가 갖출 덕목>
① 나는 밥을 잘 먹어요. 간식도 좋아하지만 사료도 잘 먹고 건강하게 소화해요. (　)
② 나는 으르렁거리거나 물지 않아요. 성격이 유순해서 아이를 잘 돌볼 거예요. (　)
③ 나는 보호자에게만 의존하지 않아요. 사회성이 좋아서 다른 사람이나 동물들과도 잘 어울려요.(　)

3. 수의사와 상담한다.
① 복용을 그만둬야 할 약이 없나 체크!
② 빠진 예방접종이 있는지 체크!

4. 건강한 신랑을 알아본다.

<건강한 신랑의 덕목>
① 예방접종과 구충제 및 외부기생충(진드기) 예방이 잘 되어있다.
② 기침, 구토 등 염려되는 질병증상이 없으며 건강검진이 되어있다.
③ 피부병이 없고 특히 생식기에 진물이 나지 않는다.
④ 사회성이 좋고 유순하다.

짝짓기 전, 준비
1. 발정기가 언제인지 알아낸다.

발정이 오면(생리를 하면) 동물병원에 내원하여 짝짓기 할 날짜를 받는다.
질도말검사를 통해 가장 수태확률이 높은 날짜를 짝짓기일로 정해줄 것이다.

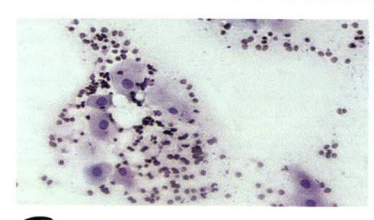
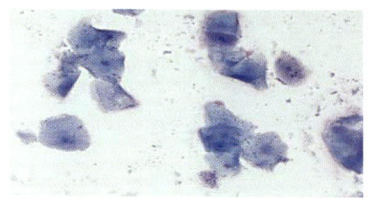

왼쪽은 발정기 전 암캐의 질도말검사 결과이고 오른쪽은 발정기 질도말검사 결과입니다.
세포가 네모 모양으로 바뀌고 안에 동그란 핵이 사라지면 짝짓기를 할 날이 된 거예요.

2. 짝짓기 날이 되면 수컷의 집으로 간다

수컷의 집으로 암컷을 데려가는 것이 좋다. 그래야 수컷이 긴장하지 않고, 암컷이 수컷을 쉽게 받아들일 수 있다.

평소에 먹던 사료와 간식, 그리고 좋아하는 보금자리를 챙겨가는 것이 좋다. 짝짓기는 보통 1박2일~2박3일로 한다. 오래 머물수록 임신될 확률이 높다.

깨알정리

암캐의 발정

발정이란? 성호르몬에 의해 일어나는 성적 충동과 신체의 변화

1) 발정전기 / 3~17일, 평균 9일 - 생식기가 붓고, 피 섞인 질 분비물이 나오기 시작한다. 보통 이런 상태를 '생리'라고 부른다. 발정전기에는 암컷이 수컷을 매료시키기는 하지만 짝짓기는 허용하지 않는다.

2) 발정기 / 3~21일, 평균 9일 - 짝짓기를 허용한다. 임신이 가능한 시기다. 이 시기에 질 분비물은 다양하게 나타난다. 피가 섞일 수도 있고, 맑은 액으로 바뀔 수도 있다. 때로는 분비물이 나타나지 않을 수도 있다.

3) 발정후기 / 60~90일, 평균 75일 - 질 분비물이 점액질(진득진득한 양상)로 바뀐다. 부었던 생식기도 점점 사그라진다.

4) 발정휴지기 혹은 무발정기 / 평균 4~5개월 - 발정이 완전히 멈춘다.

언제 처음 발정을 할까? 생후 6~18개월에 첫 발정을 시작한다.
첫 발정 때는 생리혈이 많지 않아서 보호자가 모르고 지나갈 수도 있다.
얼마나 자주 발정을 할까? 1년에 1~3회 정도. 주로 1년에 한번 또는 두 번 발정이 온다.

짝짓기 과정

1. 발정기에 있는 암컷의 소변 냄새가 수컷을 유혹한다. 이는 소변에 수컷을 자극하는 페로몬(체외로 분비하여 같은 종류의 동물에게 어떤 행동을 일으키는 물질. 성페로몬은 이성을 불러온다.)이 있기 때문이다.

후각이 민감한 수컷은 1km 떨어진 곳에서도 암컷의 발정기 냄새를 느낄 수 있다고 한다.

멀리 있는 암컷 개의 생리로 우리 집 수컷 개가 흥분할 수도 있어요.

2. 수컷은 암컷의 항문 주위를 핥는다.

3. 수컷이 마운트(올라타기) 자세를 취한다. 앞다리는 암컷의 움직임을 제한한다.

4. 삽입이 이뤄지면 암캐와 수캐의 생식기는 내부에서 서로 묶이게 된다.
삽입 → 수캐의 생식기 아래 부위가 부풀고, 암컷의 생식기의 근육은 강하게 수축되면서 → 암캐와 수캐는 생식기를 통해 단단히 묶이게 된다.

5. 묶인 후 수캐는 다리를 들고 반 바퀴를 돌아 → 서로 반대 편을 바라보며 붙어있게 된다.
이렇게 돌아서면 수컷의 생식기에는 더 많은 피가 몰리게 되어 → 발기가 유지된다.

이 자세로 암수는 가만히 10~30분을 서있게 되며 → 수컷은 이 자세로 사정을 한다.

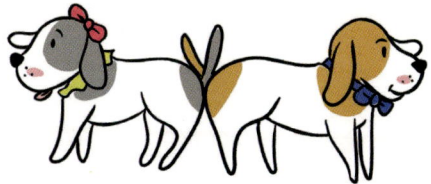

임신이란 무엇인가?

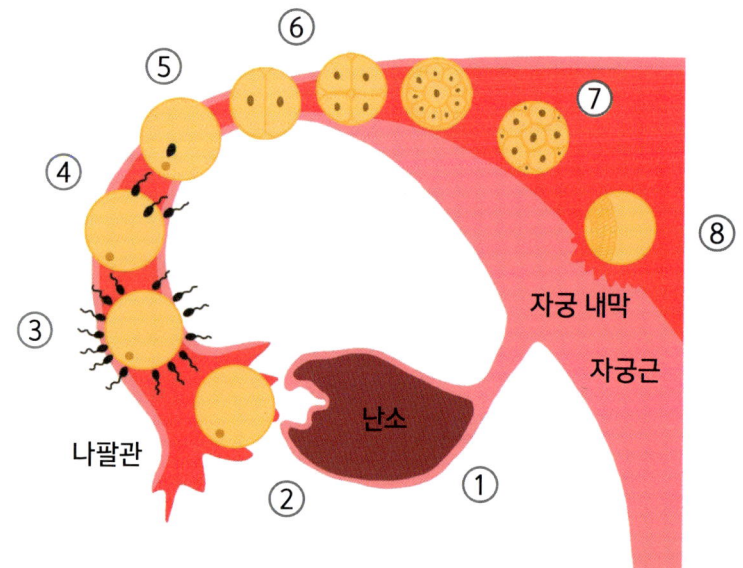

① 난소에서 난자가 배란된다. 양쪽 난소에서 번갈아 가며 하나씩만 배란되는 사람과 달리, 개는 양쪽 난소에서 동시에 여러 개의 난자가 배란된다. 그래서 한번에 여러 마리를 임신 할 수 있다.

② 난소에서 나온 난자는 24시간까지 살아 있다.

③ 난자는 나팔관을 따라 이동한다. 정자는 난자를 만나기 위해 여기까지 헤엄쳐 온다.

④ 정자 하나가 난자와 수정하면 접합체가 된다.

⑤ 접합체는 5일 이상 난관에 머무른 뒤 자궁을 향해 이동한다.

⑥ 이동하며 접합체 세포는 계속 분열한다.

⑦ 수정된 지 13일이 지날무렵, 접합체는 자궁에 도착한다. 이 세포덩어리를 배반포라고 부른다.

⑧ 수정된 지 14일째 되는 날 배반포는 자궁 안쪽 벽에 자리 잡습니다. 개는 양쪽 자궁에 2~7개의 배반포가 자리를 잡고 임신이 된다.

사람, 개, 고양이의 배란형태 비교

	사람 (주기배란)	개 (주기배란)	고양이 (자극 후 배란)
주기	약 28일을 주기로 양쪽의 난소에서 1개씩 배란된다.	1년에 1~3번 발정이 오면 배란한다. (발정 때마다 배란한다)	짝짓기자극(피스톤 운동)을 받아야만 배란한다. 발정기가 되더라도 자극이 없다면 배란하지 않는다.
생리(피흘림)	있음	있음	없음
폐경	있음	없음	없음

사람과 달리 왜 개는 한 번에 여러 마리를 낳을 수 있을까?

암컷의 배란 수가 그만큼 많기 때문이다. 사람은 한번에 1개의 난자가 배란되지만, 동물은 여러 개가 배란된다.

그 이유에 대해서는 확실하게 밝혀진 답이 없다. 다만 아래의 두 가지 가설이 있다.

① 수명이 길수록 새끼를 적게 낳고, 수명이 짧을수록 새끼를 많이 낳는다. 종족 보전의 본능으로 생물은 이렇게 진화되어왔다고 보고 있다.

② 임신기간이 길수록 새끼를 적게 낳고, 임신기간이 짧을수록 새끼를 많이 낳는다. 약 33일 임신하는 토끼는 평균 12마리 정도, 60~70일 임신하는 개와 고양이는 5마리 정도를 낳고, 600일 정도 임신하는 코끼리는 대부분 한 마리만 낳는다.

깨알정보

사람이 둘 이상의 아이를 낳는 경우는 아래와 같다.

1. 배반포가 자궁에 착상하기 전에 쪼개져서 각각 독립된 개체로 자란 경우 (일란성쌍둥이)
2. 둘 이상이 배란되어 각각 다른 정자와 수정되어 자란 것 (이란성 쌍둥이)

사람에서 불임의 이유로 가장 흔한 것이 수정란이 자궁벽에 잘 착상하지 못하는 것이라고 합니다. 이렇게 착상이 실패하는 경우를 대비하여 인공수정을 할 때 수정란을 여러 개 착상시키는데, 그러다 보니 쌍둥이(이란성)를 임신하는 산모가 많습니다.

임신기간

개 임신
시기별 징후와 조치

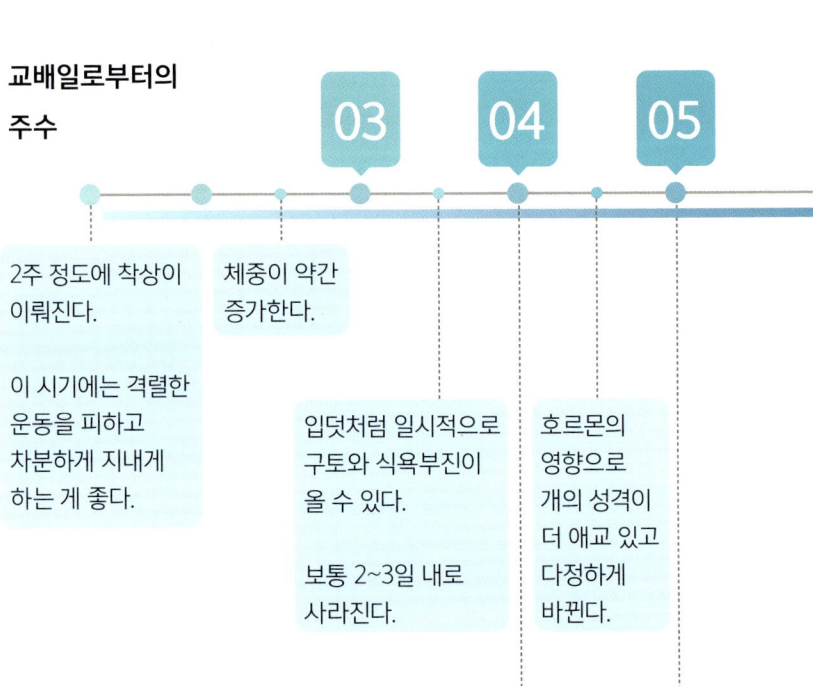

교배일로부터의 주수

03 04 05

2주 정도에 착상이 이뤄진다.

이 시기에는 격렬한 운동을 피하고 차분하게 지내게 하는 게 좋다.

체중이 약간 증가한다.

입덧처럼 일시적으로 구토와 식욕부진이 올 수 있다.

보통 2~3일 내로 사라진다.

호르몬의 영향으로 개의 성격이 더 애교 있고 다정하게 바뀐다.

35일이 되면 동물병원에서 임신 여부를 확인할 수 있다. 새끼 수도 예측해 볼 수 있다.
오메가3 영양제를 먹인다.

이 시기부터 출산 예정일까지, 사료 급여량을 20~30% 서서히 늘린다.

임신 6주에 일부 혈액 검사와 필요에 따라 임신당뇨검사를 한다. 초음파 검사로 태아 심박과 태아 장기형성도 확인한다.

철분 영양제를 먹인다. 칼슘 영양제는 불필요하며, 임신 말기~수유기 때 새끼를 4마리 이상 가졌다면 급여를 고려할만하다.

동물병원에 내원하여 X-ray 검사를 한다.

출산할 새끼 수를 정확히 알아내고 난산 가능성을 살피기 위해서다.

06 **07** **08** **09**

63일

배가 불러온다. 젖꼭지가 붓는다.

66일이 넘으면 난산의 위험이 있다. 동물병원을 찾자.

활동성이 떨어진다. 많이 쉬고 잠이 는다.

출산을 1주 앞둔 개는 아이를 낳고 보살필 보금자리를 찾는다. 안락한 보금자리를 마련해주면 개가 정돈할 것이다.

개의 임신기간은 56~66일이며, 평균 63일이다.

출산을 1~2일 앞둔 개는 식욕이 확 줄어든다. 불안하고 안절부절 못하는 모습을 보인다.

8. 임신과 출산

임신한 개의 운동

[교배 후 약 14일간= 안정기] 정자와 난자가 만나고, 자궁에 자리를 잡는 시기이다. 이 때는 차분하게 지내게 하는 것이 좋다.

[교배 후 15일 이후부터= 적응기] 가벼운 운동을 시켜주는 것이 좋다. 평지를 걷는 산책이 가장 적절한 운동이다.

[교배 후 45일 이후부터= 주의기] 자연스레 움직임이 둔해진다. 이제 계단을 오르는 것이 힘들고 배에 무리가 갈 수 있다. 평지를 걷는 가벼운 산책은 유지하되, 계단에서는 안아서 옮겨주자.

임신한 개의 신체변화 - 교배일 기준으로 3주 이후부터 나타난다

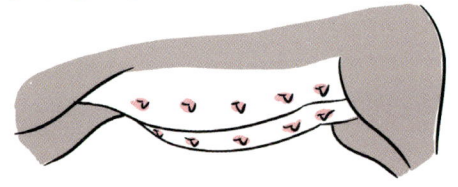

① 젖꼭지가 붓고 분홍빛을 띠게 된다. 시간이 더 흐르면 젖이 커진다. 젖꼭지는 검은 빛을 띨 수 있으며, 모유가 맺히기도 한다.
② 가끔 구토를 한다   ③ 식욕이 증가한다
④ 체중이 증가한다   ⑤ 배가 불러온다
⑥ 여름에는 더위를 유독 많이 탄다   ⑦ 애교가 늘고 붙임성이 더 좋아진다.

임신한 개의 식욕

교배 후 평소와 같은 식욕을 보이다가
[3주가 지나면] 일시적으로 입덧이 올 수 있다.
구역질이나 구토를 하고, 식욕을 잃을 수 있다.
보통 2~3일 내에 사라진다.
[임신 4주부터] 식욕이 증가하며, 5주부터는 먹는 양이 많이 는다.

[출산을 1~2일 앞둔 개는] 식욕이 확 줄어든다. 출산예정일에 가까워지며 왕성하게 먹던 개가 갑자기 밥을 먹지 않는다면, 24시간 내에 출산할 가능성이 높다.

임신한 개의 식사

[교배 직후] 당분간 식사의 변화는 불필요하다.
[임신 4주부터] 사료 급여량을 서서히 늘린다. 급여량은 출산예정일인 임신 9주까지 평소의 20~40% 늘리면 된다.
새끼가 1~2마리로 적다면 사료변경 없이 양만 늘려서 먹이면 충분하다.
새끼가 3마리 이상이라면 열량이 높은 강아지용(퍼피) 사료로 음식을 바꾼다.
임신한 개는 한번에 많은 양을 먹었을 때 배에 압박을 느낄 수 있다. 임신 5주부터는 사료를 조금씩 자주 주는 것이 좋다. 식탐이 너무 심한 아이가 아니라면, 보통 이때부터는 사료를 충분히 담아 두고 먹고 싶은 만큼 먹게 하면 된다.

임신한 개의 특별한 영양

Q: 임신을 하면 특식을 챙겨줘야 하나?
A: 아니다. 사료를 잘 먹이는 것이 가장 좋다. 사료가 영양균형에 적합하다.

Q: 어떤 영양제가 필요한가?
A: 오메가3 지방산과 철분 영양제는 도움이 된다.
오메가3 지방산은 태아의 신경세포를 건강하게 만드는 데 좋고, 철분 영양제는 어미의 빈혈을 방지한다.
Q: 칼슘제나 비타민제는 어떤가?

A: 칼슘제와 비타민제는 불필요하다. 이 영양제들은 오히려 해로울 수도 있다.
- 칼슘제 과사용으로 인해 부갑상선호르몬이 억제되어 칼슘흡수가 방해되고, 그 결과 오히려 칼슘이 부족해질 수 있다.
- 비타민A 과량에 의한 선천성질병 발생률 증가한다.
- 비타민D 과량에 의한 칼슘흡수 증가로 균형 깨질 수 있다.

임신 말기~수유기 때 새끼를 4마리 이상 가졌다면 칼슘제 급여를 고려할만하다. 혈액검사로 칼슘 수치를 측정한 뒤 급여 여부를 판단하는 것이 좋다.

Q: 사람처럼 엽산은 필요한가?
A: 엽산은 비타민 B의 일종으로, 태아의 뇌 발달을 도와 신경관 결손을 막고, 습관성 유산, 다운증후군, 저체중아, 거대적아구성빈혈을 예방한다. 따라서 사람의 경우 임산부의 엽산 영양제 복용은 필수적이며, 임신 후에는 전국 모든 보건소에서 엽산 영양제를 제공받을 수 있다.

동물에서도 엽산은 신경결손을 막아주는 태아에게 중요한 영양소다. 다만 필요량이 극히 미량이어서 따로 영양제를 챙겨주지 않아도 사료를 통해 충분히 보충될 수 있다.

임신한 개의 체중 증가

임신 3주 이내에는 몸무게변화가 거의 없는 것이 정상이다.
만약 이 시기에 몸무게가 오히려 약간 줄게 되면, 즉시 고열량사료인 퍼피용 사료로 바꿔준다.
임신5~9주동안 몸무게는 평소보다 20~55%가 는다.

깨알질문

Q : 개는 태교 안 시켜도 되나?

A : 사람의 경우, 태교가 중요한 이유는 뱃속의 아기가 소리를 들을 수 있기 때문이다. 아기는 임신 5~6개월만 되어도 소리를 구분할 수 있고, 태아의 신경은 매우 활발하게 발달한다. 이때 엄마 아빠가 이야기도 많이 해주고 따뜻하고 아름다운 노래를 불러주면, 그것이 가장 좋은 태교이다.

개의 경우 소리를 인지하는 시기가 생후라고 알려져 있다. 태어날 당시 개의 귀는 막혀 있고, 생후 2주가 되어야 귓길이 열린다. 물론 어미가 행복하다면 그 에너지가 태아에게까지 전해질 수 있을 것이다.

어미를 칭찬해주고 격려해주세요. 행복의 에너지를 듬뿍 전해주세요.

동물병원엔 언제, 무슨 일로 가야 하나?

방문시기	검사	검사목적
임신 5주	초음파	임신여부 확인, 마리 수 예측
임신 6주	초음파 혈구검사	태아 심장박동 확인, 장기 형성 확인 빈혈, 염증, 지혈장애여부 확인
임신 7주	초음파 X-ray	태아 심박수 확인, 발육 확인 마리 수 확정, 태아 머리 크기와 산도 크기 측정(난산의 위험성 예측), 유산 여부 확인

난산은 어미원인, 새끼원인이 있다.

어미원인이란? 자궁에 힘이 안 들어가서 출산을 못하는 경우를 의미한다.

새끼원인이란? 새끼들이 영양과다로 너무 커버려서 쉽게 나오지 못하는 경우를 말한다.

새끼 수가 많으면 → 어미원인 난산 가능성이 높아진다.

새끼 수가 1~2마리로 평균보다 적으면 → 새끼원인 난산 가능성이 높아진다.

<순산 vs 난산 예측>

X-ray를 통해 새끼의 두상 중 젤 긴 길이를 재어 어미의 골반 폭과 비교한다. 새끼의 머리가 어미의 골반보다 작아야 한다. 출산 때가 되면 골반이 더 크게 열리지만, 새끼도 더 클 것이기 때문이다. 새끼의 머리가 더 클 경우, 제왕절개를 염두에 둬야 한다.

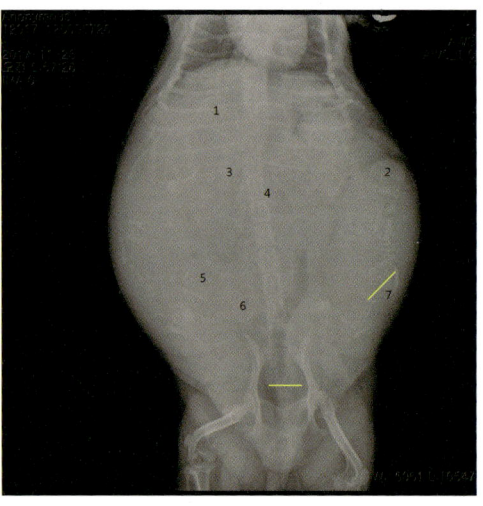

7마리의 머리가 X-ray에서 확인됩니다.
머리가 제일 큰 애(7번)의 직경과 골반의 직경(노란색 선)을 비교했을 때 통과에 무리가 없을 것으로 기대됩니다.

임신 기간 백신과 기생충 예방은 어떻게?

개는 임신기간이 짧기 때문에 굳이 임신 기간에 예방을 하지 않는 것이 일반적이다.

임신 전에 계획하여 미리 예방접종과 기생충 예방을 완료해두는 것이 가장 좋다.

만약 시기를 놓쳤다면, 임신기간 동안 예방을 할 지 여부를 수의사와 상담하자. 전염병 감염방지를 위해 임신기간 동안 다른 강아지와의 접촉은 줄이는 것이 좋다.

보금자리 꾸미기

출산을 1주 앞두고 보금자리를 만들어준다. 분만 때가 되면 바닥에 추가로 패드를 깔아준다.

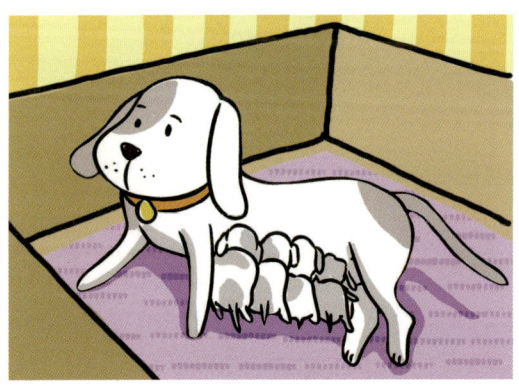

<산모의 보금자리>
1. 조용하고, 따뜻하고 안전해야 한다.
2. 어미가 몸을 펴기에 충분한 크기가 되어야 하고, 바닥은 평평하고 안정적이어야 한다.
3. 벽면의 높이는 4주정도 된 새끼가 나가지 못할 정도이면서 어미는 드나들 수 있어야 한다.

출산

출산 준비

1. 수건, 소독약(클로르헥시딘 또는 포비돈), 실, 저울 준비
2. 동물병원 전화번호 획보
3. 출산노트 준비: 새끼들을 구분하고, 태반배출 여부를 적기 위해

< 예시 >

'어미이름' 의 분만기록 20○○/○○/○○					
새끼순서	분만시간	암/수	새끼의 특징	몸무게	태반배출 확인
#1					
#2					
#3					
#4					

자연분만이란 무엇인가?

수술하지 않고 질을 통해 태아가 완전히 나오면 자연분만이다.

자궁 수축, 즉 진통에 의해 자궁경부(질과 자궁 사이의 자궁입구를 말함)가 점차 얇아지고 열리면서 태아가 질을 통해 바깥으로 빠져 나오는 과정이다.

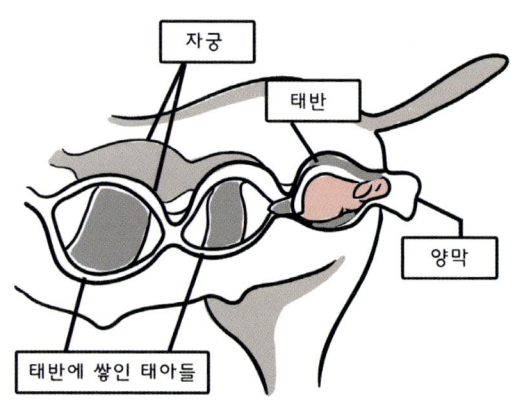

제왕절개란 무엇인가?

마취 후 복강(배안)을 열고 자궁에서 직접 새끼를 꺼낸다.

깨알정보

일반적으로 제왕절개를 하면서는 난소와 자궁을 제거(중성화)하지 않는다.

수술과정을 최소화하고 어미를 빨리 깨워서 새끼들을 돌볼 수 있게 해주기 위함이에요.

단, 자궁이나 난소, 혹은 태아가 건강하지 않았을 경우에는 난소와 자궁을 덜어내는 중성화수술을 함께 시행한다.

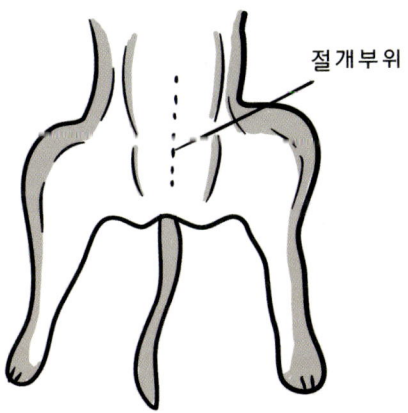

<제왕절개를 흔히 하게 되는 상황>

① 크기가 큰 아비 + 크기가 작은 어미 = 자연분만이 어렵다.
　예) 수컷진돗개 + 암컷 소형견의 교배
② 새끼가 1~2마리밖에 임신되지 않은 경우(1~2마리에게 영양이 몰리면서 새끼가 커져서)
③ 어미가 초산일 경우

〈출산 과정 설명표〉

분만 1단계 **불안+진통의 시작** 지속시간: 최대 36시간

임신한 개는 출산 2~3일을 앞두고 불편해하고 불안해한다.

헐떡이고 구토를 할 수 있다. 식사를 거부한다.

혼자 있으려 한다. 보금자리를 정돈하고. 뭔가를 품으려 한다.

뱅글뱅글 돈다. 군데군데 오줌을 싸기도 한다.

젖꼭지에 젖이 맺힌다. 초산일 경우 분만 하루 전부터, 초산이 아닌 경우 분만 일주일 전부터 젖이 나올 수 있다.

자궁수축이 시작된다. 하지만 빈도가 잦진 않다.

대게 이 시기에 분비물은 나오지 않는다.

점차 자궁수축이 빈번해지고 자궁경부(자궁입구)가 열린다. 골반과 생식기 주위 근육조직이 이완된다.

첫째의 양막이 터져서 양수가 나올 수 있다. 배에 힘을 주기 시작한다.

분만을 8~24시간 앞두고 체온이 떨어진다. 체온 하강은 몸 속 프로게스테론(임신유지호르몬)의 갑작스런 하강 때문이다.

체온을 높이기 위해 몸을 떤다.

도움말 가벼운 걷기 운동은 출산에 도움이 된다. 어미가 움직이려고 하면, 실내 산책을 해주는 것이 좋다.

출산과정 내내 어미 개를 안정시켜야 한다. 여러 사람이 주변에 있는 것은 불안감을 높일 수 있으니, 보호자만 곁에서 출산을 도와주자.

양막이 터지면 즉시 2단계로 진행하여 1시간 내에 출산해야 한다. 출산이 지연되면 즉시 동물병원에 내원한다.

분만 2단계 본격 출산 본격적으로 힘을 준다.

어미의 생식기에서 첫째의 막 조직(양막)이 보인다. 이 막은 새끼와 양수를 함께 싸고 있는 막이다. 수축에 따라 보였다가 들어갔다가 할 수 있다.

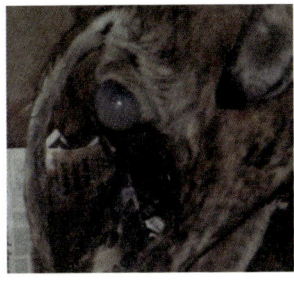

양막은 터져서 양수가 나올 수도 있고, 터지지 않고 그대로 출산되기도 한다.

새끼는 머리부터 나올 수도 있고, 다리부터 나올 수도 있다. 둘 다 출산이 가능하지만 머리가 먼저 나오는 것이 좋다. 반대로 나올 경우 자궁경부가 잘 열리지 않는 편이다.

도움말 힘을 준 지 2시간이 되었는데 출산하지 못한다면 동물병원에 데려가야 한다.

강하게 30분간 힘을 주는데도 출산의 기미가 없다면 동물병원에 데려가야 한다.

동물병원에 데려갈 때, 이미 낳은 아이도 어미 곁에 함께 데려간다.

산도에 걸려 있는 새끼는 무리하게 당겨선 안 된다. 뼈가 약하기 때문에 당기다가 턱이나 다리뼈가 부러질 수 있다.

 실제로 밖에서 당기는 힘보다 어미가 배에 힘을 주어 밀어내주는 힘이 더 강해요. 개나 사람이나 엄마들은 위대한 것 같습니다.

등을 구부리면서 다리를 어깨 쪽으로 당겨 올리는 자세를 취하며 배에 힘을 준다.

 옆으로 누워 자세를 취하고 배에 힘을 주면 응원해주고 칭찬해주세요.

새끼와 새끼 사이의 출산 간격은 2~3시간까지 걸릴 수 있다. 3시간이 넘으면 동물병원에 데려가자.

`분만 3단계`　**태반 배출**　양막을 찢고 나온 아이의 태반이 배출되는 과정이다. 양막이 찢기지 않고 통째로 출산됐다면 3단계는 지나간 것이다.

마리 수에 따라 2단계와 3단계가 반복된다.

<어미 개가 하는 일>
① 양막이 아직 찢겨 있지 않다면 입으로 양막을 찢는다. 양수가 흘러나온다. 양막 속 새끼의 몸에는 배꼽을 통해 탯줄로 태반이 연결되어 있다.
② 어미는 탯줄을 물어 뜯고, 분리된 태반을 먹기도 한다.
③ 새끼를 계속 핥아준다.

`도움말`　한 마리 낳을 때마다 태반이 하나씩 배출된다. 새끼 수만큼의 태반배출을 확인해야 한다. 어미 개가 양막을 찢어주지 않으면, 새끼는 숨을 쉬지 못하고 죽게 된다. (최대 5분까지 버틸 수 있음)

어미가 ①~③을 하지 못하면 보호자가 도와줘야 한다. 수건으로 새끼의 몸을 닦아주고 남은 막을 제거한다. 코와 입에 있는 물기를 깨끗하게 닦는다. 20~30초간 태반을 위로 들어주면 중력에 의해 태반에 남아 있는 혈액이 탯줄을 통해 신생견의 몸으로 유입된다.

이제 탯줄을 실로 묶는다. 새끼의 몸으로부터 3cm 떨어진 곳에 묶는다. 아래 그림과 같이 매듭으로부터 약간 떨어진 곳을 자른다. 잘려진 탯줄의 끝을 소독약으로 소독한다.

어미가 태반을 먹기도 하는데, 이는 설사를 일으킬 수 있으므로 → 먹기 전에 치워주자. 어미가 핥아주고 곁에 품어야 새끼의 체온이 유지된다. 어미가 돌보도록 해주는 게 좋으며, 만약 어미가 전혀 새끼를 돌보지 못한다면 보호자가 물기를 닦고 따뜻하게 해주자.

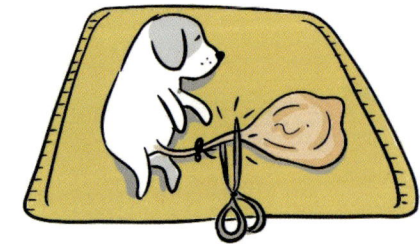

내원하면 이뤄지는 조치들

상황에 따라 분만유도주사를 맞는다.

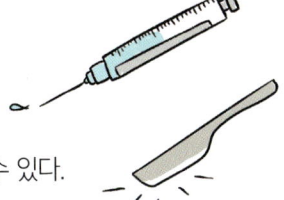

난산일 경우 제왕절개수술을 하게 될 수 있다.

어미가 새끼를 돌보지 않으면 ☞ 수의사가 대신 필요한 조치를 한다.
새끼가 약하고 숨을 쉬지 못하면 ☞ 응급조치를 한다.

출산이 완료되면

어미는 새끼를 곁으로 물어 옮긴다. 새끼를 품고, 젖을 먹인다.

새끼는 12~18 시간 내에 초유를 먹어야 한다.
초유에는 새끼들의 면역력을 길러주는 성분이 들어 있다.
초유가 나오지 않는다면? 시판되는 강아지 초유를 사서 수유해줘야 한다.

어미가 젖을 먹이려 하지 않더라도 갓 태어난 새끼는 어미 곁에 둬야 한다. 새끼는 어미의 따뜻한 체온과 신체적 접촉이 필요하기 때문이다.

출산 후

출산 후 관리법
= 안정 / 건강체크 / 젖 / 사료증량 / 수건갈기
/ 새끼체중재기/ 보호자가 돕기

1. 안정

어미와 새끼를 가만히 둔다. (자꾸 만지면 스트레스!)

분만 후 하루가 지나도 어미가 식욕이 없거나, 구토/설사가 있으면 내원할 필요가 있다.

2. 건강체크

어미의 질 분비물을 체크한다.

정상	비정상
출산 후 분비물(오로)은 3주간 흘러나온다. 길게는 6주까지 나오기도 한다. 분비물은 정상적으로 녹색 혹은 붉은 갈색을 띤다. 분비물의 색은 점점 옅어지고, 양은 점점 줄어야 한다.	분비물이 6주 이상 나온다. 심한 악취가 난다. 분비물의 양이 줄지 않는다. 어미가 활력이 없고 식욕을 잃는다.

3. 젖

어미의 젖이 잘 나오는지 매일 확인한다. 젖을 가볍게 짜 보면 알 수 있다.

젖이 붓거나 아파하면 내원할 필요가 있다.

새끼 수가 많으면 어미 젖이 부족할 수 있다. ➡ 어미의 젖을 따뜻한 물을 적신 수건으로 덮었다가 부드럽게 마사지해주면 젖이 더 잘 돌게 할 수 있다.

그래도 부족하다면(새끼들의 배가 빵빵할만큼 먹지 못한다면) ➡ 별도의 분유 수유로 보충해줘야 한다.

4. 사료증량

어미에게는 계속 충분한 양의 사료를 준다(젖을 먹이는 동안에는 충분한 영양이 필요하기 때문). 젖먹이가 끝나면 다시 원래 사료를 먹인다.

5. 수건갈기

보금자리에 둔 수건이나 담요는 젖으면 갈아준다. (하루에 한 번 이상)

- 이유: 위생을 위해, 그리고 체온저하를 막기 위해

6. 새끼 체중재기

새끼들의 체중을 매일 확인한다. 생후 둘째 날 체중이 약간 감소하지만, 그 후에는 증가해야 한다. [10~14일에는] 체중이 태어날 때에 비해 두 배정도 불어야 한다.

<신생견수유법>
① 새끼강아지용 분유와 젖병을 준비한다.
② 분유분말을 미지근한 물에 태워서 강아지에게 먹인다. (약 38~40도)
③ 걸쭉한 느낌이 약간 남을 정도로 물을 태워서 희석하는데, 정확한 비율은 개별 분유제품의 설명서를 참고하자.
④ 수유는 처음에는 하루에 6회로(2시간마다) 수유하다가, 차차 하루 4번(3시간마다)으로 줄여갈 수 있다.
⑤ 엎드린 자세로 먹인다. 머리가 몸보다 위에 있도록 하여 빨아먹도록 자세를 잡아준다. 새끼를 뒤로 눕힐 경우 분유가 코로 역류할 수 있으니 주의한다.
⑥ 배가 빵빵해지고 강아지가 더 이상 먹지 않으려 할 때까지 먹이면 되는데, 체중변화와 변상태를 감안하여 급여량을 조절한다.
⑦ 배가 빵빵하지 않은데도 새끼가 빠는 힘이 약하고 힘이 없다면, 그리고 숨이 가빠진다면 저혈당증을 의심할 수 있다. → 즉시 동물병원에 내원하여 조치를 받아야 한다.
⑧ 보통 과식을 하면 설사를 하게 된다. 이때는 급여량을 줄이고 물의 비율을 높인다. 변 상태가 좋아지면 다시 분유 태우는 양과 급여량도 늘린다.

⑨ 체중이 잘 늘지 않으면 급여량을 늘려야 한다.
⑩ 식사 전후로 아랫배를 톡톡 두드려 자극해주고, 젖은 천이나 물티슈로 생식기와 항문을 문질러 준다.

강아지의 성장

[신생기] 출생~12일 – 어미와 깊이 교감하는 시기

학습 및 발달사항	• 학습을 시작한다.	• 듣거나 보지는 못한다.
필수 실천사항	• 따뜻한 환경 • 초기의 스트레스는 좋음	• 복합적 환경

새끼의 모든 행동은 어미를 향한다. 어미를 향해 기고, 젖을 찾아 힘껏 빤다. 따뜻한 품에서 보살핌을 받고, 종일 잔다.

어미가 새끼를 잘 돌본다면, → 음식과 물만 챙겨주고 가만히 둔다.

어미는 새끼의 항문과 생식기를 핥아주어 배설을 돕고, 배설물을 먹는다. 틈날 때마다 새끼를 깨끗하게 핥아준다.

이 시기에 동배 새끼들과의 부대낌, 어미가 물어서 이동시키는 것 등 다양한 자극(스트레스)는 감각 발달과 성장에 도움을 준다.

갓 태어난 강아지는 눈을 감고 있고, 귓길이 막혀있다.

[이행기] 13일~21일 – 감각이 활발하게 발달한다.

학습 및 발달사항	• 걸음마 시작, 눈을 뜨고 들음 • 단단한 음식 급여 가능(어미의 되새김질) • 자발 배뇨/배변
필수 실천사항	• 복합적 환경 제공(다양한 소음, 바닥재질, 사람, 장난감) • 손 씻은 후 접촉

이때부턴 사람도 새끼를 만져주는 것이 좋다. 손을 씻은 후 접촉하자. 처음에는 어미와 유대가 가장 깊은 보호자부터 시작하고, 차츰 다양한 사람이 만져주도록 한다. 만지는 시간도 조금씩 늘려간다.

조금씩 사료에도 관심을 가지기도 한다. 젖먹이를 주식으로 하되 따뜻한 물에 불린 사료를 조금씩 맛보게 해주어도 된다.

깨알정리

강아지의 감각 발달

[태어날 때] 후각, 미각, 촉각을 가지고 있다. 비록 귀는 막혀 있지만, 소리를 알아차릴 수 있다. 강아지는 태어나자마자 젖을 빨 수 있다.

[약 2주가 되면] 막혔던 귓길이 열린다. 눈을 완전히 뜨고, 시각 발달이 시작된다.

[약 1달이면] 시각 발달이 완료된다. 눈동자는 겉으로 봐서 생후 3주까지 혼탁하다가 생후 3~4주 사이에 투명해진다.

새끼의 본능 1 포유반사(Rooting Reflex)

새끼 강아지는 머리를 따뜻한 곳으로 밀어 넣는 본능이 있다.

앞이 보이지 않지만, 이 본능 덕에 어미 곁에 계속 머물 수 있다.

새끼의 본능 2 갈란트반사(Galant Reflex)

[생후 3일이 되면] 몸을 만지는 방향으로 머리를 향하는 반사(자극에 대해 기계적으로 일어나는 신체의 국소적인 반응)를 보이게 된다.

새끼의 본능 3 교차신근반사(Crossed extensor reflex)

한쪽 방향으로 고개를 돌리면 → 같은 쪽 앞다리와 뒷다리는 펴고, 반대쪽 앞다리와 뒷다리는 구부린다.

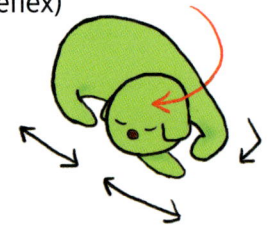

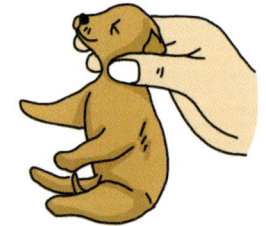

새끼의 본능 4 굴근(몸을 구부리는 데 사용되는 근육) 우세 (Flexor Dominance)

[생후 3일 혹은 4일까지] 목을 잡아 들면 몸을 웅크린다.

새끼의 본능 5 펴짐근 우세 (Extensor Dominance)

[생후 4일에서 21일까지] 목을 잡아 들면 몸을 쭉 편다.

[생후 7~14일이 되면] 앞다리에 무게를 싣기 시작한다. 앞다리로 걷기 시작한다.

[생후 14일 이후가 되면] 뒷다리에 무게를 싣기 시작한다.

[생후 21일이 되면] 네 발을 딛고 설 수 있다.

<강아지가 발달검사 평가표>

평가 항목	설명	나타나는 시기	사라지는 시기
귓바퀴 반사	개를 엎드리게 한 자세로 든 뒤, 척추를 축으로 90도 기울인다. 기울어 올라간 머리 방향의 귀가 등쪽으로 치켜 올라간다.	생후	2~3주
포피 반사 (수컷)	수컷의 생식기 끝 피부를 톡톡 치면 생식기가 말려 들어간다.	생후	6개월
회전 반사	한쪽 방향으로 고개를 돌리면 → 같은 쪽 앞다리와 뒷다리는 펴고, 반대쪽 앞다리와 뒷다리는 구부린다.	생후	
굽힘근 반응	목을 잡아 들면 몸을 웅크린다.	생후	3일
뒤집기	등을 대고 눕혔을 때 뒤집어서 엎드릴 수 있다.	1일	
펴짐근 반응	목을 잡아 들면 몸을 쭉 편다.	4일	21일
앞발 짚기 반응	앞발 끝에 모서리를 닿게 하면, 발을 들어 모서리 위를 짚으려 한다.	2~4일	
뒷발 짚기 반응	뒷발 끝에 모서리를 닿게 하면, 발을 들어 모서리 위를 짚으려 한다.	6~8일	
복부 반사	배를 톡톡 치면 배 근육을 수축시킨다.	1~7일	6개월
뒤로 가기	앞을 향하지 않고 뒤로 기어갈 수 있다.	12일	
앞발에 무게 싣기	앞발에 무게를 싣고 딛기 시작한다.	7~14일	
뒷발에 무게 싣기	뒷발에 무게를 싣고 딛기 시작한다.	14일	
마차 반사	배를 받쳐서 강아지를 바닥과 수평하게 들어 올렸을 때 머리를 들어 올린다. 뒷다리와 발가락을 편다.	18~21일	
스스로 일어서기	스스로 네 발로 일어선다.	21일	
걷기	혼자서 걷는다.	21일	

[사회화기] 3주~7주 - 형제자매와 교감하는 시기

학습 및 발달사항	• 시력과 청력발달이 완성된다. • 긍정적인 경험학습(양성강화) • 개 다운 종 특이성 행동(물기, 쫓기, 짖기, 싸우기 및 몸 자세) • 어미가 새끼의 행동 가르침 • 동배를 통해 더불어 사는 법 배움 • 4~8주 사이에 어미 젖을 떼기 시작
필수 실천사항	• 어미와 동배와 함께 있는 것이 중요 • 복합적이고 자극적인 환경(다양한 소음 및 바닥재질) • 잠자는 공간/노는 공간 명확히 구분 • 사람과 1:1 관계

모든 감각능력을 획득하고 자유롭게 운동할 수 있다.
어미의 집중적인 보살핌이 끝나고, 형제자매와 강한 유대관계를 맺는다.

이 시기에 입양을 보내는 건 적절하지 않다. 형제들과 충분히 놀게 해줘야 한다.
형제와 서로 물고 싸우며 장난을 친다. 한배에서 태어난 형제 사이의 우열관계를 파악하게 된다.

새끼들은 서로 올라 타며(마운팅이라고 함) 장난을 친다.

마운팅은 다 큰 수컷과 암컷 사이에서는 짝짓기 행위이지만, 어린 강아지들 사이에서는 장난행동이다.

[생후 3주부터] 강아지는 입으로 세상을 배운다.
핥고 물고 싶은 것이 많다. 이때 사람 물건을 물어뜯는 습관이 들게 해선 안 된다. 무는 것은 강아지용 씹을 거리(장난감)로 제한하자.

[생후 4주가 되면] 강아지는 불린 사료를 먹을 수 있다. 이때부터 어미는 새끼들을 떠나 있고, 젖을 보채는 아이에겐 야단을 치기도 한다.
누워서 젖을 물려주지 않고 일어서 버림으로써 → 아이들이 젖을 떼게 한다.

[인간사회와 친사회화기] 7주~14주 사이 – 사람과 유대관계를 맺는 시기

학습 및 발달사항	• 젖을 완전히 뗌 • 빠른 학습이 이루어짐 • 미래의 사회성 행동방식 결정
필수 실천사항	• 사회와 교육에 중요한 시기 • 체력적 한계가 존재하고, 집중시간이 짧음

사람이 많이 안아주고 쓰다듬어줘야 한다. 가족의 일원이 되고 싶어하는 경향이 가장 강하기 때문에, 이 시기에 분양을 받는 것이 좋다.

간단한 훈련을 시작하되, 집중시간이 짧기 때문에 오래 훈련해선 안 된다.

이 시기 개가 사람의 손을 무는 습관을 형성할 수도 있다. 손을 핥는 것은 괜찮지만, 물지는 못하게 해야 한다.

강아지는 이때부터 위생에 신경을 쓰게 된다. 잠자리가 아닌 곳에 용변을 본다.

[두려움기(자극기) 8~11주] - 훈련을 시작할 시기

학습 및 발달사항	• 인간사회와 친화기 중에 있음 • 나쁜 경험을 통한 학습 • 쉽게 놀라며, 놀라는 경험을 하면 오랫동안 지속됨
필수 실천사항	• 재미있고 짧은 교육 • 두려운 자극에 긍정적인 태도 유지

3개월이 되면 배설훈련과 기초훈련을 시작한다.
[강아지는 8~10주 사이] 두려움이 깊이 인식된다.
따라서 [3개월이 되기 전까진] 강한 훈련은 자제해야 한다.
칭찬 위주로 부드럽고 너그럽게 대해 줘야 한다. 긍정적인 에너지를 전해주자.

[3개월부터는] 훈련이 가능하다. 훈련은 교육이다. 보호자는 강아지를 교육할 의무가 있다. 교육을 받아야, 비로소 어엿한 가정의 구성원이 될 수 있기 때문이다.

개의 사회화

생후 3주~14주는 개의 핵심적인 사회화 시기이다. 개가 유순하고 사교적인 성격을 갖기 위해서는 → 이 시기에 사람과, 친구 개, 그리고 세상과 긴밀하게 교감해야 한다.

<다양한 요인과 강아지의 사회화 수준과의 관계>

사람	친구 개	탐험	결과
존재	존재	기회 많음	사회성이 높다.
존재	존재	갇혀 지냄	소극적이고 훈련 학습도가 떨어진다.
존재	없음	기회 있음	새로운 환경에서도 겁이 없고 자신감이 넘친다.
존재	없음	갇혀 지냄	다른 개들과 잘 어울리지 못한다.
없음	존재	기회 있음	'야생적인' 개로 자란다.
없음	존재	갇혀 지냄	소극적이고 사회성이 없다.
없음	없음	기회 있음	알려진 자료가 없다.
없음	없음	갇혀 지냄	소심하고 사회성 결여가 나타난다. 과격한 반응을 보인다.

<사회화 시기에 주로 접한 경험에 따른 성격의 형성 경향>

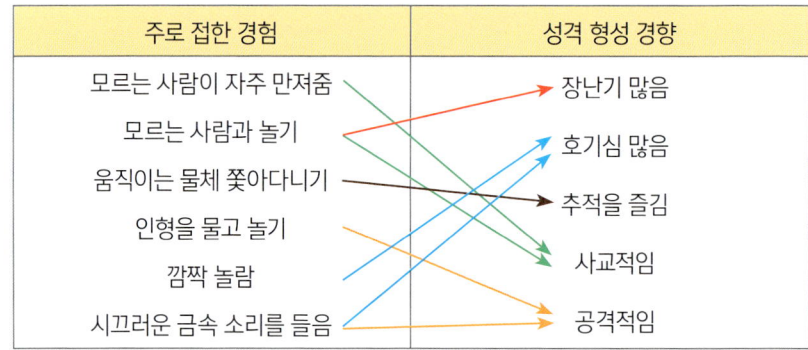

9. 유기견과 동물보호법

한 나라의 위대성과 그 도덕성은 동물들을 다루는 태도로 판단할 수 있다. 나는 나약한 동물일수록, 인간의 잔인함으로부터 더욱 철저히 보호되어야만 한다고 생각한다. - 마하트마 간디 -

사지 마세요. 입양하세요.

유기견을 입양하는 과정
1) 입양 전 진지하게 점검해야 할 체크리스트

반려동물을 맞이할 환경적 준비와 마음의 각오는 되어 있습니까? 개를 위한 공간을 준비하고 개와 함께 할 시간을 할애할 수 있어야 하며, 보호자가 개 알레르기가 없어야 합니다.	☐ 예 ☐ 아니오
개, 고양이는 10~15년 이상 삽니다. 결혼, 임신, 유학, 이사 등으로 가정환경이 바뀌어도 한번 인연을 맺은 동물은 끝까지 책임지고 보살필 수 있습니까?	☐ 예 ☐ 아니오
모든 가족과 합의가 되었습니까?	☐ 예 ☐ 아니오
반려동물을 기른 경험이 있습니까? 내 동물을 위해 공부할 수 있습니까?	☐ 예 ☐ 아니오
아플 때 적극적인 치료를 해주고, 중성화수술(불임수술)을 실천할 생각입니까?	☐ 예 ☐ 아니오

* 중성화수술은 반려동물의 건강에 도움이 됩니다. 암컷은 자궁질환을 예방하고 유선종양의 발생율을 낮추며 수컷은 수컷 생식기 질환(생식기염증, 전립선비대, 종양 등)이 예방됩니다. 또한, 행동학적인 문제(과흥분, 이성을 찾아 떠돌아다니려는 행동, 다른 개에 대한 공격성 등)가 줄어들고 차분해집니다.
뿐만 아니라 중성화수술은 반려동물의 개체 수 조정이라는 측면에서 실천해야 할 과제입니다. 아직 버려지는 동물이 많은 만큼, 또 다른 개가 버려지지 않도록 해야 합니다.

입양으로 인한 경제적 부담을 짊어질 의사와 능력이 있습니까? 아파도 끝까지 책임져 줄 수 있습니까?	☐ 예 ☐ 아니오
우리 집에서 키우는 다른 동물과 잘 어울릴 수 있습니까?	☐ 예 ☐ 아니오
입양시설에는 본인이 직접 방문하여 개를 데려가야 합니다. 미성년자는 부모님과 함께 방문해야 합니다. 방문 시, 목줄과 이동가방 등 필요한 물품을 챙겨가야 합니다.	☐ 예 ☐ 아니오
입양비와 책임비(중성화수술 비용 등 일부 경비)가 청구될 수 있습니다.	☐ 예 ☐ 아니오

2) 유기견 보호소 찾아가기

동물보호관리시스템(animal.go.kr) → 유기동물·동물보호소 → 유기동물보호소에서 지역을 설정하여 검색하면 유기견을 만날 수 있는 곳을 알 수 있다.

동물보호관리시스템(animal.go.kr) → 유기동물·동물보호소 → 보호 중 동물에 들어가면 현재 주인을 기다리는 반려동물을 사진으로 먼저 만날 수 있다.

3) 건강이력 살피기

개의 건강이력을 꼼꼼히 살펴보고 입양을 결정하는 게 좋다. ① 예방접종 상태, ② 심장사상충 예방상태 및 검사결과, ③ 최근 건강검진상태 등을 알아야 한다.

물론 건강하지 않은 아이라도, 보듬어주실 수 있다면 더할 나위 없는 사랑의 실천일 것이라 생각합니다. 다만 사전에 확인된 질병을 미리 확인해서 치료비용을 감당할 수 있는지, 시간을 할애할 수 있는지 반드시 고심해 봐야 합니다.

4) 상처받은 아이에게 올바른 교육을

유기견은 심한 심리적 혼돈을 느낀다. 그 결과 새로 집에 오더라도 눈치를 많이 본다.
특히 한 사람에게 극도로 의존적인 행동을 보일 수 있다. 소극적이고 소심한 개에겐 자신감을 불어넣어 주고 칭찬을 많이 해주자.

유기견 보호소에 봉사활동을 가고 싶은데 어떻게 해야 할까?

가면 어떤 일들을 하게 되나?

동물보호관리시스템(animal.go.kr)에 접속하여 유기동물·동물보호소 → 유기동물보호소를 클릭하면 지역별 유기동물보호소를 검색할 수 있다.
기재된 연락처로 전화하여 봉사활동 가능여부와 일정, 준비물 등을 안내 받을 수 있다.
온라인카페 같은 커뮤니티에 가입하여 단체봉사활동에 참가하는 것도 좋은 방법이다. 뜻이 맞는 사람들과 함께 의미 있는 일을 할 수 있다.

봉사활동을 가면 주로 강아지 집 청소, 밥 주기, 아이들 목욕, 귀청소, 발톱정리 및 미용 등을 돕게 된다.

유기동물 보호소에서
봉사활동을 하고 있는 가수 이효리님

유기동물 보호소 봉사활동 중인
가수, 효린님

청소년 봉사활동이나 성인의 사회봉사 시간 등에 인정될 수 있나?

보호소에 따라 다르다. 일반적으로 국가에서 지정한 비영리단체는 봉사시간 인정이 가능하다. 시간인정이 필요하다면 사전에 문의해보자.

길거리에서 유기견을 봤을 때 어떻게 해야 하나?

개의 위치를 파악하여 시청 or 구청 or 군청에 신고한다. 소속 포획사(유기동물을 잡는 사람)가 오는 것을 기다린다. 개가 순할 경우 포획사가 올 때까지 잠시 데리고 있는 것은 좋으나, 임의로 다른 장소로 옮기거나 데리고 가서 키워선 안 된다.

포획된 유기견은 유기동물보호소로 이동하여 등록여부 확인 및 공고과정을 거치게 된다. 유기동물 관리개요는 아래와 같다.

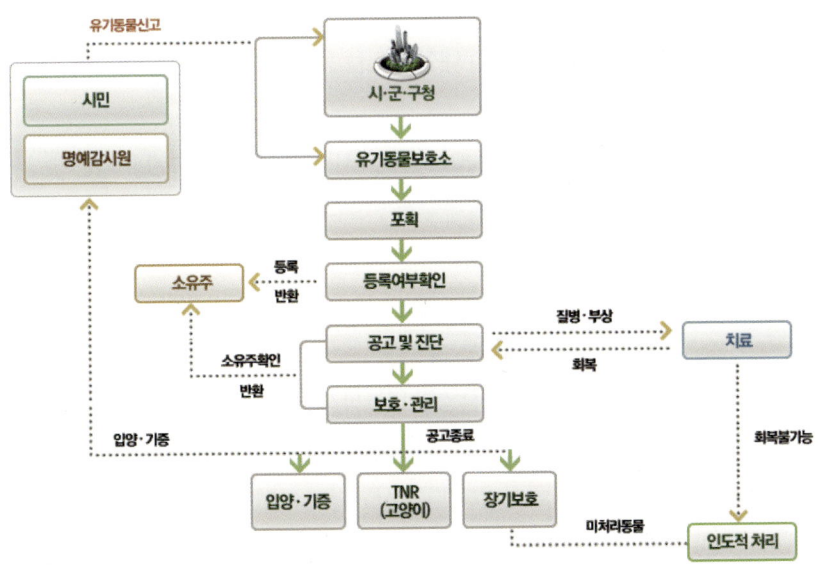

출처: 동물보호관리시스템(animal.go.kr)

- **시·군·구청에 연락할 수 없는 이른 시간, 늦은 시간, 공휴일, 주말에는 어떻게 해야 하나?**

밤이나 공휴일에도 시·군·구청에는 당직공무원이 있어서 조치방향을 안내해줄 수도 있다. 하지만 기본적으로 동물보호업무는 공무원 근무시간 내에 처리가 가능하며 그 시간 외에는 해결이 어렵다. 업무가 가능할 때 재신고를 해야 한다.

- **동물병원에다가 맡길 순 없나?**

동물보호소로 지정된 일부 병원에서는 가능할 수도 있지만, 대부분은 맡길 수 없다.

> <용어 풀이>
> - **공고**: 국가 기관에서 일정한 사항을 일반 대중에게 광고, 게시, 또는 다른 공개적 방법으로 널리 알림.
> - **공고 종료**: 게시 등을 내리고 알림을 종료
> - **명예감시원**: 동물보호의 지도·홍보를 강화하고 동물학대 행위 감시를 위해, 시·군·구에서 모집한다. 지원자격이 되고 교육을 수료한 자는 명예감시원으로 활동할 수 있다. 자격조건 등의 자세한 사항은 시·군·구의 공고문을 참고하자. 자격기준에 대한 근거는 동물보호법 시행령 15조에 제시되어 있다.
> - **고양이 TNR**: Trap(포획)-Neuter(중성화)-Return(돌려보냄)이라는 뜻이다. 시·군·구에서 고양이 개체 수를 인도적, 점진적으로 줄이기 위해 시행하는 사업이다.

깨알질문

Q : 개는 왜 TNR사업이 없을까?
A : 개는 길을 잃은 뒤 야생에서 터를 잡고 살아가는 경우가 드물다. 대부분 사람에 의해 신고되며 자연번식으로 개체수가 크게 증가하지 않는다.

개가 아닌 동물을 발견했을 때 다른 점이 있다면?

주인이 있는 고양이의 경우	유기견과 같은 절차로 관리된다.
길고양이의 경우	해당지역 시·군·구에서 고양이TNR사업을 한다면, 시·군·구에 전화해서 포획 틀을 대여받을 수 있다. 고양이를 잡아서 시·군·구에 신고하면, 수의사회 혹은 담당 동물병원을 통해 중성화가 진행된다. TNR사업이 없는 지역이라면, 길고양이는 원칙적으로 야생동물로 간주하기 때문에 다친 경우를 제외하고는 포획 및 보호절차가 진행되지 않는다.
다친 길고양이 또는 다친 야생동물	시·군·구에 신고하면 포획하여 지정 동물병원에서 치료한 뒤, 방사한다(놓아준다). 치료 후 회복을 위한 시간이 필요한 동물은 보호소에서 관리될 수 있다. 천연기념물로 지정된 동물은 문화재청에 신고하여 보호관리단체 등으로의 인계가 이루어진다. 천연기념물의 예) 두루미, 수리부엉이, 반달가슴곰, 황조롱이, 독수리, 하늘다람쥐, 올빼미, 팔색조, 원앙 등

진돗개, 삽살개도 천연기념물로 지정되어 있습니다. 유기동물이 되면 동물보호법에 적용을 받기 때문에 다른 개들과 마찬가지 절차로 관리됩니다.

⟨유기동물 관련 통계 소개: 서울의 예⟩

1) 연도별 유기동물 발생 수 (단위: 마리)

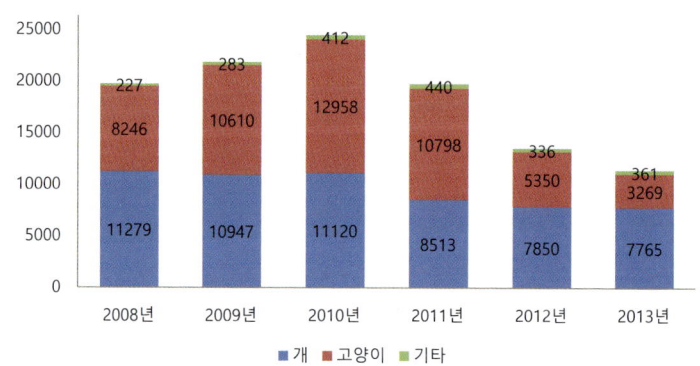

2) 2013년 서울 유기동물 발생 통계 (2013년 기준)

① 유기동물 발생 수: 서울 유기동물 발생 총 11,395마리로 2010년 대비 53.5% 감소

② 종별　　　　　　　　　　　　　③ 발생한 유기동물 처리방안

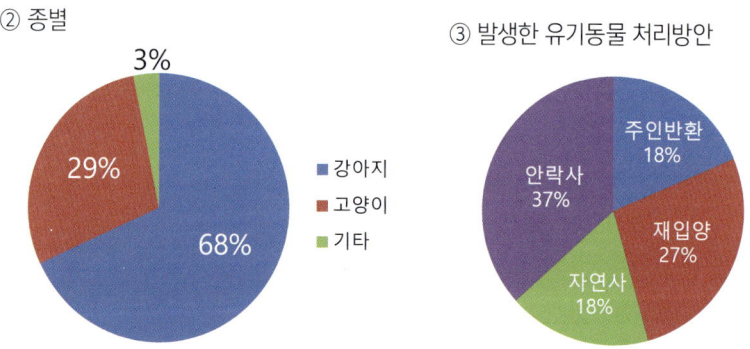

3) 사육포기 원인 (2014년 서울연구원 설문조사)

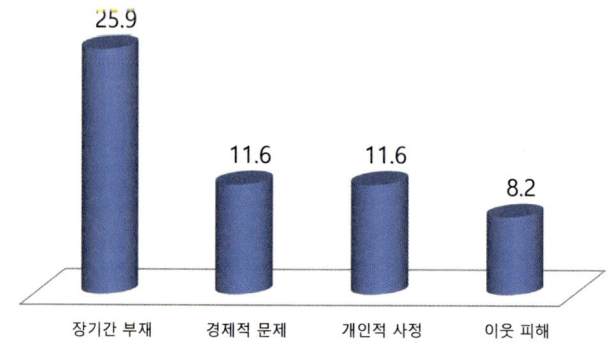

유기견을 입양한 연예인들

가수 이효리님와 순심이

MC, 개그맨 김국진님과 덕구

배우 진재영님을 꼭 닮은 카이

유지태, 김효진 부부가 입양한 효심이

유기동물보호센터에서 노리를 입양한 배우, 박신혜님

유기견 4마리를 키우고 있는 배우 조윤희님

개식용 반대 캠페인 및 동물보호에 앞장서기로 유명한 배우 다니엘헤니님과 그가 구조한 개, 로스코와 망고

사람도 못 챙기는데 우리가 동물까지.. 이런 이야기를 많이 하는데요. 그런데, 동물을 못 챙기는 사회가 사람을 잘 챙길까요? 그렇지 않습니다. 기본적으로 생명에 대한 연민은 본질이 같기 때문에 같이 갑니다. 동물을 잘 챙기는 사회는 사람도 잘 챙깁니다.

- 김어준, 김어준의 파파이스 진행 중에서..

〈우리나라 유기견 관리의 실태와 선진국의 실태에 대한 비교〉

우리나라의 관리실태
1. 개체 수 조절이 잘 되고 있지 않음
우리나라에는 연간 약 10만마리 이상의 동물이 버려지고 있다.

2. 동물등록제의 전면 실시
동물등록제는 많은 선진국에서 이미 자리 잡은 제도이다. 우리나라에서도 2013년부터 전면 시행되었다.

3. 동물보호소 운영실태
보호소는 시·군·구 직영으로 운영하는 곳과, 위탁하는 곳이 있다. 귀가율, 입양률에 못지않게 자연사 비율이나 안락사율이 높은 것이 현실이다.

지자체마다 보호소의 규모, 시설, 운영방법 등이 일관되지 못하고 재정지원도 부족하다는 지적이 있다.

다행히 동물복지에 관한 공약은 이전보다 많이 발표되고 있다. 다만 이행여부에 관해서는 여러 사람의 관심이 필요하다.

외국의 유기동물 관리 사례(독일)
독일은 200년 가까운 동물보호 역사를 가지고 있는 나라다. 1840년대에 동물보호단체가 만들어지고 유기동물 보호가 시작되었다.

1) 중성화수술을 통한 개체수 조질
2) 유기견이 새 주인을 만날 때까지 기간을 정하지 않고 동물을 보호하는 '노킬(No Kill)'정책

위와 같은 두 가지 정책을 바탕으로 엄격하고 인도적으로 유기동물 보호에 힘쓰고 있다. 특히 안락사를 허용하지 않고 끝까지 동물을 지키는 노킬정책이 인상적이다. 그 결과, 독일 내 대부분의 동물보호소의 귀가 및 입양율은 90% 이상을 유지하고 있다.

<독일의 대표적인 유기동물 보호소 티어하임>

만들 당시 600억원 정도의 예산을 투입하였다고 한다. 현재 1,000여마리의 동물을 보호 중이다. 개를 위한 공간, 고양이를 위한 공간, 특수동물을 위한 공간이 구분되어 있다. 많은 사람들이 방문할 수 있도록, 도심지 인근에 자연친화적으로 만들어졌다.

이 시설의 직원들은 동물보호요원으로서의 국가자격증을 가지고 있다. 입양 절

차가 매우 까다로우며 입양의 선택에 있어서 동물의 의향을 존중하는 절차까지도 있다. 예를 들어 입양희망자에게 원하는 동물을 보게 해주되 동물이 그 사람을 싫어하면 입양이 어렵다. 한 국가의 규정이 이토록 따뜻할 수 있을까 싶을 만큼 놀랍고 감동적이다.

애완동물과 반려동물, 그 명칭에 대해

애완(愛玩)이란 동물이나 물품 따위를 좋아하여 가까이 두고 귀여워하거나 즐긴다는 뜻이다.

반려(伴侶)란 짝이 되는 동무라는 뜻으로, 보통 '평생 함께 지낼 동반자'라는 의미가 담겨 있다.

반려동물(companion animal)이라는 명칭은 1983년 10월 27~28일 오스트리아 빈에서 열린 인간과 애완동물의 관계를 주제로 하는 국제 심포지엄에서 처음으로 제안되었다. 우리가 아끼고 사랑하며 키우는 동물을 애완동물 혹은 반려동물 중 무엇으로 불러도 의미가 통하겠지만, 최근에는 평생 함께한다는 '반려'의 따뜻한 의미 덕에 '반려동물'이라는 말이 더 많이 쓰이고 있다.

동물과 관련된 법규 소개

> **동물학대는 법으로 처벌받는 '범죄'**
>
> 동물보호법에 따라 다음과 같은 행위로 동물을 학대한 경우 1년 이하의 징역 혹은 1천만원 이하의 벌금을 물게 된다.
>
> - 잔인한 방법으로 죽이는 행위
> - 길바닥 등 공개된 장소에서 죽이거나 같은 종류의 다른 동물이 보는 앞에서 죽이는 행위
> - 동물의 식성 및 생태환경 등 부득이한 사유가 없음에도 불구하고 다른

> 　　동물을 해당 동물의 먹이로 사용하는 행위
> - 사람의 생명·신체에 직접적 위협이나 재산상의 피해를 방지하기 위하여 다른 방법이 있음에도 불구하고 동물을 죽이거나 상해를 입히는 행위
> - 도구·약물을 사용해 상해를 입히는 행위. 살아있는 상태에서 동물의 신체를 손상하거나 체액을 채취하거나 체액을 채취하기 위한 장치를 설치하는 행위
> - 도박·광고·오락·유흥 등의 목적으로 동물에게 상해를 입히는 행위
> - 열·전기·물 등에 의한 물리적 방법이나 약품 등에 의한 화학적 방법으로 동물에게 상해를 입히는 행위

[애견인의 의무]
1) 동물(개)을 버려서는 안 된다. 위반 시 50만원 이하의 과태료
2) 개를 데리고 외출할 때는 보호자의 성명, 주소, 전화번호가 적힌 인식표를 부착해야 한다. 위반 시 20만원 이하의 과태료
3) 외출 시에는 목줄이나 가슴줄을 해야 한다. 위반 시 10만원 이하의 과태료
4) 배설물이 생길 때에는 준비해간 휴지와 비닐봉투로 즉시 수거해야 한다. 위반 시 10만원 이하의 과태료
5) 맹견(도사견, 핏불테리어, 스태퍼드셔테리어, 로트와일러 및 이들의 잡종) 외출 시에는 입마개를 착용해야 한다. 위반 시 10만원 이하의 과태료
6) 동물등록제에 따라 반려견의 소유자는, 반려견을 의무적으로 등록해야 한다. 위반 시 최고 60만원 이하의 과태료
   - 등록대상: 가정에서 반려를 목적으로 기르는 개(생후 3개월 이상)
   - 등록방법: 동물병원에서 등록신청서 작성 후 마이크로칩 시술
     ※ 마이크로칩(Microchip): ☞ 292p

[그 외의 법률사항]

1) 가정에서 소수의 개를 분양하는 것은 허용되나, 이를 [객관적으로 상당한 횟수 반복하거나 반복 계속할 의사가 보여질 경우] 동물판매업 등록을 해야 한다.
2) 공동주거생활에 피해를 끼치지 않는다면, 관리주체의 동의를 받을 필요가 없다는 법적 해석이 가능하다.
3) 반려견을 동반한 대중교통의 이용
   ① 기차: 철도법에 따라, 동물을 객석에 데리고 타기 위해서는 예방접종확인서(동물병원 예방접종 수첩)와 이동가방이 필요하다.
   ② 버스: 여객자동차운수사업법에 의거, 운송사업자가 관련내용을 약관으로 정하도록 되어 있다. 일반적으로 이동가방에 넣어 이동해야 동행이 가능하다.
4) 동물이 폐사할 경우 사체는 폐기물관리법에 의거하여 처리하거나, 동물장묘업자를 통해 처리해야 한다. 동물병원에서 중개해주는 처리업자를 통해 처리하는 것이 일반적인 방법이다.

[한번쯤은 알아두자]
<동물보호법 시행규칙 별표2> 동물의 사육·관리방법에 대한 기준

1. 일반기준

가. 동물의 소유자등은 동물을 사육·관리할 때에 동물의 생명과 그 안전을 보호하고 복지를 증진하기 위하여 성실히 노력하여야 한다.

나. 동물의 소유자등은 동물로 하여금 갈증·배고픔, 영양불량, 불편함, 통증·부상·질병, 두려움과 정상적으로 행동할 수 없는 것으로 인하여 고통을 받지 아니하도록 노력하여야 한다.

다. 동물의 소유자등은 사육·관리하는 동물의 습성을 이해함으로써 최대한 본래의 습성에 가깝게 사육·관리하고, 동물의 보호와 복지에 책임감을 가져야 한다.
라. 동물의 소유자등은 자신이 기르는 동물이 공포감을 조성하거나 털, 소리, 냄새 등으로 인하여 다른 사람에게 피해를 주지 아니하도록 노력하여야 한다.

2. 개별기준

가. 사육환경

1) 동물의 종류, 크기, 특성, 건강상태, 사육 목적 등을 고려하여 최대한 적절한 사육환경을 제공하여야 한다.
2) 야외에서 사육하는 경우에는 직사광선, 비바람 등을 피할 수 있는 공간이나 우리 등의 시설을 갖추어야 한다. 이 경우 우리는 동물에게 상해를 입히지 아니하는 재료로 제작된 것이어야 한다.
3) 동물의 사육공간 및 사육시설은 동물이 자연스러운 자세로 일어나거나 눕거나 움직이는 등 일상적인 동작을 하는 데에 지장이 없는 크기이어야 한다.

나. 건강관리

1) 전염병 예방을 위하여 정기적으로 동물의 특성에 따른 예방접종을 하여야 한다.
2) 개는 분기마다 1회 이상 구충을 하여야 한다.
3) 번식을 목적으로 하지 아니하는 개나 고양이는 수의사가 권고하는 연령이 되면 중성화 수술을 시키도록 하여야 한다.

다. 훈련

1) 공동주택에서 사육하는 개는 짖지 못하게 하는 등 주변 사람들에게 피해를 주지 아니하도록 필요한 훈련을 시켜야 한다.
2) 개의 경우에는 사람에 대한 공격성을 감소시키기 위하여 복종 훈련을 시켜야 한다.

개에겐 집을 찾아올 신비한 능력이 있을까?

개의 귀소본능(동물이 자신의 서식장소나 산란, 육아를 하던 곳에서 멀리 떨어져 있는 경우, 다시 그 곳으로 되돌아 오는 성질)과 관련된 몇 가지 일화가 있다. 그 중에서 가장 유명한 것은 1869년 Menault라는 사람에 의해 보고된 내용으로, 나폴레옹 전쟁 때 러시아의 한 지역에서 잃어버린 개 Moffino가 기차와 도보를 이용해서 집인 밀라노까지 찾아왔다는 이야기다.

하지만 유감스럽게도 개가 집을 찾아올 능력에 대한 과학적인 실험은 매우 부족하다. 개의 방향감각이 훌륭하지만, 그럼에도 불구하고 먼 곳에서 길을 잃었을 때 스스로 집에 찾아온다는 풍문은 확인되지 않은 사실에 가깝고, 희박하다고 봐야 한다.

잃어버린 강아지 찾기

<일반적으로 개가 집을 나가는 이유>
- 지루함이나 외로움
- 개를 놀라게 하는 사건
- (중성화하지 않았다면) 성적 욕구에 의해
- 문이나 창문이 자주 열려 있는 경우, 호기심에 의해
- 새로 집에 왔다면, 이전의 환경을 찾아 나가는 것

개를 잃게 되면, 걱정에 정신이 없다. 그럴 때일수록 냉정하게, 그리고 빠르게 조치를 취해야 한다.

먼저 각 아파트와 주변 건물의 경비실에 문의한다.

주변에서 찾을 수 없다면 아래와 같이 수색범위를 정하고 체계적으로 강아지를 찾는다.

1) 개의 상태나 크기에 따라 예상 이동반경을 그린다.

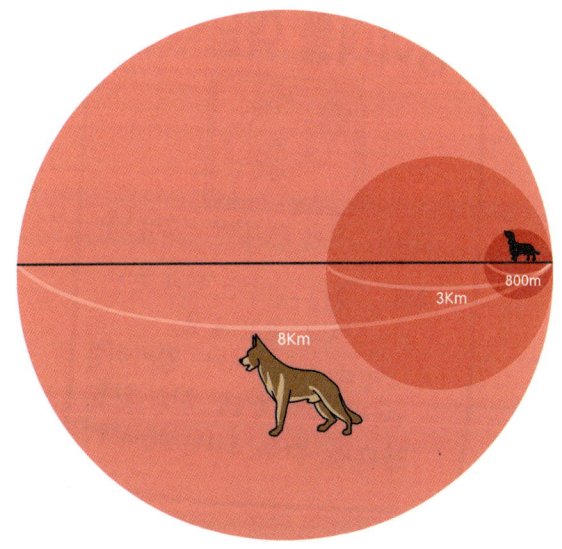

- 반경 3km 내에서 구조되는 경우가 많다.
- 크고 젊은 개는 8km 이상 갈 수도 있다.
- 작은 개는 대부분 800m 정도 가는 것에 그친다.

2) 예상한 반경 안에, 개가 갈 만한 장소를, 원인과 연계해서 생각해본다.

- 친구 개가 있고, 편안히 쉴 만하고, 음식이 있는 곳
- 운동장이나 공원처럼 음식을 줄 만한 사람들이 많은 곳

3) 전단지를 만들어, 예상 장소에서 집중 배포한다.

- 개의 사진과 이름, 외모와 성격에 대한 설명, 지니고 있는 목줄, 잃어버린 장소, 사례금 등을 상세하면서도 잘 보이게 적는다.
- 체중이 어느 정도 나간다거나 손등에 반점이 있다거나 꼬리가 꺾였다거나 다리에 작은 멍울이 있다는 등 꼼꼼하고 상세한 정보를 적는 것이 좋다.
- 예상반경 내 동물병원, 애견샵, 경찰서 등에 전단지를 돌린다.

4) 가능한 모든 곳에 연락을 취한다.

- 해당 지역에 있는 유기동물보호센터에 연락을 취한다.
- 꼭 알아볼 곳: 국가동물병원관리시스템 (animal.go.kr) > 유기동물·동물보호소 > 유기동물 공고
- 유명 동물관련 인터넷 카페와 SNS에도 관련 글을 쓴다.

5) 찾아 나서기

- 돌아다니면서 개를 찾는다. 이른 아침, 차량이 적은 시간이 가장 좋다.

<잃어버린 강아지 아루를 찾은 야토맘님의 후기 소개>

안녕하세요^-^ 오늘은 엄청 기쁜 소식을 전해드리려고 해요.
지난 4/27 일요일, 없어진 지 일주일 만에 저희 아루를 다시 찾았답니다^-^

게다가 더욱 대박인 건 집 근처에서 찾았다는 ㅜㅜ
4/27 저녁, 전화 한 통을 받았어요. 저희 집 근처 골목에서 비슷한 강아지를 보셨다는!
그래서 아루야 불렀더니, 가다 멈추고 가다 멈추고 그랬다는 겁니다.
그래서 저는 저희 집은 광주고 친정은 성남이라 엄마한테 재빠르게 전화했어요.
밖에 나가보니 집 근처에 엄청 까맣고 꼬질꼬질한 강아지 발견! (엄마말로는 깜장 족제비 같았다고 하시네요)

엄마말로는 엄마가 부르니 본 척을 안해서 긴가민가 하고 있는데 아빠가 나가서 강아지 근처를막으니 그 꼬질꼬질한 강아지가 저희 집 대문으로 쏙 들어왔다네요. 일반강아지가 가정집에 쉽게 가지는 않잖아요. 그런데 너무 더럽고 꼬질꼬질해서 (일요일 비가 많이 왔죠. ㅠ) 구분이 안 가서 엄마가 목욕을 시켰다고 해요. 무려 5번 밑에 사진은 아빠가 저한테 보내주기 위해 때가 좀 빠졌을 때라네요.

5번목욕 끝에 나온 강아지

네~~ 저희 아루예요. ㅜㅜ

오랜 바깥생활로 인해 아프진 않은지
병원 가서 진료도 받고 혹시 몰라 칩 검사도하고~~

근데 저희 강아지 발견 당시 옷도 벗겨져있었고

밖에 돌아다닌 강아지치고는 검사결과가 너무 양호, 탈수도 없구요.
그래서 수의사선생님이 하는 말이 누군가 뎄고 있다가 버렸거나 아루가 다시 나왔던가 둘 중 하나 같대요. 그래도 건강하게 제 곁으로 와준 아루가 너무 대견하고 예뻐요♡♡

10. 일상생활

개는 사람을 산책 나가게 설득시키는 중요한 이유이다.

- 화학자 겸 작가, O.A. 바티스타 -

강아지는 무얼 하며 하루를 보낼까?

미국 텍사스 A&M 대학에서, 울타리에서 지내는 비글 강아지의 행동을 하루 종일 관찰해 보았다.

<결과1>

행동		할애시간
털 손질		20분
걷기		4시간 38분
서 있기		1시간 23분
앉아 있기		1시간 3분
누워 있기	엎드리기	3시간 20분
	옆으로 눕기	4시간 23분
	엎드려 눕기	8시간 49분
	등을 대고 눕기	4분

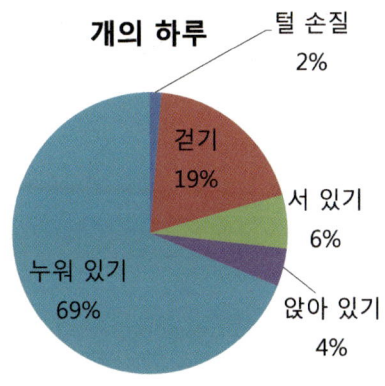

개의 하루
- 털 손질 2%
- 걷기 19%
- 서 있기 6%
- 앉아 있기 4%
- 누워 있기 69%

<결과2>

행동	횟수
스트레칭	2회
소변	9회
대변	3회
점프	60회
자세 변경	490회

불테리어견의 서전트 점프(수직점프)

서전트 점프력은 농구나 배구선수들에게 중요한 능력입니다. 신체조건+수직점프력으로 공중에서 공다툼을 하게 되니까요.

개는 어떤 자세로 휴식을 취할까?

<앉기>

약간 기울여 앉는 경향이 있다.
한 발은 앞을 향하고 있다.

<엎드리기>

뒷다리를 모은 채 앞다리를 펴서 엎드린다.

[표정 읽기]
눈과 입, 그리고 귀에 힘을 주지 않고 있네요. 긴장하지 않고 엎드려서 편하게 쉬고 있다는 걸 알 수 있습니다.

가끔 뒷다리까지 펴서 사람처럼 엎드리기도 한다.

깨알정보

복통을 호소하는 특이한 자세

마치 기도를 하는 모습과 비슷하다고 하여 '기도 자세'라고 부릅니다. 특이한 자세여서 귀엽다고 느껴질 수도 있지만 사실은 질병이 있다는 뜻입니다. 상복부(간, 담낭, 담도, 췌장, 비장, 신장, 위)의 통증을 의미하니 개가 밥을 먹지 않고 이런 자세를 자꾸 취하면 즉시 내원해야 합니다.

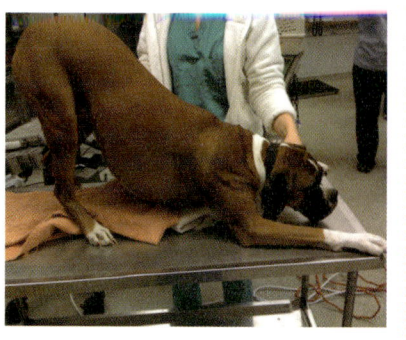

<옆으로 눕기>

왼쪽 혹은 오른쪽으로 눕는다. 편하게 깊은 수면을 취할 수 있는 자세다.

옆으로 누워서
깊은 잠을 자고 있는 폴리

<엎드려 눕기>

이 자세를 가장 오래 취한다. 물론 개마다 선호하는 자세는 다를 수 있다.

<뒤로 눕기>

이 자세로 오랜 시간 쉬지는 않는다. 대체로 크고 길쭉길쭉한 품종보다는, 작고 둥글둥글한 품종이 이 자세를 즐긴다.

특히 뒤로 잘 눕는 개, 웰씨코기

개가 평소에 하는 일들에 대한 연구를 소개해 드렸습니다만..
한 마디로 말하면,
강아지는 하루 종일 보호자를 기다렸답니다.

10. 일상생활　349

나 홀로 매일매일 털 관리(그루밍)

개는 입과 발을 사용하여 털을 정돈한다. 입이 닿는 부위는 입으로 핥거나 물어서 털을 골라내고, 입이 잘 닿지 않는 부위는 발로 털을 고른다.

발로 목 털을 관리하고 있는 제제

■ 입을 사용하는 부위
■ 앞발을 사용하는 부위
■ 뒷발을 사용하는 부위
■ 입과 뒷발을 사용하는 부위

보호자와 함께 매일매일 관리

 관리해줘야 할 필수적인 내용은 정리했으나 아이의 모습과 건강상태에 따라 추가 내용이 있을 수 있습니다. 미흡한 점은 진료상담이나 미용샵 관리를 통해 보완해주세요.

1) 눈 관리 (하루 1번)

건강한 눈은 관리가 쉽다. 눈곱 빗(촘촘한 빗)으로 눈곱을 닦아내 주면 된다.

눈물이 많거나 눈곱이 비정상적으로 많을

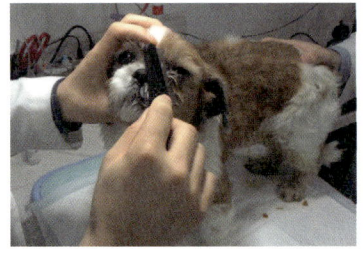

경우, 동물병원에서 진료를 받고 안약 등을 처방 받아서 관리하자.

안약은 오래 사용하면 안약 속 보존제 때문에 해롭습니다. 일반적으로 개봉 후 1달이 지난 안약은 폐기하는 것이 좋습니다.

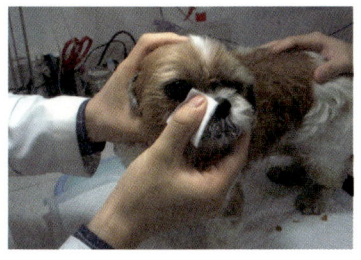
안약을 넣고, 눈물이 흘러내린 부위(눈과 코 사이 피부)를 탈지면으로 꾹 눌러 닦는다.

2) 코 관리 (하루 1번)
① 엄지와 검지로 코를 살짝 짠다.
② 깨끗한 천(혹은 탈지면 혹은 휴지)으로 코를 닦는다. 콧날의 방향대로 닦아내야 효과적이다.

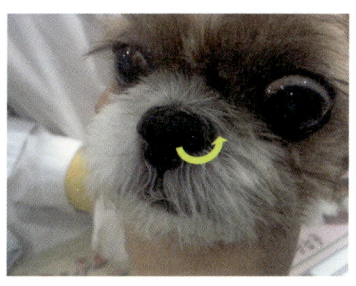

3) 입 관리 (하루 1번)
① 치석예방용 개껌을 간식으로 준다. ← 하루 1개
② 칫솔질을 해준다.

[1단계] 첫 일주일간은 손으로 치아를 만진다. (입을 열고 치아관리 받는 것을 익숙하게 하는 기간)

[2단계] 다음 3일간 치약을 맛보게 한다. 개 치약은 먹을 수 있게 만들어졌으며 맛도 좋다.

[3단계] 천이나 손에 끼우는 칫솔로 칫솔질을 시작한다. (약 일주일 동안)

[4단계] 칫솔에 치약을 묻혀 개가 맛보게 한다. (약 3일)

[5단계] 칫솔로 이를 닦아준다.

* 사람의 치약을 사용해선 안 된다. 개는 민트향을 좋아하지 않고, 거품을 일으키는 사람치약의 계면활성제 성분은 삼켰을 때 위장 장애를 유발할 수 있기 때문이다.

치아를 물리적으로 닦아주는 자체가 가장 중요한 것입니다. 개가 칫솔질을 싫어한다면 그냥 손으로라도 치아를 만져주세요. 매일! 틈날 때마다 치아를 만져서 닦아주세요!

4) 귀 관리 (귀 세정제 제품의 지시에 따라)

① <주의1> 귓병이 있으면 치료가 먼저다. 냄새 나고, 진물이 나오고, 가려워하고, 붓기가 있는 등의 증상이 있으면 → 동물병원에 내원하여 치료부터 받아야 한다.

② <주의2> 면봉을 귓속에 넣지 않는다. 면봉은 귓길(이도)을 자극하며 귀지를 오히려 깊은 곳으로 밀어 넣는다.

③ <주의3> 목욕 시 귀에 샴푸가 들어가지 않도록 조심한다. 샴푸는 화학적 자극이 되어 귀에 염증을 일으킬 수 있다.

④ [관리1] 귀 세정제를 귀 속에 넣고 마사지한다. 제품 사용설명서 확인하고 용법에 따라 사용한다. 물이나 생리식염수도 가능하지만, 귀세정제를 쓰는 것이 귀지의 제거와 귓속 청결유지에 더 유리하다.

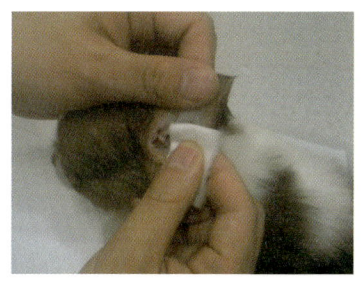

⑤ [관리2] 탈지면이나 면봉으로 '귓바퀴만' 닦는다.

5) 발바닥 관리 (외출 후)

개의 발바닥에는 축축한 땀이 난다. 외출/산책 중에 발바닥이 지저분해질 수 있으므로 집에 온 뒤 닦아주는 것이 좋다. 깨끗한 천에 물을 묻혀 닦아주면 되는데, 씻은 뒤 말려주면 가장 좋다.

6) 발바닥 털 관리

발바닥 털이 길면 강아지는 쉽게 미끄러질 수 있다.(관절, 인대, 근육, 뼈에 외상 발생 가능성 ↑)

원래 개의 발바닥에는 볼록 살이 있어서 미끄러지지 않는데, 털이 이 구조를 덮어버리

면 볼록 살이 기능을 못 한다. 동물병원이나 애견 미용실에서 발바닥 미용을 할 수 있다.

7) 발톱 깎기 (산책을 자주 하지 않는다면 필요함, 2주 1회)

산책을 하는 개는 발톱이 스스로 갈리지만, 실내생활만 주로 하는 개는 발톱을 잘라줘야 한다. 발톱이 길면 부러져 다칠 수 있고, 걷는 데 불편함을 느낄 수 있기 때문이다.

동물용 발톱깎이로 혈관을 피해 잘라준다. 발톱이 검은색인 경우, 혈관이 잘 보이지 않으니 조금씩만 자르자.

피가 나면? 깨끗한 천(급하면 휴지)으로 꾹 눌러 피를 멎게 한다. 흔들지 말고 꾹 눌러서 지혈해야 한다.

깨알질문

Q : 발톱에 통증이 있을까?
A : 발톱 자체는 통증을 느끼지 못한다. 하지만 혈관을 자르면 아파한다.

8) 항문낭 관리 (엉덩이를 끌 경우)

항문낭이란? 항문 양쪽 아래(5시와 7시 방향)에 있는 주머니 모양의 구조다. 고약한 냄새가 나는 항문낭액을 담고 있다.

항문낭액은 개가 변을 볼 때 조금씩 새어 나오게 되는데, 이것이 잘 되지 않는 개는 항문을 가려워서 썰매 타는 듯한 자세를 취하며 엉덩이를 끌게 된다.

> 엉덩이를 끈 적이 없다면 ☞ 항문낭 관리를 하지 않아도 된다.
> 엉덩이를 끈 적이 있으면 ☞ 보호자가 항문낭을 짜줘야 한다.

<항문낭 짜는 법> ☞ 374p   <항문낭염> ☞ 435p

9) 빗질 (장모종: 매일, 단모종: 주 1~3회)
① 뭉친 털은 슬리커로 풀어낸다.
② 브러시로 결을 따라 빗어준다.

개의 일상적인 스트레스를 줄이는 방법

따뜻한 날, 머리 결을 날리며 산책중인 미미

1) 산책이 중요하다.
개에게 산책이란, 놀이이자 탐험이다. 킁킁 냄새를 맡으며 사냥본능과 추적본능을 마음껏 발휘할 수 있는 기회다. 많이 뛰고 냄새를 실컷 맡으며 카타르시스를 느낀다. 걷는 것도 좋지만, 개에게 산책의 가장 중요한 것은 냄새를 맡는 행위다. 따라서 산책을 할 때 개가 냄새를 맡으며 이곳 저곳을 탐색할 수 있도록 배려해주는 것이 좋다.

해외에서는 산책을 시키지 않는 것을 학대로 간주한다. 만약 산책으로 개의 에너지를 적절하게 발산해주지 않을 경우 개는 집에서 집착행동 등으로 발산할 것이다.

하지만 관절질환을 가지고 있는 아이들은 과도한 산책을 하지 않아야 함을 다시 한번 강조합니다. 우리나라에는 관절이 좋지 않은 소형견이 특히 많은데요, 비정상적인 관절구조를 가진 아이들에게 무리한 운동은 독이 될 수 있습니다. 아이의 운동량을 늘리기 전에, 건강검진을 받으시길 권고드립니다.

〈전국의 산책 명소〉

- **서울송파구**: 올림픽공원, 한강시민공원, 석촌호수
- **서울강남구**: 양재천, 한강
- **서울마포구**: 홍대입구역 잔디밭
- **경기수원시**: 만석공원, 수원화성, 매탄공원, 효원공원, 인계3호공원
- **경기안양시**: 안양천
- **부산광역시**: 태종대, 낙동강
- **인천광역시**: 인천대공원이나 아라뱃길
- **대구광역시**: 수성못, 월드컵경기장, 두류공원
- **울산광역시**: 애견운동공원, 여천천, 울산대공원, 태화강대공원
- **세종특별시**: 세종호수공원
- **전북익산시**: 영등근린공원
- **경남창원시**: 용지공원

제 블로그를 통해 제보를 받았습니다. (http://blog.naver.com/neoflight/221025669989) 앞으로도 직접 사시는 분들의 생생한 소개를 계속 기다립니다. 정리해서 개정판에 보완하겠습니다. ^^

<대표적으로 개를 데리고 갈 수 없는 곳> 놀이공원, 백화점, 마트 등

개 출입을 제한한 상점에서 도그파킹(Dog Parking)이라는 이름으로 개를 잠시 둘 수 있는 케이지를 마련해둔 곳도 있습니다. 외국에는 상황이 좀 달랐어요. 필자가 독일에 갔을 때, 백화점 내에서도 개가 다니는 모습이 무척 인상적이었습니다.

산책의 효과

① 개의 신체적 건강 증진

산책을 하면 개는 사람의 세 배 이상의 운동을 한 것이 된다. 사람이 목적지로 걷는 동안, 개는 이쪽저쪽을 다니고 냄새를 탐색하고 가로수나 벽에 십 수번 들러야 했을 것이다.

충분한 운동은 개의 근육을 탄탄하게 하고, 당뇨와 심장-순환계질환을 예방하며 비만을 막는다.

② 개의 심리적 건강 증진

야생의 개는 사냥을 위해 먼 거리를 이동하거나, 냄새로 다른 무리나 침입자를 정탐한다. 집에서 지내는 개들도 이런 본능을 가지고 있다. 개는 낯선 장소를 돌아다니면서 심리적 에너지를 소모해야 한다. 산책 과정에서 맡는 다양한 냄새, 새로운 환경은 심리적 에너지를 소모할 수 있는 최고의 기회다. 정탐본능과 호기심이 해소되지 못하고 쌓이면 스트레스가 된다. 스트레스가 해소되지 않으면 작은 물건에 집착하거나 같은 행동을 반복하는 강박증세를 보일 수 있다.

③ 사람의 건강 증진

운동부족을 겪고 있는 현대인들에게, 개와의 산책은 아주 훌륭한 운동자극이 된다. 개와 규칙적인 산책을 약속하자. 산책 후에는 자신의 상쾌함뿐 아니라 개의 기쁨이 전해져서, 두 배의 뿌듯함을 느낄 수 있을 것이다.

산책 훈련

산책 훈련이 필요한 개
- 산책 전부터 심하게 흥분한다.
- 개가 앞서서 사람을 끌고 다닌다.

훈련 방법

- 산책 중에 개가 흥분하면 목줄을 길게 잡은 채로 하품을 하거나 기지개를 켜는 등 딴청을 피우며 개의 흥분이 가라앉길 기다린다. 차분해지면 맛있는 음식을 주며 칭찬한다.
- 아예 앉아서 쉬는 것도 좋다. 잠시 앉아 이곳 저곳에 간식을 던져주며 '노즈워크'를 하며 차분해질 때까지 시간을 보낸다.
- 필요하다면 반복적으로 개의 흥분을 가라앉힌다. 시간이 걸리더라도 개가 차분해졌을 때 다시 출발하는 것이 중요하다.

산책 관련 FAQ

Q: 강아지는 언제부터 산책이 가능한가요?
A: 전염병에 대한 예방접종을 마치는, 생후 4개월부터 가능합니다.

Q: 개가 생리중인데 산책해도 되나요?
A: 건강에 문제가 없습니다만, 기저귀를 채우고 짧게 다녀오는 것이 좋습니다. 산책 중에 소변을 자주 볼 수 있으며, 생리혈을 보여 보호자가 불편하거나 주위사람들이 꺼릴 수 있습니다. 수컷들이 반응하여 따라오는 상황이 생길 수도 있습니다.

Q: 산책로는 같은 곳이 좋나요? 새로운 곳이 좋나요?
A: 개의 상태에 따라 다릅니다. 기본적으로는 새로운 곳을 찾아, 조금 지칠 때까지 산책하는 것을 개는 좋아합니다. 하지만 산책 시 심하게 흥분을 하는 상태라면, 같은 산책로를 걸으면서 안정적인 산책을 하는 법을 먼저 가르치는 것이 좋습니다.

Q: 산책 중에 다른 개나 사람에게 공격성을 보이면 어떻게 해야 하나요?
A: 당장은 줄을 짧게 잡아 자리를 피하는 것이 좋습니다. 장기적으로는 사회화를 해줘야 합니다. 먼 거리부터 다른 개와 사람을 차분히 지켜보는 과정이 필요해요. 조금씩 거리를 좁히면서도 고 맛있는 간식을 먹으며 기분 좋고 차분한 기분으로 지낼 수 있어야 합니다.
개가 공격성을 보였던 사람을 섭외하여 함께 훈련해주면 더 좋아요. 그 사람이 개의 곁에서 딴청을 피우며 간식을 던져주면, 개도 조금씩 이 사람이 두려운 존재가 아니라는 걸 알게 될 것입니다.

Q: 개가 산책을 무서워해요.
A: 관련내용 ☞ 405p

Q: 산책 시 법적으로 유의해야 할 점이 있나요?
A: 동물보호법에 따라, '가정에서 반려의 목적으로 기르는 개'의 경우 산책을 나갈 때 인식표를 꼭 달아야 합니다. 마이크로칩을 삽입했다면 인식표 부착은 하지 않아도 되지만, 그래도 별도의 인식표를 달고 외출하는 것이 좋습니다.
산책 시 목줄을 해야 하고, 개의 배설물을 치울 준비물을 챙겨야 합니다. 혹시 사고가 날 경우 안타깝지만 온전한 배상을 받기 어렵습니다. 목줄을 꼭 하고, 스스로 안전을 확보하는 산책이 되어야 합니다.

2) 집 안에서는 보호자와 충분히 교감하기

집에서는 차분하게 쉬는 것이 좋다. 아예 별도의 시간을 내어 규칙적으로 실내에서 운동하는 것은 괜찮으나, '일상적으로' 집에서 놀아주는 것은 좋지 않다. 일상적으로 실내에서 놀게 되면 개는 수시로 장난을 걸어오며 조르게 될 것이고, 개와 사람 모두 스트레스를 받을 것이다. 산책과 훈련 같은 바깥 활동에 대한 흥미와 집중도도 떨어질 수 있다.

차분히 바깥구경중인 짱구

하루 2번 충분한 산책과 운동을 시켜준다면 개가 집에서 대체로 쉬면서 차분하게 지내는 것이 자연스러워질 것입니다.
다리가 건강하지 않아 산책이 어렵다면 실내에서 교감해주는 것으로도 충분합니다. 함께 있어주고 스킨십을 많이 해주세요. 답답해한다면 유모차를 태워서 나들이를 가는 것도 좋은 방법입니다.

깨알소개

실내에서 할 수 있는 규칙적인 운동법 중 하나, 강아지 요가

강아지와 와 요가하는법을 소개하는 책
노나미 저, '요가하는 강아지'

3) '어떤 상황' 후 항상 음식을 주는 것을 삼간다

'어떤 상황' 후 항상 음식을 주면, 개는 그런 상황을 기다리게 될 것이고 그 상황 뒤에 있을 음식에 대해 흥분하고 스트레스를 받게 된다. 예를 들어 외출 전에 항상 육포를 던져준다면, 개는 주인이 외출준비를 할 때부터 흥분하기 시작한다. 안절부절못하고, 음식을 먹더라도 크게 만족하지 않는다.

밥(주식)은 규칙적으로 주더라도, 간식은 주는 시간대, 혹은 주는 상황을 종종 바꾸는 것이 바람직하다. 훈련 때도 간식을 주는 것과 말로 칭찬해 주는 것을 섞어가며 진행하는 것이 좋다.

다른 나라는 우리나라와 애견문화가 많이 다를까?

이 주제는 제가 직접 경험하지 못한 부분이 많아서 제보를 바탕으로 구성했습니다. 집필한 시점을 기준으로 작성되었고 법 개정 등으로 인해 실시간 정보가 변경될 수 있음을 밝힙니다.

<미국의 예>

1) 인기 품종

주로 대형견 잡종을 많이 키운다. 핏불테리어나 리트리버종이 많은데 품종에는 별로 신경을 쓰지 않는 편이다. 소형견 중에는 푸들, 포메라니안, 시추 등을 많이 키운다.

2) 일상적인 산책문화

아침 저녁으로 산책하는 보호자가 매우 많다. 항상 목줄을 착용한다.

3) 이색적인 문화

어떤 곳은 개똥만 버리는 쓰레기통이 따로 있다. Dog Park라고 아예 개를 데리고 가서 놀게 하는 별도의 놀이터도 있다. Dog Sitter라고 보모처럼 개를 돌봐주는 아르바이트, 그리고 Dog walker라고 산책만 전문적으로 시켜주는 아르바이트도 있다.

영화 아이 엠 샘 (I Am Sam, 2001)에서, 주인공 샘은 개 산책을 시키는 아르바이트를 했다.
독 워커를 전문적으로 하는 사람은 개 보호자로부터 면접을 보기도 하며, 수입이 웬만한 변호사보다 좋은 경우도 있다고 한다. - 썰전 302회 참고

4) 예방 문화

한국과 크게 다르지 않다. 매년 예방접종을 맞추고 매달 심장사상충 예방을 해준다.

5) 숙박 문화

사람 호텔 중에 반려동물을 데리고 숙박할 수 있는 곳도 있다. 보통은 동물을 데리고 들어갈 수 없는 곳이 많다. 아파트의 경우, 반려동물을 키우고 싶으면 추가 비용을 매달 내야 한다. 혹은 아예 반려동물 동거가 금지된 아파트도 있다.

이런 이유로 외국에서는 반려동물을 키우기 위한 목적으로 주택을 선호하는 사람이 많습니다.

하지만 미국 대부분의 아이가 있는 가정은 아파트가 아닌 주택에 살기 때문에 어릴 때부터 동물을 많이 키우는 편이다. 개, 고양이 2마리 이상씩 키우는 집이 많고, 말을 키우는 사람도 의외로 많다.

6) 생명 보호

더운 날, 개를 혼자 차에 두면 경찰에 신고 당할 수도 있다. 미국에는 동물학대 전문 법정과 판사가 따로 있고, 징역이나 벌금도 무거운 편이다. 텔레비전에 동물 채널이 따로 있는데 거기에 'Animal cop(동물 기동대)' 이라는 프로그램이 인기다. 동물 구조요원들이 열악한 환경에 있는 동물들을 구조하는 내용을 담고 있다.

<독일의 예> 네이버 아이디 tailighting 제보 감사합니다. 독일 하이델베르크에서 웨스트하이랜드화이트테리어 두 마리를 키우고 계십니다.

1) 인기 품종
큰 개(리트리버류)가 인기다. 하지만 가릴 것 없이 다양한 품종들이 많다. 잡종도 굉장히 많다.

2) 산책의 일상화
법적으로 하루에 2번 산책을 시켜야 한다. 비가 오나 눈이 오나 대부분의 보호자가 이 권고안을 지킨다. 보통 실내에 화장실을 두지 않는 것도 이와 관련이 있다. 독일 애완견 용품점에는 화장실 패드가 거의 없다고 한다.

3) 개를 위한 공원
독일의 공원은 개 산책이 가능한 공원과 개 산책이 불가능한 공원으로 나뉜다. 개 산책이 가능한 공원은 다시 목줄을 반드시 해야 하는 곳, 목줄을 풀어도 되는 곳으로 나뉜다. 개 산책이 허락되는 공원에는 대개 개 분변봉투와 분변쓰레기통이 있다. 아이들이 뛰어 노는 곳(놀이터 등)에는 보통 개 산책이 금지되어 있다.

4) 반려견 등록제
모든 반려견은 등록을 해야 한다. 1년 등록비는 첫째가 15만원 정도이고, 두 번째 개부터는 30만원 정도가 된다(하이델베르크 지역 기준, 도시/주 별로 다름). 등록된 개는 모두 등록목걸이를 걸고 있어야 한다.

한국보다 등록비가 훨씬 비싸며, 키우는 개가 많을수록 등록비가 더 비싸집니다.

5) 개-삼자 상해보험
독일에는 내 개가 누군가에게 피해를 입히는 것을 대비한 보험이 있다. 가능성이 낮은 일일지라도 많은 보호자들이 이러한 보험에 가입한다.

6) 개 여권

독일에서는 '개 여권'을 만들어야 한다. 개 여권에는 예방접종 및 진료기록이 담기며 모든 EU국가에서 통용된다.

개 여권이 있으면 → 타국가로 개가 자유롭게 이동할 수 있다.

개 여권이 없다면 → 국경 검문 때마다 통관절차를 밟아야 한다.

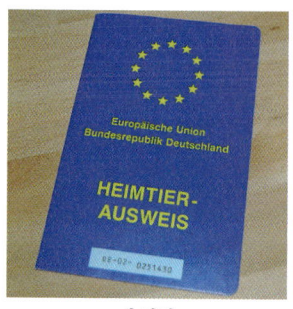

개 여권

7) 동물 용품 쇼핑몰 ≠ 애완동물 샵

동물 용품 쇼핑몰에서 개나 고양이가 창가에 전시되어 있는 곳은 없다. 용품 쇼핑몰과 반려동물을 분양 받는 곳은 완전히 구분되어 있다. 반려동물을 파는 샵 자체가 매우 적으며 대부분 유기동물보호소에서 개를 입양한다.

8) 개를 동반한 쇼핑과 식당 이용

독일 뮌헨의 시장에서 개를 데리고 장을 보고 있는 여성

개 출입이 가능한 곳이 많다. 식당에서 개와 함께 차나 식사를 즐기는 가족들을 쉽게 볼 수 있다. 약 80~90% 가게는 개 출입이 가능하다. (그래도 식당의 경우 보통 물이보고 들어간다.) 출입이 불가능한 곳은 관련 안내 스티커가 입구에 붙어져 있다.

백화점에 개를 데리고 쇼핑하는 사람들이 많고, 애완용품점에서 개가 직접 물건을 고르는 것(예를 들면 큰 장난감을 물어뜯어 보는 것)도 흔한 광경이다.

9) 개를 동반한 숙박시설, 대중교통 이용

숙박지를 검색하면 개 동반숙박 가능 여부가 표시된다. 개 숙박비도 따로 청구된다. 호텔의 경우 약 50%는 동반숙박이 가능한 것으로 추측된다.

대중교통의 경우, 지역마다 차이가 있을 수 있지만 개도 승객이며 대중교통 탑승 시 비용을 내야 한다(소아티켓으로 구매). 월 정기권 등을 소유한 보호자는 한 마리까지 추가비용 없이 개를 데리고 탑승할 수 있다.

장거리 독일 기차(Deutsch Bahn, ICE등)의 경우, 작은 개는 비용 없이 탑승이 가능하다. 하지만 큰 개의 경우 탑승이 불가능한 것으로 알고 있다. 보통 독일 보호자들은 장거리를 이동할 땐 자신의 차에 개를 태운다. 유럽에는 웨건 차량(승용차의 지붕이 후단까지 뻗어 있는 차량)이 흔한데, 웨건의 뒷부분에 개가 들어갈 케이지를 마련해둔다.

<영국의 예> 영국에서 유학중이신 네이버 아이디 런던쟁이님 제보 감사합니다.

영국은 스태퍼드셔 불 테리어를 가장 많이 기르는 것 같다. 영국인들은 이 품종을 Staff(스타프)라고 부른다. 불독, 불테리어, 리트리버가 많은 편이다. 큰 개를 주로 많이 키우고, 소형견은 많지 않은 편이다.

영국은 애완동물법이 무척 엄격해서 애견은 반드시 마이크로칩을 달아야 하고, 하루에 2~3번 정도 반드시 산책을 시켜줘야 한다. (영국에서도 Dog walker 라는 산책시켜주는 직업은 꽤 수입이 높다고 한다.)

개가 혼자 있는 시간이 오래되면 유기라고 판단되어 주변 사람이 신고하면 주인과 애견이 분리되어 새로운 가정을 찾아주는 예도 있다.

유기견을 분양받을 때도 한국 돈으로 수십만원의 분양비를 내야 한다.

영국 사람들은 개를 엄격하게 교육하는 편이라서, 개가 사람을 물거나 상해를 입히는 일은 드물고, 본인의 개가 사나운 편이라면 반드시 목줄과 입마개를 해준다. 만약 개가 목줄을 하지 않고, 다른 사람을 물거나 다치게 하는 경우 경찰이 출동해서 조치하는 것이 영국 법이다. 실제로 투견으로 기르는 개를 풀어놔서 어린아이가 다친 경우에 견주의 의견과 상관없이 사살하는 경우가 있었다.

동물학대에 대한 처벌도 무겁다. RSPCA(Royal Society for the Prevention of Cruelty to Animals)라는 동물보호협회가 있어서 동물학대, 유기 등을 신고하면 바로 와서 조사하고 처리한다.

임대주택이나 아파트에서는 보통 반려동물을 기르지 못하게 한다. 개를 기르고 싶은 사람은 주택을 선호한다.

<일본의 예> 네이버 아이디 J. C.님 감사합니다.

1. 인기품종

주로 소형견을 많이 키운다. 일본의 수도인 도쿄에서 제일 많이 키우는 품종은 토이푸들로, 머리가 좋고 털이 잘 안 빠지는 게 장점이라서 인기가 많은 것 같다. 닥스훈트를 키우는 가정도 많다. 대형견도 종종 보이는데, 라브라도리트리버, 골든리트리버가 인기다.

2. 산책문화

저녁에 산책을 많이 간다. 배변봉투는 기본이고 물병까지 들고 다니다가 개가 소변을 보고 나면 세척하는 보호자도 많다. 일본인들은 특이한 목줄을 많이 사용한다. 가죽 줄에 여러 가지 반짝이는 것을 박은 줄도 많고, 밤에 목줄이 빛날 수 있도록 빛나는 장식물을 부착하기도 한다.

강아지 이동가방도 고가의 브랜드 디자인을 즐긴다.

알록달록 목줄에 스카프로 멋을 내고 나온 일본 강아지, 슌스케

3. 놀이터와 아르바이트

도쿄의 경우 놀이터나 공원이 아주 많다. 주말이면 사람들이 모여서 개들을 놀게 해주고 주인들이 담소를 나누는 장면을 자주 목격할 수 있다. 실내에서 할 수 있는 애견 피트니스 클럽도 활발하게 운영 중이다. 집을 오래 비울 경우 개 산책 아르바이트를 쓰기도 한다.

4. 예방문화

대부분 매년 예방접종을 한다. 그리고 접종에 대해 구청에 신고를 해야 한다. 추가비용을 내면 동물병원에서 직접 구청에 신고를 해준다. 심장사상충도 매달 예방해준다.

5. 교통, 숙박문화

"일본 경제가 오랫동안 불황이지만 반려동물과 관련된 산업은 매년 호황이다."라는 뉴스가 보도될 만큼 일본인들은 개를 많이 키우고, 여행도 같이 다닌다. 개를 안고 택시를 타더라도 기사님이 특별한 불만을 말하는 경우가 거의 없다.

일본에는 애완견과 함께 잘 수 있는 숙박시설이 정말 많다. 일본에서는 반려동물과 함께 살 수 있는 집을 소개하는 부동산중개업소가 성행하고 있다. 레스토랑에서 같이 밥도 먹을 수 있고, 개를 위한 메뉴가 있어서 비용을 지불하면 간단한 음식도 만들어 준다. 야외에 '도그런'이라고 개들이 뛰어 놀 수 있는 시설도 종종 있다.

개들이 뛰어 놀 수 있는 시설, 도그런

11. 특별한 날

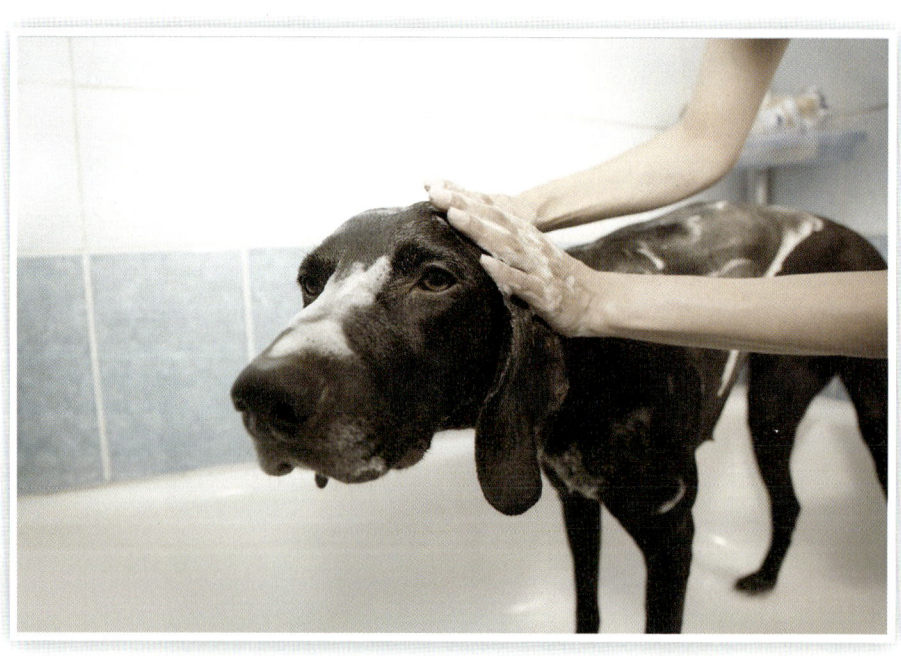

비누 맛이 어떤지 모르는 사람은 개를 씻겨보지 않은 사람일 것이다

- 희극작가 프랭클린 존스 -

진료 받으러 가는 날

1) 애견수첩을 챙긴다.

예방접종, 심장사상충 예방, 진료내역 등을 담을 수 있는 수첩을 챙겨둔다. 수첩은 보통 동물병원에서 받을 수 있다. 상담 때 물어볼 것을 미리 메모해둔다. 내원한 김에 구입해야 할 것(사료, 영양제 등)이 있는지 체크한다.

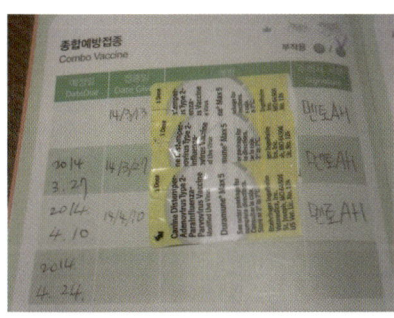

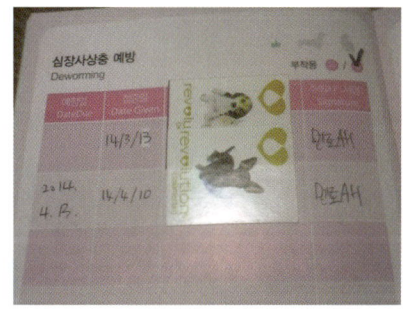

2) 예약을 한다.

동물병원에 시간예약을 하고 내원 동기를 알린다. 증상을 설명하고 공복으로 데려가야 하는지, (요검사를 위해) 오줌을 누게 하지 말고 데려가야 하는지 등을 미리 상담한다.

오줌을 누지 않게 하려면 내려주지 않고 안거나 이동가방에 넣어두면 됩니다.

3) 이동가방에 넣어 데려간다.

진료 전까지는 개를 이동가방에 넣어 두는 것이 개에게도 안정감을 주고 진료 전 차분한 상담에 도움이 된다.

이동가방으로 안전하게 동물병원에 내원한 순이

미용 하러 가는 날

1) 따뜻한 날이 좋다.

특히 전신 삭모를 하면 마치 패딩점퍼를 입다가 벗은 것과 같다. 기온이 낮지 않더라도 미용한 개는 추위를 느낄 수 있다. 미용 후에는 옷을 입히자.

2) 예약을 한다.

미용은 대부분 예약제로 운영된다. 시간과 원하는 미용의 종류(전신미용, 부분미용 등)를 예약하자.

3) 이동가방에 넣어 데려간다.

4) 별도의 샴푸나 에센스 등의 사용을 원한다면, 챙겨간다.

보통은 미용실에 마련된 제품들로 목욕 및 관리를 해준다.

5) 미용 후 스트레스는 보통 2일 내에 해소된다.

만약 피부가 빨개지고 많이 가려워한다면 → 동물병원을 찾자. 일시적으로 발생한 염증을 줄여주는 약물을 투여/복용하게 된다.

강아지 첫 미용은 언제 시키는 게 좋을까?

첫 미용으로 삭모를 하는 경우가 많은데, 사실 그것은 좋은 방법이 아니다. 전신삭모는 꽤 많은 스트레스를 받는 과정이어서, 첫 미용을 받는 강아지는 이것에 두려움을 느끼고 미용시간을 싫어하게 될 가능성이 높다.

적절한 대안은, 생후 4개월 정도에 부분미용(얼굴, 다리 등의 부위를 부분적으로만 클리퍼와 가위로 미용하는 것)을 시켜주고, 그 1~2개월 뒤에 추가 미용을 시키는 것이다. 부분미용으로만 관리가 가능하다면 그것으로 좋고, 여름철이 되어 더위와 깔끔함을 위해 전신삭모도 고려해볼 수 있다.

외국과는 다른 개 미용 문화

한국에선 장모종 개의 털을 짧게 밀어서 관리하는 경우가 많다.
시추, 말티즈, 요크셔테리어와 같은 장모종들을 한국에서는 삭모 형태로 미용을 한다. 하지만 외국에서는 삭모하는 경우가 거의 없다고 한다. 사람 미용을 하듯 가위로 모양을 내며 털을 손질하는 것이 일반적이다.

> *** 개 염색에 대해**
>
> 2000년대 초반, 사람 염색이 그러했듯 개 염색도 큰 유행을 탔다. 최근에는 개 염색이 많이 줄었다. 예전에는 사람 염색약을 사용했기 때문에 개 피부 자극에 대한 위험성이 제기되었으나, 최근에는 개 전용 염색약들이 대중화되어서 위험이 줄어들었다.
>
> 하지만 전용염색약도 피부에 자극을 줄 가능성을 완전히 배제할 수 없으므로 피부염, 알러지의 위험이 있는 개에게는 추천하지 않는다.

염색으로 개성을 뽐내는 리키

미용 후 탈모 증후군

삭모한 자리에 털이 나지 않는 증상이다. 털이 길고 속 털이 많은 아이들이 자주 문제가 된다. 예를 들어 포메라니안, 시베리안허스키, 차우차우 같은 품종들이다. 털 뭉침이 심할 때 증상은 더 쉽게 나타난다. 삭모에 의한 피부혈관 내 혈액흐름의 변화, 그리고 외부 온도에의 갑작스런 노출이 탈모의 원인이 되는 것으로 알려져 있다.

삭모 후 탈모 증후군은 대체로 1년 내에 다시 털이 자라지만, 2년까지 탈모가 지속되기도 하니 속이 많이 상할 수 있습니다. 포메라니안처럼 속 털이 많은 품종은 가급적 짧은 삭모를 피하고 길이를 남기는 미용을 해줘야 합니다. 털이 많이 뭉쳤다면 빗질과 약간의 가위컷으로 뭉친 털을 최대한 푼 뒤 다음에 다시 미용을 해야 합니다. 미용 후에는 꼭 옷을 입혀서 갑작스런 추위를 막아주는 것이 좋습니다.

외출을 위해 안정적으로 대형견 드는 법

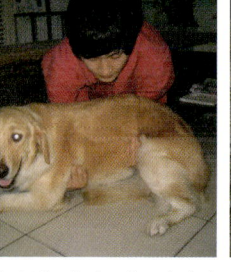

1. 개를 진정시킨다.

모델: 골든 리트리버 비키
(29kg/여아/당시 2세)

2. 앉아서 개의 겨드랑이와 아랫배에 손을 넣어 들 준비를 한다.

3. 조심스럽게 들어 올린다.
(→ 옮긴다.)

훈련소 가는 날

요즘은 아이를 유치원에 보내듯이 개를 훈련소에서 체계적으로 교육하는 보호자가 늘고 있다. 훈련소는 여러 마리의 개가 함께 지내기 때문에, 무엇보다 예방을 잘 해둔 상태에서 입소해야 한다.

훈련소는 보통 2달 정도로 교육을 하는데, 기간은 달라질 수 있습니다. 사람, 또는 다른 동물들과 어울려서 노는 사회성 교육과 집중적인 교육을 받는 시간 등으로 짜여 있습니다. 최근에는 각 가정으로 훈련사가 방문하여 훈련을 하는 출장훈련도 활발하게 이뤄지고 있습니다.

사진 출처: 김경호 애견스쿨(http://www.072dog.com/)

<입소 전 백신 체크>

권고되는 5가지 예방접종인 종합백신, 코로나백신, 켄넬코프백신, 광견병백신, 개인플루엔자백신의 접종기록을 확인하고 빠진 것이 있다면 미리 접종해둬야 한다. 특히 호흡기 관련 백신인 켄넬코프와 개인플루엔자 백신은 맞은 지 6개월이 지났다면 보강접종을 한 뒤 입소하는 것이 좋다.

<입소 전 기생충예방 체크>

야외활동을 하게 되므로 심장사상충 및 외부기생충에 대한 예방도 완료하여 입소해야 한다.

강아지 운동장 가는 날

강아지 운동장을 찾아서 마음껏 뛰놀고 올 수 있다. 각종 장난감, 오르내릴 수 있는 구조물, 수영장 등이 마련되어있다.

강아지 운동장에서 뛰어놀고 있는 베리

수영을 즐기는 라크

키가 커서 물속을 걷고 있는 은별이

목욕 하는 날

목욕은 7~10일에 한번 하는 것이 좋다. 너무 자주 하는 것은 오히려 피부 건강에 해로울 수 있다. 피부 보호막이 씻겨 버리기 때문이다.

1) 목욕 전에 빗질을 해준다.
뭉친 털을 풀어준 뒤 목욕하면 털 정리가 훨씬 잘 되어 보다 건강한 모질을 유지할 수 있다.

2) 목욕 물은 미지근하게 준비한다. 강아지용 샴푸를 준비한다.
3) 목욕 전, 개의 항문낭을 짜준다.

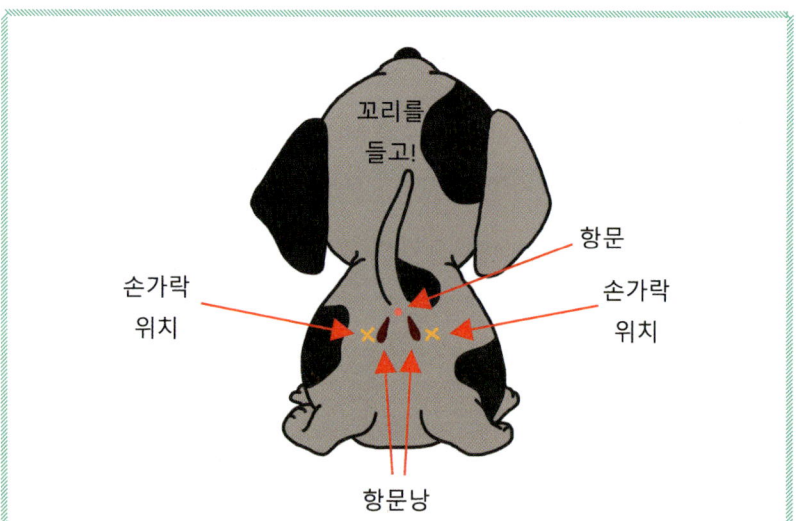

항문낭에는 고약한 냄새가 나는 갈색의 항문낭액이 차 있다.
보통 배변을 할 때 스스로 짜 져서 배출되는데, 잘 배출되지 않고 항문낭액이 축적되는 아이들은 보호자가 주기적으로 짜 주어야 한다. 항문낭액 축적이 계속되면 엉덩이가 가렵고 염증이 발생할 가능성이 높아지기 때문이다. 항문낭액을 짠 뒤 별도의 소독은 필요 없으나, 혹시 항문낭을 짠 뒤부터 개가 엉덩이를 가려워하거나 불편해하면 동물병원에 내원하여 진료를 받자. 항문낭염 ☞ 435p

4) 개의 몸을 충분히 적신다.

5) 샴푸로 거품을 내고 손가락 끝으로 지압하며 마사지한다.

6) 거품 낸 시간만큼 충분히 헹군다.

미지근한 물에 목욕중인 둘리

목욕 과정에서 눈이나 귀에 샴푸가 들어가지 않도록 주의한다.

Q: 들어가 버리면?

A: 사람과 마찬가지다. 샴푸가 화학적 자극이 되므로 물로 충분히 헹궈줘야 한다. 발가락 사이사이도 꼼꼼하게 샴푸하고 씻어낸다.

생식기 주름을 죽 당겨서 샴푸하고 헹궈낸다. (화살표)

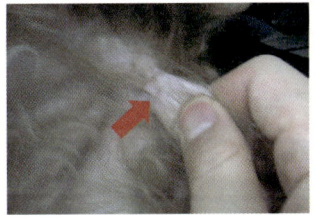

단두종은, 얼굴에 주름도 챙겨주자

7) 수건으로 몸을 닦아주고, 뜨겁지 않은 바람으로 말린다.

수건은 아무거나 써도 상관없다.

목욕을 마친 둘리

이사하는 날

이사를 하게 되면 개도 스트레스를 받는다.

연구 결과, 약 50%의 개가 스트레스를 받는 것으로 조사되었다.

23%는 소리를 지르며 스트레스를 표현하고, 15%는 잘 가리던 화장실을 가리지

못하며, 13%는 갑자기 몸을 많이 핥는 모습을 보였다.

<극복 방법>

갑자기 새로운 집에 직면하면 크게 당황할 수 있다. 좁은 공간부터 조금씩, 점진적으로 새로운 공간에 적응되게 해주는 것이 좋다.

먼저 작은 방에 개의 보금자리를 두고, 보호자의 냄새가 밴 옷도 주위에 놓아준다. 보금자리에서 편안하게 쉴 수 있게 해주고 방이 익숙해지면 조금씩 거실로 집안산책을 시작하자. 익숙해지면 동네 산책도 나갈 수 있다.

 이사로 인한 스트레스가 극심하다면 동물병원에서 심리안정제나 진정제를 처방 받을 수 있습니다.

이사하는 날에는 정신이 없고 할 일이 많아서 동물을 잘 돌보기가 어렵다. 이동가방에 잘 넣어두지 않으면, 부주의로 인해 개가 집밖으로 나가버릴 수도 있다.
☞ 이사하는 날 목줄을 하거나 이동가방에 넣어두자. 애견호텔을 하루 이용하는 것도 좋다.

해외로 떠나는 날

동물과 함께 해외로 가기 위해서는, 검역과 관련된 준비가 필요하다.
동물을 받아들이는 나라의 입장과 동물을 데려다 주는 항공사의 입장으로 나눠 생각해보면 이해가 된다.

<먼저 그 나라 입장에선>

개가 전염병을 옮기면 안 되기 때문에, 광견병 및 주요예방 접종여부, 건강상태여부에 대한 증명서를 요구한다. 좀 까다로운 나라는 계류라 하여 동물을 한 달간 보관하며 관찰해본 뒤에야, 전염병이 없다고 보고 동물을 보내준다. 개가 주인을 잃으면 찾아야 하기 때문에, 마이크로칩 삽입을 요구한다. 나라별 자세한 내용은 국립수의과학검역원 인천지원(032-740-2631)에 문의 가능하다.

<데려다 주는 항공사 입장에선>

동물이 다른 승객에 피해를 안 줘야 하기 때문에, 보통 동물을 이동가방에서 꺼내는 건 금지하고 가급적 탑승 전 배설을 권유한다.

일반적으로 5kg로 이하는 동반이 가능하고, 그 이상은 화물칸 중 동식물칸에서 비행시간을 버텨야 한다. 자세한 사항은 해당 항공사에 문의해볼 수 있다.

> 큰 비행기를 타면 동식물칸에도 일반기내와 같은 온도와 습도조절이 제공됩니다. 작은 비행기는 온도조절이 되지 않는 경우도 있으니, 가급적 규모가 있는 비행기편을 예약하시기 바랍니다. 비행기 내에서는 체온조절이 쉽지 않기 때문에 체온을 떨어뜨릴 수 있는 진정제 투약은 하지 않는 것이 좋습니다.

파티하는 날

2013년 2월, 파티(Dog Party)가 열렸다. 개를 위한 합동 생일파티이자, 애견인을 위한 자축파티였다. 강아지요가협회의 주최로 개를 키우는 많은 사람들이 모였고, 스타 모델견 팬사인회, 개잇뷰티(개의 뷰티부스), 간단 마사지법 안내, 먹거리 세미나 등 즐거운 시간을 가졌다.

즐겁고 신나는 행사가 많다.
소개: 강아지요가협회 http://koreadoga.co.kr

생일파티중인 라크

오봉산 반려견 축제에 참가중인 복돌이와 구름이

애견카페 가는 날

개와 함께 차를 마시고 시간을 보낼 수 있는 카페가 많이 생겼다.

<애견카페는 이런 곳이에요>

- 개와 함께 방문할 수 있다.
- 개를 데려가지 않고 사람만 갈 수도 있다. 다른 개를 구경할 수 있어요!

사진출처: 바우하우스(dogcafe_bauhouse)

- 사람음료뿐 아니라 개를 위한 음식도 판매한다.
- 개들이 어울려 놀 공간이 있다. 사회성을 기를 수 있다.
- 카페지기를 포함하여 개에 대해 잘 아는 사람들이 많다. 다른 애견인은 어떤 고민을 하고 어떻게 애들을 키우며, 어떤 반려동물 제품이 유행인지, 이런저런 정보를 듣고 개를 키우는 노하우도 전해들을 수 있다.

사회성이 좋은 개라면 더없이 좋은 시간이 될 것이다.

사회성이 부족하다면, 가서 다른 친구들이 서로 어울리는 모습만 물끄러미 보더라도 사회성 훈련이 될 수 있다.

여러 개가 모이는 만큼 입마개, 가슴줄 등 안전사고에 대한 대비가 필요하다.

박람회 가는 날

종종 애견박람회가 개최된다. 개와 관련된 다양한 신상품들을 구경할 수 있다. 개와 동반이 가능해서 함께 놀러 갈 수 있다. 많은 개 친구들을 만나볼 수 있는 좋은 기회이다.

독쇼에 출전하는 날

그 동안 가꾸었던 미모를 뽐내러 간다.

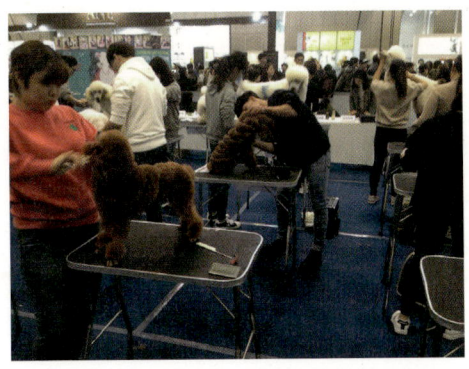

12. 기초훈련 도감

개처럼 살자. 개는 밥을 먹으면서 어제의 공놀이를 후회하지 않고,
잠을 자면서 내일의 꼬리치기를 미리 걱정하지 않는다. - 작가 박웅현 -

개를 위해 방석을 샀다! 어디에 둬야 할까?

현관문이 잘 보이지 않는, 집안 구석이 좋다.
현관문이 잘 보이는 위치에서 생활하면 → 개가 집을 지키려는 본능이 자극되기 때문에 → 앞으로 잘 짖는 개가 될 가능성이 높아진다.

구석진 곳에 포근한 방석을 마련해주세요.
산책으로 많이 놀고, 집에서는 푹 쉬는 것이 좋습니다.

화장실훈련을 위해 무엇을 사용해야 할까?

화장실훈련 초기에는 신문지를 깔아두는 것이 훈련하기에 더 쉽다.
패드는 푹신해서 강아지가 패드를 화장실이 아니라 쉬는 곳으로 인지할 수 있기 때문이다.

초기에는 신문지 3장 정도를 깔아두자. 신문지가 익숙해지면 → 신문지를 배변패드로 대체하자. 개에 따라 배변패드만 깔려있는 것을 좋아하는 아이도 있고, 배변판을 마련해주는 것을 좋아하는 아이도 있다.

두꺼운 배변패드를 깔아둔 모습

개가 잘 사용해준다면 이렇게 패드로만 관리하는 것이 가장 손쉽고 깔끔합니다.

플라스틱 배변판

단단한 화장실을 좋아하는 개들은 배변판을 선호합니다. 소변흡수를 위해 배변판 안에 배변패드를 깔기도 합니다. 배변판은 자주 씻고 말려서 관리해야 해서 2개를 구비하여 사용하는 것이 좋습니다.

<화장실 훈련법>: 생후 2~3개월에 시작

관찰이 중요하다. 잠에서 깬 후, 식사를 한 후가 배설을 하는 때다. 킁킁 바닥 냄새를 맡거나 제자리를 빙글빙글 도는 것도 배설 전 행동이다.

① 개가 배설하려 하면 화장실로 데려간다. 친절하고 상냥하게 화장실을 안내해줘야 한다. 개의 집중력을 높여주기 위해 목줄을 해둘 수도 있지만 강압적으로 끌고 가선 안 된다.

② 화장실에 배설하면 → 크게 칭찬해준다. 높은 음으로 '잘했어!' 라고 말하며 쓰다듬어주자. 좋아하는 간식도 주자.

③ 배설 실수를 발견하면 → 야단치지 말고 바로 치워준다. 특별한 반응을 전혀 하지 않는 것이 좋다.

 배설을 할 만한 시간에 원하는 배설 장소(예를 들어 화장실이나 베란다)에 개가 들어가게 한 뒤 보호자가 입구를 막고 배설할 때까지 책을 읽는 등 딴청을 피우며 기다리는 방법도 있어요.

배변훈련은 대표적으로 '긍정교육', 즉 칭찬으로만 훈련해야 한다. 야단을 치면 개가 소심해져서 배변을 꺼리거나 먹어버리는 행동이 나타날 수도 있다.

배변을 잘 했을 때의 큰 칭찬, 그리고 반복교육. 이것이 배변훈련의 핵심이다.

 배변은 하루 2~3번씩 계속 반복되는 일상입니다. 쉽지 않은 훈련이지만 꾸준히 반복할 수 있는 기회가 있습니다. 몇 번의 시도로 포기하지 말고 꾸준한 반복, 긍정교육으로 훈련을 완성하세요!

클리커는 언제 쓸까?

이것은 딸깍 소리를 내는 '클리커(Clicker)'라고 한다.
개를 훈련할 때, 음식 대신 소리로 '보상'을 해주는 칭찬도구다.

개에게 보상으로 음식을 줄 때마다 딸깍 소리를 내어 → 개가 '클릭음 = 좋은 것' 이라고 인식하게 만든다. 반복하면 나중에는 딸깍 소리 자체가 보상이 될 수 있다. (노래방에서 100점이 나왔을 때 '와우~ 대단합니다" 라는 목소리를 들어주는 느낌이랄까..)

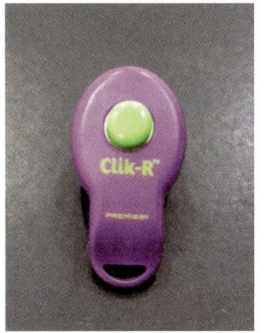

<클리커 훈련법>
① 훈련을 위해 식사량에서 일부 빼서 준비한 사료를 10알 정도 준다.
② 사료를 먹으려 할 때(먹기 직전)에, 클릭음을 낸다. 소리는 정확하게 한 알당 한번만 낸다. 여러 번 딸깍딸깍 거리지 않는다.
③ 앞으로 칭찬을 할 때, 음식뿐 아니라 클리커를 사용해준다. 점차 음식이 아니라 클리커 소리만으로 개에게 기쁨(보상)을 주도록 한다.

훈련할 땐 목줄을 사용해야 하나?

그렇다. 훈련의 집중력을 높이기 위해 목줄을 사용하는 것이 좋다.
훈련 시간이 길다고 좋은 것은 아니다. 10분 정도로 집중훈련을 하는 것이 좋다. 목줄로 확실한 분위기를 잡아서, 효과적인 훈련을 하자.
개가 힘이 세고 제어가 어렵다면 초크체인을 사용하면 효과적이다.

<훈련용 목줄의 사용>

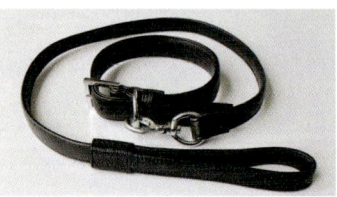

생후 6개월이 넘은 개에게 사용할 수 있다. 체인으로 된 것(초크체인)과 가죽 끈으로 된 것이 있다.
길이는 사람 키보다 약 40센티 긴 것이 적당하다. 서서 팔을 들어 확인한다.

오른손잡이일 경우, 왼쪽에 개를 두고 오른 손으로 목줄 손잡이를 잡는다.

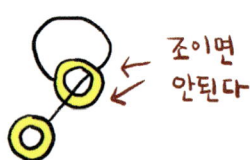

목줄은 두 손으로 잡아야 한다. 손잡이를 잡은 팔은 가볍게 굽히고, 끈을 잡은 팔은 편다. 초크체인은 그림과 같은 모양으로 장착해야 한다. 당겼을 때 목덜미 쪽이 조여져야 한다.

기본 훈련조차 잘 되지 않는 아이에겐 목줄을 하고 집안 곳곳을 걷는 것이 훈련의 시작입니다. 개가 원하는 곳이 아니라 보호자가 원하는 곳으로 개가 따라오게 하는 방법입니다.
목줄의 착용조차 거부한다면 욕심내지 말고 차근히 목줄을 적응시켜야 해요. 목줄을 착용한 상태에서 바로 끌지 말고, 스스로 집안을 다닐 수 있도록 시간을 주세요. 목줄을 할 때마다 간식을 주고 칭찬을 많이 해주세요.

야단을 쳐도 개가 전혀 제어되지 않는다. 어떻게 해야 할까?

① 개에게 규칙을 알려주려면 개가 안정되고 차분한 상태여야 한다. 이미 흥분을 한 상태라면 어지간한 야단은 개의 흥분을 강화할 뿐이다. 하품을 하거나 딴청을 피우며 무시하여 개의 흥분을 누그러뜨린 후, 훈련을 다시 시작하자.

② 개에게는 '하지 말아야 할 행동'보다 '해야 할 또는 해도 되는 행동'을 먼저 가르치는 것이 중요하다. 가령 점프하는 아이를 진정시키기 위해서 '점프를 못하게 하는 것'에 중심을 두지 말고 '앉게 하는 것'에 중심을 두는 것이다. 이것은 개가 사람을 앞질러 달리는 것을 교정할 때도 쓰이는 방법이다. 평소에 앉게 하는 훈련이 잘 되어 있다면, 앉아 명령을 통해 개의 불필요한 흥분행동을 진정시킬 수 있다.

개에게 '앉아' 훈련은 기본적이면서도 가장 중요한 훈련입니다.

나중에는 말을 하지 않고 이렇게 정해진 손짓만 해도 개가 앉게 할 수 있습니다.

칭찬의 기술

칭찬의 의미로 쓸 말을 정해두는 것이 좋다. "좋아", "잘했어", "그렇지"와 같은 긍정적인 단어를 쓰도록 한다.
단어가 너무 길지 않는 것이 개가 이해하기에 좋다.

칭찬의 말을 전할 때는 높은 톤으로 부드럽게 해주자.
동물의 세계에서 낮은 톤은 경계나 위협을 뜻한다. 그래서 동물들은 낮은 톤으로 으르렁거리는 것이다.

칭찬할 땐, 말과 함께 쓰다듬어주자.
칭찬으로 말만 했을 때보다, 쓰다듬으며 격려해주면 더 효과적인 칭찬이 된다.
실제로 쓰다듬어주며 칭찬했을 때 훈련지연시간(명령과 행동 사이의 시간)이 짧아짐을 확인한 연구가 있다.

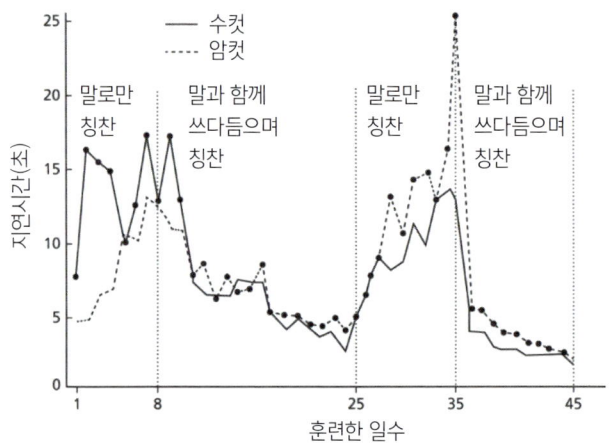

암컷과 수컷의 약간의 차이도 관찰된다. 수컷이 초반에 말로만 칭찬할 때는 암컷에 비해 훈련효과가 덜한 반면, 뒤로 갈수록, 그리고 만져줄수록 훈련 효과가 암컷보다 좋아짐을 확인할 수 있다.

쓰다듬어 줬을 때 개가 더 빨리 명령행동을 수행하네요. 더욱 집중해서 보호자의 칭찬을 들으려고 노력한다는 걸 알 수 있습니다. 기특해요!

쓰다듬어 줄 때, 자세를 낮추어 앉아서 만져주면 더 편안함을 느낀다.
개 입장에서 사람은 무척 크고 무서운 존재기 때문에, 자세를 낮춰서 만져주면 두려움을 걷고 따뜻한 마음을 느끼게 된다.

기초훈련 도감

그림을 보며 따라하세요~

① "앉아" 훈련

줄을 짧게 잡고, 목 부위를 당긴다.
"앉아"라고 말하며 몸 뒤쪽을 반대 손으로 누른다.

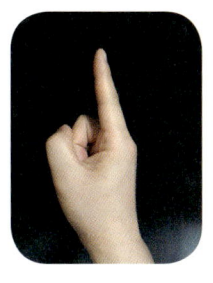

앉게 한 뒤, 충분히 칭찬해준다.

내가 앉으면 개도 더 쉽게 앉습니다. 엎드려 훈련을 할 때도 내가 엎드리면 개도 더 쉽게 엎드립니다. 앉아 훈련 초기에는 이런 개의 특성을 활용할 수 있습니다.

장기적으로는 보호자가 선 상태에서 명령을 내리고 개가 수행할 수 있도록 해주는 것이 좋습니다. 앉아서 놀다가도 보호자가 섰을 때, 개가 긴장하고 명령을 기다리도록 훈련하는 것이 좋기 때문입니다.

만약 개가 다리에 힘을 준 채 앉지 않으면, 엉덩이를 아래로 톡톡 두드리며 재차 "앉아" 명령을 내린다.

훈련 받지 않고 기대려 하면, 무릎으로 개를 쿡 눌러 똑바로 서게 한다.

너무 뒤에 앉아 있으면, 쓱 당겨서 가까이 앉게 한다.

앞서서 앉으려 하면, 뒤로 탁 당긴다.

"앉아"는 개가 가장 쉽게 해내는 훈련이다. 특정 동작(예를 들어 주먹 쥔 상태에서 검지만 펴는 것 혹은 검지 손가락을 반대쪽 어깨에 붙이는 것 등)을 "앉아" 명령과 연결하여 꾸준히 훈련하면 나중에는 몸동작 만으로도 개를 앉게 할 수 있다.

② "기다려" 훈련

손을 펴서 보여주는 신호를 "기다려"와 연결시켜주면 좋습니다. 이 또한 개가 쉽게 소화하는 훈련입니다. 혹시 훈련이 쉽지 않다면 아래의 과정으로 차근차근 훈련하세요.

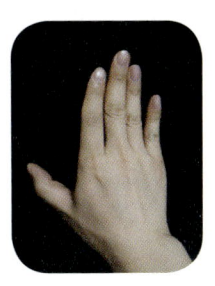

개의 얼굴 앞에 왼쪽 손바닥을 두며 "기다려" 명령을 내린다.
오른 발을 개 앞에 짚고 돌아선다.

완전히 돌아 선다. 팔을 바꿔 반대쪽 손바닥을 보이며 계속 움직이지 않게 한다.

12. 기초훈련 도감

기다리지 않고 앞으로 오려 하면 아래턱을 톡 건드려 다시 "기다려" 명령을 내린다.

보호자가 일어서면 훈련의 집중도를 높일 수 있다.

개가 일어서 있으면, 재차 "앉아" 명령을 내리거나, 엉덩이를 터치하여 앉게 한다.

개 주위를 한 바퀴 돌더라도 개는 움직이지 않아야 한다. 고개를 조금 돌릴 수는 있다.

개가 움직이려 하면 개를 제어하여 계속 앉아서 기다리게 한다.

보호자와 떨어지더라도 기다릴 수 있도록 훈련한다. 개가 움직이려 하면, 손바닥을 보여주며 "기다려" 명령을 재차 내려서 집중하게 한다.

익숙해지고 나면, 줄을 놓은 상태에서도 기다릴 수 있게 훈련한다. 처음에는 혹시 움직였을 때 제어할 수 있도록 줄을 밟는다.

보호자가 다른 볼일을 보더라도 개가 기다릴 수 있게 훈련한다.

심지어 전화벨이 울릴 때에도 기다릴 수 있어야 한다.

야외에서 주인이 볼일을 볼 때에도 기다릴 수 있게 훈련한다.

차 문을 열었을 때에도 "기다려" 명령만으로 움직이지 않을 수 있게 훈련한다.

"기다려" 명령을 끝내고 움직임을 허락할 땐, 항상 쓰다듬어주고 칭찬해준다.

③ "엎드려" 훈련

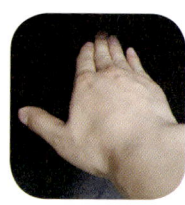

개가 새로운 장소에 가서 흥분했을 때 "엎드려" 자세를 할 수 있어야 한다.

"엎드려" 훈련은 개에게 조금 어려운 편이라서, 반드시 많은 칭찬과 함께 훈련해야 한다.

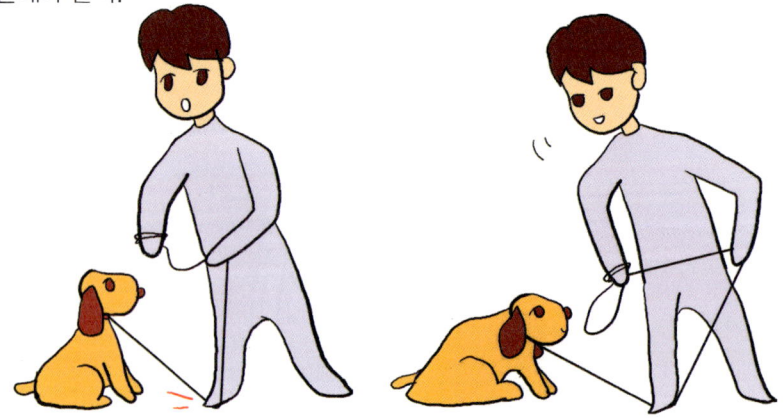

줄을 두 손으로 잡고, 줄의 중간부위는 바닥에 놓아 발로 밟는다. "기다려" 명령을 내린다.

목줄을 천천히 당기며 "엎드려"라고 나지막하게 말한다. "착하다", "착하다"라는 칭찬을 계속 해준다.

개를 제어할 수 있다면(개가 소형견이라면) 한 손으로만 줄을 잡고 한 손으로는 개의 어깨 부위를 눌러 엎드리는 자세를 잡아준다. 등을 긁어주며 계속 칭찬해준다.

줄을 발로 밟고, 양 손으로 개의 앞발을 잡아 엎드리게 하는 방법도 있다. 마찬가지로 "엎드려" 명령을 내리고, 계속 칭찬해줘야 한다.

작은 개는 옆에 앉게 하여 훈련할 수도 있다. 왼손으로 목줄을 당기고 오른손으로 어깨를 누른다. "엎드려" 명령을 내린다. 계속 칭찬해준다.

개가 다리에 힘을 주고 버티면, 힘으로 당기면 안 된다. 개가 힘을 뺄 때까지 가만히 서서 기다렸다가, 다시 천천히 줄을 당기며 "엎드려" 명령을 한다. 계속 칭찬을 해준다.

개가 명령을 듣고 잘 엎드리면, 크게 칭찬해주고 쓰다듬어 준다.

개를 옆에 엎드리게 할 때엔, 왼손으로 줄을 잡아 당긴다. 개가 머리를 들고 움직이려 하면 줄을 단단히 잡은 채로 고개를 돌려버린다. 개가 차분해질 수 있도록 "착하다", "착하다" 라고 말해준다.

훈련이 어느 정도 되고 나면, 오른손바닥을 펼쳐 "엎드려"라고 말하는 것 만으로 엎드리는 것이 가능하도록 훈련한다. 왼손으로 목줄을 잡아 당기면 훈련에 도움이 된다.

13. 교육과 행동교정

얼굴을 핥아주는 강아지에 버금가는 정신과의사는 이 세상에 없다.

- 영화배우 밴 윌리엄 -

개 교육방법

1. 항상 침착하고 차분하게 대하기

화를 내거나 소리를 지르는 건 개의 교육에 전혀 도움이 되지 않는다.
어떠한 상황에도 보호자는 침착하고 차분한 대응을 해야 한다.

2. 하품하기

개의 흥분을 덜어주고 집착을 누그러뜨리는 기술.
긴장을 풀고 연거푸 2~3번 하품을 하자. 기지개를 켜도 좋다.

> [적용사례] 산책 시 개가 목줄을 끌며 심하게 흥분할 때 활용하자. 길게 목줄을 늘어뜨리고 가만히 서서 딴청을 피운다. 먼산을 보거나 하품을 하며 개의 흥분을 가라앉힌다.
> 산책 시 개가 먼저 밀치고 나가더라도 보호자는 자기 페이스대로만 걸어야 한다. 그러면서 개가 다가올 때마다 간식을 주자.

3. 보호자가 앉으면 놀고, 서면 집중하도록 교육한다

보호자가 앉거나 자세를 낮췄을 때는 개가 와서 내 손을 핥으며 장난쳐도 좋다. 하지만 보호자가 일어나면 개는 보호자가 무엇을 원하는지 집중해서 바라볼 수 있어야 한다. 앉아 자세를 취하고 바라볼 수 있다면 더욱 좋다.

> [적용사례] '앉아' '엎드려' 등의 훈련은 보호자가 서서 하도록 하자. 앉아서 개와 장난치고 놀다가도 보호자가 쓱 일어나면, 개는 약간의 긴장과 함께 집중해서 보호자를 바라볼 수 있어야 한다. 이때 '앉아' 명령을 내리면 개가 즉시 앉을 수 있도록 교육하자.

4. 손보다는 몸으로 막는다

손보다는 몸으로 말하는 것이 훨씬 설득력이 있다.

> [적용사례] 개가 자꾸 두 발로 서서 뛰어오르면, 보호자는 서서 몸으로 뛰는 행동을 막는 것이 좋다. 앉아서 집중하라고 신호를 주자. 대형견이 흥분해서 사람에게 달려들 때도 마찬가지다. 손으로 막는 것은 효과적이지 못하다. 시야를 돌려 가급적 어깨나 등으로 밀쳐서 진정시키는 것이 좋다.

5. 시야를 막아버리기

서서 다리나 몸으로 개의 시야를 막으며 개입하는 방법. 말을 하거나 다른 반응을 보이지 말고 무던하게 계속 시야만 가리면서 막는 것이 좋다.
손으로 막거나 말로 다그치는 것보다 훨씬 효과적이다.

[적용사례] 개 두 마리가 서로 으르렁거리고 싸울 때 적용한다. 둘 사이가 예민하면 무심하게 끼어들어 시야를 막는다. 보호자가 서서 다리나 몸 자체로 시야를 계속 가려준다. 둘 사이에 싸움의 기류가 흐른다면 보호자가 미리미리 적극적으로 시야를 막고 개입하는 것이 좋다.
보호자에게 시야가 막히게 되면 개는 당황하고 공격성을 누그러뜨리게 된다.

6. 일어나서 휙 가버리기

개의 집착을 막는 방법이다. "나는 이러는 게 싫어. 원하지 않아." 라고 개에게 말해주는 가장 좋은 방법이다.
말을 하거나 달래지 말고 쓱 일어나서 가버리는 것이 이런 의사를 전달하는 데 가장 좋다.

[적용사례] 개가 가족 중 한 명에게만 집착할 때 적용할 수 있다. 예를 들어 개가 어머니만 좋아하고 다른 가족이 어머니 근처로 갈 때마다 극도의 흥분을 보일 때이다. 개가 어머니 곁으로 가서 지키려 할 때마다, 어머니가 쓱 일어나서 가버리면 된다. 개는 당황하고 이게 어머니가 원하는 게 아니구나 라는 것을 알게 된다.

7. 서서히 적응시키기

개가 싫어하고 무서워하는 일은 시키지 않는 것이 좋다. 단, 해야 한다면 서서히 조금씩 적응시켜 줘야 한다.
욕심내지 말고 하나씩 하나씩. 익숙해지게 하자.

[적용사례1] 사회성이 없어서 다른 개와 어울리지 못하는 개는 다른 개들이 지나가고 노는 것을 먼 발치에서 보는 것이 사회성 교육의 시작이다. 처음부터 부대끼고 놀게 하려고 하면 그건 지나친 욕심이다. 친구 개들을 바라보는 것. 조금씩 가까운 곳에서 보는 것. 냄새를 맡아 보는 것. 이런 것들이 서서히, 그리고 조금씩 진행되어야 한다.
목줄이나 입마개에 익숙하지 않은 개에게는 서서히 장착하며 장착 때마다 간식을 주며 칭찬해주자. 조금씩, 서서히 장착시간을 늘린다.

[적용사례2] 개가 가족 중 한 명하고만 산책하려고 한다면, 다른 사람에게 곧바로 산책을 맡겨선 안 된다. 좋아하는 보호자, 다른 가족, 그리고 개가 함께 산책을 나가서 잠깐씩 보호자가 자리를 비우는 방식으로 개를 다른 사람과 있는 것에 적응시키는 것이 좋다. 점진적으로.

8. 산책을 많이 해주자

개에겐 스트레스를 해소할 시간이 필요하다. 개의 축적된 스트레스를 해소하기 위해 제일 좋은 것은 산책이다.

9. 노즈워크는 집중력을 향상시킨다

맛있는 간식을 던져주어 냄새로 찾아서 먹게 하는 것, 박스 안에 숨겨서 찾아서 먹게 하는 것 등이 대표적인 노즈워크다.

새로운 냄새가 나는 곳으로 산책을 가라고 하는 것도 노즈워크의 일환이다. 노즈워크는 집중력을 향상시키고, 스스로 생각해서 먹게 하는 효과가 있다.

> [적용사례] 충분한 산책과 노즈워크를 해주면 식분증(변을 먹는 증상)이 개선될 수 있다.

10. 충분히 칭찬한다

좋은 행동에는 확실하고 크게 칭찬해주자.
잘 했어!
그래!
좋아!

> [적용사례] 배변판에 대소변을 보면 즉시 크게 칭찬해준다. 간식을 줘도 좋다.

11. 강요하거나 훈육하지 말고 규칙을 알려줘라

보호자가 원하는 행동을 하면 즉시즉시 충분히 칭찬한다.
보호자가 원하지 않는 행동을 하면 보호자가 아니라고 알려줘야 한다.
싫다는 의사를 보이며 대응해야 한다.

[적용사례] 짖거나 칭얼대면 받아주지 않는다. 일어나버린다. 밀쳐낸다. '짖지 마'라는 단순한 타이름이 아니라, 큰 행동으로. 그리고 분위기로 내가 싫어한다는 것을 확실하게 알려주자.

12. 위험요소는 무조건 없애라

[적용사례]
- 다른 개나 사람을 물 가능성이 있다면 무조건 입마개를 해야 한다.
- 산책 데려가기가 힘에 부친다면 데려가선 안 된다. 개를 제어할 수 있는 다른 사람이 해야 한다.
- 공격적인 개와 아이를 절대 둘만 둬선 안 된다.
- 미용을 싫어하면 미용을 하지 마라.
- 빗질이나 목욕처럼 꼭 해야 하는 것들이라면 정말 조금씩만 서서히 익숙하게 하라.

13. 귀가 때 개가 짖으면 반겨주지 않는다

'현관에서 짖어선 안돼'라는 것을 가르쳐주자.

개가 짖으면 반겨주지 말고 무시하자. 몸으로 밀쳐내거나 지나감으로써 짖는 것을 원하지 않는다는 점을 행동으로 알려주자. 현관에서 하품을 하거나 딴청을 피우는 것도 좋은 방법이다.

대신 평소에 조금씩 현관 주위를 왔다갔다하며 개가 조용히 있으면 간식을 주며 칭찬해준다.

"그래, 그거야! 짖는 게 아니라 조용히 와주는 게 나는 좋아!"

14. 사료는 가득 쌓아두지 않는다

아침, 저녁으로 정해진 양의 사료를 주자. 10분의 식사시간을 주고, 개가 흥미가 없으면 → 물만 두고 사료그릇을 치워버린다. 다음 식사 때까지 간식을 전혀 주지 않는다.

간식은 밥을 안 먹을 때 주는 것이 아니라, 밥을 다 잘 먹었을 때 칭찬의 의미를 담아 디저트로 줘야 합니다.

15. 산책을 무서워하면 칭찬으로 자신감을 북돋아주자

산책을 무서워하는 개는 눈치를 많이 보고 자신감이 부족한 경우가 많다. 평

소에 개에게 소리를 지르거나 놀라게 해서 소심하게 해선 안 된다. 대신 작은 행동에도 칭찬을 많이 해주도록 하자. 예를 들어 집안에서 어떤 새로운 냄새를 맡거나, 자주 가지 않던 곳으로 씩씩하게 걸어가면 크게 칭찬해주면서 자신감을 높여줄 수 있다.

[적용방법] • 개가 걷지 못하고 엎드려서 얼어 있을 때 안아주거나 타일러만 주는 것은 별 도움이 안 된다.
- 보호자는 아무렇지 않은 듯 노래를 하거나 하품을 하면서 딴청을 피우며 개의 긴장감을 덜어 주는 것이 좋다. "별 일 아니야~"
- 바로 근처에 간식을 줘서 먹게 한다. 먹으면 크게 칭찬해준다. 몇 걸음 떨어진 곳에 간식을 줘서 개가 스스로 움직이게 한다. 움직여서 먹으면 또 크게 칭찬해준다.
- 가능하면 조금씩 걸어본다.

 바깥 산책을 바로 시도하기보단 집안산책부터 시작하는 게 좋아요!

16. 안전하고 스트레스 없는 곳에 머물게 하는 '하우스 훈련'

보호자가 '하우스'라고 외치면 개가 보금자리로 들어가게 하는 훈련이다. 단순히 집에 들어가게 하는 훈련이 아니라 여러 행동문제를 해소시켜주는 시작이 될 수 있다. 하우스는 온전히 개 자신의 영역이고 완전히 안전한 보금자리여야 한다.

간식을 하우스 안에 넣어서 찾아먹게 한다. 좋은 곳으로 인식하게 한다. 이제 '하우스'라는 명령을 내려 하우스에 들어갈 때마다 간식을 준다.
간식 없이도 '하우스'라는 명령에 개가 보금자리로 들어가도록 훈련한다.

[적용사례] 현관에 외부인이 왔을 때 많이 짖는 개에게 적용할 수 있다. 다른 개나 특정 사람에게 공격성을 보일 때도 '하우스' 명령으로 개를 보금자리로 보내준다. 이로써 흥분하거나 사나워질 필요가 없고 차분하게 있으면 된다는 것을 가르친다.

17. 분리된 공간에서 못 참는 아이

아기의 안전 등을 위해 안전문을 설치해야 할 경우가 있다.
분리된 공간에서의 생활을 못 참고 칭얼대는 아이에겐 조금씩 적응할 수 있는 시간을 줘야 한다.

[적용방법] 안전문을 사이에 두고 짧은 간격으로 방문을 열고 닫고를 반복하자. 점차 닫는 시간을 늘려준다.

18. 두 마리의 개가 사이가 안 좋다면 싸우기 싫은 아이가 피할 공간을 마련해 준다

각자의 보금자리는 떨어져 있을수록 좋다.

싸우기 싫은 아이가 다른 개를 피해 쉽게 자신의 보금자리 쉽게 갈 수 있도록, 특히 약자의 보금자리에 대한 위치 선정에 신경 쓴다.

싸우기 싫은 아이는 자신의 보금자리로 들어가버림으로써 싸움을 피할 수 있어야 한다.

명작 웹툰 '고수' 중에서..

19. 묶어서 키우는 건 좋지 않다

스트레스를 많이 받아서 사람을 봤을 때 과격하게 대하는 경향이 있다.
묶지 말고 울타리나 안전문을 설치해주는 것이 좋다.

20. 사나운 개 안는 방법

기본적으로 무는 개에게는 접근하지 않는 것이 좋다.
꼭 잡아야 할 경우 아래 방법을 활용한다.

1) 최대한 안전장비(두꺼운 장갑, 담요 등)를 갖춘다.
2) 등을 보이며 개에게 조심스럽게 접근한다.
3) 최대한 눈을 맞추지 않은 채로 안전장치를 갖춘 팔로 개의 몸을 감싼다.
4) 조심스럽게 들어 올린다.

동물에 세계에서는 눈빛과 얼굴(입)에 대해 가장 큰 경계와 방어를 하려고 하기 때문에, 등을 보이고 조심스럽게 접근하면 개를 안을 수 있습니다. 꼭 필요한 경우를 위해 위의 방법을 제시했으나, 이렇게 하더라도 위험할 수 있으니 주의를 요합니다. 사나운 개는 가급적 밥을 주던 보호자가 직접 입마개와 목줄로 안전장치를 하게 해주셔야 합니다.

21. 목줄로 임시 입마개 만드는 법

1) 목줄을 입 아래로 돌려 주둥이를 감는다.
2) 돌려진 끈을 아래로 내린 뒤 뒷머리 쪽으로 당겨 감는다.
3) 뒷머리에서 묶는다.

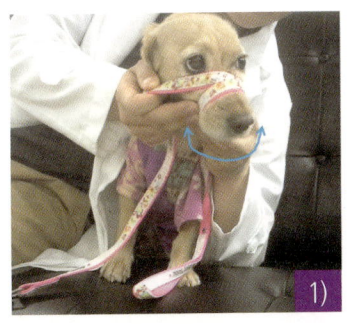

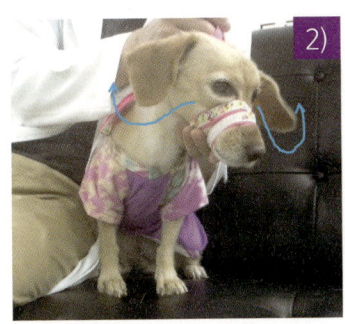

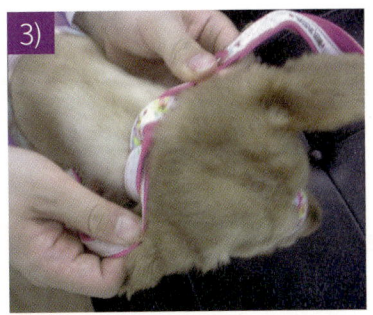

22. 차 타는 것을 무서워하는 개, 개의 차 멀미

개의 차 멀미 증상: 침흘리기, 머리 흔들기, 구토

우리가 흔히 말하는 멀미(motion sickness)는 원래 귀 안쪽의 문제에 의해 발생한다. 진동에 의한 가속도 자극이 중이와 내이에 작용하여 구토나 메스꺼움을 일으킨다.

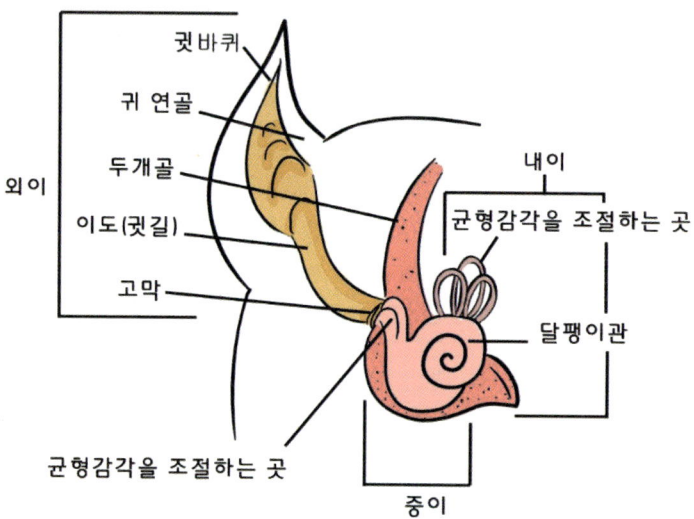

하지만 개에서의 차멀미는 이러한 귀의 문제 보다는, 차의 소음과 움직임 등으로 인한 두려움에 의한 반응으로 생기는 경우가 더 많다.

[자동차에서의 개의 두려움 줄여주는 방법]

1) 평소에 기를 죽이지 말고 자신감을 북돋아주어야 여러 가지 두려움을 극복할 수 있다.
2) 차 실내 환경에 적응시킨다
   차에 함께 올라 맛있는 것을 주고 칭찬해주는 등 '좋은 시간'을 갖는다. 아직 차를 움직이지는 말고 밤, 낮, 여러 사람 등 다양한 경우로 같이 차 안에서 시간을 보내는 연습을 한다.

3) 달리는 차에도 익숙해지게끔 한다

보상을 준 후 출발한다. 만약 강아지가 불안해 하면, '괜찮아' 칭찬하며 안정시킨다.

4) 개가 달리는 차에 적응되었다면, 이제 조금씩 근처 길을 드라이브 해 보자. 칭찬과 보상, 그리고 좋은 시간을 가지는 것이 언제나 중요하다.

23. 개가 자꾸 가구에 오줌을 눈다면?

1) 치울 수 있다면 가구를 치운다.
의자에 소변을 본다면 그 의자를 치운다.
장롱에 소변을 보면 그 앞을 다른 물건으로 막는 방법도 있다.

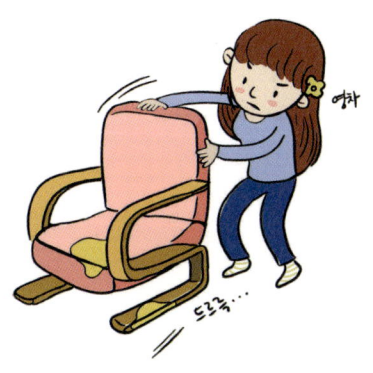

2) 수컷은 중성화를 고려한다.
수컷은 영역표시 본능으로 집안 곳곳에 다리를 들어 소변을 보곤 한다.
수컷의 영역표시 습관은 약 90% 중성화 후 사라진다.
다리 드는 것은 습관으로 남을 수 있다.

3) 소변을 볼 곳을 정해서 알려준다.
'하지 말아야 할 것'을 가르치는 것보다 '하면 좋은 일'을 가르치는 것이 더 효과적이다. 화장실을 정해 거기서 소변을 볼 때 보호자가 기뻐하고 행복해한다는 것을 인지시켜 주자. 소변을 마려워 할 때마다 배변패드에 데려가서 소변을 보도록 유도하고, 성공하면 크게 칭찬해주자.

24. 사람이 다가가면 개가 오줌을 지리는데?

이 행동은 과잉 순종 성향과 관련이 있다. 어린 강아지에서 흔한 행동이며, 1세 이상의 성견이 되면 사라지는 경우가 많다. 극한 복종의 마음을 느끼며, 무의식적으로 오줌을 지리기 때문에 개는 사실 자신이 오줌을 싸고 있다는 사실을 모른다. 꾸짖음이나 처벌은 이 문제를 해결하지 못한다. 개의 자신감을 높여 주고, 개가 위압감을 느끼지 않도록 배려해주는 것이 해결방법이다.

- 서서 몸을 숙여 쓰다듬어주는 대신, 웅크리고 앉아 개와 만난다.
- 개의 머리에 손을 얹지 말고 손바닥을 위로 해서 개의 턱이나 목 부분을 받쳐준다.
- 개를 쓰다듬거나 밥을 줄 때, 최대한 칭찬해준다.
- 외출 후 돌아왔을 때, 바로 개에게 인사하지 말고 눈도 마주치지 않는다. 5분간 무시한 후, 웅크리고 앉아 개를 부른다.
- 방문객이 오면 개를 봐도 인사하지 말고, 무시하라고 주의를 준다.
- 체벌이나 거친 어조를 피한다.

깨알정보 — **쓰다듬을 때 손아귀로 잡지 마세요**

손가락으로 꼬집거나 털을 잡으면 개가 무서워할 수 있습니다. 손을 펴서 부드럽게 누르거나 문질러주세요.
개는 보호자님의 손과 닿아 있는 것, 보호자의 손이 자기에게 그냥 얹어져 있는 느낌을 더 좋아합니다.

14. 개에 관한 걱정, 궁금증

개는 '무조건적인' 사랑을 준다. 이들은 내 삶의 롤모델이다.
- 가수 길다 라드너 -

개랑 뽀뽀해도 될까?
= (X) 뽀뽀하지 않는 것이 좋다.

입 속에는 다량의 세균이 있으며, 뽀뽀를 통해 서로에게 전해질 수 있다.
이런 이유로 심지어 치의학에서는 사람 사이의 키스도 하지 않는 것을 권유한다.
입 속 세균이 서로에게 노출되더라도 질병을 일으키는 사례는 드물지만, 그래도 뽀뽀가 위생적이지 못한 습관임은 사실이다.
예방상태가 불량하여 만약 개가 기생충에 감염되어 있다면, 입을 통해 옮겨 와서 사람에게 회충감염증 등을 일으킬 수 있으니 이 점은 특히 주의해야 한다.

말려도 하고 싶은 마음, 백 번 공감은 갑니다!

개가 쥐를 먹어도 괜찮나?
= (X) 위험하다.

쥐약에 의한 독성	쥐가 쥐약을 먹었다면 → 쥐를 먹은 개도 위험하다. 개가 쥐나 쥐약을 먹었을 경우→ 별다른 증상이 없더라도 예방적으로 치료를 받아야 한다.
기생충	쥐가 기생충에 감염되었다면 → 개에게 옮겨질 수 있다. 광범위 구충제를 먹여야 한다.
소화장애	구토나 설사가 발생할 수 있다.

실제로 개가 쥐를 먹는 사례는 극히 드물다. 그러나 먹을 가능성이 없지는 않다.
사실 쥐보다 쥐약을 먹는 것이 더욱 치명적으로 위험하다.
전신 출혈과 쇼크로 바로 사망할 가능성이 높다.

개도 간접흡연을 주의해야 하나?
= (O) 폐암에 걸릴 가능성이 있다.

개뿐만 아니라 모든 동물이 간접흡연대상이 될 수 있다.
폐종양이나 비강(코 안)종양이 발생할 수 있다. 특히 비강은 담배로부터 발암물질이 넓게 노출되는 곳이다. 비강종양이 발병하면 수명이 1년이 채 되지 못한다.
[머리가 긴 닥스훈트나 푸들 같은 품종]이 비강 종양에 잘 걸리며,
[머리가 짧은 시추나 페키니즈 같은 품종]은 비강 보다는 폐암 위험이 더 높다.
폐암은 X-ray나 CT촬영으로 진단한다.

실제로 확실히 담배가 원인이 된 종양발생케이스를 거의 보지 못했다는 점은 맞씀드립니다. 엄밀히 말해 종양이 담배로 인한 것인지 확인이 모호합니다. 그렇지만 의학적 근거에 따른 권고사항이므로 원칙대로 언급 드립니다. 우리가 아기 앞에서 담배를 절대 피우지 않는 것과 동일한 부탁으로 보시면 됩니다.

폐를 튼튼히 하는 성분소개: 항산화제(비타민C, 비타민E, 셀레늄)

위 성분이 있는 영양제를 추천합니다. 폐만을 위한 영양성분을 콕 집기는 사실 애매합니다. 전반적인 건강증진을 위해 항산화제를 추천합니다. 나쁜 공기를 피하고 좋은 공기를 마시게 해주는 것, 그리고 호흡이 원활하도록 살 찌지 않게 몸 관리를 해주는 것이 필요합니다.

담배의 또 다른 위험성 - 니코틴 독성

개가 담배를 먹어서 니코틴 독성이 발생할 수 있다.
기본적으로 개는 담배 향을 꺼리지만, 달콤한 향이 함유된 담배는 개가 흥미를 갖고 씹어 먹어버리는 불상사가 발생할 수 있다.

개 kg당 10mg 이상의 니코틴을 섭취하면 위험한 독성이 발생한다.
담배에는 한 개피당 15~25mg의 니코틴이 함유되어 있다. 5kg짜리 개가 담배 2~3개피를 먹으면 위험한 것이다.

니코틴 독성은 근육을 떨리게 하고 심할 경우 마비시킨다. 쓰러짐, 침 흘림, 동공확장, 구토, 설사, 발작 등의 증상도 발생할 수 있고 특히 호흡과 관련된 근육이 마비될 경우 사망에 이를 수 있다.

사람과 비교 – 사람은 타르가 독성의 핵심이다. 니코틴은 중독성을 띄는 주의대상일 뿐이다. 그러나 개는 체질이 다르고 개체 사이즈가 작아서 담배에 함유된 니코틴이 독이 될 수 있다.

깨알정보

사람의 타르 독성에 대해

타르는 담배 진이라고 하는 것인데, 담배 연기를 한 모금 입에 넣고 흰 손수건에 힘껏 불면 손수건이 갈색으로 염색되는 데 그것이 바로 타르입니다.

타르는 식으면 물엿 같은 끈끈한 액체가 되는데, 대단히 독해서 옛날에는 변소의 구더기를 죽이는 데 쓰기도 하였습니다. 이 타르 속에는 약 2천여 종의 독성 화학물질이 들어 있고, 그 중에는 약 20종류의 발암 물질도 들어 있어 담배를 피우는 사람이 암에 걸리는 이유가 됩니다. 담배 한 개비에 약 10mg의 타르가 포함되어 있는데, 하루에 한 갑씩 1년간 담배를 피운다면 유리 컵 하나에 꽉 찰 정도의 양이 됩니다.

이러한 끈끈한 독한 물질 한 컵을 기관지와 폐에 집어넣으니 해를 받지 않을 수 없습니다. 이러한 화학물질들은 일차적으로 기관, 기관지 그리고 폐를 상하게 하고 일부는 혈관으로 들어가 온몸에 퍼져 암을 일으키고, 심장을 포함한 모든 장기, 조직 그리고 세포에 큰 피해를 주게 됩니다.

[출처]: http://www.hidoc.co.kr/healthqna/faq/view/C0000237906 | 하이닥

개도 살을 빼야하나?
=(O) 호흡이 고르지 못한 개는 더더욱 살을 빼야 한다.

1) 살이 찌면 기관 주위에도 살(지방)이 찐다. 그만큼 호흡기계가 압박을 받는다.
2) 살이 찌면 말초 혈관에 저항이 증가한다. 혈액순환이 악화된다.
3) 살이 찌면 조직의 산소 요구량이 증가한다. 더 많은 호흡이 필요하다.
호흡이 가빠지면 그 자체의 스트레스와 흥분으로 호흡곤란은 더 심해지며 중장기적으로 건강에 위협이 된다.

개의 다이어트에 도움을 주는 성분소개:
식이섬유(fiber). L-카르티닌
위 성분이 있는 영양제를 추천합니다

식이섬유는 위장에 포만감을 주어 다이어트에 도움을 줍니다. L-카르티닌은 지방을 태우고 몸에 근육이 붙게 하는 효능이 있습니다.
위의 영양성분에 대한 영양제 외에도 저칼로리 다이어트 사료를 먹이면 체중감량에 큰 도움을 받을 수 있습니다.

이민을 가게 되면 반려견과 이별해야 할까?
= (X) 오해다. 같이 갈 수 있다.
<이동 과정> ☞ 375p

<현지에서의 삶>
살게 될 곳이 단독주택이면 상관이 없겠지만, 아파트 등의 공동거주구역이라면 반려동물 동거가 허락되지 않거나, 추가 비용을 매달 내야 할 수 있다. 가능한 미리 알아봐야 한다. 거주지가 정해지지 않았다면, 도착 후 집을 구할 동안 동물을 맡길 곳도 알아봐 두는 것이 좋다.
동물병원 진료비는 대체로 한국보다 비싸다.

깨알정보 보호자와 수의사간 주로 사용될 영어단어 예시

Veterinarian	수의사(줄여서 Vet으로 부름)		Anorexia	식욕부진
Consultation	상담		Itchy	가려운
Chief complaint	주호소(내원하게 된 주된 동기 또는 증상)		Anal sac	항문낭
			Swelling	부종
Clinical sign	임상증상		Alopecia	탈모
Diagnosis	진단		Dental caries	치석
Prognosis	예후(좋아질 가능성)		Vomiting	구토
Treatment	처치(치료)		Diarrhea	설사
Surgery	수술		Liver	간
Recovery	회복		Pancreas	췌장
History	병력		Heart	심장
Vaccination	예방접종		Kidney	신장(콩팥)
DHPPL vaccine	개 혼합백신(종합백신)		Cataracts	백내장
Corona vaccine	코로나 백신		Diabetes	당뇨병
Kennel cough vaccine	전염성기관지염 백신		Cancer	암
			Seizure	발작
Influenza vaccine	개인플루엔자 백신		Inflammation	염증
Rabies vaccine	광견병 백신		Infection	감염
Certification	증명서		Antibiotics	항생제
Heartworm	심장사상충		Fluid therapy	수액치료
Deworm	구충(기생충 구제)하다. (명사로는 Deworming)		Injection	주사
			Medicine	약
Endoparasite	내부기생충. 대표적으로 회충 (Roundworm)			
Ectoparasite	외부기생충. 대표적으로 진드기 (mite), 벼룩(flea)			
Neutering	중성화			
Spay	불임수술			
Castration	거세수술			

고양이와 함께 키워도 될까?
= (O) 괜찮다.

둘 다 어릴 때 같이 데려오고, 각자의 습성에 맞는 환경을 잘 갖춰 준다면 개와 고양이는 친구가 되어 잘 지낼 수 있다.

다 큰 뒤 만나서 친구가 되기는 쉽지 않으나, 아래의 조건에 부합한다면 서로 친해질 수 있다.

1) 개 고양이 모두 영역에 대한 욕심이 없는 편이다.

대게 중성화하지 않은 수컷이 영역에 대한 욕심이 크고, 서로 경쟁할 수 있습니다.

2) 서로 활력이 비슷해야 한다. 둘 다 내성적이거나, 둘 다 활달하다면 친구가 되기 쉽다.

깨알질문

Q : 개와 고양이가 만나면 유독 개가 고양이에게 얻어맞는 영상을 인터넷에서 많이 봤어요. 실제로 몸집과 상관없이 개가 맞아주는 편인가요?

A : 개보다 고양이가 앞발을 적극적으로 사용하는 편이어서 그래요. 개는 직접적인 교감을 위해서 코와 입을 들이밀어야 하는데요, 반면 고양이는 개의 코와 입이 닿기 전에 자유롭게 잘 쓰는 앞발로 장난을 걸며 견제(?)를 할 수 있거든요.
앞발로 치는 것에 개가 공격적이 되거나 예민해하지 않는 모습을 많이 보이니, 개가 맞아준다고 보는 것도 좋겠습니다.

개가 고양이 사료를 먹었어요
= (△) 위험하지는 않다. 권하지는 않는다.

심각한 해를 주진 않지만, 구토나 설사증상이 발생할 수 있다.

고양이 사료는 개에게 영양적으로 맞지 않으며 개의 입맛에도 맞지 않다.
고양이 사료는 개에겐 지나치게 고단백이고, 개에겐 과할 수 있는 영양소(타우린 등)가 많이 들어 있다. 향과 맛이 개 사료보다 강한 편이고, 알갱이의 크기도 작기 대문에 개의 취향에도 맞지 않을 가능성이 높다. (물론 예외적으로 고양이 사료를 더 좋아하는 식성의 개도 있긴 하다.)

개와 고양이가 함께 지낸다면, 고양이 사료를 개가 오르지 못할 곳 (책상 위 등)에 두는 것이 좋다.

배에서 꼬르륵 소리가 들려요
= 꼭 배고파서만은 아니다.

꼬르륵 소리가 나는 이유는 장에 가스가 많아서다. 밥을 못 먹어서 배 안에 공기만 남아 있거나(사람이 꼬르륵소리가 나면 배고프냐고 묻는 이유), 밥을 먹은 후 소화과정에서 가스가 많이 생길 수 있다.

<개의 꼬르륵 소리의 원인>

1) 너무 급하게 먹었을 때
밥을 급하게 먹어서 공기를 많이 먹으면 → 배에서 꼬르륵 소리가 난다.
식욕이 왕성하여 밥을 허겁지겁 먹는 어린 개에서 종종 볼 수 있는 상황이다.
별다른 문제가 되지 않는다. 심할 경우 → 사료에 물을 조금 말아주자.
공기 먹는 양을 줄일 수 있다.

2) 소화불량, 장염으로 인해
장염이 생기면 → 세균들의 활동으로 가스가 많이 생긴다.

일단 12시간 정도 물만 주고 굶겨서 → 장을 쉬게 하는 것이 회복에 도움이 된다.
하루가 지나도 낫지 않거나 다른 증상까지 보인다면 → 진료를 받아봐야 한다.

개의 소화에 도움을 주는 성분소개: 글루타민
위 성분이 있는 영양제를 추천합니다

글루타민은 장세포가 소화하기 좋아하는 아미노산 성분입니다.

닭뼈를 먹었어요
= (X) 빨리 동물병원에 가자.

정말 닭뼈를 먹었는지, 뼈의 모양은 어떤지, 어디에 걸려 있는지를 먼저 X-ray 검사로 확인해야 한다. 그 이후의 진료과정은 다양하며, 담당수의사와 진료방향을 상담하게 된다.

<닭뼈의 상태에 따라 예측해보기>
삼계탕처럼 삶은 닭뼈는 → 문제를 일으키지 않고 소화될 가능성이 높다.
뼈가 크지 않고 조각난 모양이 날카롭지 않다면 → 소화되어 변으로 나오기를 기다려볼 수도 있다.
큰 닭으로 만든 음식을 먹었다면 → 내시경이나 개복수술을 통해 꺼내야 할 가능성이 높다.
구운 닭 요리의 뼈는 → 단단하고 잘린 단면이 날카로워서 위험하다.
후라이드 치킨의 뼈는 위험성은 앞의 두 상황의 중간 정도이다.

<강아지의 크기에 따라 예측해보기>
개가 클수록 → 소화되어 대변까지 통과되어 나올 가능성이 높다.
개가 작을수록 → 적극적인 조치가 필요하다.

개가 혀를 계속 내밀고 있어요
= (△) 걱정할 정도는 아니다.

혀를 내밀고 있는 것은 실제로는 혀를 입 안으로 '넣을 수 없어서' 발생하는 증상이다. 신경질환, 입이나 턱의 질병, 치아 빠짐, 치아 모양이나 치열의 변형 등에 의해서 발생할 수 있다. 치와와를 비롯한 소형견에서 이런 증상이 흔하다. 먼저 진료를 통해 혀 안쪽에 종양이 있진 않은지 확인해 볼 필요가 있다.

종양때문이 아니라면 대부분 생활에는 문제가 없다. 가끔 혀가 계속 나와있다 보니 마르고 갈라지는 경우가 있는데, 종종 물을 묻혀주거나 식용유를 소량 발라주어 갈라지는 것을 예방할 수 있다.

개도 치아교정이 되나요?
= (△) 가능하지만 어렵다.

몇몇 사례가 있으나 사람처럼 교정기를 통한 치아교정은 흔하지 않다. 간혹 입 크기에 맞는 공을 계속 물리는 방법으로 치아배열을 교정하기도 한다.
가장 흔한 교합문제는 유치(젖니)가 빠지지 않고 남아있는 '유치잔존'이라는 질병이다. 이 경우 발치(치아 뽑기)를 통해 교정한다. ☞ 448p

개의 치아에 도움을 주는 성분소개: 항산화제(비타민C, 비타민E, 셀레늄), 코엔자임 Q10
위 성분이 있는 영양제를 추천합니다

치주염(치아주변조직의 염증)은 활성산소의 작용과 깊은 관련이 있어서, 항산화제와 코엔자임 Q10이 구강건강에 도움을 줄 수 있습니다.

치석을 막기 위해서는 치아 처방식을 주식 혹은 간식으로 먹여주는 것이 좋습니다. 치아 처방식은 치아에 붙어 있는 플라크를 제거하여 치석 생성을 예방합니다.

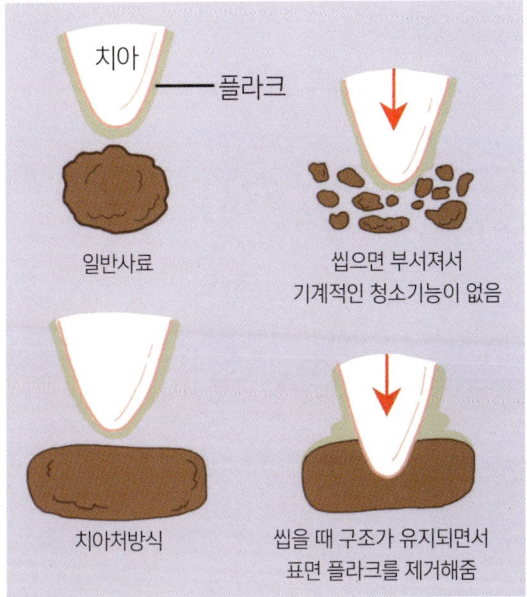

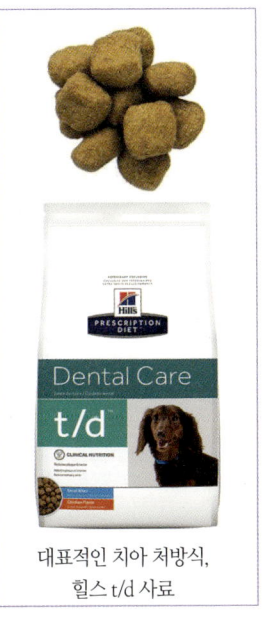

대표적인 치아 처방식,
힐스 t/d 사료

개도 콘택트렌즈를 끼나요?
= (△) 가능하지만 다르다.

사람용 콘택트렌즈처럼 시력교정의 목적은 아니다. 각막에 병이 생겼을 때 보호를 목적으로 일시적으로 사용하거나 백내장 수술 때 사용된다.

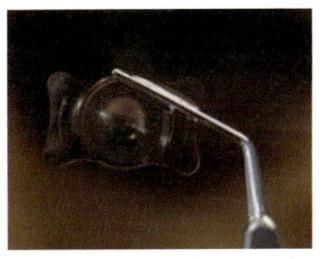

강아지용 렌즈

 백내장 수술은 혼탁해진 수정체를 꺼내고 인공렌즈를 삽입하는 과정으로 진행됩니다.

개의 시력에 도움을 주는 성분소개: 루테인, 제아잔틴, 항산화제(비타민C, 비타민E, 셀레늄)

위 성분이 있는 영양제를 추천합니다.

개도 보청기를 착용할까?

= (O) 가능은 하다.

성공사례가 많지 않지만, 노인성 난청의 경우 착용해 볼수 있다.

앞으로 발전을 기대해볼 수 있는 분야라서 동그라미 표시를 했습니다.

강아지의 난청의 분류

1. 선천성 난청 [치료가 어렵다] [보청기의 도움: 효과X]

생후 3~4주에 확인된다. 달마티안에서 흔하며, 다른 품종들도 걸릴 수 있다. 형제들과 장난칠 때 상대의 아파하는 소리를 잘 못 들어서 공격적인 모습을 자주 보인다.

2. 노인성 난청 [치료가 어렵다] [보청기로 보완하는 것이 연구 중이다] [보청기의 도움: 효과O]

8세 이상의 강아지에서 나타날 수 있다. 청각신경이 쇠퇴하여 소리를 잘 듣지 못하게 된다. 서서히 진행된다.

3. 전도성 난청 [치료될 수 있다] [보청기의 도움: 효과△]

귓길과 귀 내부 구조 및 기능에 이상이 생겨서 소리가 잘 전달되지 않는 것이다. 외이염, 중이염, 귀 종양이 대표적인 원인이다.

난청의 확인

1. 보호자의 관찰: 소리를 잘 못 듣는 것 같다. 다른 감각이 민감하다.
2. 수의사의 관찰: 청각검사, 신경검사
3. 확진: 청각반응을 검사하는 전문 검사기
   → 큰 동물병원이나 대학병원에서 확인

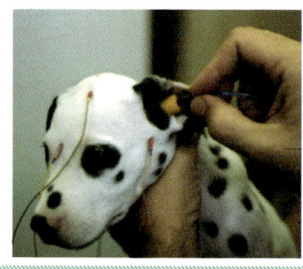

개도 의족을 착용할까?

= (O) 착용한다.

주로 근골격계(근육과 뼈, 그리고 관절) 질환과 신경질환의 재활에 사용하고, 완전히 다리의 기능을 잃었을 때 이를 대신하기도 한다.

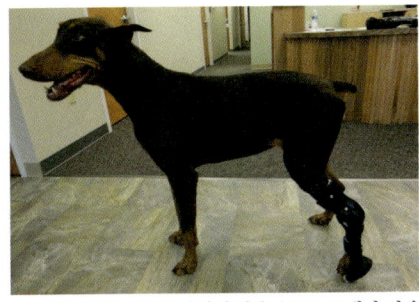
사람 의족과 비슷하게 다리에 착용 (주로 큰 개가 사용)

휠체어처럼 바퀴로 된 것 (주로 소형견이 사용)

개의 뼈와 관절에 도움을 주는 성분소개: 오메가3, L-카르티닌, 글루코사민과 콘드로이친, 항산화제(비타민C, 비타민E, 셀레늄)

위 성분이 있는 영양제를 추천합니다

오메가3는 소염작용으로 관절염을 완화합니다.
L-카르티닌은 지방을 태우고 몸에 근육이 붙게 하여 관절염에 좋지 않은 과체중을 방지합니다. 글루코사민과 콘드로이친은 관절염증을 완화하고 관절연골을 보전할 수 있게 돕습니다.

개도 단순탈모에 대한 치료를 할까?

= (O) 치료한다.

사람은 먹는 약과 바르는 약, 그리고 모발 이식을 하는 반면,
개는 중성화수술과 멜라토닌(뇌 속의 송과선에서 생성, 분비되는 호르몬으로 밤과 낮의 길이나 계절에 따른 일조시간의 변화 등과 같은 광주기를 감지하여 생체리듬에 관여하는 호르몬), 호르몬약 등으로 치료한다.
염증이나 가려움증이 동반된 탈모는 피부염에 준해 치료해야 한다.

중성화(거세)수술 후 털이 자란 화이트 포메라니안
= 치료를 해줘야 하는 증상

개의 탈모에 도움을 주는 성분소개: 오메가3, 멜라토닌

위 성분이 있는 영양제를 추천합니다

털 생성을 위해서는 충분한 양의 단백질과 지방이 필요합니다. 최소한 25~30%(성견)혹은 30~35%(강아지)의 단백질이 함유된 사료를 먹여야 합니다. 오메가3 지방산은 좋은 지방을 공급합니다.

낮-밤의 길이변화는 털이 탈모를 일으키는 원인으로 지목됩니다. 멜라토닌은 생체시계를 조절하여 수면을 잘 취하게 하고, 낮-밤의 길이변화를 지켜주어 탈모를 개선하는 효과가 있습니다.

개도 알레르기검사를 할까?

= (O) 가능하다.

이렇게 각종 음식과 환경에 대한 알레르기 반응의 정도를 측정해준다.
동물병원에서 채혈 및 실험실 의뢰를 통해 검사가 진행되며 일반적으로 2주 정도 내로 결과를 받을 수 있다.

개도 임플란트를 할까?

= (O) 연구중이고 시행중이다.

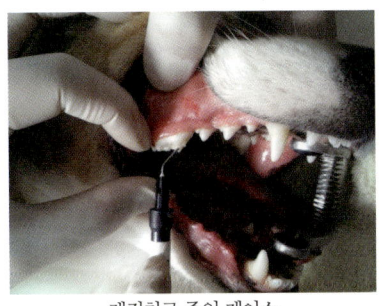

레진치료 중인 케이스

임플란트란? 보철물(인공치아)을 턱뼈에 심어서(implant) 발치된 부위를 기능적, 미용적으로 치료하는 치과치료방법. 15kg 이상의 큰 개에서만 시도가 가능하며 사람보다는 시술 후 실패할 가능성이 높다. 임플란트의 고정력이 떨어지는 편인데다, 시술 후 조심해야 할 사항(딱딱한 것 씹는 것 조심, 치아위생관리 등)을 준수하기 어렵기 때문이다.

신경치료와 레진치료(레진이라는 높은 강도의 충전재를 활용하여 치아를 수복하는 치료법)는 규모가 큰 동물병원을 중심으로 활발하게 시술되고 있다.

깨알정보

사람처럼, 동물도 치과의사가 분리되어 있나요?
구분되어 있지 않습니다. 스케일링, 치주염치료와 같은 보편적인 치료는 대부분의 동물병원에서 가능합니다. 레진치료나 임프란트 같은 일부 특수 치료는 수의치과분야를 집중적으로 보는 동물병원에서 시행하고 있습니다.

개의 여름맞이 준비

1. 덥지 않게 해주자.

특히 살이 쪘거나 호흡이 고르지 않은 환자(기관허탈, 심장병, 단두종증후군을 겪고 있는 개)는 더위로 인해 증상이 악화된다.

잠시라도 개를 차에 혼자 두는 것은 위험하다. 에어컨이 꺼진 차에 갇혀 더위를 먹는 열사병 환자가 많다.

2. 모기를 대비하자

심장사상충 감염 여부를 확인한 뒤 예방을 꼭 해야 한다.

3. 습기를 대비하자

습한 환경 때문에 귓병과 피부병이 쉽게 발생한다. 조기에 내원하여 치료를 시작해야 치료기간을 줄이고 간지러움과 통증을 줄일 수 있다. 개가 귀를 가려워하고 자주 털면 → 동물병원에 내원하자.

4. 체중조절을 해주자

체온을 유지하기 위해 소비되는 에너지가 적으므로, 기초대사량(가만히 있어도 소모되는 열량)이 적은 시기다. 운동을 하지 않을 경우 살이 찌기 쉽다.

5. 미아방지를 더 꼼꼼히

휴가지에서 개를 잃는 사고가 많다. 외출 시 안전장치(목줄, 인식표 등)를 단단히 챙기자.

개의 겨울맞이 준비

1. 춥지 않게 해주자

[실내견]은 밤새 베란다나 추운 창고에 두면 안 된다.

[실외견]에겐 바람을 막아줄 개집을 꼼꼼히 점검하고, 두툼한 담요를 넣어줘야 한다.

2. 관절염 더 챙기기

날씨가 추워지면 관절염 통증이 심해진다. 관절염을 가지고 있는 동물은 특히 더 따뜻하게 해주는 것이 좋다.

통증완화를 위해 아침 저녁으로 각 다리에 스트레칭을 해주자.

1) 관절을 움직임이 가능한 범위까지 펴주어 15회씩 실시
2) 다리 근육을 톡톡 두드려주는 마사지를 해준다.
3) 따뜻한 물로 목욕을 해주는 것도 좋다. (전신목욕은 주 1회, 아픈 관절부위에 대한 국소목욕은 주 2~3회)

3. 신발 챙기기

한겨울에 개와 산책할 때는 강아지용 신발을 신겨줘야 한다. 도로에 뿌려진 제설제(어는점을 낮춰 얼지 않고 녹도록 하는 것으로, 염화칼슘이 주로 쓰인다)와 얼음의 위험을 막기 위해서다.

신발을 신고 외출한 순이

4. 집안에서도 주의

1) 개가 부주의하게 난로에 가까이 가는 것을 막기!
2) 자동차 부동액(개가 먹으면 신장이 파괴되는 독약)을 잘 관리하기!

겨울은 반려동물과 더 친밀한 스킨십과 교감을 나눌 수 있는 계절입니다. 따뜻한 곳에서 함께 휴식을 취하고, 서로의 체온을 나누며 행복을 느끼세요. 반려동물은 사람에 비해 체온이 2℃가 높습니다. 사람과 살이 맞닿으면 동물들이 조금 손해지만, 기꺼이 스킨십에 동참해 줄 겁니다.

개를 세게 안으면 답답해할까?
= (X) 그렇지 않다.

숨이 찰 만큼 세게 압박하는 것이 아니라면, 꽉 안아주는 걸 좋아한다.
개는 헐겁게 안는 것보다 밀착해서 안았을 때 더 안정감을 느끼기 때문이다.

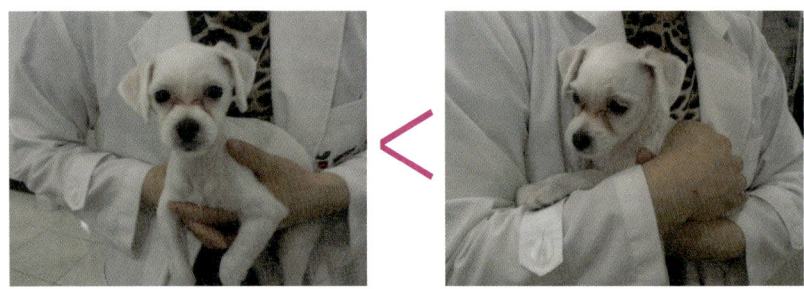

폭 안겨 있는 흰둥이

수컷이 중성화(거세)수술을 했는데도 발기를 해요
= 그럴 수 있다.

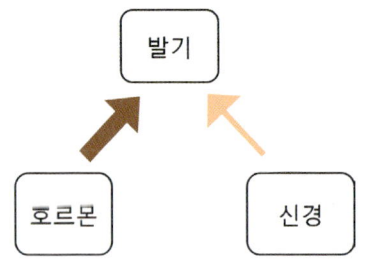

개의 발기는 주로 호르몬의 작용에 의해 일어나지만 흥분과 자극처럼 신경의 작용에 의해서도 일어날 수 있다.

즉, 거세수술로 호르몬적 자극이 없어지더라도 정상적인 신경자극에 의해 가끔 발기될 수 있다는 것이다.

발기와 교미행동(붕가붕가)은 산책과 같은 다른 흥미거리로 관심을 돌리는 방법으로 교정해주자.

개가 자꾸 핥아요

아래 표 중에 어떤 행동인지 체크해 보세요!

몸단장을 위해	개는 원래 몸의 곳곳을 핥는다. 이렇게 함으로써 이미 빠졌거나 빠지기 쉬운 털을 제거하여 뭉치지 않게끔 한다. 스스로 몸단장을 하는 것이다.
치유를 위해	침에는 항생효과가 있어서 핥음은 상처 치유를 돕는다. 야생에서는 진드기, 벼룩 등의 외부기생충을 쫓아내는 효과도 있다. 하지만 핥음이 과하면 오히려 상처치유를 방해한다.
새끼 돌보기	어미 개는 틈만 나면 새끼를 핥아준다. 몸을 깨끗하게 하고 질병을 예방하며 항문을 핥아서 배실을 돕는다.
더위 식히기	개는 침을 몸 이곳 저곳에 묻혀, 공기에 증발시키는 냉각효과로 몸을 식히기도 한다.
긴장 풀기	'딴청 피우기'라고 표현할 수 있다. 예를 들어 옆에 다른 무서운 개가 왔을 때 몸을 핥으며 딴청을 일부러 피운다. '난 너를 경계할 생각이 없어. 다투고 싶지 않아.' 라는 의사 표현이다.
피부병	가려워서 특정 부위를 계속 핥는다면, 진료를 받을 필요가 있다. 가려움을 호소하는 개의 피부 일부를 삭모한 모습
집착 행동	스트레스가 쌓이면 특정 행동을 반복한다. 쉬지 않고 짖기, 계속 꼬리를 물며 뱅글뱅글 돌기, 특정 물건(예를 들어 양말)에 집착하기, 틈만 나면 핥기 등이 그 예다. 집착 행동을 해결하기 위해서는 산책처럼 육체적인 활동이 필요하다. 심할 경우 수의사와 상담하여 보조제나 약물처방을 받을 수도 있다.
통증의 표현	개는 아프거나 불편한 부위를 계속 핥으려는 습성이 있다.

좀 크더니 밥을 잘 안 먹어요
= 자연스러운 일이다.

성견은 원래 강아지 때처럼 허겁지겁 먹지 않는다.
개나 사람이나 한창 자랄 때는 먹성이 좋고 많이 먹는다. 개의 성장은 약 1살까지 지속되는데, 이 이후에는 먹는 양이 줄어든다.
이때 잘 안 먹으니까 걱정이 돼서 간식을 자꾸 주게 되는데, 그러면 사료를 적게 먹고 자극적인 간식에 의존하게 될 수 있으니 주의해야 한다.
걱정이 된다면 체중 추이를 확인해보자. 잘 안 먹을 뿐 아니라, 체중도 자꾸 빠진다면 문제가 있는 것이다. 체중이 유지된다면 정상이니 걱정하지 않아도 된다.

털이 빠져요

아래 표 중에 어떤 행동인지 체크해 보세요!

정상 털 빠짐	개는 원래 조금씩 털이 빠진다. 특히 낮과 밤의 길이가 급변하는 환절기에 털 빠짐이 증가한다.
품종별 차이	웰시코기, 달마티안은 털이 많이 빠진다. 곱슬곱슬한 털을 가지고 있는 품종(푸들, 베들링턴테리어, 비숑프리제, 폭스테리어, 코튼드툴리어)은 털이 적게 빠진다. 직모 중에서는 말티즈와 요크셔테리어의 털 빠짐이 적은 편이다. 차이니즈크레스티드독, 멕시칸헤어리스독처럼 원래 털이 별로 없는 품종도 있다.

| 피부병으로서의 탈모 | 1) 간지러움을 동반한 탈모
세균성피부염, 곰팡이성피부염, 기생충성피부염, 알레르기성피부염, 자가면역성피부염 등이 여기에 속한다.

2) 간지러워하진 않지만 염증(뾰루지, 발적 등)이 있는 탈모
피부검사를 통해 원인을 밝혀야 한다. 털이 뭉쳐져 있거나, 머리핀으로 털을 너무 당겨 묶었거나, 푹신푹신하지 않은 곳(대리석 바닥 등)에 계속 앉아 있는 등의 환경적 요소도 탈모의 원인이 될 수 있다.

 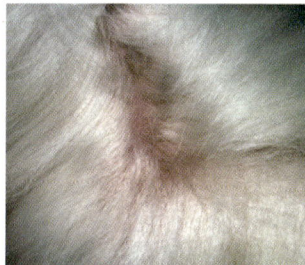
털 당김(핀)에 의한 탈모증

3) 선천적, 유전적, 호르몬질병성 탈모
간지러움이나 염증기가 없더라도, 탈모가 발견되면 동물병원에 가 보아야 한다. 선천적, 유전적 탈모는 정확한 진단이 나오기 어려운 경우도 많다. |

냄새가 나요

= 개에서 냄새가 날 수 잇는 곳은 크게 5군데다.

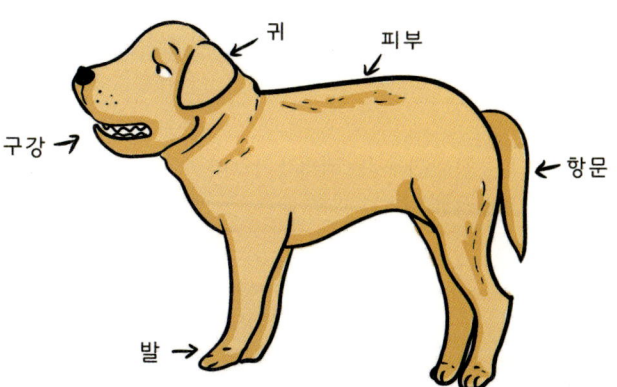

	정상	비정상
1. 피부	피부 분비물에 의해 약간의 냄새가 난다. 피부 분비물은 피지, 표피지방 등으로 미생물 증식을 막아 피부를 보호한다. 특히 스파니엘과 리트리버 품종에서 이런 분비물의 양이 많은 편이다.	① 피부병이 발생하여 피부 분비물의 양 자체가 늘어났다. 이를 지루라고 한다. ② 세균에 의해 피부 분비물 성분이 악취가 나는 물질(글리세롤, 불포화지방산)로 변했다. ☞ 피부 악취와 함께 가려움증, 피부탈모, 각질증가 등의 증상이 나타난다면, 피부 진료를 받자.
2. 발바닥	개의 피부 대부분에서는 사람처럼 축축한 땀이 나지 않는다. 발바닥과 콧등에서만 사람처럼 축축한 땀이 난다. 이 땀의 산패(지방 성분이 썩어서 불쾌한 냄새가 나고 맛이 나빠지는 것)에 의해 정상적으로 쿰쿰한 냄새가 날 수 있다.	발가락 사이사이가 붉고 가려워하며 많이 핥는다면 발 피부염을 의심할 수 있다.
3. 구강	음식물에 의해 냄새가 날 수 있다.	치석, 치주염 등 구강질환에 의해 악취가 난다. 신장질환이나 당뇨병에 걸렸을 때도 구취가 심할 수 있다.
4. 귀	정상 귀에서는 냄새가 거의 나지 않는다.	귓병에 걸리면 악취가 날 수 있다. 귀가 덮인 개, 습한 환경에 있는 개, 알레르기를 갖고 있는 개에서 귓병이 많이 발생한다.
5. 항문	① 배변 후에는 냄새가 날 수 있다. ② 항문낭에서 냄새가 날 수 있다.	① 소화불량이나 장염을 겪으면 설사변이 발생할 수 있으며 심한 변 냄새가 난다. ② 항문낭 질병이나 항문 주위 종양처럼 엉덩이 주위에 질병이 생기면 악취가 날 수 있다.

개의 입냄새에 도움을 주는 성분소개: 유산균

위 성분이 있는 영양제를 추천합니다

해초와 같은 천연성분을 이용하여 플라그와 구취를 줄이는 제품도 효과적입니다. 보다 근본적인 해결을 위해서는 치과진료가 선행되어야 합니다.

개의 피부에 도움을 주는 성분소개: 오메가3, 구리, 아연, 비타민A, 비타민E, 비타민B군

위 성분이 있는 영양제를 추천합니다

구리와 아연의 경우 결핍이 있을 경우에 보충해주면 피부가 좋아집니다. 체내에 충분한데 과하게 복용하면 오히려 독성이 있을 수 있으니 사전에 수의사와 상담과 모발검사(체내의 유독성 중금속과 영양미네랄을 측정하는 검사)가 필요합니다.

개의 피부에 도움을 주는 샴푸성분소개:

보습오일: 홍화(safflower), 참깨(sesame), 라놀린(lanolin)

보습제: 프로필렌글리콜(propylene glycol), 글리세린(glycerin), 오트밀(oatmeal), 요소(urea), 젖산(lactic acid)

가려움방지: 프라목신(pramoxine)

각질제거: 살리실산(salicylic acid), 타르(Tar)

항생효과: 과산화벤조일(benzoyl peroxide), 클로르헥시딘(chlorhexidine)

항진균효과: 클로르헥시딘(chlorhexidine), 미코나졸(miconazole), 케토코나졸(ketoconazole), 아세트산(Acetic acid)

위 성분이 있는 개 샴푸를 추천합니다

항문낭염에 관해

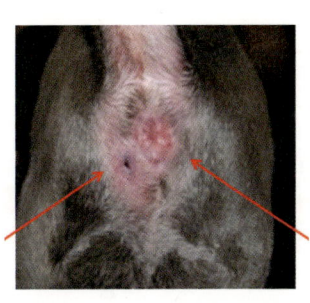

염증이 발생한 항문낭

정상 항문낭

항문낭에 분비물이 배출되지 못하고 남으면 부패하고 곪게 된다. 이렇게 되면 항문낭염이 발병한다.

원인	항문낭 분비물의 점도(진득진득한 정도)가 증가하는 것 낭 안에 있는 분비샘에서 분비액이 과잉 분비되는 것 비만이나 털뭉침 등으로 인해 배출로가 막히는 것 운동부족과 배변 빈도 저하
증상	항문을 바닥에 문지르거나 자주 핥는다. 썰매 타는 자세로 항문을 바닥에 대고 뒷다리를 벌리고 앞다리로 앞으로 끌고 간다. 변을 볼 때 소리를 지른다. 꼬리를 들면 항문낭 부위가 부어 있고 핏기가 보인다. 심하게 곪아서 검게 괴사(생체조직이 죽거나 죽어가는 상태)된 부분이 보일 수도 있다.
치료	농을 빼고 세척해주고 약을 먹는 내과적 치료도 가능하지만 재발율이 높다. 항문낭을 덜어 내는 수술적 치료가 필요하다.

배에 볼록 튀어나온 것이 있어요

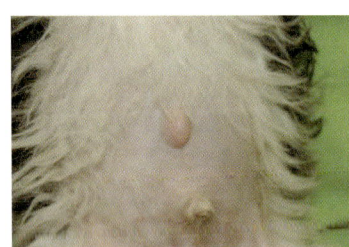

말랑말랑하게 튀어 나와 있고, 누르면 쉽게 들어가는 것이라면 탈장일 가능성이 높다. 탈장이란 공간을 형성하는 벽의 구멍을 통해 공간 내 장기(지방, 소장 등)가 공간 밖으로 튀어나오는 것을 말한다.

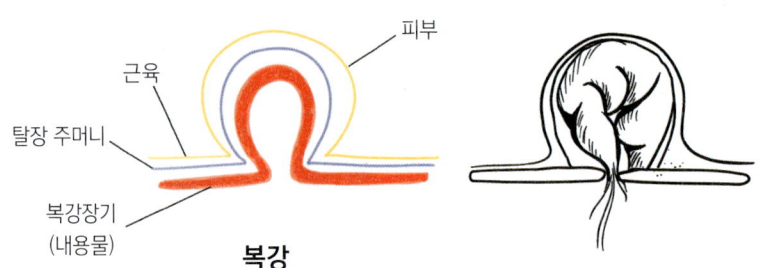

배꼽 주위와 서혜부(사타구니)쪽에 자주 발생한다.

눌렀을 때 잘 들어간다면, 그리고 검붉어지며 커지지 않는다면 좀 더 관찰하면서 지낼 수 있으나(통증이 거의 없음), 눌렀을 때 들어가지 않는다면 급성 복통으로 진행될 수 있다. 큰 질환으로 진행되기 전에 수술로 교정해주는 것이 바람직하다.

개를 괴롭히는 만성 가려움증, 알레르기성 피부염

피부 알레르기에는 음식알레르기, 환경알레르기(아토피), 벼룩알레르기, 접촉성 알레르기가 있다.
이들 중 반려견에게 흔한 음식 알레르기와 환경 알레르기에 대해 알아보자.

1. 음식 알레르기

개가 음식으로 인해 몸 곳곳을 가려워하는 일은 꽤 빈번하다. 대표적인 알레르기 원인은 쇠고기, 닭고기, 계란, 유제품이며 그 외에도 다른 육류, 생선, 밀가루 등이 알레르기를 일으킬 수 있다.

증상은 귀, 발, 겨드랑이, 서혜부(사타구니), 얼굴, 목, 항문주위에서 나타난다. 환경 알레르기(아토피)와 비슷하여 감별진단이 필요하다. 가장 합리적인 감별법은 약 3달간 음식을 제한해보는 것이다. 100일간 알레르기용 처방식 사료만 먹인다.

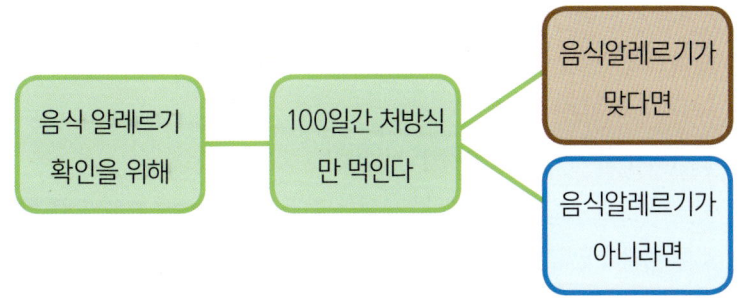

• 음식 알레르기가 맞다면: 100일간 가려움증은 덜해질 것이고, 100일 후 다시

원래 사료와 간식을 먹는 식단으로 돌아갔을 때 가려움을 호소할 것이다. 이렇게 확인된다면 앞으로 알레르기 처방식을 계속 먹는 것이 좋다.

- **음식 알레르기가 아니라면**: 100일간이나 100일 후 원래 사료와 간식을 먹을 때나 가려움증의 차이가 없을 것이다.

2. 환경 알레르기(아토피)

환경 알레르기는 집 안에서 생활하는 개에게 흔하다. 지속적으로 귀, 발(주로 앞발), 얼굴, 겨드랑이, 서혜부, 목, 항문주위 등이 붉고 이 부위를 가려워한다.

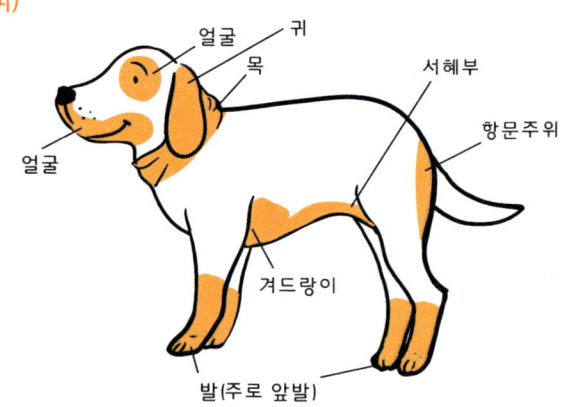

아토피의 가장 흔한 원인은 이불이나 카펫에 사는 집먼지진드기이다. 그 외에도 꽃가루, 곰팡이류, 다른 동물(사람 포함)의 비듬 등이 원인이 될 수 있다.

아토피는 아래의 특징을 가진다.

<개 아토피의 특징>

1. 6개월에서 3살 사이에 가려움증이 시작됐다. (　　)
2. 동물병원에서 스테로이드 소염제 치료를 했더니 단기적으로는 가려움증이 많이 호전되더라. (　　)
3. 귓바퀴가 붉다. 귀를 가려워한다. (　　)
4. 앞발을 많이 가려워한다. 흰 털의 개는 핥고 물어서 앞발 부위가 갈색으로 탈색되어 있다. (　　)
5. 개가 주로 실내에서 생활한다. (　　)
6. 등쪽에는 피부병이 없고 깨끗하다. (　　)

위 항목 중 3개 이상 해당된다면 수의사와 상담하길 권한다.

아토피 진단을 위해서는 기생충성피부염, 세균성피부염, 곰팡이성피부염 등 다른 원인과의 감별이 필요하다. 동물병원에 내원하여 검사와 상담을 받자.

아토피의 가장 흔한 원인인 집먼지진드기는 이불, 담요, 카펫에 있다. 개가 천과 완전히 격리되어 살아가기 어렵기 때문에, 아토피는 완치되지 못하고 평생 관리해야 할 가능성이 높다.

아토피 관리를 위해 다양한 약물요법, 샴푸요법, 오메가3 보조제 요법, 면역요법, 지속적인 피부치료 등 다양한 방법이 동원될 것이다.

개의 아토피에 도움을 주는 성분소개: 오메가3

위 성분이 있는 영양제를 추천합니다

깨알질문

Q : 내가 먹는 오메가3, 개와 나눠먹어도 되나요?

A : 추천하지 않습니다. 사람 영양제가 개에게 과량일 수 있습니다. 개와 사람은 입맛과 소화력이 다르기 때문에, 개가 사람 영양제의 향과 맛을 꺼리거나 먹고 구역질을 할 수 있기 때문입니다.

개도 꿈을 꿀까?

= (O) 꾼다.

개의 수면은 사람의 수면과 거의 같다. 얕은 수면에서 시작하여 점점 깊은 수면을 취하게 된다.

꿈은 깊이 잠들었을 때와 역설수면 때 꾸게 된다. 역설수면은 몸은 이완되었지만 두뇌가 활발하게 활동하는 단계로, 이때

혹시 꿈을 꾸고 있는지도 모를 짱구

눈을 빨리 움직인다고 해서 렘(REM, Rapid Eye Movement)수면에 속한다.

(수면의 단계를 비유로 설명한 베르나르베르베르의 책 '잠'에서 발췌)

잠을 가상의 수영이라고 보는 거야. 네가 눈을 감는 순간 시작되는 입면 과정을 입수에 비유하는 거지. 이게 5분에서 10분이 걸려. 이러고 나서 첫 번째 강하가 일어나. 머리가 물속으로 들어가는 거지. 이게 1단계야. 느리고 아주 얕은 잠이지. 몸의 긴장이 풀어지고 회복되기 시작해. 옆에서 누가 말을 하면 다 들리고 이해도 되지만 대답하기는 싫어져.

이 다음이 2단계, 느리고 얕은 수면이야. 여전히 말소리는 들리지만 의미는 이해가 안 돼. 단어들이 시끄러운 소리로 변하거든.
이제 세 번째 단계야. 느리지만 깊은 잠이지. 밖에서 벌어지는 일을 전혀 듣지 못하는 상태에서 온몸이 이완되고 호흡이 느려져.
밑에 한 층이 더 있어. 4단계. 느리고 아주 깊은 수면이다. 우리 몸이 온전한 휴식을 취하는 단계지. 이때 질병에 대항하는 저항력이 생기고 성장을 돕는 물질이 생성돼. 낮에 배운 것을 기억에 저장하는 것도 이 단계야. 이때부터 꿈을 꾸기 시작해.

5단계는 전체 수면 과정에서 아주 기이한 단계야. 몸이 극도로 이완되고 바깥 소리를 전혀 못 듣고, 심장박동은 느리고, 체온은 떨어지는데, 특이하게도 뇌는 가장 빠르고 활발하게 움직이거든. 멋지고 환상적인 꿈도 이때 꾸지. 그래서 이 다섯 번째 단계를 '역설수면'이라고 불러.
4단계에서는 흔히 발가벗고 있거나 적에게 쫓기거나 이빨이 빠지거나 하는 꿈을 꾸는데, 역설수면 중에는 하늘을 날고, 사랑을 나누고, 적을 물리치는 꿈을 꾸게 돼.

개가 깊이 잠들었는데도 몸을 움찔거리거나, 감은 눈을 좌우로 움직이거나, 쩝쩝대는 등의 행동을 하면 생각해주세요. 우리애기 깊이 잘 자고 있구나. 심신을 충분히 회복하렴. 그리고 좋은 꿈 꾸렴!

**연구에 따르면 대형견보단 소형견이,
성견보단 강아지가 꿈을 더 자주 꾼다고 한다**

꿈을 자주 꿔요!
대형견 < 소형견
성견 < 강아지

꿈은 그들만의 판타지를 쫓고, 놀고, 먹는 등 일상적인 일일 거라 추측되고 있다.

 정신분석학자 프로이트는 '꿈의 해석'이라는 책을 통해, 꿈은 오래된 이전의 잊어버린 기억이나 경험, 그리고 그다지 신경 쓰지 않았던 사소한 기억을 재료로 하여 확대 또는 왜곡되어 만들어지며, 꿈은 소망을 충족하기 위해 꾼다고 하였습니다.

깨알정보
개도 기면증이 있다.
밥을 먹다가 잠들어버리는 기면증(잠을 충분히 잤어도 갑자기 졸음에 빠져드는 증세) 환자도 있다. 이런 증상이 발견되면, 동영상을 촬영하고 횟수나 양상을 기록하여 동물병원을 찾자.

우리 개는 행복할까?

개의 행복감은 따로 말하지 않아도, 곁에서 지켜보는 보호자가 이미 느낌으로 알고 있을 것이다. 그렇지만 객관적 행복지수가 궁금하다면? QoL(Quality of Life)이라고 하는 삶의 질 척도표를 작성해보자.

삶의 질 척도표 QoL(Quality of Life)

기준	점수 (0~10점)			
날짜				
통증 0: 지속적으로 비명을 지르고 몸을 떨며 호흡이 가쁘고 매우 힘들어한다. 5: 기력이 저하된 상태로, 간혹 통증을 호소하면서 호흡이 가쁘다. 10: 거의 통증이 없는 정상 상태이며, 호흡이 양호하다.				
배고픔 0: 맛있는 것을 만들어줘도 식욕이 없어 며칠째 아무 것도 먹지 않았다. 5: 맛있는 것을 만들어주거나 손으로 주면 어느 정도 먹는 편이다. 10: 음식과 관계없이 식욕이 좋으며 양껏 충분히 먹는다.				
물먹기 0: 물을 거의 먹지 않아 눈이 움푹 들어가고 소변을 거의 보지 않는다. 5: 물 먹는 양이 많지 않아 배뇨가 줄었으며 피부 탄력이 저하되었다. 10: 정상적으로 충분히 물을 먹고 배뇨한다.				
위생 0: 상처 부위에서 삼출물이 계속 나오며 냄새가 심하여 괴로운 상태이다. 5: 이전보다 환자 위생 상태가 좋지 않아 냄새가 나는 편이다. 10: 전신 상태가 매우 깨끗하며 거의 냄새가 나지 않는다.				
행복감 0: 환자가 가족 등 주위 자극에 반응이 전혀 없고 구석에서 침울해한다. 5: 주위 자극에 어느 정도 반응하며, 간혹 우울해 하는 증상이 있다. 10: 가족과 즐겁게 지내고 장난감을 잘 가지고 놀며 사교적이다.				
운동성 0: 스스로 전혀 움직일 수 없으며, 발작을 보이기도 한다. 5: 어느 정도 움직일 수 있으나, 일상 생활에서 주위의 도움을 필요로 한다. 10: 정상 활동에 지장이 없이, 자유로이 산책하고 움직인다.				
기력 0: 일주일 이상 기력이 매우 좋지 않아 정상적인 생활이 불가능하다. 5: 3~5일 정도 기력이 좋지 않아서 힘들어 보인다. 10: 매일 기력이 아주 좋아서 정상적인 생활이 가능하다.				
총점 (35점 이상 이면 양호하다)				

개는 원래 다리를 들고 오줌을 눌까?
= (X) 그렇지 않다.

다리를 들고 소변을 보는 것은 교육이나 경험이 아니라, '호르몬'의 영향이다. 테스토스테론이라는 남성호르몬에 의해 이런 행동이 발현된다. 암컷 강아지에게 테스토스테론을 투여하면, 암컷도 다리를 들고 소변을 본다는 연구결과가 있다. 수컷 호르몬이 작용하기 전에(약 5~6개월령) 중성화하면 수캐도 다리를 들지 않는다.

다리를 들고 소변을 보던 수캐를 중성화하면 다리를 들지 않고 소변을 볼 수도 있고, 기존에 다리를 드는 것이 습관으로 남아서 그대로 다리를 들고 소변을 볼 수도 있다.

개의 배뇨장애를 개선하는 성분소개: 만노스(D-mannose)

위 성분이 있는 영양제를 추천합니다

만노스는 설탕의 일종으로 방광염을 일으키는 주요 세균인 대장균과 결합하여 세균을 방광에 부착시키지 않고 배출시키는 기능이 있습니다. 잔뇨감을 보이는 세균성방광염 예방에 좋습니다.
방광염이 없는 정상 개의 소변활동에 가장 중요한 것은 신선한 물을 충분히 마시게 하는 것입니다.

개의 털 색이 바뀔 수 있을까?
= (O) 바뀔 수 있다.

털 색은 유전에 의해서 결정되며 그 발현은 늦을 수 있다. 사람도 어릴 때는 머리카락이 직모이다가 나이가 들면서 곱슬머리로 바뀌는 경우가 있다.
일반적으로 [6~12개월이 지나야] 개 본연의 털 색을 가늠할 수 있다.
사람이 흰머리가 나듯이 개도 나이 들어서 털 색이 하얗게 변하기도 한다. 나이가 들면서 털에 있는 멜라닌세포(색소세포)가 줄어들기 때문이다. 이런 현상은 개 나이 7~10세에 나타날 수 있다.
혹시 털 속에 피부가 검게 변한 경우, 피부염, 지혈장애(피가 멎지 않는 질병상태) 등과 관련된 증상이니 진료를 받자.

코가 촉촉해야 건강하다?

= (X) 코가 마르면 건강하지 않다는 속설이 있는데, 실제로는 그렇지 않다. 코의 촉촉한 정도는 중대한 건강의 지표가 될 수 없다.

땀이 많이 나는 사람과 그렇지 않은 사람이 있듯이, 개도 코가 마른 아이도 있고 촉촉한 아이도 있을 수 있다. 코와 관련된 정말 중요한 건강지표는 콧물, 재채기, 숨쉴 때 심한 콧소리이다. 이런 증상이 있으면 동물병원을 찾자.

개는 왜 구르는(뒹구는) 행동을 할까?

털을 정리하고 피부를 긁어 시원함을 느끼기 위해 구르는 행동을 보인다. 또한 강한 자극이 될 만한 냄새를 뿌리게 되면(벼룩 예방용 스프레이 등), 개는 이것을 없애기 위해 땅에 몸을 비빈다. 이 행동은 자신의 냄새를 다른 냄새로 덮어서 적으로부터 자신을 숨기려는 늑대의 본성을 이어받은 것으로 이해할 수 있다.

야생의 개에서는 때론 사람에게 악취라고 느껴질 만한 것(분변, 쓰레기, 진흙, 동물의 사체 등)을 가지고 뒹구는 모습도 관찰되었다. 자신의 오줌이나 변으로 덮을 수 없는 이런 압도적인 냄새를, 개는 악취가 아니라 일종의 향수로 느낄 수 있기 때문이다. 가정견은 이런 행동이 드물다.

개는 왜 흙을 팔까?

<개의 흙 파기의 목적>

① 본능적인 행동으로서 테리어종이나 닥스훈트는 본능적으로 흙을 판다. '테리어'의 어원이 '흙을 파다'라는 뜻이다.
② 지루함을 해소하기 위해
③ 케이지를 탈출하기 위해
④ 시원한 흙의 감촉이 좋아서
⑤ 땅에 무언가를 묻기 위해
⑥ 암컷이 새끼의 보금자리를 마련하기 위해

흙 파기에 열중하고 있는 닥스훈트견

케이지를 탈출하기 위한 흙 파기

흙 파는 것에 심하게 집착한다면, 규칙적인 산책과 훈련, 다른 놀이 등으로 관심을 유도해 자제시키도록 하자.

개는 왜 헐떡일까?

개는 피부를 통한 열 발산이 상당히 제한적이다. 피부에서 축축한 땀이 나지 않아서다. 그래서 개는 입을 통해 많은 열을 발산한다.
그래서 날씨가 더워지면, 개의 헐떡임이 많아진다.

개가 더워하면 → 각얼음을 핥게 하거나 에어컨 등으로 시원하게 해주자.
시원하게 해주었음에도 호흡이 정상적이지 않다면 → 동물병원에 내원할 필요가 있다.
심장병, 폐질환, 혹은 호르몬질환처럼 호흡곤란을 일으키는 중증질병에 의한 헐떡임일 수 있기 때문이다.

늑대처럼 "우~" 우는 개 - 개의 하울링(howling)

아우우~~

개가 늑대처럼 "아우우~" 하고 우는 경우가 있다. 이를 하울링 이라고 한다.
하울링은 개의 의사소통 수단으로 알려져 있다. 개의 선조인 늑대나 코요테들이 멀리 있는 동족을 부를 때 내는 울음소리가 본능적으로 전해진 것이다.
가정견은 외롭거나 지루할 때 하울링을 할 수 있다. 운동이나 훈련 등 개와 함께 하는 시간을 늘려주면 개의 하울링을 줄일 수 있다.
아프거나 불안해서 소리를 지를 수도 있다. 개가 침울하고 식욕도 없다면 검진을 받아보자.

 필자의 학창시절, 옆집에 하울링을 자주하던 시베리안허스키가 살고 있었다. 당시에는 멍멍 짖지 않고 아우~하고 맑게 소리를 뽑아내던 옆집개의 목청을 예쁘게 느꼈었다. 생경하고 귀엽고 맑은 느낌이었다.

동물에 대해 공부하고 성인이 된 지금, 그 맑은 소리가 외로움의 뜻일 수도 있다고 생각하니 조금 슬퍼진다. 실제로 옆집개가 늘 묶여있었던 것 같다. 전국의 허스키의 (외로움에 의한)하울링이 줄어들길 바란다. 예쁜 소리를 못 듣더라도.

개의 우울증에 도움을 주는 성분소개: L-트립토판(L-tryptophan)

위 성분이 있는 영양제를 추천합니다

 L-트립토판은 세로토닌(행복감을 느끼게 하는 신경전달물질)의 전구물질(재료가 되는 물질)입니다. 증세가 심할 경우 진료를 받아야 합니다.

 **하울의 움직이는 성 2004년작**
깨알재미1 실제로 개와는 무관한 내용이지만 아름다운 그림과 매력적인 내용으로 좋아하는 작품입니다.

 개는 때론 특정 소리(노래나 사이렌 소리 등)를 다른 개의 하울링으로 인식하고 반응하기도 한다. 가수 박상민
깨알재미2
의 '눈물잔'이라는 노래만 들으면 하울링을 하는 시베리안허스키 개가 방송에 출연하여 화제가 된 적이 있다.

개의 이 갈이

[생후 1~4개월에] 유치(젖니)가 나고, [4~7개월에] 영구치가 난다.

<강아지 영구치가 나는 시기>

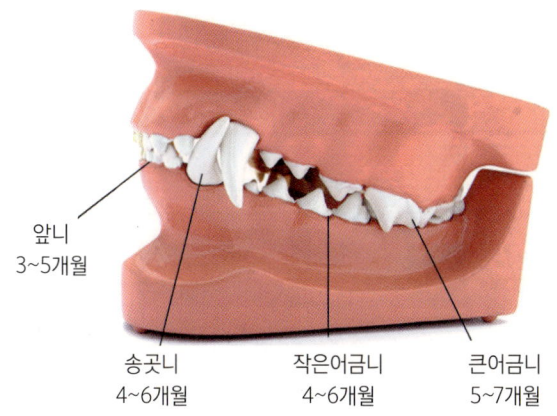

앞니 3~5개월
송곳니 4~6개월
작은어금니 4~6개월
큰어금니 5~7개월

<이 갈이 주의사항>

1) 유치는 [3~7개월 사이에] 빠지게 된다. 이때 개껌을 먹여주면 이 갈이에 도움이 된다. 강아지가 한 입에 통째로 삼킬 만한 크기의 껌은 위험할 수 있으니 조심하자. 개가 5분 정도 씹어서 먹을 수 있을 정도의 껌이 좋다.

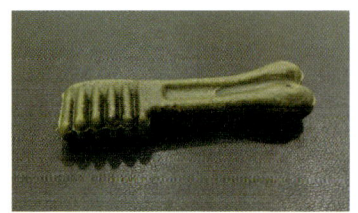

소형견에게 추천되는 적당한 사이즈의 껌, 그리니즈

2) 수건이나 실을 사용하여 무리하게 이를 빼려 해선 안 된다. 유치가 부러지며 빠져서 일부가 잇몸에 남을 수 있다.
3) 이 갈이 중 잇몸이 약간 붓고 붉어질 수 있다. 심할 경우 내원이 필요하다.
4) 빠진 유치는 강아지가 먹어버리는 경우가 많으며 대부분 문제되지 않는다.
5) 생후 7개월이 지났는데도 유치가 남은 경우, 잔존된 유치를 빼줘야 한다. 남아 있는 유치는 치석과 치주염을 가속화시키기 때문이다.

<정상 이 갈이>

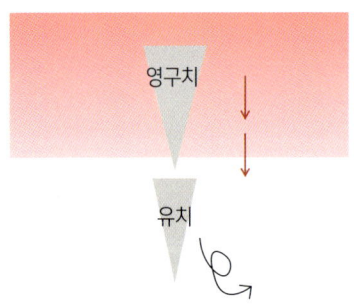

영구치가 유치를 밀어내고 그자리를 차지한다.
유치는 탈락한다.

<비정상 이 갈이>

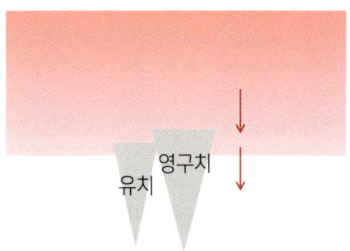

영구치가 유치를 밀어내지 못하고 옆으로 나란히 난다.
유치는 탈락되지 않고 남는다(잔존한다).

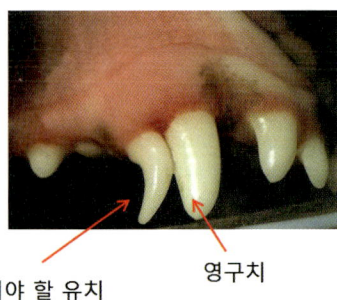

빠졌어야 할 유치   영구치

이물질의 위험

어떤 것이 문제가 될까?	뼈, 과일의 씨앗, 신발끈, 머리핀, 심지어 보석까지! 개가 삼킬 수 있는 것은 무척 다양하다. 자두씨가 가장 흔히 문제가 된다.
어떤 개가 주로 이물질을 삼킬까?	식욕이 왕성하고 호기심이 많은 개가 이물질을 삼킨다. 대부분 2살 이하의 어린 개들이다.
이물질을 삼키면 어떻게 될까?	금속이나 뼈처럼 X-ray에 잘 보여서 쉽게 진단되는 것도 있지만 씨앗이나 나무토막, 플라스틱 등 X-ray에 잘 보이지 않는 물질은 진단이 지체되고 어려울 수 있다. 그 동안 환자의 위험은 더 커진다. 넘어가지 못하고 위나 장에 정체된 이물질은 주위 조직에 염증을 일으키고 장운동을 막아 폐색증(막히는 것)을 일으킨다. 이후 밥을 먹지 않게 되고 장이 붙어버리는 협착증, 위궤양, 영양결핍 등 합병증이 생길 수 있다. 이물질 중에는 내시경으로 꺼낼 수 있는 것도 있지만, 이것이 불가능하면 배를 여는 수술을 해야 할 수 있다.
어떻게 예방할까?	안전한 개 장난감을 마련해주는 게 좋다. 삼킬 위험이 있는 물건들은 바닥에서 치운다. 이물질을 몰래 먹지 않도록 조심한다.

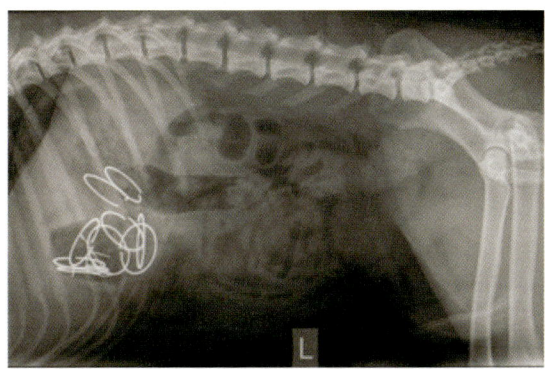

철제물건을 삼킨 개의 X-ray 사진

플라스틱 이물질을 내시경으로 꺼낸 사례

구토나 설사를 할 땐 잠깐 굶기는 게 낫다

속이 안 좋을 때 무언가를 먹어서 풀려고 하는 경우가 많은데, 실제로는 굶는 것이 더 좋다. 위와 장은 쉬면 회복이 된다. 12~24시간 금식한 후 부드럽고 소화가 잘 되는 음식(관련 처방식이나 불린 사료)을 먹는 것이 좋다.

구토와 설사에 대해서는 수의사에게 진료를 받는 것이 좋다. 위중한 질병이 원인일 수 있기 때문이다.

이럴 때 동물병원에 꼭 가야 하나요?

- 개가 뭘 잘못 먹었다 ········ 즉시 내원
- 식욕이 떨어졌다 ·········· 체중변화를 확인하며 지켜보자.
- 아무것도 먹지 않는다 ······· 즉시 내원
- 중심을 잡지 못한다 ········ 즉시 내원
- 다리를 살짝 전다 ········· 증상의 빈도와 강도를 더 관찰하자.
- 눈에 눈곱이 낀다 ········· 단순 눈곱이라면 좀 더 지켜보자.
- 눈을 잘 뜨지 못한다 ······· 즉시 내원
- 콧물이 나온다 ··········· 맑은 콧물이라면 좀 더 지켜보자.
- 기침을 한다 ············ 즉시 내원
- 구토를 한다 ············ 한번의 구토라면 더 지켜보자.
- 설사를 한다 ············ 한번의 설사라면 더 지켜보자.
- 피부에 뭐가 났다 ········· 번지는지, 증상이 심해지는지 지켜보자.
- 배뇨를 불편해한다 ········ 즉시 내원
- 생식기에서 진물이 나온다 ····· 즉시 내원

평소와 다른 모든 증상은, 동물병원에 내원해서 확인해봐야 정확하고 안전합니다.

개는 거울에 비친 자기 모습을 알아볼까?

= (△) 자신의 반영이라는 것을 인지한다. 하지만 거울을 통해 자신을 살피고자 하는 욕구가 없다.

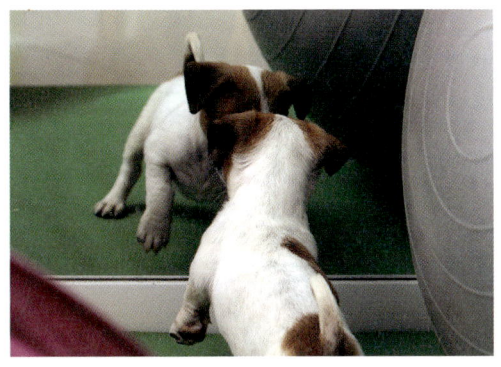

어린 강아지는 거울을 보며 놀라서 공격을 하기도 하고, 거울 속 음식에 덤벼드는 모습을 보인다. 나이가 들면서 인지능력이 상승하게 되고, 거울 속 모습이 위협적인 존재가 아님을 깨닫게 된다. 이후부터는 거울 속 이미지에 대해 매우 무던하게 행동하게 된다.

자신의 얼굴에 뭐가 묻었는지, 털이 고른지 등을 살피는 욕구는 영장류 이상의 동물에서만 보이는 행동으로 연구되었다. 거울을 경험한 침팬지를 마취한 후 눈썹과 귀에 빨간색 표시를 해두면, 마취에서 깬 뒤 거울을 보며 눈썹과 귀를 만지기 시작한다.

결석은 왜 생길까?

요로계 결석이란 신장, 요관, 방광, 요도로 구성되는 요로계의 일부에 돌이 생긴 것이다. 소변의 흐름을 막고 염증을 일으킨다.

수술로 방광에 생긴 결석을 꺼낸 사례

1) 저급육포, 과일, 떡, 간식 등의 과잉 섭취로 결석이 생길 수 있다.
2) 수분섭취의 부족: 오줌이 진하면 결석 형성률이 높아진다.
3) 세균감염: 방광염이 있으면 결석이 합병증으로 쉽게 발생한다.
4) 영양제(특히 비타민제)를 너무 많이 먹어도 결석이 생길 수 있다.

⇒ 비뇨기 건강을 위해 간식을 줄이고 수분섭취를 늘리자.
⇒ 비타민 영양제가 중복된다면 중복된 것은 피하고 비타민이 포함되지 않은 단일영양제를 찾자. 먹이는 영양제가 많다면 물을 충분히 마시게 하여 결석생성 위험을 줄여야 한다.
⇒ 소변 보는 것에 이상(힘들게 누거나, 자주 누거나, 많이 누는 등)이 생기면 동물병원을 찾자.

깨알정보

개에서 흔한 칼슘옥살레이트 결석이 있을 때 피해야 할 음식

▷**육류**: 볼로냐, 청어, 굴, 연어, 정어리
▷**야채류**: 콩, 브로콜리, 콜라드(케일류), 리마콩, 시금치, 두부, 아스파라거스, 당근, 옥수수, 오이, 가지, 상추, 시금치, 애호박, 고구마, 토마토
▷**과일**: 사과, 살구, 체리, 대부분의 베리류, 오렌지, 복숭아, 배, 레몬과 라임 또는 오렌지 껍질, 파인애플, 귤
▷**유제품**: 치즈, 아이스크림, 우유, 요거트
▷**빵, 곡물, 견과류**: 옥수수빵, 과일케이크, 땅콩, 피칸, 대두, 맥아
▷**기타**: 코코아, 핫초코, 커피, 차, 토마토스프, 야채스프

처방식을 주식으로 먹여야 합니다.
밥, 빵, 고기류 등을 간식으로 소량 주실 수 있습니다.

요산 결석이 있을 때 피해야 할 음식

깨알정보

아래 내용은 사람의 통풍의 원인이기도 한 요산(Uric acid) 결석과 관련하여 주의할 음식입니다.

▸ **피해야 할 음식:** 멸치, 뇌, 조개, 거위, 육즙소스, 심장, 콩팥, 간, 고등어, 육수를 포함한 고기 부산물, 홍합, 굴, 연어, 정어리, 가리비, 새우, 췌장, 참치, 맥주효모, 아스파라거스, 콜리플라워, 생선, 콩, 렌틸콩, 육류, 버섯, 시금치

▸ **먹어도 되는 음식의 예:** 빵, 버터, 치즈, 계란, 과일과 과즙, 젤라틴, 우유, 견과류, 정제된 시리얼, 설탕, 야채스프, 크림스프, 채소, 물

개의 기침증상이 밤에 더 심해지는 이유

기침의 원인은 크게 심장병과 호흡기병으로 나눌 수 있다.
심장병은 낮보단 밤이 되면 증상이 심해지는 경향이 있다. 이유는 아래와 같다.

밤이 되면 기압이 낮아진다.
상대적으로 몸의 기압은 높아진다.
이에 심장 압박이 가해지면서 심장병의 증상이 더 심해진다.

같은 원리로, 사람은 비가 오면 관절이 아프다는 말을 종종 한다.
비가 오면 기압이 낮아지고, 몸의 압력은 높아져서
관절의 압박 때문에 통증이 심해지는 것이다.

호흡기병으로 인한 기침이 밤에 심해지는 이유는 아래와 같다.

> 밤이 되면 부교감신경(긴장을 완화하고 에너지를 보존하는 신경)의 지배를 받는다.
> 흥분하는 교감신경보단, 착 가라앉는 부교감신경이 활성화된다.
>
> 부교감신경이 활성화되면 호흡기에서 분비물이 증가한다.
> 이 분비물에 의해 기관, 기관지가 자극되어 기침이 증가한다.

개의 심장에 도움을 주는 성분소개: L-카르니틴, 타우린, 오메가3
위 성분이 있는 영양제를 추천합니다

L-카르니틴은 심장근육을 튼튼하게 합니다.
타우린은 심장근육 손상을 막아주고 혈압조절을 돕습니다.

개에게 흔한 종양

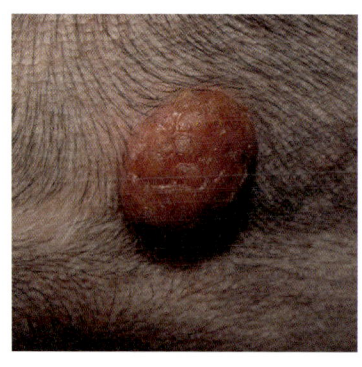

1) 피부 종양

가장 흔한 종양이다. 개 피부에 멍울이 만져지면 진료를 받고 종양인지 확인해 봐야 한다. 검사는 대부분 종양 부위를 절제하는(잘라내는) 외과적 시술로 진행된다. 절제한 조직은 조직검사를 통해 종양 종류와 양성vs악성 여부를 판별한다.

피부종양은 악성보다 양성이 많다. (약 90%는 양성, 약 10%는 악성)

2) 유선 종양

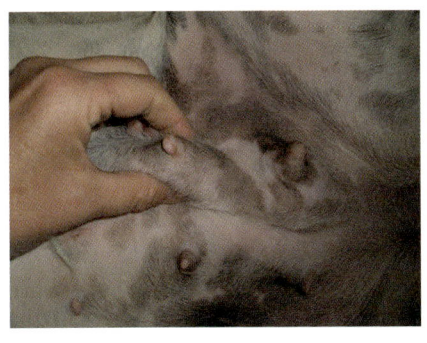

유선 조직에 생기는 종양이다. 발정이 왔을 때나 수유 중엔 젖이 부을 수 있는데, 단순한 붓기가 아니라 멍울이 만져진다면 유선종양을 의심할 수 있다.

유선종양은 아래와 같은 특징을 가지고 있다.
• 주로 암컷 발생
• 노령견에서 발생(평균 10살에서 발생, 5살 미만 발생은 흔치 않음)
• 60%는 양성, 40%는 악성
• 첫 발정이 오기 전 중성화하면 99.5% 예방됨, 중성화가 늦어질수록 예방률은 현저히 떨어짐.

나이 많은 암컷 개의 젖꼭지 주위에 멍울이 만져진다면, 동물병원에 내원하자.

3) 구강 종양

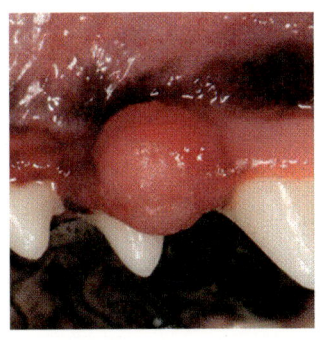

입 안에 생기는 종양이다.

개의 치아를 잘 보지 않는 경우가 많은데, 가끔씩은 개의 입을 벌려 구강을 관찰하는 것이 좋다. 구강에 이상한 것이 있는지, 입냄새는 어떤지, 치아 상태는 어떤지 등을 본다.

자연치유를 기대할 수 있는 유두종이라는 구강 종양도 있지만, 나이가 들어서 생기는 구강종양은 대부분 절제수술 및 조직검사가 필요하다. 조직검사 결과가 좋으면 다행이지만, 종양이 악성으로 판정되면 예후가 좋지 않다.

4) 항문 주위 종양

항문 주위에 멍울이 생겼을 때, 이것은 종양일 수도 있고, 항문낭질환, 탈장, 치루(샛길) 등 다른 질병일 수도 있다. 진단과 치료가 필요하다.

항문 주위 종양은 일반적으로 8세 이상의 노령견에게 흔하다. 절제수술 및 조직검사가 필요하며 전이여부 확인을 위해 X-ray나 CT촬영이 필요하다.

5) 내부 장기 종양 (방광, 위, 간, 신장, 폐 등)

내부 장기의 종양은 건강검진을 하다가 발견되거나, 관련 증상(예를 들어 방광종양은 혈뇨, 위암은 구토, 간암은 황달, 폐암은 기침 등)으로 내원해서 검사 결과로 밝혀진다. 장기의 종양은 일부 절제가 주된 치료이며, 절제가 불가능할 정도로 종양이 번져 있다면 치료가 어렵다.

6) 눈, 귀, 코의 종양

종양이 직접 발견되기도 하고, 종양이 보이지 않는 깊은 부위에 있을 경우 검진이나 관련 증상(시력문제, 귓병, 재채기나 코피 등)의 진단과정 중에 밝혀진다.

코 종양은 대체로 예후가 좋지 않다. 눈과 귀의 종양은 절제수술 만으로 치료되는 예가 많지만, 전이 되는 악성종양도 종종 있다.

눈 종양 중 눈꺼풀(피부) 종양은 피부수술로 그치지만, 눈 안쪽에 종양이 생길 경우 안구적출술이 필요할 수 있다.

7) 생식기 종양

생식기 주변이 지저분하고 멍울이 관찰된다. 중성화하시 않은 개에서 주로 발견된다. 주로 약물로 항암치료를 하며 경우에 따라 절제수술이 필요하다.

15. 응급처치

나는 인간의 권리만큼 동물의 권리도 소중하게 생각합니다.
그것이 모든 인류가 나아가야 할 길입니다. - 에이브러헴 링컨 -

떨어져서 머리를 박았을 때(뇌진탕)

소형견은 몸에 비해 머리가 상대적으로 커서 머리부터 떨어지기 쉽다. 뇌진탕의 위험이 큰 편이다.

> 머리를 부딪힌 개의 증상: 비틀거림, 눈동자가 좌우로 흔들림, 몸이 한쪽으로 계속 기움, 구토. 심할 경우 의식이 없거나, 발작 증세를 보인다.

→ 비틀거리다 넘어지지 않도록, 움직이게 두지 말고 안아야 한다.
→ 개의 머리가 아래로 향하면 안 된다. 머리를 아래로 내리면 뇌압이 올라가서 좋지 않다.
→ 호흡과 의식 등을 확인하면서 즉시 동물병원에 내원한다.

열사병에 걸렸을 때

열사병에 걸린 개는 힘이 없고 헐떡임이 증가한다. 더운 날 차에 뒀을 때, 열사병이 흔히 발생한다. 마취가 덜 깬 아이를 필요 이상으로 따뜻하게 해줄 경우에도 열사병이 발생할 수 있다.
큰 개보단 작은 개, 얼굴이 길쭉한 개보단 얼굴이 눌린 개가 열사병에 더 취약하다. 개는 호흡을 통해 열을 발산하는데, 콧구멍이 좁은 소형견은 상부호흡기 구조상 호흡량이 부족하기 때문이다.

더위에 노출되어 몸이 뜨겁고 기력이 떨어지며 힘겹게 헐떡이는 등 열사병이 의심되면 → 시원하게 해주며 동물병원에 내원한다.
시원하게 해주는 법: 에어컨과 선풍기 동원, 겨드랑이와 복부에 찬물 뿌리기
얼음은 혈관을 지나치게 수축시켜서 추가적인 열 발산을 막기 때문에 좋지 않다.

추위에 오래 노출되었을 때

한겨울에 실외에서 살거나 겨울철 야외활동을 한 후 이런 상황이 올 수 있다.
몸을 떨지만 의식이 있는 정도라면 따뜻하게 해주는 조치로 회복될 수 있다.

- 히터를 틀어준다.
- 전기담요를 틀어준다.
- 핫팩을 수건에 싸서 겨드랑이나 복부에 둔다.
- 담요로 감싸 안는다.

몸이 차고 의식이 떨어진 정도라면 따뜻하게 해주며 즉시 내원해야 한다.

초콜릿, 양파, 포도, 자일리톨 등 독성물질을 먹었을 때

먹은 지 2시간 이내라면, 즉시 구토를 시키는 게 좋다. 구토유도를 위해 동물병원에 내원해야 한다.
2시간이 지났다면, 어느 정도 흡수가 진행돼버렸을 것이다. 동물병원에서 흡착제(흡수를 줄이는 약) 처방, 독성물질 섭취에 대한 경과 관찰 및 치료를 해야 한다.

깨알정보

초콜릿 종류별 위험성

주의	위험	매우 위험
밀크초콜릿	화이트초콜릿	다크초콜릿

발작을 할 때

- → 심폐소생술을 해선 안 된다. 심폐소생술은 호흡곤란이나 심장박동 정지 때 해야 할 응급처치법이다. 발작 환자에겐 일반적으로 불필요하며 잘못하면 오히려 문제를 일으킬 수 있다.
- → 발작을 하면 무의식적으로 강하게 움직인다. 다치지 않도록 안거나 주변을 푹신한 쿠션 등을 둘러주는 것이 좋다.
- → 안을 때 목이 꺾이는 등 자세불량으로 호흡이 방해 받지 않도록 한다.
- → 즉시 내원하여 발작치료를 받아야 한다.
- → 가능하다면 발작장면을 동영상으로 촬영해두고, 시작시간 및 지속시간을 기록한다.

눈알이 빠졌을 때

시추, 페키니즈 등의 머리가 짧은 품종에서 이런 일이 가끔 발생한다.

[눈알의 반 이하가 튀어나온 경우]
생리식염수나 수돗물을 묻힌 깨끗한 천을 손에 덧대고, 조심스럽게 정면에서 밀어 넣는다.
복원에 성공하든 실패하든 동물병원에서 검사 및 후속조치를 받아야 한다.

[눈알의 반 이상이 튀어나온 경우]
- → 빠진 눈알에 이물질이 묻지 않도록 주의한다.
- → 깨끗한 천에 생리식염수나 수돗물을 미지근하게 적셔서 눈알을 감싸고 즉시 동물병원으로 향한다.

숨을 가쁘게 쉴 때 / 계속 기침을 할 때

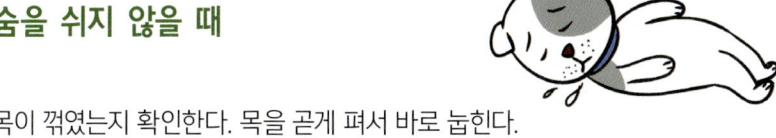

분당 50회 이상, 특히 분당 100회에 가깝게 헐떡인다면 호흡이 곤란하다는 뜻이다.
기침을 연거푸 4번 이상 한다면 진료가 필요한 상태다.
절대안정을 취하며 즉시 내원해야 한다.
더운 것 보다는 주위를 시원하게 하는 것이 호흡에 도움이 된다.
목줄 등 호흡에 방해를 줄 수 있는 것은 제거한다.

숨을 쉬지 않을 때

목이 꺾였는지 확인한다. 목을 곧게 펴서 바로 눕힌다.
구토물이나 거품이 호흡을 막고 있진 않는지 확인한다. 입과 코를 닦아내어 호흡을 방해하는 것들을 제거한 뒤 혀를 잡아 끄집어 낸다. 즉시 내원한다.
가슴 쪽에서 전혀 심장박동이 느껴지지 않는다면, 이미 사망했을 가능성이 있다.

심하게 가려워할 때

[반드시 즉시 내원해야 하는 상황]
1) 가려워함과 함께 얼굴이 부을 때
2) 힘이 없고 의식이 약해질 때

[위의 증상 없이 가려움만 호소한다면]
1) 동물병원에 내원하여 가려움에 대한 진료를 받는 것이 좋다.
2) 바로 내원이 어렵다면 일단 개가 몸을 긁어서 추가 손상이 발생하지 않도록 옷을 입히거나 넥칼라를 씌워둔다. 이후 진료를 받는다.

피가 날 때

피가 나는 지점을 확인하여 지혈한다. 깨끗한 천으로 출혈점을 꾹 누른다. 문지르면 혈관이 파열될 수 있으니, 문지르지 말고 꾹 누르기만 하여 5분간 지혈한다.
5분간 눌렀는데도 피가 멎지 않으면 즉시 내원한다.
피가 멎었다면 출혈 부위를 물로 씻어서 딱지와 찌꺼기를 제거한다. 제거과정에서 다시 피가 날 수 있는데, 그러면 다시 지혈한다.
소독약을 바른다. 소독약은 저농도(0.05~0.1%) 클로르헥시딘액이 좋다. 동물병원에서 농도가 조절된 소독약을 구매해 두었다가 필요할 때 사용하는 것이 좋다.
상태 확인을 위해 내원한다.

눈에 화학물질(샴푸 등)이 들어갔을 때

샤워기에 약하게 물을 틀어 눈을 씻는다. 5분 정도 씻는다.
씻는 과정이 쉽지 않다면 즉시 내원하는 것이 좋다.
씻은 후에 눈을 잘 뜨지 못하거나 붉어짐이 발견된다면 내원해야 한다.
앞발로 눈을 비비는 등 추가 손상을 막기 위해 넥칼라를 씌우는 것이 좋다.
상태에 따라 넣으면 안 되는 안약도 있으니, 수의사의 처방 없이 안약을 넣어선 안 된다.

귀에 화학물질(샴푸 등)이 들어갔을 때

- 생리식염수 또는 수돗물을 귀 안에 넘칠 정도로 부어 넣는다.
- 귓바퀴를 가볍게 주물러서 귀 속이 세척되게 한다.
- 남은 용액을 흘려낸다.

3회 이상 반복해서 충분히 씻어낸다.
당장 문제를 일으키지 않더라도, 시간을 두고 귓병을 일으킬 수 있으니, 진료를 받는 것이 좋다.

사고 후 다리를 절 때

떨어졌거나, 다리나 발을 문에 찧는 등의 사고가 있었다면 뼈, 근육, 인대 등에 손상이 있을 가능성이 있다. 혹은 다리가 아니라 발바닥에 상처가 난 것일 수 있다.
내원하여 신체검사 / X-ray 검사가 필수적으로 필요하다. 상태에 따라 추가검사(혈액검사, MRI 등)가 필요할 수 있다.
당장 내원할 수 없을 땐, 다리를 주무르거나 재활을 시키지 말고 움직이지 않도록 안고 있거나 가두어 두어야 한다.

사고가 없었는데 다리를 가끔 절 때

사고 없이 가끔 다리를 전다면, 관절질환을 앓고 있을 가능성이 있다. 내원하여 검진을 받아보는 것이 좋다.

뼈, 간식덩어리 등이 목에 걸려서 계속 켁켁거릴 때

기도를 막아 생명을 위협할 수 있는 응급상황이다.
빼려는 시도를 하지 말고 최대한 안정을 시킨 채로 즉시 내원하는 것이 좋다.

응급처치 OX 퀴즈

1. 개가 발작을 할 땐 얼른 심폐소생술을 해야 한다. (X)

    발작 중엔 추가적인 타박상이 없도록 해야 한다. 기도가 꺾이지 않도록 잘 안거나, 혹은 푹신푹신한 바닥에 패드를 둘러 막고 관찰해야 한다.

2. 피가 나면 소독이 최우선이다. (X)

    가장 먼저 해야 할 일은 지혈이다. 피를 멎게 한 후 소독을 실시한다.

3. 구토를 하면 바로 죽을 먹여서 위를 보호해야 한다. (X)

    구토를 할 땐 금식이 원칙이다. 일단 금식을 시킨 상태에서 동물병원에 내원하자.

4. 개가 며칠째 변을 잘 못 본다면, 호박이나 양배추를 먹이면 도움이 된다. (O)

    호박이나 양배추 등은 섬유질이 들어 있어서 변비 해소에 좋다. 물론, 심한 변비이거나, 다른 문제가 의심된다면 내원해서 진료를 받는 것이 바람직하다.

5. 개가 숨을 헐떡일 땐 시원하게 해주는 게 좋다. (O)

    하지만 더울 리가 없는데 헐떡이거나, 시원하게 해줬는데도 헐떡인다면, 진료가 꼭 필요하다.

6. 개가 다리를 절면 재활운동을 시도해야 한다. (X)

    즉시 재활운동을 하는 것은 좋지 않다. 다리를 절면 일단 운동제한(움직이지 않도록 하기)을 시킨 뒤 진료를 받아봐야 한다.

7. 밥을 못 먹은 어린 강아지가 비틀거리고 힘이 없고 설탕물을 먹인다. (O)

    저혈당증을 의심해볼 수 있는 증상이며, 설탕물이 도움이 될 수 있다. 하지만 다른 질병이 원인일 수도 있고, 설탕물의 급여량이 과할 수도 있으니, 일단 조금만 먹이고 내원해서 진료를 받자.

    설탕:물 = 1:10으로 희석해서 5~20ml(강아지 크기에 따라 조절)만 먹이고 즉시 내원한다.

16. 반려견 건강상식

동물을 대하는 태도를 보고 사람의 본성을 판단할 수 있다.
동물에게 잔인한 사람이라면, 사람을 대할 때에도 그럴 수 있기 때문이다.

- 엠마누엘 칸트 -

소중한 반려동물의 진료는 수의사에게 받으시기 바랍니다. 불완전하거나 잘못된 정보로 자가진료를 했다가 아이의 건강을 해칠 수 있습니다.

1) 예방접종

<예방접종 일정>

	1차	2차	3차	4차	5차	6차
종합백신	○	○	○	○	○	
코로나장염	○	○				
전염성기관지염			○	○		
광견병						○
개 인플루엔자					○	○

생후 4~6주에 1차 접종을 시작하여,
2주 간격으로 6차까지 예방접종을 마무리한다.

<예방접종 전후 주의사항>

1) 개의 컨디션이 좋을 때 접종해야 한다. 건강하다면 접종 예정일을 지키는 것이 좋지만, 컨디션이 좋지 않으면 2~3일 정도 접종을 미루는 것이 낫다.
2) 접종 당일에는 미용, 목욕, 운동(산책)을 삼가는 것이 좋다. 평소에 먹지 않던 음식을 먹이는 것도 피하자.
3) 접종 후 혹시 얼굴이 붓는지, 몸 곳곳을 가려워하는지 관찰하고 이런 증상이 발견되면 동물병원에 연락하여 조치를 받아야 한다.
4) 예방접종 후 아플 경우를 대비해 오전이나 이른 오후에 예방접종을 하는 것이 좋다.

예방접종 종류

① **종합백신(DHPPL)**: 5종 전염병인 홍역, 전염성간염, 파보장염, 파라인플루엔자, 렙토스피라에 대한 혼합예방백신이다. 각 질병의 대표 영문자를 따서 DHPPL이라고 부른다.

렙토스피라가 빠진 종합백신(DHPP)으로 접종하는 경우도 많습니다. 일반적인 가정견이라면 큰 무리는 없으나, 야외노출이 많다면 렙토스피라가 포함된 접종을 해주는 것이 좋습니다. 해외검역 시에도 DHPPL을 요구하는 경우가 있으니 확인 바랍니다.

특히 파보장염은 우리나라에 널리 퍼져 있고, 위중한 병이다. 사망률도 높다. 홍역의 경우 걸린 후 회복된다 하더라도 다리나 얼굴을 떠는 등 후유증이 평생 남을 수 있다. 어린 강아지가 전염병에 걸리면, 매우 큰 고통을 겪을 뿐 아니라 생명까지 위협받을 수 있다.

② **코로나장염(Corona virus)**: 혈변, 구토, 발열, 식욕부진 등을 일으키는 코로나바이러스 감염에 대한 예방백신이다.

③ **전염성기관지염(Kennel cough)**: '켄넬코프'라는 질병을 예방한다. 켄넬코프는 바이러스와 세균, 마이코플라즈마가 복합 감염되어 코와 기관지에 염증을 일으키는 병이다. 예방접종이 켄넬코프의 감염을 완전히 막진 못하지만, 심한 합병증이 생기지 않도록 내성을 길러준다.

켄넬코프 감염 시	
예방접종을 한 개의 주요증상	예방접종을 하지 않은 개의 주요증상
마른 기침, 콧물	식욕저하, 발열, 심한 기침, 사망

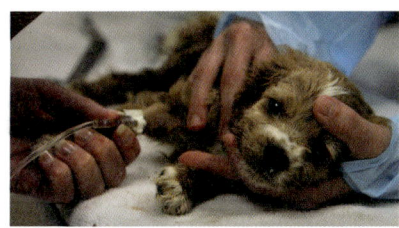

④ 광견병: 광견병은 너구리, 여우, 박쥐, 개, 고양이 등에서 발생한다. 침흘림, 난폭해짐과 같은 신경증상을 보이다가 대부분 사망한다. 사람도 감염될 수 있으며 치명적이다.

아직 우리나라에서 꾸준히 발생한다. 해외이동이나 애견호텔 등을 이용하기 위해서는 광견병 백신기록이 있어야 한디. 개가 사람을 무는 등의 법적 상황에 대비해서도 광견병 백신은 필요하다.

깨알정보 광견병 접종은 일년에 두 번(봄철과 가을철) 국가에서 지원사업을 한다. 이 시기에 광견병 접종을 맞추면 비용을 절약할 수 있다. 동물등록을 한 개에 한해, 광견병 접종 기간에 동물병원에서 할 수 있다. 보통 3월과 10월인데, 자세한 기간은 시·군·구 게시판을 통해 확인할 수 있다.

⑤ 개 인플루엔자: 개에게 독감을 일으키는 인플루엔자 바이러스에 대한 예방백신이다. 개 인플루엔자는 전염성이 강하다. 평균 치사율은 5~8%이며, 폐렴으로 진행되면 치사율은 50%까지 증가한다.

2007년, 개 플루가 조류인플루엔자(AI)로부터 유래되었음을 발견했고, 이후 백신이 개발되어 2010년에 시판되었다.

개 인플루엔자는 발열과 구토, 식욕부진 등의 증상을 보이고 → 심하면 폐렴으로 진행되어 사망에 이른다.

2) 보강접종

백신으로 만들어진 항체는 점차 소실되므로, 매년 각 백신에 대한 추가접종이 필요하다.

[종합백신 / 코로나장염 / 전염성기관지염 / 광견병 / 개 플루] 백신을 각각 한 번씩 추가 접종한다. 생후 예방접종처럼 몇 차에 걸쳐서 하는 것이 아니라, 일년에 한 번씩만 접종해주면 된다.

개가 건강하다면 하루에 5대의 예방주사를 맞을 수도 있지만, 가급적 두 번 내원하여 3대 / 2대로 나누어 맞는 것이 좋다.

훈련소 등 개가 많은 곳에 가게 될 경우, 전염성기관지염과 개 플루에 대한 접종은 6개월마다 보강해줘야 한다.

Q: 꼭 매년 맞춰야 하는가?

A: 거의 집안에서만 지낸다면, 첫 번째 보강접종 이후부터는 → 항체가검사로 항체량이 충분한지 확인되면 → 3년에 한 번으로 접종간격을 조정할 수도 있다. 바깥활동이 있거나 항체가가 부족한 개들은 매년 접종이 바람직하다.

3) 기생충 예방

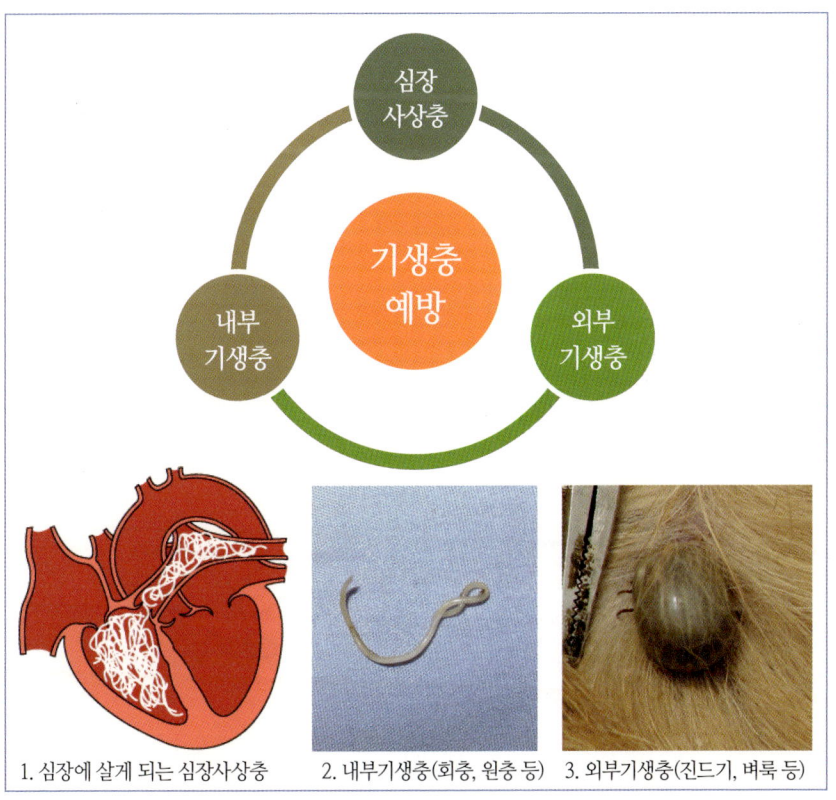

1. 심장에 살게 되는 심장사상충
2. 내부기생충(회충, 원충 등)
3. 외부기생충(진드기, 벼룩 등)

심장사상충 예방은 바르는 약이나 먹이는 약으로 매달 예방한다. 1년에 1번 주사로 예방하는 방법도 있다. 주사의 경우 내부기생충과 외부기생충에 대해서는 별도의 예방이 필요하다.

구충제는 야외생활을 하는 개는 3개월마다, 실내생활을 하는 개는 6개월마다 먹이는 것이 적절하다. 만약 구충제를 먹인 후 대변에서 기생충 같은 것이 나온다면
→ 그것으로 치료가 다 된 것이 아니다. 추가 투약이 필요하다.

심장사상충, 내부기생충, 외부기생충을 예방하는 약은 매우 다양하며 제품에 따라 예방 범위도 다르고 예방 간격도 다릅니다. 동물병원에서 상담하여 제품을 선택하세요.

> **깨알걱정**
>
> Q : 심장사상충 약이 간을 손상시키나요?
>
> A : 체중에 맞는 예방약을 용법에 맞게 사용해주신다면 걱정 없이 예방하실 수 있습니다.
> 심장사상충약의 주요 성분인 ivermectin, selamectin, milbemycin은 간에 매우 안전한 약물들입니다. 대부분의 약이 그렇듯이 간에서 대사되긴 하지만, FDA승인을 받은 정품 약들은 최소한 10배 고용량에 대한 임상실험으로 안전성을 검증하여 출시됩니다.

4) 건강검진

매년 건강검진이 필요하다. 개의 1년은 사람의 4년 이상을 의미할 수 있다.

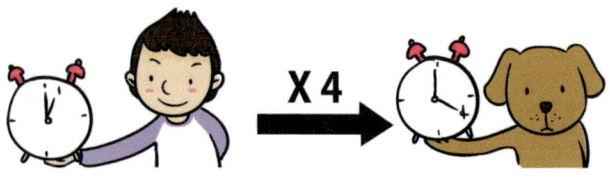

개의 일생은 사람의 일생보다 빠르게 흘러간다.

개의 건강검진과정은 사람의 검진과정과 거의 동일하다. 문진표를 작성하고, 피를 뽑고, 엑스레이를 찍고, 소변을 검사한다. 개의 경우, 심장사상충 감염여부에 대한 검사가 추가된다.

	사람	동물
1) 문진		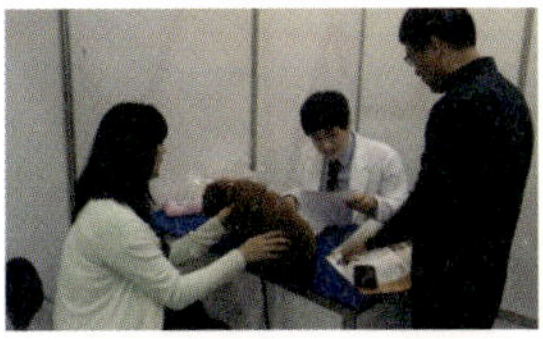
2) 채혈 및 혈액검사		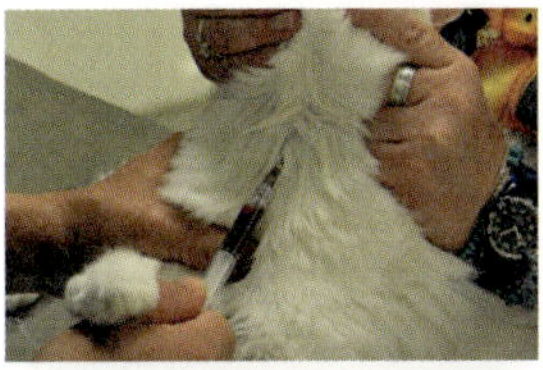
3) 영상진단 검사 (X-ray, 초음파)	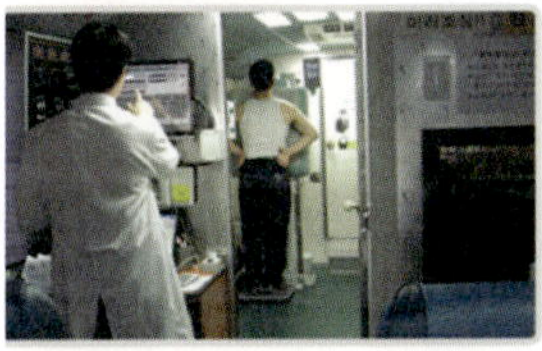	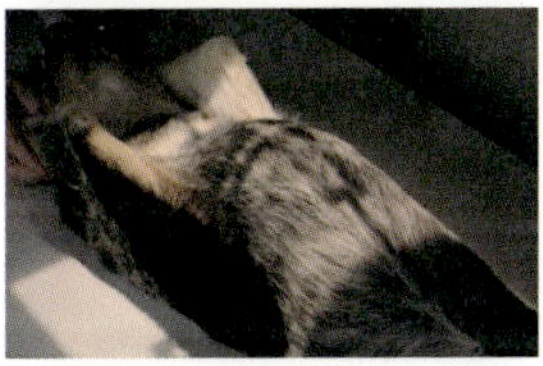
4) 소변검사		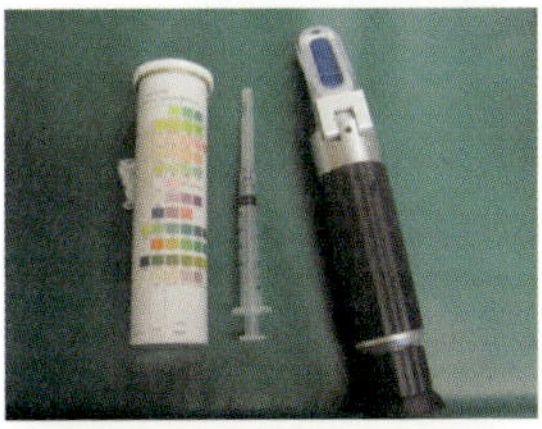
5) 심장사상충 검사		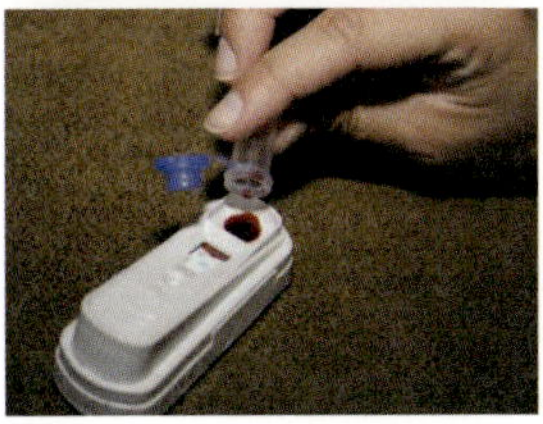

동물병원에 따라 건강검진 항목이 다를 수 있습니다.
10살이 넘어가면서부터는 기본 정기검진 외에도 호르몬 검사(특히 부신과 갑상선에 대한)도 추가하는 것이 좋습니다.

5) 스케일링

치아는 흰색으로 깨끗하게 유지되어야 한다. 칫솔질과 치석예방용 제품 사용을 해주지 않으면, 2살부터 개의 치아에는 치석이 자리잡기 시작한다. 치아 주변의 잇몸이 붓고, 입냄새가 난다.

치석이 자리잡기 시작할 때마다 스케일링을 해줘야 한다. 치아관리를 잘 하면 약 5년에 한번 스케일링으로도 깨끗하게 관리할 수 있다. 치아관리를 거의 하지 못한다면, 매년 스케일링이 필요할 것이다.

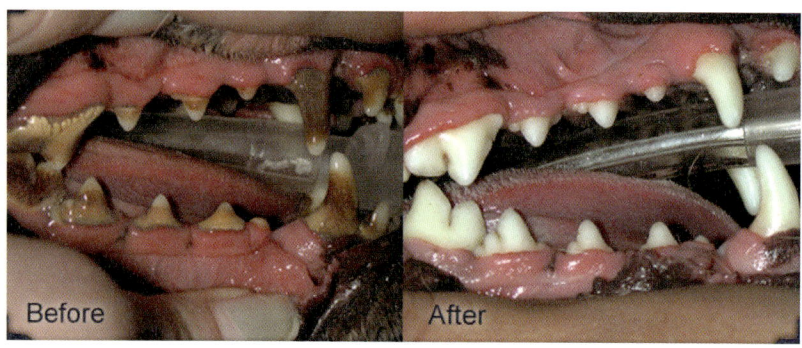

개의 스케일링 전 후 모습

스케일링이 구강치료의 전부가 아니다. 치아와 잇몸 사이에 염증이 심하다면 별도의 치료가 필요할 수 있다.

이미 단단하게 형성되어버린 치석은 칫솔질로 제거할 수 없습니다. 오직 스케일링으로만 제거할 수 있습니다. 스케일링은 마취를 동반해야 하기 때문에 부담이 되지만, 치석이 심한 아이들에게는 어쩔 수 없는 선택입니다. 마치 사람이 수면마취의 위험이 있음에도 필요하다면 수면마취를 하여 내시경검사 등의 검진을 해야 하는 것과 같습니다.

약 먹이는 법

깨알정보

YES — 사료를 잘 먹는다 — NO

1) 가루약을 입안에 털어 먹인다.
약을 구석으로 몰아두고

화살표 공간에 뿌려 넣으면 강아지가 쩝쩝 거리며 삼키게 된다.

사료 위에 약을 골고루 뿌려서 먹인다.

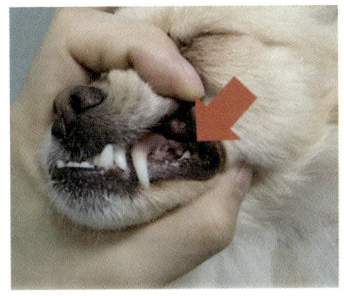

2) 주사기로 조심스럽게 먹인다.

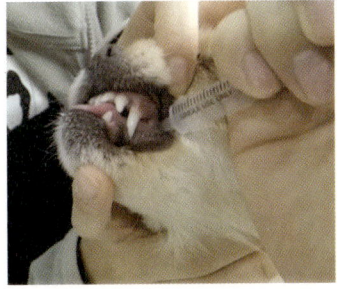

3) 잼이나 꿀에 섞어 먹인다.

4) 약을 캡슐로 조제받아 와서, 목구멍으로 삼키도록 넣어주는 방법도 있다.

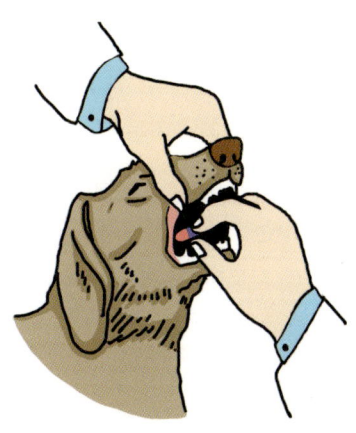

16. 반려견 건강상식

동물병원 용어정리

- **___부전:** 특정 장기의 기능에 장애가 있는 상태. 예) 신부전(신장), 간부전(간), 심부전(심장)

- **감별진단:** 예상되는 질병 목록을 작성한 뒤 → 최종진단을 가려내는 과정.
- **교정:** 정상상태로 바로잡는 일. 예)탈수교정이 시급합니다. (몸에 수분이 부족한 것을 바로잡아야 합니다)
- **거즈:** 가볍고 구멍이 많은 천. 흡수력이 좋고 부드러워서, 지혈, 수술, 붕대 등에 자주 쓰인다.

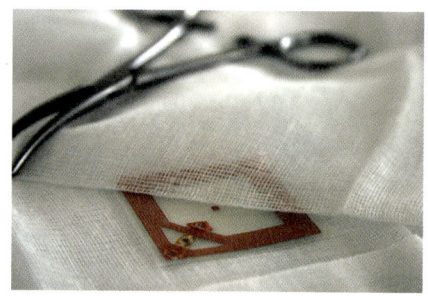

- **내부기생충(=채내기생충):** 몸 속에 사는 회충과 같은 기생충
- **내과적 치료:** 약이나 음식 등으로 치료하는 방식.

- **대사:** 생물체내에서 일어나는 물질의 분해나 합성과 같은 모든 물질저 변화.
- **대사이상:** 필요한 물질을 흡수하고 불필요한 물질을 배출히는 괴정에 이싱이 생기는 것. ※대표적인 대사질환: 저혈당증, 당뇨병, 신장질환, 간질환.
- **대증요법:** 원인이 아니고, 증상에 대해서 실시하는 치료법. 정확한 진단이 불필요하거나 확진이 어려운 상황, 혹은 응급치료 때 사용한다.

- **문진(히스토리):** 내원하게 된 경위와 환자(개)의 과거 병력, 현재 상태 등에 대해 묻는 과정

- **마취전검사:** 마취를 하기에 무리가 없을지 판단하는 검사. (주로 혈액검사, 필요에 따라 심장사상충 킷트검사 및 심전도검사 추가)

- **보정:** 개를 붙들어서 움직이지 못하게 하는 것. 관찰, 검사 및 치료를 위해 필요하다. (개를 보정하지 않고는 주사를 하거나 안정적으로 검사를 하는 것이 불가능하다.)

- **분변검사:** 현미경으로 분변을 관찰하여 주로 기생충감염을 진단하는 방법.

- **발사:** 수술 후 꿰맨 실을 뽑는 시술

- **신체검사:** 건강상태를 알기 위해 신체의 각 부분을 살피는 일 – 촉진(손으로 만져 봄), 청진(청진기로 들어 봄), 시진(눈으로 살펴 봄) 등

- **실험실검사:** 샘플을 채취하여 결과를 내는 검사.
  예) 혈액검사, 요검사, 호르몬검사.

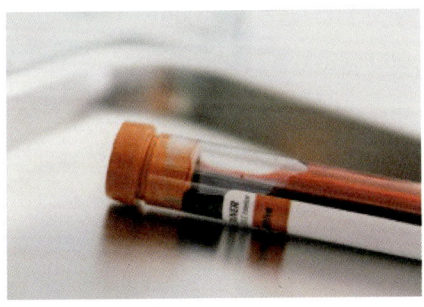

- **소양감:** 가려움 예) 소양감이 있습니까? (가려워합니까?)
- **소인:** 질병에 걸리기 쉬운 경향을 지닌 상태. 예) 단두종 개는 상부호흡기질환에 걸릴 소인이 있습니다.
  ※ 단두종: 얼굴이 짧은 강아지. 페키니즈, 시추, 불독 등.
  ※ 상부호흡기질환: 코, 연구개(입천장 뒤쪽), 기관의 문제로 인해 기침과 재채기, 호흡곤란 등을 보이는 질병.
- **산-염기불균형:** 몸 속의 산-염기(pH)의 균형이 무너진 상태. (폐와 신장은 몸의 산-염기를 일정한 수준으로 유지시키고 있다.)

- **속발적 원인(이차적 원인):** 근본원인에 뒤이어 발생한 상태가 질병의 원인이 된 것. 예)원발적 아토피에 의한 이차적 세균증식으로 세균성피부염이 발생했습니다.
- **쇼크:** (②의 의미로 많이 쓴다)
  ① 정신적 충격
  ② 혈액이 온몸으로 잘 전달되지 못해 조직에서 산소부족이 발생한 상태, 조직에 탄산가스나 젖산 등의 대사산물이 축적된다.
- **수액:** 인공용액을 혈관으로 넣어주는 치료법. 링거 혹은 링겔이라고도 한다.

- **예후:** 병의 경과 및 결말을 미리 아는 것. 예)예후가 좋다 (=치료가 잘 되고 생존율이 높다)
- **위장관:** 위와 창자
- **외부기생충(=체외기생충):** 몸 밖(피부)에 사는 진드기나 벼룩 같은 기생충
- **원발적 원인:** 질병의 첫 원인, 근본적인 원인,
- **외과적 치료:** 수술이나 물리치료 등으로 치료하는 방식.
- **이칼라(Elizabethan collar):** 쉽게 '깔때기'라고 부른다. 목에 플라스틱으로 된 큰 칼라를 씌워 → 수술한 곳이나 가려운 부위를 긁거나 물지 못하게 한다.

이칼라를 착용한 둘리

부드러운 재질로 된 칼라도 있어요!
이칼라를 착용한 랩이

- **진단:** 무슨 병에 걸린 것인지 판정하는 일
- **진단명:** 진단된 병명

- **전신증상**: 어느 특정기관의 병에 한정되지 아니한 증상. 예) 발열, 쇠약, 식욕 부진 등
- **중성화수술**: 생식기능을 제거하는 수술.
- **자가면역질환**: 자신의 조직성분에 대해 면역성 염증을 일으키는 것. (내 조직인데 내 것으로 인식하지 못하고 면역이 조직을 공격하는 것)
- **전해질불균형**: 몸 속의 전해질(나트륨, 칼륨, 염소 등)의 균형이 무너진 상태. (신장과 호르몬, 음수 등이 전해질균형을 유지시킨다.)
- **중독**: (①의 의미로 많이 쓴다)
  ① 음식물이나 약물의 독성에 의해 기능장애가 발생.
  ② (지나치게 복용한) 술이나 약물 없이는 견디지 못하는 병적 상태
- **적용한다**: "약을 적용하세요."라는 말은 약을 바르세요. 혹은 사용하세요. 라는 의미

- **처치**: 치료
- **축주**: 동물의 주인이라는 뜻. → '보호자'로 순화해서 사용한다.

- **킷트검사**: 임신테스트기처럼 작은 검사기(킷트)를 이용하는 방법. 빠르고 정확하게 양성/음성 여부를 알 수 있다.

- **특발성**: 원인이 밝혀지지 않음을 알리는 말. 예)특발성발작 (원인이 밝혀지지 않은 발작증세)

- **확진**: 확정진단
- **환축**: 병들거나 다쳐서 치료를 받아야 할 동물
- **항체**: 특정질병을 이겨내기 위해 면역체계에서 만들어낸 물질
- **호발한다**: 흔히 발생한다.
- **혈중**: 혈액 중
- **환부**: 병이나 상처가 난 자리

17. 이별 준비

© JUAN DE SANTA ANNA

당신이 우울할 때 개가 큰 위안이 되는 이유는,
그들이 '이유'를 찾으려 하지 않기 때문이다.

〈무지개다리를 건너다〉

개의 평균수명은 몇 살쯤 될까?
소형견의 평균수명은 15세 전후, 중형견 이상의 평균수명은 12세 전후다.

세상에서 가장 오래 산 개는?
세계적으로 장수한 개들은 대부분 20세를 넘겼다. 그 중에서 가장 장수한 개는 만으로 29년 282일을 산 잡종견 '맥스(Max)'다. 맥스는 1983년에 태어나, 2013년에 무지개 다리를 건넜다. 세계에는 그 외에도 20년을 훌쩍 넘게 사는 개들이 있다. 이들이 맥스의 장수기록을 갱신할지는 더 지켜봐야 한다.

SBS 방송 캡쳐

한국에서는 36년을 산 것으로 추정되는 '흰둥이'가 방송에 나온 적이 있다. 족보가 없고 출생신고기록이 없어서 기네스 등재는 보류중이다.

여러분의 개가 최장수기록을 세울 지도 모르니 출생기록을 잘 남겨 둡시다.
동물등록이 공식적인 기록이 될 것입니다.

<개와 사람의 나이 비교표>

사람 나이	개 나이			
	10kg 미만	10~20kg	21~40kg	40kg 초과
1	7	7	8	9
2	13	14	16	18
3	20	21	24	26
4	26	27	31	34
5	33	34	38	41
6	40	42	45	49
7	44	47	50	56
8	48	51	55	64
9	52	56	61	71
10	56	60	66	78
11	60	65	72	86
12	64	69	77	93
13	68	74	82	101
14	72	78	88	108
15	76	83	93	115
16	80	87	99	123
17	84	92	104	131
18	88	96	109	139
19	92	101	115	
20	96	105	120	
21	100	109	126	
22	104	113	130	
23	108	117		
24	112	120		
25	116	124		

청년기   성인기   중년기   노년기

칼럼 왜 작은 개가 큰 개보다 오래 살까?

대게 큰 동물은 작은 동물에 비해 오래 산다. 개는 생쥐보다 오래 살지만 사람보다는 적게 산다.
(물론 작지만 50~60년을 사는 회색앵무새처럼 예외도 있다.)

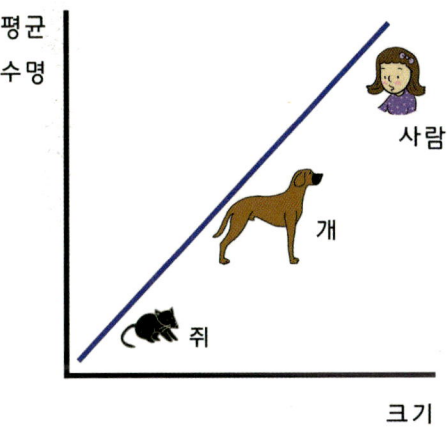

세상에서 가장 작은 포유동물인 호박벌박쥐는 5~10년을 살지만, 가장 큰 포유류인 흰긴수염고래는 80~90년을 산다. 과학자들의 의견에 따르면, 이는 큰 동물의 세포가 좀 더 안정적이고 효과적으로 발달되어있기 때문이라고 한다.

하지만 같은 종끼리는 몸집이 클수록 수명이 짧은 경향이 있다. 이런 현상은 생쥐, 말뿐 아니라 사람에서도 관찰된다.

개도 마찬가지다. 소형견의 평균수명이 15세 내외인 반면, 중형견의 평균수명은 12세 전후, 대형견의 평균수명은 7세 전후밖에 되지 않는다.

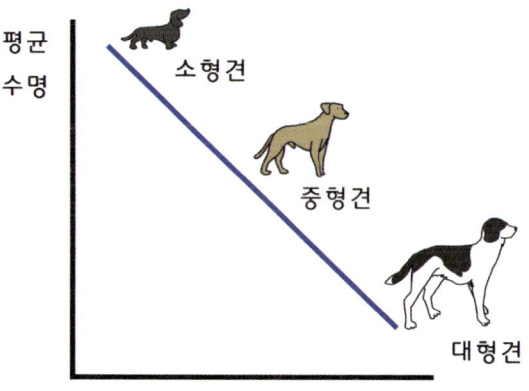

몸집과 수명의 관계에 대한 원인은 아직 완전히 밝혀지지 않았지만, '빠른 성장'이 원인으로 지목되고 있다. 큰 개는 무척 빨리 성장한다. 대형견 '그레이트 댄'을 예로 들면 생후에서 1살이 될 때까지, 그들의 체중은 100배 이상 증가한다. 같은 기간 늑대는 60배를 성장하고, 푸들은 20배 성장하며, 사람은 단지 3배 정도만 성장한다.

이런 빠른 성장이 활성산소(생체조직을 공격하고 세포를 손상시키는 산화력이 강한 신소)의 활동을 가속시켜 수명을 짧아지게 한다고 과학자들은 말한다. 뿐만 아니라 빠른 성장은 신체에 각종 질병발생에 영향을 미쳐서, 발달성장애나 종양발생률을 높인다.

개는 어떻게 사망하게 될까?

생물학적 사망은 호흡 정지 또는 심장박동 정지를 의미한다. 호흡을 정지시키는 수 많은 원인과 심장 박동을 정지시키는 수 많은 원인이 생명체를 사망하게 한다.

개 사망과 관련된 통계

어린 개의 사망과 노령견의 사망은 다른 양상을 띤다. 품종별로도 사망의 원인은 조금씩 다르다. 개의 사망통계를 살펴봄에 앞서, 사람의 사망원인통계를 살펴보자. 해당 내용은 통계청 자료에서 인용하였다.

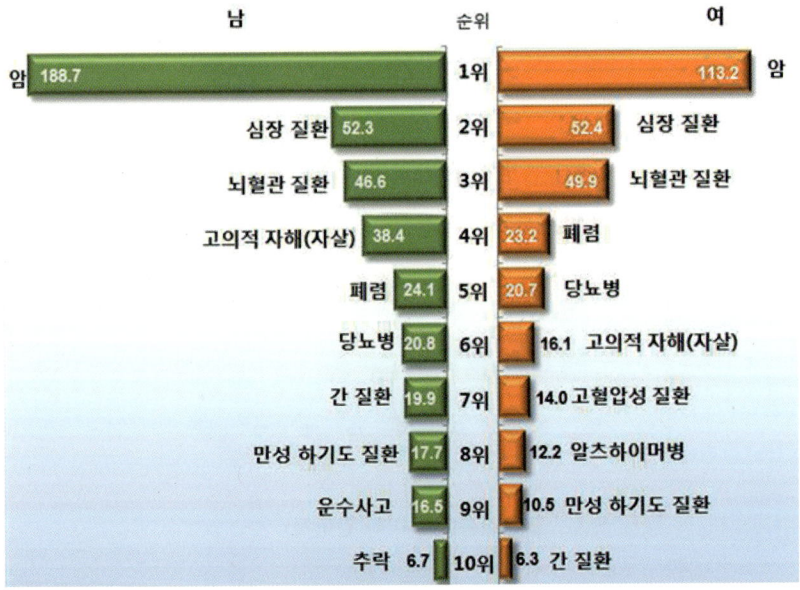

[성별 사망원인 순위, 2014년 사망률(인구 10만 명당)]

[연령별 3대 사망원인 순위]

	1~9세	10대	20대	30대	40대	50대	60대	70대
1위	암	운수사고	자살	자살	암	암	암	암
2위	운수사고	자살	운수사고	암	자살	자살	심장 질환	뇌혈관 질환
3위	선천질환	암	암	운수사고	간 질환	심장 질환	뇌혈관 질환	심장 질환

개에 대한 사망 통계는 필자도 조사하기 어려웠다. 다소 단편적이고 아쉬움이 있지만, 2011년 수의학 저널 J Vet Intern Med에 게재된 자료를 소개하고자 한다. 이 자료는 20년간 미국 수의과대학 동물병원에서의 75,000마리의 개 사망을 분석한 자료이다.

이 자료에서는 사망 원인을 [1병리과정]과 [2관련계통]으로 나누어 나타냈다. 독자에게 다소 생소하더라도 원 자료의 분석방식 그대로 소개하고자 한다.

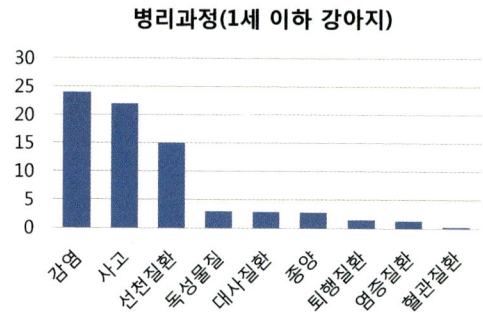

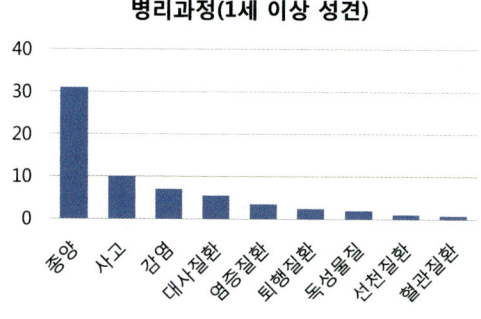

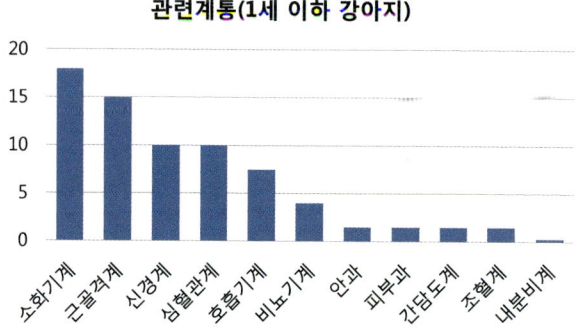

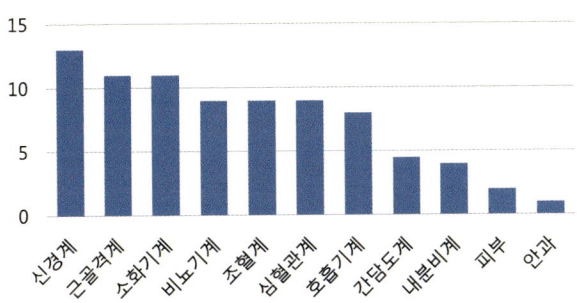

어린 동물은 감염, 사고, 선천적 질환으로 인한 사망이 많았다. 노령견의 주된 사망원인인 종양은 어린 동물에서는 흔치 않은 원인으로 작용했다. 자료를 들여다보면 복서 나 리트리버에서 종양 발생률이 높았고, 소형견에서는 심장병과 신경질환의 비율이 높았다. 품종별 호발 질병이 있는 것이다. 통계와 별도로 품종별 건강 정보는 본 책의 품종백과 파트에서 개별 기술해 두었다.

사망을 앞둔 개는 많이 아플까?

사망을 앞둔 개는 숨 쉬기가 힘들어 답답할 것이다. 속이 메스껍고 두통을 느낄 수 있어서 무척 괴로울 것이다. 위중한 증상이 없더라도 중증 환자 대부분이 기력이 쇠하고 힘이 없다. 동공이 커지는 것, 소리를 지르는 것, 식욕이 전혀 없는 것, 몸을 이리저리 뒤척이는 것 등이 개가 표현하는 대표적인 통증의 증상이다. 이 때는 원인과 관계 없이 강력한 진통치료를 해줘야 한다.

안락사에 대해

안락사는 굉장히 가슴 아픈 일입니다. 살아있는 생명을 포기하는 것은 권하고 싶지도, 시행하고 싶지도 않은 일입니다. 시행 여부와 방법은 동물병원마다 차이가 있을 수 있습니다. 일반적으로 통증을 없애기 위해 완전한 깊은 마취를 한 후, 심장을 멈추는 약물을 주사하게 됩니다.

강아지 기도문

Beth Norman Harris

사랑하는 주인님

저를 다정스럽게 대해 주세요.
이 세상 그 어느 것도 저보다는 더
당신의 친절에 감사하지는 못할 겁니다.

당신이 저를 때리려 하실 때
제가 당신의 손을 핥는다고
회초리를 들지는 말아주세요.
제 가슴이 산산이 부서지고 마니까요.
인내와 이해심으로 절 가르치신다면
전 더욱 빨리 당신의 뜻을 헤아릴 수 있을 겁니다.

제게 자주 말을 걸어 주세요.
당신의 목소리는 세상에서 가장 감미로운 음악입니다.
당신의 발자국 소리만 들어도 제 꼬리는 반가움으로 요동칩니다.
춥거나 비가 올 때면 집안에 들어가도록 허락해 주세요.
전 이미 야생동물이 아니거든요.
그리고 난로가 당신의 발치께에 앉게 해주세요.
그건 특권이 아니라 제겐 더 없는 영광이니까요.

비록 당신이 변변한 집 한 채 갖고 있지 못해도
저는 얼음과 눈을 뚫고서라도 당신을 따르겠어요.
전 따뜻한 실내의 보드라운 베개를 원치 않아요.
당신만이 저의 신이고
저는 당신의 열렬한 숭배자이기 때문이죠.
제 밥그릇에 신선한 물을 채워주세요.
그릇에 물이 없어도 원망은 하지 않지만
저는 갈증을 당신께 표현할 수 없거든요.
제게 깨끗한 먹이를 주세요.
그래야만 제가 튼튼히 뛰놀며
당신의 지시를 따를 수 있잖아요.

또 제 몸이 건강해야
당신의 옆을 따라 걸으며 당신이 위험에 처했을 때
목숨을 다해 지켜 드릴 수 있고요.

사랑하는 주인님.

하나님이 제게서 건강과 시력을 걷어가시더라도
절 멀리하지 말아주세요.
당신의 부드러운 손길로 저를 어루만져 주시며
영원한 휴식을 위한 자비를 베풀어 주시길 소원합니다.

끝으로 저는
제 마지막 호흡까지도 느끼면서 당신 곁을 떠날 것입니다.
제 운명을 당신의 두 팔 속에서 가장 행복하고 안전했었다는
기억과 함께.

개의 사망 후 수습 방법

슬퍼도 책의 의무를 다하기 위해 알려드립니다.

1. 장례 절차에 따라 치러주는 방법
2. 동물병원을 통해 사체를 안배하는 방법
3. 개인적으로 보내주는 방법

이렇게 세 가지 방법이 있다. 땅에 묻는 것은 불법이다.

지금 이 순간 예습이 아닌 현실을 대처하기 위해 이 페이지를 펼치신 보호자님께 위로의 뜻을 전합니다. 동물일지라도, 한 생명을 받아 책임을 회피하지 않고 끝까지 보호자의 의무를 다 한 당신은 멋진 사람입니다. 당신과 같이 멋진 보호자를 만난 개의 생애는 틀림없이 행복했을 겁니다. 즐거운 생을 마무리하고 더 편한 곳으로 떠나는 귀여운 반려견을, 편하게 갈수 있게 배웅해주세요.

부록1. 수의사의 진로 소개

개가 우리 삶에 전부는 아니지만, 개는 우리의 삶을 완전하게 만들어준다.

- 사진작가, 로저 카라스 -

제 블로그에 수의사에 대한 소개요청이 많아서 첨가해 보았습니다.
제가 수의사의 대표인물도 아니고, 평범한 무리 중 한 명이라서 굉장히
조심스럽고 쑥스럽기도 하지만.. 수의사에 관심 있는
학생 여러분들에게 즐거운 정보가 되길 바랍니다.

수의사의 진로 소개

현재 수의사는 다양한 분야에서 활동하고 있다. 수의대를 졸업한지 10여년이 넘은 필자의 친구와 선후배들을 예로 들면, 더 현실감 있는 소개가 될 것 같다.

1) 동물병원 개원의

필자는 동물병원 개원의이다. 반려동물의 건강을 돌보는 게 주된 일이다.

진료 범위는 무척 넓다. 간단한 예방에서부터, 동물을 키우면서 생기는 궁금증과 걱정거리에 대한 상담도 하고. 적절한 음식도 권유한다. 사람처럼 예방 차원의 건강검진도 시행한다.

눈병이나 귓병, 피부병 진료는 아주 흔한 편이고, 구토나 설사와 같은 증상으로 내원하는 경우도 많다. 발작이나 탈진처럼 중증으로 내원하는 경우 더 면밀하게 환자를 돌본다. 교통사고나 독성물질 섭취 등의 응급진료로 병원에 나오는 경우도

있을 수 있고, 생사가 달린 중요한 수술에 집중하기도 한다.
방대한 진료범위 때문에 끊임없이 공부와 수련을 해야 한다. 진료에 대한 진지함, 보호자에 대한 배려도 필요하다. 가장 가까운 곳에서 반려동물의 건강을 돌본다는 보람이 있고 무엇보다 많은 보호자와 동물들과의 소통, 이야기가 생겨나 즐겁다.

2) 동물병원 수의사

예전에는 동물병원 개원의가 많았는데, 요즘에는 동물병원도 규모화되면서 페이닥터(월급을 받고 일하는 의사)도 늘고 있다. 개원에 대한 여러 가지 부담이 없고 시간적 여유가 좀더 있기 때문이다. 분야(영상진단, 외과 등)를 정해 전문적으로 경험과 학문을 쌓아 더 전문성을 갖고 일할 수도 있다.

3) 수의직 공무원

수의직 공무원인 한 친구는 지방자치단체에 소속되어 지역에서 가축방역 업무를 담당하고 있다. 사무실에서는 업무관련 서류를 작성하고 사업을 추진하는 등의 업무를 본다. 출장을 나가면 채혈, 결핵검진, 부검 등 수의사의 전문성을 발휘한다.

방역 업무는 잘했을 때보다 못했을 때 더 눈에 띄는 일이라 힘든 측면이 있다. 특히 *구제역이나 AI(조류독감)처럼 가축전염병이 번지면 고생이 이만 저만이 아니다. 그래도 이 친구는 국가에 복무하고 대의를 위해 일한다는 보람으로 일한다.

* **구제역**: 발굽이 2개인 소, 돼지 등에 발병한다. 입과 발굽 주변에 물집이 생긴 뒤 식욕부진, 통증 등을 겪고 치사율도 5~55%에 달한다.

4) 교육과 연구

동물관련 연구와 생명과학분야도 수의사의 중요한 분야이다. 동물의 영역을 넘어 인간의 건강한 삶을 위해 연구하는 폭넓은 분야에서 일할 수 있다.

대학원에 다니고 있는 한 후배는 석사학위를 취득했고, 현재 박사학위 취득을 위해 논문을 준비중이다. 석사학위 취득 후에 제약회사 연구소나 검역원, 식약처 등에 취직을 고려하기도 했지만 결국엔 박사학위까지 도전하기로 했다.

일반적으로 석사학위 취득까지는 약 2년, 박사학위 취득까지는 석사 포함 총 5~7년 정도가 소요된다. 박사학위 취득 후에, 위에 열거한 진로 중에서 선택할 수 있지만, 이 후배는 연구성과를 더 쌓아서 대학교수로 발탁되는 것을 목표로 하고 있다. 전공에 따라서는 수의과대학뿐 아니라 의대교수가 될 수도 있다. 수의학도 의학이기 때문에 가능하다. 내과 외과 등의 임상과목 의대교수가 되는 것은 어렵지만, 생화학, 해부학, 병리학 등 기초학문분야의 교수로의 진출은 흔히 있다. 오랜 시간이 걸리지만, 연구가 적성에 맞으면 좋은 진로일 것이다.

5) 대동물 수의사

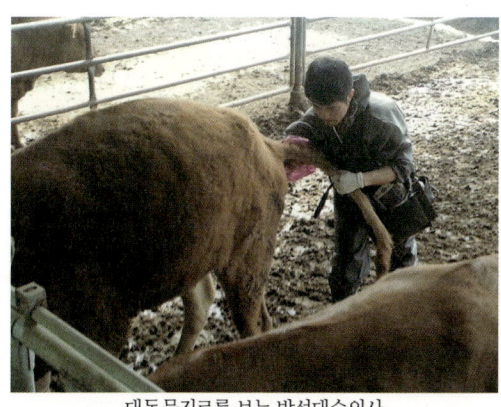

대동물진료를 보는 박성대수의사

한 후배는 현재 대동물수의사로 일하고 있다. 주로 소나 돼지 등 가축을 진료하고, 소 품질관리 등의 일을 하고 있다. 대동물 수의사는 진료를 대부분 왕진으로 보기 때문에, 여기저기 다니는 것을 좋아하는 이 친구의 성격과 직업적 특징이 무척 잘 맞는 것 같다.

한 선배는 본과 4학년 때 말에 깊은 관심을 가졌다. 한국마사회에 취직하여 말을 돌보는 수의사로 일하다가, 현재는 영국으로 유학 가서 말 전공으로 영국소재 대학의 교수가 되었다. 이 선배 덕에 말을 좋아하고 말 수의사를 선망하는 후배들이 많아졌다.

6) 의학 전문기자

홍혜걸씨가 의대를 졸업했지만 의학전문기자가 됐듯이, 기자 쪽으로 전공을 살리는 사람도 있다. 수의사 출신 의학전문기자는 구제역사태 등 축산이나 방역관련 기사를 가장 전문적으로 쓸 수 있다. 실제로 필자의 한 선배는 방송국 기자로 일하고 있다. 세상에 대한 관찰력이 풍부하고 글 쓰는 솜씨가 있다면 재미있으리라 생각한다.

의학전문기자 출신 방송인, 의사, 홍혜걸씨
출처: 의학채널 비온뒤(www.aftertherain.kr)

7) 회사 수의사

제약회사, 사료회사 등에서 일할 수 있다. 기획력이 좋다면 잘 맞는 분야다.

8) 그 외에도

동물매개치료 분야에서 의사와 협업, 야생동물 수의사, 수상생물수의사(어류수의사) 등 다양한 분야에서 활동중이다.

남자 수의사의 군 복무에 대하여

수의사 자격증을 취득하면, 군대에서 수의장교로 복무하거나 지방자치단체에서 공중방역 수의사로 대체복무가 가능하다. 단, 신체등급과 학교성적 등으로 합산된 점수에 따라 약 10% 이내는 일반병으로 근무해야 한다.

수의장교나 공중방역수의사의 복무기간은 훈련기간(약 2개월)을 제외하고 36개월이다. 수의장교는 중위로 임관하여 공중보건 및 군부대 내 축산물 위생점검, 군견 관리 등의 임무를 맡는다.

수의장교로 군생활을 마친, 이태제수의사

공중방역수의사는 중위로 임관하지만 즉시 농림축산식품부로 신분이 이관되어 군사훈련이 아닌 방역관련 교육을 받고 시·군·구 또는 지역의 가축위생시험소에 수의사로 근무하게 된다. 주요 업무는 가축방역업무이며, 수의사로서의 역할을 수행하는 것을 제외하면 공무원과 환경이 비슷하다.

필자가 근무한 삼척시 농업정책과 식구들

수의사가 되는 과정

수의사가 되기 위해서는 3단계를 거쳐야 한다.

1. 수의과대학 입학

전국에 10개의 수의과대학이 있다. 서울대, 건국대, 강원대, 충북대, 충남대, 경북대, 경상대, 전북대, 전남대, 제주대. 각 대학의 입시요강에 맞게 준비하여 입학하는 것이 먼저다. 편입제도도 있다.

2. 수의학사학위 취득

6년의 교과과정을 이수하고 졸업(수의학사학위 취득)을 해야 한다. 수의대 교과과정은 예과 2년과 본과 4년으로 이루어져 있다. 예과 때는 의학용어, 생화학, 분자생물학 등 기초분야 전공수업과 교양과목을 듣게 되고, 본과에 올라가면 본격적으로 수의학 *전공과목만으로 4년을 공부하게 된다. 시험과 실습이 많아서 어느 정도 각오를 해야 한다.

*전공과목의 예: 해부학, 생리학, 조직학, 병리학, 약리학, 공중보건학, 수의내과학, 수의외과학, 임상병리학, 영상진단학, 수의안과학, 수의산과학, 수의법규학 등

깨알재미

강풀 작가님의 일쌍다반사 중에서..
이 만화에 나오는 대구 K대학이 저의 모교 경북대학교입니다. ^^

부록1 수의사의 진로 소개 **495**

3. 수의사 국가고시 합격

본과 4학년까지의 교과과정을 모두 수료하고 나면, 다음 해 1월에 수의사 국가고시를 보게 된다. 국가고시는 수의학 전반에 걸쳐 문제가 출제된다. 시험에 불합격한다면 졸업은 하지만 수의면허는 취득하지 못하게 되며 취득을 위해서는 다음 해에 다시 응시해야 한다.

마지막으로 수의사들이 가슴에 안고 살아가고 있는, 수의사의 신조를 소개합니다.

〈수의사의 신조〉

1. 나는 수의사로서 나의 전문적인 지식을 다하여 동물의 건강을 돌보고, 질병의 고통을 덜어주며, 공중보건 향상에 이바지한다.

2. 나는 국가사회의 이익을 위해 동물자원을 보호하고 수의기술 발전에 끊임없이 연구 노력할 것을 평생의무로 삼는다.

3. 나는 수의사의 윤리강령을 준수하며, 나의 직업에 긍지를 가지고 성실과 양심으로 수의업무를 수행할 것을 엄숙히 다짐한다.

부록2. 졸업시험

첨부된 문제지를 즐겁게 풀어보세요!
70점을 넘기시면 우수한 성적이므로 당당하게 졸업하셔도 좋습니다.

〈문제1〉 개의 매력과 거리가 먼 것은?

① 주인을 따르며 애교를 부린다. 정말 귀엽다!

② 언제 어디서나 내 편이 되어준다.

③ 함께 산책하며 즐겁게 운동할 수 있다.

④ 새침하지만 은근히 보호자에게 애정을 표현한다.

〈문제2〉 개를 기르기 위해 가져야 할 마음가짐과 거리가 먼 것은?

① 개를 기르는 데는 사료값, 용품 구입비, 미용비, 예방 및 치료비 등의 비용이 든다.

② 개는 하루에 2번 정도 산책을 시켜주는 것이 좋다.

③ 개를 무서워하고 싫어하는 사람에게는 개의 매력을 적극적으로 알려줄 필요가 있다.

④ 대중교통을 이용할 땐 이동가방에 넣어 탑승한다.

〈문제3〉 다음 중 개가 먹었을 때 위험할 수 있는 음식은?

① 초콜릿   ② 연어   ③ 완두콩   ④ 파인애플

〈문제4〉 OX문제

- 특별한 건강이상이 없을 경우, 사료를 잘 먹는다면 꼭 영양제를 먹일 필요는 없다. (   )
- 피부가 좋지 않을 때 오메가3 영양제가 권유된다. (   )
- 간 보조제(SAMe, 실리마린 성분)는 간 기능 개선효과가 있다. (   )

〈문제5〉 주관식 문제

이것은 동물 세계에서 통용되는 신분증명서와 같은 것이다. 11mm 길이 정도의 캡슐로, 개의 등쪽 목덜미에 주입한다. 몸 속에 심는 전자인식표인 이것을 무엇이라고 할까?

<문제6> OX문제

- 5세 이후의 임신은 노산으로 볼 수 있다. (   )
- 5세경이 되면 개는 폐경이 온다. (   )
- 어릴 때 중성화수술을 하면 유선종양을 예방할 수 있다. (   )

<문제7> 개의 임신 준비와 짝짓기에 대한 설명으로 맞지 않는 것은?

① 임신적령기는 1.5~3세이다.
② 개는 유전질환이 많지 않은 편이다.
③ 개는 평균적으로 2~7마리의 새끼를 낳는다.
④ 짝짓기는 수컷 집에서 하는 것이 좋다.

<문제8> 주관식 문제

개가 유순하고 사교적인 성격을 갖기 위해서는 생후 3주~14주 사이에 사람과 동배 형제, 그리고 세상과 긴밀하게 교감해야 한다.
이런 과정을 (   )라고 한다.

<문제9> 유기동물과 관련될 설명으로 알맞은 것은?

① 유기동물과 관련된 정보를 담고 있는 대표사이트는 '동물보호관리시스템'이다.
② 길거리에서 유기견을 본 사람은 직접 구조할 의무가 있다.
③ 유기견은 TNR이라는 방식의 중성화로 관리된다.
④ 우리나라는 유기견이 새 주인을 만날 때까지 기간을 정하지 않고 동물을 보호하는 '노킬(No Kill)'정책을 시행중이다.

〈문제10〉 OX문제

아래 개는 신나서 놀자는 의사를 전달하고 있다. (   )

〈문제11〉 OX문제

아래 개는 극도로 긴장하고 있다. (   )

〈문제12〉 부등호 문제

더 적극적인 태도를 취하고 있는 개 쪽에 부등호 표시하기

〈문제13〉 주관식 문제

개는 평화적인 입장을 보여주고 싶을 때 '딴청 피우기' 행동을 한다. 대표적인 딴청 피우기 행동의 예를 2가지만 들어보시오.

〈문제14〉 주관식 문제

간식을 숨겨서 냄새로 찾게 해주는 등 후각을 이용한 훈련의 이름은 무엇일까?

〈문제15〉 부등호 문제

개가 좋아하는 입맛 쪽을 향해 부등호 표시하기
- 가볍게 익힌 고기 (　) 생식
- 갈아져 있는 고기 (　) 덩어리고기
- 신맛 (　) 단맛

〈문제16〉 개의 유전과 관련된 설명으로 맞지 않은 것은?

① 개는 늑대의 후손으로 알려져 있다.
② 개도 친자확인이 가능하다.
③ 개도 사람처럼 ABO식 혈액형이 있다.
④ 털 색과 무늬는 색소세포의 종류, 그리고 색 분포에 영향을 미치는 유전자 자리에 의해 결정된다.

〈문제17〉 건강한 개의 관리법에 대해 적절하지 않은 것은?

① 건강한 눈은 눈곱 빗(촘촘한 빗)으로 눈곱을 닦아내 주면 된다.
② 건강한 귀는 세정제로 관리한다.
③ 칫솔질은 일주일에 한 번 정도 꼼꼼하게 해준다.
④ 발톱은 동물용 발톱깎이로 혈관을 피해 잘라준다.

〈문제18〉 교육과 행동교정에 대한 설명으로 적절하지 않은 것은?

① 보호자가 하품을 하면 개의 흥분을 누그러뜨릴 수 있다.
② 때론 화를 내고 소리를 지르는 것이 효과적일 수 있다.
③ 사료를 가득 쌓아두는 것은 올바른 식습관에 방해가 된다.
④ 산책을 무서워하면 칭찬으로 자신감을 북돋아주자

〈문제19〉 OX 퀴즈

- 목욕은 매일 시켜주는 것이 좋다. (   )
- 배에서 꼬르륵 소리가 나면 배가 고픈 것이니 더 맛있는 음식을 준다. (   )
- 개도 알레르기가 있다. (   )

〈문제20〉 괄호 채우기

개가 예방해야 할 기생충은 심장에 살게 되는 (   ), 회충과 같은 (내부기생충), 진드기와 같은 (외부기생충)이 있다.

〈강아지 공부〉 졸업시험 답안지

문제	정답	문제	정답
1번	4	11번	X
2번	3	12번	〈
3번	1	13번	시선피하기, 냄새맡기, 몸 털기, 긁기, 하품하기 중 2개
4번	O, O, O	14번	노즈워크(nose work)
5번	마이크로칩	15번	〉, 〉, 〈
6번	O, X, O	16번	3
7번	2	17번	3
8번	사회화	18번	2
9번	1	19번	X, X, O
10번	O	20번	심상사상충

※ 각 문제 5점(부분점수 없음), 총 100점

내 아들 김유로에게

동물을 사랑하고
책을 사랑하는
밝은 어른이 되어주길

강아지 공부

초판 1쇄 발행	2019년 5월 21일
지은이	김병목
그린이	김지원
편집인	여인경
발행처	희목인
주 소	대구시 수성구 용학로 294 덕암빌딩 2층
출판신고	2011년 2월 22일 제2011-000009호
전자우편	neoflight@naver.com

ⓒ 김병목, 2019

ISBN 9788996603511 03520

Special thanks to.. 아내♡.